2020年
鲁班工坊建设与发展报告

LUBAN WORKSHOP CONSTRUCTION AND DEVELOPMENT REPORT IN 2020

金永伟　杨延◎主编

天津出版传媒集团

天津人民出版社

图书在版编目（ＣＩＰ）数据

2020 年鲁班工坊建设与发展报告 / 金永伟，杨延主编 . -- 天津：天津人民出版社，2020.10
ISBN 978-7-201-16484-7

Ⅰ . ① 2⋯ Ⅱ . ①金⋯ ②杨⋯ Ⅲ . ①职业教育 - 国际化 - 研究报告 - 中国 - 2020 Ⅳ . ① G719.2

中国版本图书馆 CIP 数据核字 (2020) 第 193586 号

2020 年鲁班工坊建设与发展报告
2020NIAN LUBANGONGFANG JIANSHE YU FAZHAN BAOGAO

出　　版	天津人民出版社
出 版 人	刘　庆
地　　址	天津市和平区西康路 35 号康岳大厦
邮政编码	300051
邮购电话	（022）23332469
电子信箱	reader@tjrmcbs.com

责任编辑	郑　玥　王佳欢
封面设计	明轩文化・王　烨

印　　刷	天津新华印务有限公司
经　　销	新华书店
开　　本	787 毫米 × 1092 毫米　1/16
印　　张	19.75
插　　页	2
字　　数	340 千字
版次印次	2020 年 10 月第 1 版　2020 年 10 月第 1 次印刷
定　　价	95.00 元

序　言

　　鲁班工坊是促进中外人文交流和推动职业教育国际化发展的重大创新，是在教育部大力指导与支持下，天津原创并率先推动实施的中外人文交流知名品牌，是国家现代职业教育改革创新示范区建设的标志性成果，其建设目的在于为共建"一带一路"国家培养急需的技术技能人才，丰富和拓展中外人文交流的内涵和领域。

　　作为职业教育服务"一带一路"建设的重点项目，从创立至今短短四年时间，在天津市委、市政府的正确领导下，鲁班工坊建设取得了丰硕的成果，彰显了开拓创新、精益求精的中国工匠精神与携手并进、共同发展的国际合作理念，在国内外形成巨大影响，受到党和国家领导人的高度肯定。在2018年中非合作论坛北京峰会开幕式上，习近平总书记对全世界宣布要在非洲设立10个鲁班工坊，向非洲青年提供职业技能培训，项目建设也获得了合作国政府的一致认可和社会各界的高度赞誉。目前，鲁班工坊的建设院校正在从天津扩展到全国，越来越多的项目将在共建"一带一路"国家创立，鲁班工坊已经成为服务国际产能合作和走出去的中国企业，促进"一带一路"人文交流和民心相通的重要载体。

　　鲁班工坊的创立始于天津，源自中国，未来的大发展在于全球，因此当前迫切需要对鲁班工坊进行系统深入的研究，总结梳理鲁班工坊的建设成果与成功经验，为项目的建设者提供借鉴与参考。为此2019年天津市教委出台了《天津市鲁班工坊研究与推广中心建设方案》（简称"研推中心"），强化鲁班工坊的科研与推广工作。研推中心由天津市教委直接领导，以天津市教育科学研究院为主体，统筹组织实施鲁班工坊研究与经验推广工作，以天津渤海职业技术学院、天津铁道职业技术学院和天津职业大学为分中心，分区域负责，并广泛联合天津市鲁班工坊建设单位、研究机构等多方力量共同开展工作。

　　《2020 年鲁班工坊建设与发展报告》为研推中心的重要成果之一，是由研推中心科研团队联合项目建设中外方院校共同完成的。研究团队根据截至 2019 年 10 月份的数据，采用问卷调查、实地访谈等多种研究方式，在对中外双方学校、主管部门、教师、学生以及合作企业进行大量调查研究的基础上，详实分析已建成的八个鲁班工坊的发展现状，全面总结鲁班工坊四年来的建设成就，紧紧围绕每一个鲁班工坊的建设情况，梳理分析共同特征与个性特点，从鲁班工坊项目的建设模式、人才培养、校企合作和人文交流等多个方面进行深入分析，总结成功经验，分析制约因素，提出改革策略。

　　全书分总报告、分报告和专题报告三个部分，总报告从鲁班工坊的重要使命、建设基础、总体成就以及未来发展四个方面对鲁班工坊的整体建设与发展进行概述，分报告对八个已建成项目的建设背景、建设成果、项目创新与未来发展进行展示，专题报告则对鲁班工坊的人才培养、建设模式、校企合作与人文交流进行深层次的科学分析。整个报告内容丰富、数据详实、科学严谨，是目前为止全面反映鲁班工坊建设情况的研究报告，为鲁班工坊的可持续、高水平发展提供了科学依据，为鲁班工坊的建设单位提供了实践借鉴与宝贵经验。

天津市市委教育工委委员

天津市教育委员会副主任

白海力

2020 年 7 月

目 录

第一部分

总报告

第一章 / 鲁班工坊的建设与发展概览

2015 年 9 月，在天津市委、市政府的直接领导和教育部职成司指导下，天津市教委正式启动在海外设立鲁班工坊前期研究和方案设计工作，成立了由市教委领导、天津市职业院校、市教科院等各方力量共同组成的专家研究团队，研究制定鲁班工坊的实施方案，设计鲁班工坊的发展定位、主要任务和相关策略，结合天津职业教育国际合作的经验与基础，遴选合作院校，启动项目实际建设。

2016 年 3 月 8 日，天津渤海职业技术学院与泰国大城技术学院合作创立了首个项目——泰国鲁班工坊。截至 2019 年 10 月，天津市已经在泰国、英国、印度和印度尼西亚等国家创立了 8 个鲁班工坊，参建学校包括中方的中职学校、高职

图 1-1 鲁班工坊建成项目分布图

院校和应用本科学校，共 9 所学校，外方涉及 4 所本科院校、2 所高职学院、1 所中职学校和 1 个省级教育局，共 7 所学校，1 个教育局，项目建设覆盖亚洲、欧洲和非洲三大洲。

鲁班工坊的建设不仅实现规模化发展，且达到高质量可持续发展，8 个鲁班工坊招收的相关学历教育学生规模达到 633 人，面向中资企业、本土企业和师生的短期培训规模达到 5513 人，所有鲁班工坊的建设都严格遵循鲁班工坊的发展定位与核心要素，确保了每一个项目建设的标准化与规范化。在国际化专业建设方面，中外专业教师共同合作开发建设 23 个国际化专业教学标准，所有专业的开发标准全部源自于 2012 年教育部在天津的国际化专业试点成果，在标准设计上对标行业的国际前沿技术标准，在教学组织实施上对标先进的教育理念与教学模式，因此专业标准得到合作国家的广泛认同，已经有 10 个国际化专业标准被政府批准纳入合作国家的国民教育体系，1 个专业标准进入英国职业资格框架体系。在国际产教融合校企合作方面，8 个鲁班工坊分别与 27 个中资企业、19 个海外本土企业共 46 个国内外企业建立了紧密的合作关系，为中资企业和本土企业的发展定向培养急需的技术技能人才。

人文交流的形式和内容实现多元化、立体化，来华短期交流的外国学生达到 135 人次，赴海外交流的中国学生规模达到 128 人次，中外教师及管理人员互访交流总规模达到 664 人次，中外双方师生共有 200 余人参与了我国全国性的多个比赛项目，在国内外举办 9 场重大的中外论坛，2018 年建成的鲁班工坊体验馆已接待国内外参观人次达到 20000 多，为进一步推动中外人文交流奠定了基础。

项目受到党和国家的高度认可，也受到合作国人民的普遍欢迎，2018 年 9 月 3 日，在 2018 年中非合作论坛北京峰会开幕式上，国家主席习近平在主旨讲话中提出"八项行动计划"，要在非洲设立 10 个鲁班工坊，向非洲青年提供职业技术培训。2019 年 4 月 25 日，习近平主席会见出席第二届"一带一路"国际合作高峰论坛的埃及总统塞西时，提出中方将在埃及设立鲁班工坊，向埃及青年提供职业技能培训。为感谢鲁班工坊建设单位在促进泰国、柬埔寨等国家为职业教育发展在做出的巨大贡献，泰国政府、柬埔寨政府分别授予中方建设单位诗琳通公主奖和大骑士勋章等。

未来随着鲁班工坊的建设规模的扩大，将有越来越多的项目在"一带一路"国家落地，鲁班工坊的建设院校将从天津扩展到全国，为"一带一路"的发展提供服务。

第一节　鲁班工坊的重要使命——服务"一带一路"倡议

一、"一带一路"民心相通的实体桥梁

"一带一路"倡议是习近平主席在 2013 年出访中亚和东南亚国家期间首次提出的，包括两个方面：一是丝绸之路经济带，二是 21 世纪海上丝绸之路。"一带一路"发展的目的是通过加强共建国家之间的多个层面广泛的交流与合作，发掘与发挥不同国家的发展潜力与比较优势，建立基于"和平合作、开放包容、互学互鉴、互利共赢"的区域利益共同体、命运共同体和责任共同体。"一带一路"的建设不仅对我国现代化建设和确立国际地位具有深远的意义，同时也对共建"一带一路"国家的发展起着巨大的推动作用。政策沟通、设施联通、贸易畅通、资金融通、民心相通是"一带一路"倡议的五个重点内容。其中，民心相通是"一带一路"倡议的社会根基，主要包括文化交流、学术往来、人才交流与合作。习近平主席指出：真正要建成"一带一路"，必须在沿线国家民众之中形成一个相互欣赏、相互理解、相互尊重的人文格局。这个格局的建立要求不断加强我国与沿线各国之间的人文交流。

人文交流是人与人相互情感沟通、国与国相互信任理解的基石，"一带一路"发展不仅需要大规模的经济贸易合作，更需要紧密的人文交流做支撑，教育是属于人文交流的重要组成部分。2017 年发布的《关于加强和改进中外人文交流工作的若干意见》，提出要以服务国家改革发展和对外战略为根本，以促进中外民心相通和文明互鉴为宗旨，创新高级别人文交流机制，形成一批具有中国特色、国际影响的人文交流品牌，推动全球范围内不同国家、不同地区、不同文明之间的人文交流与文明互鉴。

教育是民心相通人文交流的重要组成部分，受到国家的高度重视。为了提升教育的国际化水平，适应"一带一路"倡议的发展需求，中央和教育部先后制定发布了行动计划和指导意见。2016 年中办、国办发布《关于做好新时期教育对外开放工作的若干意见》，同一年教育部发布的配套文件《推进共建"一带一路"教育行动》。这两个文件均提出了我国教育对外开放的工作目标：到 2020 年，要拓展国际合作广度和深度，提升参与教育领域国际规则制定能力，更好地服务经济社会发展全局。文件中明确地提出，要实施职业教育的国际化，紧密对接《中国制造 2025》，开发与国际先进标准相对接的职业教育课程体系，积极参与制定

职业教育国际标准。[①]

　　教育是人文交流的重要载体，对中外人文交流起着支撑和引导的作用，在职业教育层面，教育交流主要的表现形式就是学历教育与职业培训。鲁班工坊借助于于中外合作办学、学术交流与留学生教育等形式，面向相关国家和地区在中外职业教育领域搭建人文交流的平台，有力地推动了中外双方之间的教育合作与交流，实现跨国的产教融合与校企合作。2017 年，中办、国办明确提出要将鲁班工坊打造成对外人文交流国际知名品牌。

专栏 1：

　　2016 年 4 月，中共中央办公厅、国务院办公厅印发《关于做好新时期教育对外开放工作的若干意见》，提出了我国教育对外开放的目标定位为：到 2020 年，要拓展国际合作广度和深度，提升参与教育领域国际规则制定能力，更好服务经济社会发展全局。完善中外人文交流机制相关制度，打造一批中外人文交流品牌项目。

二、助力我国国际产能合作的建设发展

　　国务院在《关于推进国际产能和装备制造合作的指导意见》中提出，到 2020 年，我国要与重点国家基本建立起产能合作机制，一批重点产能合作项目取得明显进展。2017 年发布的《关于深化产教融合的若干意见》明确提出：要加强国际交流合作，鼓励职业教育、高等教育参与配合"一带一路"建设和国际产能合作。

　　一批重大工程和国际产能合作项目相继共建"一带一路"国家落地和发展，迫切需要中国职业教育走出去，支撑和服务"一带一路"建设对技术技能人才的需求。统计数据显示一带一路倡议的实施对中国经济的出口发展影响是巨大，到 2017 年 5 月，我国已与 43 个共建国家发布联合声明 / 公报。2016—2017 年中国与国家的出口发展实现了快速增长。2016 年中国企业在共建"一带一路"沿线国家新签对外承包工程项目合同较 2015 年同比增长 104.6%，新签合同金额增加 333.9 亿美元。2017 年 1 月至 7 月的半年时间，与沿线 61 个国家新签对外承包工程项目合同 2946 份，新签合同额 780.9 亿美元。在我国与共建"一带—路"国家的贸易额中，东南亚国家贸易额占比高达 47.76%，其中，越南、马来西亚、泰国

---

① 参见郝平：《统筹国内国际两个大局　做好教育对外开放工作》，《求是》，2016 年第 9 期。

贸易额位列前三，超 100 亿美元贸易额的国家数量达 22 个。[①]

截至 2019 年 7 月，我国政府已经与 36 个国家和 30 个国际组织签署了 195 份政府间的合作协议，商签的范围由亚欧地区延伸至非洲，拉美，南太、西欧等相关国家。6 大经济走廊都取得了重要进展，2013—2018 年，我国与共建"一带一路"，国家货物的贸易额超过 6 万亿美元，对沿线国家的直接投资额达到 900 亿美元；同时与共建"一带一路"国家贸易额占外贸总额的比重逐年提升，由 2013 年的 25% 提升到 2018 年的 27.4%。为了深入加强中外合作，我国的各类企业纷纷与沿线国家共建境外合作园区，为沿线国家创造了新的税收源和就业渠道。

中国企业在海外发展，迫切需要配套进行持续性的、标准化的职业教育与职业培训，培养大量的本土化技术技能人才。国际产能合作对职业教育与职业培训的需求不论是从数量上还是在专业覆盖面上都是巨大的，这就需要变革我们的职业教育国际化办学模式，建立灵活的、开放的与互利共赢的海外办学模式。2017 年，印度鲁班工坊在创立之初就与中资企业中国中天科技印度公司、中国中材国际工程股份公司等中国在印度的中资企业签订订单培养协议，为其培养急需的技术技能人才。2019 年建设的首个非洲国家的鲁班工坊，其建设的核心专业之一就是铁路的管理与运营类专业，目的就是解决我国在非洲铁路建设与运营管理本土化技术技能人才严重短缺的问题。

■ 专栏 2：

2017 年国务院办公厅印发《关于深化产教融合的若干意见》，加强国际交流合作。鼓励职业学校、高等学校引进海外高层次人才和优质教育资源，开发符合国情、国际开放的校企合作培养人才和协同创新模式。探索构建应用技术教育创新国际合作网络，推动一批中外院校和企业结对联合培养国际化应用型人才。鼓励职业教育、高等教育参与配合"一带一路"建设和国际产能合作。

---

① 参见《"一带一路"数据观丨"一带一路"的 2017》，https://www.yidaiyilu.gov.cn/xwzx/gnxw/43662.htm。

第二节　天津创立鲁班工坊的基础与优势

我国职业教育的国际化发展一直以来以引进为主导，注重对国际先进教育理念、教育模式的学习与借鉴，在海外发展方面规模较小。随着我国职业教育发展水平与世界先进水平的逐步接近，中国职业教育的教育模式、教学标准日益被其他国家所认可，具备了教育"走出去"的条件，亟待创立职业教育国际化发展的新模式。

2015 年，教育部与天津市政府签署共建天津国家现代职业教育改革创新示范区建设协议，明确提出要提升职业教育的国际化发展水平，创建国际合作的新窗口，为我国职业教育探索新经验、新路径。

天津创建职业教育国际化发展新窗口的基础在于，自 2005 年天津成为国家首个职业教育试验区以来，在职业教育的办学模式、管理机制、教育教学等方面积累了丰富的经验和大量优秀成果，具备了海外办学的基本条件；搭建了职业教育国际合作平台，与德国、美国、英国、韩国、新加坡等 20 余个国家与地区，开展多层次、多类型、宽领域的职业教育交流与合作。

第一，天津建立了政府级合作、校际合作和校企合作三种不同的国际合作形式，如政府级合作，天津中德应用技术大学（简称"中德"）是天津最早的政府级国际化合作项目，在全国具有较大的影响力。从国际化的建设水平与发展能力角度看，天津中德在全国范围内都是走在最前列的，拥有先进的实训中心，有中国最前沿的技术装备和一流的国际师资。2011 年，中德被评为"国家引进国外智力成果示范推广单位"，2014 年，获得首届世界职教院校联盟（WFCP）卓越奖——国际合作金奖。中德不仅是全国最具影响力的国际化项目之一，也是唯一一个因为由政府级的国际合作项目最终发展成为本科层次的应用技术大学的院校。

第二，构建了国际化专业教学标准体系。2012 年教育部委托天津和上海两市，分别从高职教育和中职教育两个层面开展国际化专业的开发工作。天津市 2012 年、2013 年分两批先后遴选了 50 个紧贴先进制造业、战略性新兴产业、现代服务业等重点领域的专业，开展国际化专业教学标准的开发工作。经过 3 年的开发与实践，对整个天津的专业建设产生极大的影响，有效地提升了专业教学水平。

第三，具有 10 余年全国职业院校技能大赛的成功经验。天津作为全国职业院校技能大赛的主赛场，有 10 余年的办赛经验，在赛项设计与比赛管理方面已经逐步实现与国,接轨,每年来参观和参加比赛的国外代表队的规模都在增长。天津非常重视国赛的成果转化,越来越多的具备国际水平的赛项标准和相关的装备转化为专业教学的资源,同时每一年还要举行中国天津职业教育国际论坛,与国外的职业教育专家、国际企业对话交流。

正是源于天津从 2005 年成为国家职业教育改革创新试验区、示范区,在 10 多年的时间里不断创新国际合作交流的新思路、新模式,拓宽对外交往的渠道和领域,目前天津的职业教育国际合作与交流呈现的基本特征是,从政府间合作逐步拓展到校际合作、专业合作,从单纯引进国外职业教育资源拓展到海外办学,这些变革均极大地推进了天津的职业教育国际化进程。天津市政府与教育部合作共建国家现代职业教育改革创新示范区的任务中明确规定,要探索国际合作的新窗口,为全国的职业教育发展探索新机制、新模式。[①]

第三节　鲁班工坊的发展现状与成就

天津市深入贯彻落实习近平总书记关于职业教育的重要指示精神,紧紧围绕中共中央办公厅、国务院办公厅《关于做好新时期教育对外开放工作的若干意见》,教育部关于《推进共建"一带一路"教育行动》,以及《天津市人民政府关于加快发展现代职业教育的意见》等相关政策对职业教育对外开放的具体要求,全力推进海外鲁班工坊的建设工作,在项目建设的规模化与优质化、管理运行的制度化与标准化、教育服务的本土化与多元化等方面都取得了显著的成效,产生了巨大的国际影响力。

一、统筹管理顶层设计

鲁班工坊项目建设受到我国与合作国之间教育、经济、外交等多方面的影响,仅凭职业院校一己之力难以实现。为此,天津市专门成立了由市领导任组长,市教委、市发改委、市外办、市财政局等相关部门主要负责同志作为成员的天津市鲁班工坊推进工作领导小组,统筹协调各部门力量、合力推进鲁班工坊建设。市教委作为鲁班工坊推进工作领导小组办公室,负责制定鲁班工坊建设规划,制订实施方案,起草相关政策与管理办法,对项目建设过程中的重大问题进行研究,会同领导小组各成员单位协调、指导项目院校的项目建设工作,组织验收建设成果等。

---

① 参见杨延、王博、张超:《天津职业院校国际化发展的经验、问题与提升策略研究》,《天津教科院学报》,2018 年第 4 期。

在市委市政府的统筹规划和支持下，市教委、市财政局等部门研究出台了系列化的制度体系，全面推动鲁班工坊的建设与发展。

2018 年，天津市委印发《关于做大做强做优职业教育的八项举措》，明确提出要拓展合作领域和实施范围，将鲁班工坊打造成为国际知名品牌，大力提升天津职业教育服务"一带一路"建设和国际产能合作能力。天津市政府印发《关于推进我市职业院校在海外设立鲁班工坊试点方案的通知》，积极鼓励有条件的职业院校，配合中国产业走出

专栏 3：

2018 年 3 月，天津市人民政府印发《关于推进我市职业院校在海外设立鲁班工坊试点方案》，积极鼓励有条件的职业院校，配合中国产业走出去，协同相关行业企业，充分发挥专业建设和国际合作优势，到 2020 年，在海外试点建设 10 个鲁班工坊。

2018 年 9 月，天津市委、市政府出台《关于做大做强做优职业教育的八项举措》鼓励和支持企业参与鲁班工坊建设，加强项目规划和建设布局，拓展合作领域和实施范围，将鲁班工坊打造成为国际知名品牌，大力提升职业教育服务"一带一路"建设和国际产能合作的能力。

去，在海外试点设立鲁班工坊，分享中国职业教育改革发展优质成果。2019 年市委教育工委、市教委、市财政局制定《天津职业教育鲁班工坊建设项目和资金管理办法》，依照天津市鲁班工坊的建设规划、内涵要求和建设任务，明确鲁班工坊各级部门和建设单位的主体责任，制定完善的制度体系，确保项目建设各个环节的任务落实与全过程监管，保障财政资金的使用合法合规合理，有效提升鲁班工坊专项资金的使用效率与效益。

同时为保障鲁班工坊高质量可持续发展，市教委研究制定了《天津市鲁班工坊研究与推广中心建设方案》，将鲁班工坊研究与推广工作纳入天津市鲁班工坊建设与发展的整体规划，在市教委领导下，以天津市教育科学研究院为主体，统筹负责鲁班工坊建设标准与规范、质量监测与评估、教师培训与资源开发、学术研讨与交流、成果发布与推广等工作，同步推进鲁班工坊的理论研究与实践探索，以高水平系列化的科研成果与服务平台为鲁班工坊建设与发展提供决策服务、监控服务与支持服务。

二、打造品牌、形成规模

从 2016 年 3 月 8 日首个泰国鲁班工坊建成至 2019 年 10 月，在短短的几年时间里，以每年新建 3 个的速度全力加快海外鲁班工坊的建设。目前，天津市已经

在泰国、英国、印度、印度尼西亚、巴基斯坦、柬埔寨、葡萄牙和吉布提创建了8个鲁班工坊，项目建设覆盖亚洲、欧洲和非洲三大洲，特色鲜明成效显著。

参建学校涉及中方的中职学校、高职院校和应用本科学校，共9所学校，外方涉及4所本科院校、2所高职学院、1所中职学校和1个省级教育局，共7所学校，1个教育局。

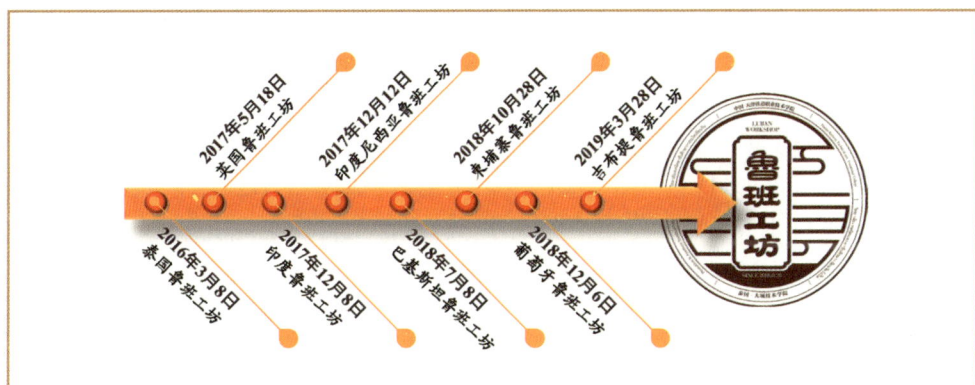

图 1-2　鲁班工坊项目建设时间节点图

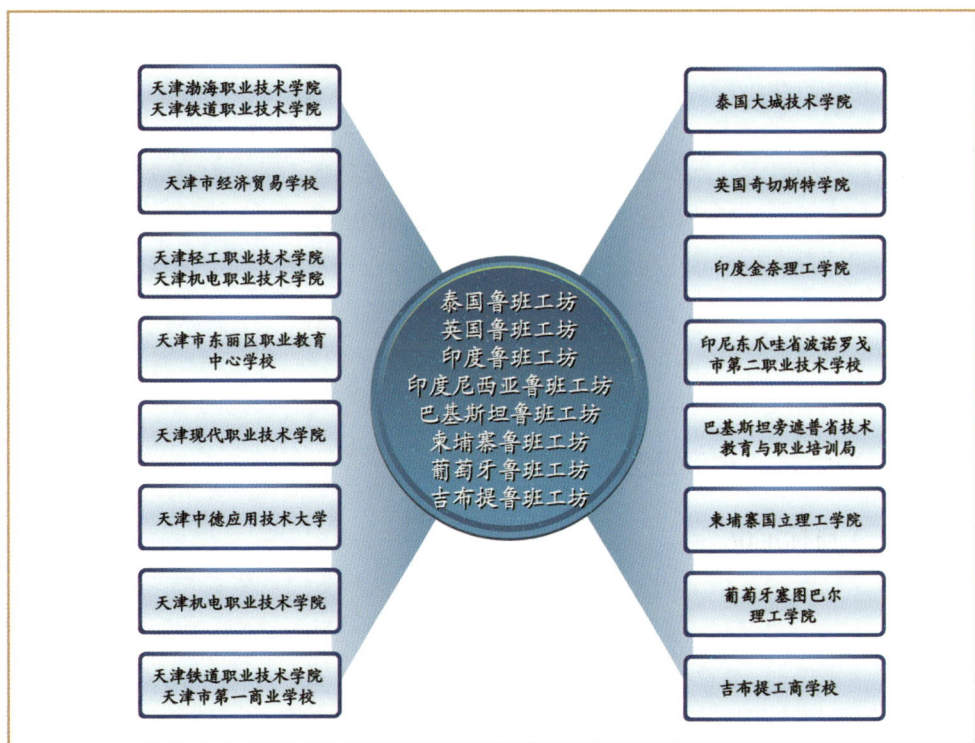

图 1-3　鲁班工坊项目两国学校对应图

国外合作学校的遴选源自于中外学校之间的合作意向和两国之间的产业合作需求，以巴基斯坦鲁班工坊为例，选址于"中巴经济走廊"的纵向交合点——"超级大省"旁遮普省省会拉合尔市，旁遮普省是巴基斯坦人口最多、实力最强的省份，也是巴基斯坦工业和农业最发达的地区，省内建有巴基斯坦海尔—鲁巴经济区、中国能源建设集团湖南火电巴基斯坦分公司等知名大型企业，其中巴基斯坦海尔—鲁巴经济区是中国商务部批准建设的首个"中国境外经济贸易合作区"，也是巴政府批准建设的"巴基斯坦中国经济特区"，是中国境外经济区的旗舰项目，经济区包括家电、汽车、纺织、建材、化工等多个产业，鲁班工坊的建设将为区域内的中资企业和本土企业发展提供强有力的人才支持。①

同样非洲首个项目吉布提鲁班工坊，其建设的依据是为连接埃塞俄比亚与吉布提的跨国项目亚吉铁路的运营培养人才。一方面亚吉铁路是由中国中铁和中国铁建组织施工，全部采用中国标准和中国装备建设而成，全长 751.7 千米，共设置 45 个车站，是中国海外首条集设计、设备采购、施工、监理和融资于一体的"中国化"铁路项目，是中国企业在海外建设的第一条全产业链"走出去"的东非第一条电气化铁路，在"一带一路"建设上具有重大的意义。另一方面，对吉布提而言，亚吉铁路对其本国的经济社会发展的效益是巨大的，吉布提在本国的"2035愿景"中提出未来要将吉布提打造成地区性物流和商贸中心，吉布提鲁班工坊将为亚吉铁路和吉布提港口物流经济发展培养技术技能人才。

在中方学校的遴选上，项目建设本着优质专业为本的原则，在全市的职业院校中，按照合作需求，结合学校的优势专业国际化发展能力，采取独立院校与多个院校合作的方式在海外建设鲁班工坊，取得了较大的成效。目前，有三个项目为两所学校共同建设，包括泰国鲁班工坊由天津渤海职业技术学院与天津铁道职业技术学院联合与泰国大城技术学院共同建设，印度鲁班工坊由天津轻工职业技术学院、天津机电职业技术学院联合与印度金奈理工学院共同建设，吉布提鲁班工坊由天津铁道职业技术学院、天津第一商业学校合作与吉布提工商学校共同建设。

三、凝练核心内涵凸显中国职教特色

（一）目标定位

鲁班工坊是以鲁班的"大国工匠"形象为依托，遵循平等合作、因地制宜、优质优先、强能重技、产教融合基本原则，与海外教育机构合作开展职业教育学历教育与技术培训，分享中国优秀的职业教育成果和职业文化的国际合作新模式。

---

① 参见张颖、周明星：《鲁班工坊的国际化达成路径——以巴基斯坦鲁班工坊为例》，《当代职业教育》，2018 年第 6 期。

鲁班工坊建设的目标定位在于，借助职业教育与职业培训，加强中国与世界各国（地区）职业教育、职业技术和职业文化的交流合作，增进国际理解、文化互鉴，促进世界各国（地区）的人文交流与民心相通，服务国际产能合作，促进世界经济社会可持续发展，共建人类命运共同体。

（二）建设原则

鲁班工坊建设秉持平等合作、开放包容、互学互鉴、互利共赢的精神，坚持共研、共建、共享、共用、共赢的"五共"机制，项目建设遵循平等合作、因地制宜、优质优先、强能重技、产教融合五项原则，具体包括：[1]

平等合作原则　基于合作方对于中国职业教育和技术装备、专业标准认同，双方平等合作，共同商讨合作方式、项目实施与专业建设。

根据不同国家的政治、经济、社会环境和技术技能水平，在统一的标准框架下，充分考虑合作方的诉求，建设国别特点鲜明的鲁班工坊。　**因地制宜原则**

优质优先原则　优先选择国际化水平较高的优质专业、优质课程、优质教师、优质资源和通用性技术技能率先输出，保障鲁班工坊的教育质量和品牌。

在遴选优质技术装备基础上，强化国赛"装备"输出，强化中国职业院校技能大赛与当地院校合作，强化中国职业教育理念模式认同基础上的相互借鉴，为所在国家培养急需的技术技能人才。　**强能重技原则**

产教融合原则　发挥天津职业教育行业办学优势，实施产业、行业、企业、职业、专业的"五业联动"，发挥政、行、企、校、研的"五方携手"，凝聚合力，高标准、品牌化实施项目。

---

[1] 参见吕景泉、杨延等：《鲁班工坊——职业教育国际化发展的新支点》，《中国职业技术教育》，2017年第1期。

（三）核心要素

鲁班工坊的建设是系统化的，是职业教育的教学标准、教学模式、教学装备与教学资源的整体建设，是职业教育的中国标准、中国装备、中国模式、中国方案整体输出与分享的国际化新模式，其核心要素包含以下四个方面：

1. 工程实践创新项目教学模式

工程实践创新项目教学模式（EPIP）是鲁班工坊的核心内容，是国家现代职业教育改革创新示范区借鉴发达国家经验的基础上创建的教学模式，四个英文字母分别代表工程（Engineering）、实践（Practice）、创新（Innovation）、项目（Project）。这一教学模式是遵循职业教育的规律，以实际工程项目为导引，以实践应用为导向，以创新能力培养为目标，以项目实践为统领而创建的。EPIP 教学模式强调职业教育的教学过程必须是基于学生综合职业能力的发展，将理论教学与实践教学融合为一体，创设工作的情景氛围，借助典型的工作项目，使学生能够在完成经过系统设计的、完整的、真实的工程项目的过程中，形成与发展综合职业能力与创新能力。

在专业课程的设计上，强调以专业核心技术或者技能为基础，确立职业教育各个阶段的课程的知识、技能与价值观，整体构建专业课程体系，实现核心技术教学与课程设置、教学环境设计、学生校内校外实习实训、职业资格考试四个对接。在教学组织与实施上，借助教育的软硬件技术，为学生营造真实的或者接近真实的工程环境，通过从简单到复杂、从单项到综合的工程项目，帮助其形成工程思维与工程素养，提升学生发现问题、分析问题、解决问题的能力。[①]

2. 依托国际化专业教学标准

鲁班工坊无论是实施学历教育还是职业培训，依据的都是具有国际水平的、标准化的专业教学标准。天津市 2012 年承担教育部借鉴国外先进经验开展职业教育部分专业教学标准开发试点工作，紧贴先进制造业、战略性新兴产业、现代服务业等领域，开发建设了 50 个国际化专业教学标准，并在数百个国际化试点班完成试点工作。

鲁班工坊的国际化专业教学标准是以试点成果为基础，按照对等原则，遵循中外双方的共同要求，由双方的专业教师结合本国的行业发展水平、学校专业教育水平合作开发建设的，强调与国际型企业的需求标准相匹配，与国际职业资格证书要求相对接，注重将国际先进的工艺流程、技术与服务标准等与本国的专业

---

① 参见吕景泉：《EPIP 教学模式》，天津人民出版社，2019 年。

教育内容、职业资格证书标准相互融合，实现国际化综合要素深度融入专业教育教学的全过程。

3. 采用先进的实训教学装备

鲁班工坊教学装备的开发是与产业发展和社会需求相对应的，是产业升级与技术进步的物化形态，因此其开发建设是高标准、综合化的，其设计具有如下特征：一是与全国技能大赛赛项标准相对接，鲁班工坊最核心、最主要的教学装备是全国职业院校技能大赛的竞赛装备，体现了我国行业发展现阶段最先进的技术水平和相应的核心技术，对我国职业教育的发展具有引领和促进作用。二是与职业教育的专业教育、职业资格证书培训相对接，在教学装备的开发设计上，是以专业核心技术作为主线，围绕团队协作能力、计划组织能力、交流沟通能力等综合职业能力培养要求，全面融入行业企业和生产现场要素，嵌入多项技术领域的专项技术，并与专业教育实训课程设计和教学方法改革相适应，构建"相互平行、融合交叉"的理论和实践教学体系。三是对接国际通用技术、工艺和产品标准，在充分研究和借鉴国际经验的基础上结合我国实际开发的，大量选取了在工业技术领域国际通用性强、应用效果好的主流技术和器件，这为鲁班工坊在更多国家的建设奠定了坚实的基础。

4. 立体化建构教学资源

鲁班工坊教学资源的建设是立体化的，既有纸质的教材，也有训练装备，还有多媒体课件和专题教学网站等。教学资源开发的双语化与形式多样化，鲁班工坊的课程标准、教材的开发均采用双语的形式，以中文和合作国家的语言来编写。同时，为更好地提高职业院校学生的学习兴趣与对教学内容的准确理解，教学资源的编写图文并茂、课件设计信息化，通过丰富的图表、形象的图片和多媒体课件等方式对各个技术要点进行清晰的描述，使学生可以直观地了解各种设备运行、工艺流程，从而激发学生的学习兴趣。[①]

---

① 参见杨延：《鲁班工坊建设的动因、内涵与特征分析》，《中国职业技术教育》，2019 年第 28 期。

（四）建设模式

校际合作、校企合作和政府合作是鲁班工坊建设的三种主要模式①：

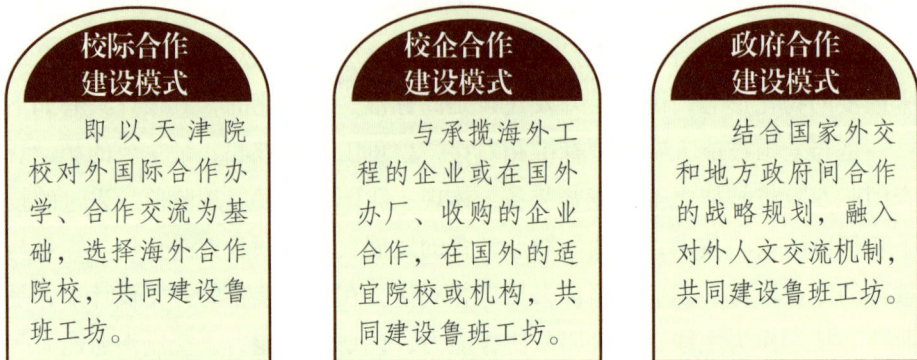

校际合作建设模式

即以天津院校对外国际合作办学、合作交流为基础，选择海外合作院校，共同建设鲁班工坊。

校企合作建设模式

与承揽海外工程的企业或在国外办厂、收购的企业合作，在国外的适宜院校或机构，共同建设鲁班工坊。

政府合作建设模式

结合国家外交和地方政府间合作的战略规划，融入对外人文交流机制，共同建设鲁班工坊。

四、项目建设实现标准化与规范化

无论是已经建成的项目还是正在建设的项目，所有鲁班工坊的建设都严格遵循鲁班工坊的发展定位与核心要素，在具体的实施过程中遵循场地建设、实训装备、教师培训、专业标准、教材资源"五到位"要求，确保每一个项目建设的标准化与规范化，鲁班工坊的建设阶段呈现如下特征：

（一）工坊教学与展示空间独立规范

鲁班工坊的建设场地在创立之初就有着严格的要求，鲁班工坊不仅是中外合作培养人才的基地，同时也是中外合作交流的场所，因此其建设场地不仅要有充足的面积，以供专业教学使用，同时也要满足各种中外交流活动的需求。已经完成的 8 个项目的场地，在建设面积和场地的使用上均达到了预期的设计要求，其中柬埔寨鲁班工坊的建筑面积最大，达到 6814 平方米，泰国鲁班工坊也达到2000 平方米，充足且合理有效的场地面积为鲁班工坊的发展提供了有力的保证。

除了面积的保障之外，教学空间的独立性也是鲁班工坊发挥影响力的重要保障，这在每一个项目的建设之初就有着明确的规定。鲁班工坊的教学区域根据专业实际可分为室内区域与室外区域两个部分，室外区域主要是为一些实训场地较大的专业设计的，比如鲁班工坊的新能源汽车实训区域、铁道类专业的轨道铺设等实训环节。室内区域的空间布局根据国外学校提供的场地因地制宜地进行设计，分教学区和实践区两部分，教学区是指师生交流的学习岛，为小型团组方式设计，供学生教师集中讨论与学习，可穿插于教学装备之中，也可独立一隅，并配备空中课堂，可实现

① 参见吕景泉、杨延等：《鲁班工坊——职业教育国际化发展新支点》，《中国职业技术教育》，2017 年第 1 期。

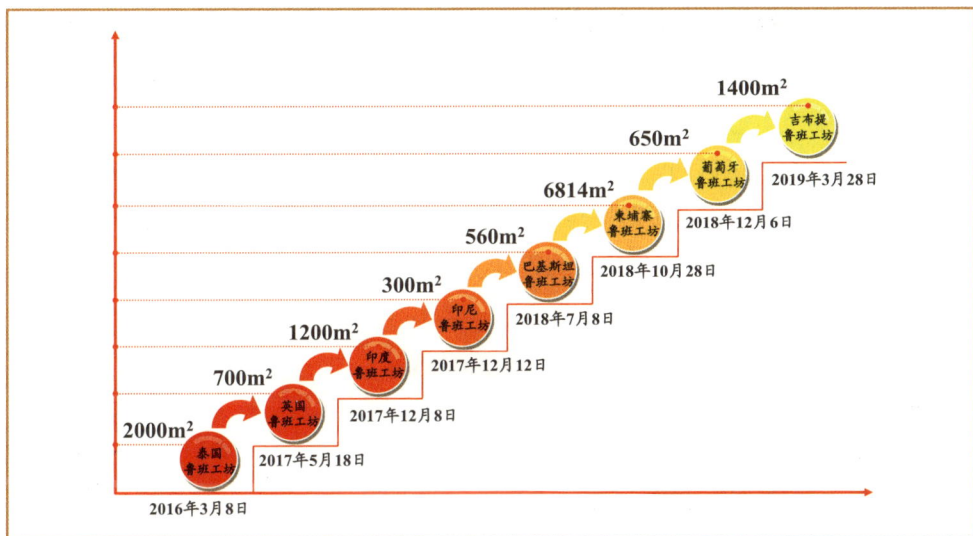

图 1-4 鲁班工坊项目建筑面积情况图

中外专业教学的同步实施，如泰国鲁班工坊设立的仿生机器人学习体验区、电脑鼠走迷宫学习竞赛区、自动化生产线教学区和中泰教师教研场所；柬埔寨鲁班工坊设立的机械加工技术实训中心、机电一体化技术实训中心、通信技术实训中心3个实训中心，18个实训室等。由此可见，鲁班工坊的教学活动需要相对独立的空间才能确保整个教学活动的顺利实施。8个项目的建设都与原有教学空间进行了明确的分割，且有2个项目，即泰国鲁班工坊和巴基斯坦鲁班工坊为独栋建筑，确保了教学空间的相对独立性，并确保在校园内给予中国职业教育、职业文化充分的展示空间。

表 1-1 项目基础设施场地情况

项目名称	场地位置
泰国鲁班工坊	独栋建筑
英国鲁班工坊	独立空间区域
印度鲁班工坊	独立空间区域
印尼鲁班工坊	独立空间区域
巴基斯坦鲁班工坊	独栋建筑
柬埔寨鲁班工坊	独立空间区域
葡萄牙鲁班工坊	独立空间区域
吉布提鲁班工坊	独立空间区域

（二）实训教学装备技术先进数量充足

教学装备是鲁班工坊投入最多的部分，目前 8 个鲁班工坊的教学装备总投入金额为 4975 万元，设备的台套数达到 2589 个，能够为海外教学提供的实训工位数量达到 1439 个，可以同时为学历教育与职业培训提供全方位的实习实训教学。

鲁班工坊教学装备的开发是与合作国家产业发展和社会需求相对应的，因此其开发建设是高标准、综合化的，在设计上要满足三个方面的应用要求：

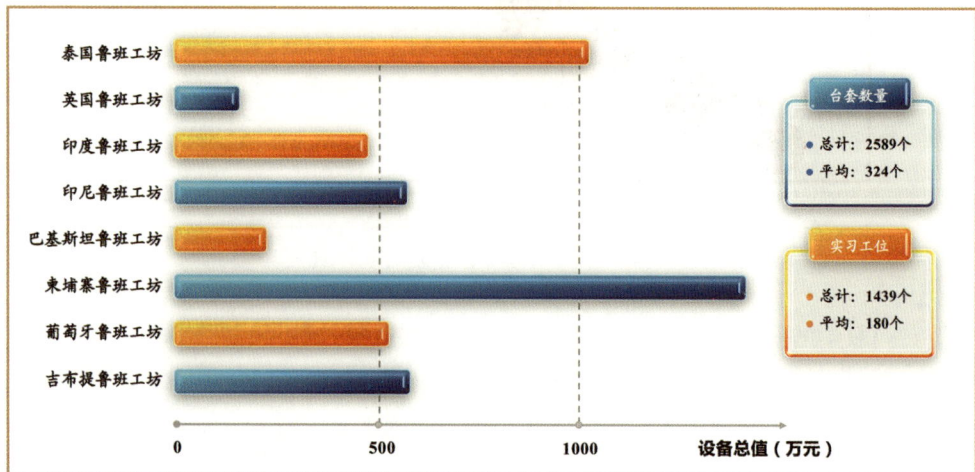

图 1-5　鲁班工坊项目设备总值情况图

1. 与国内外技能大赛赛项标准相对接

鲁班工坊最核心、最主要的教学装备是以我国职业院校技能大赛的竞赛装备为依据来遴选的，代表了我国行业发展现阶段最先进的技术水平和相应的核心技术，对职业教育的发展具有引领和促进作用。如为围绕产业调整升级，设计的"自动化生产线安装与调试"和"机器人应用技术"等装备；对接装备制造业的新需求，设计的"数控机床安装、调试与维护""飞机发动机拆装与维护"等国赛装备；以智能制造为依托，设计的"工业机械手与智能视觉系统"国赛装备等。经过应用，其中一些教学装备还得到项目所在地区国际竞赛的认可，如泰国鲁班工坊的自动化生产线安装与调试装备，已成为东盟职业教育技能大赛的比赛专业装备。

2. 与职业教育的专业教育、职业资格证书培训相对接

鲁班工坊教学装备的开发设计首先是要立足于职业院校专业教学的需求，其次是要满足学生职业资格取证的训练标准，与行业企业的操作规范和工艺的要求相一致。因此，在教学装备的开发设计上，是以专业核心技术作为主线，围绕团

队协作能力、计划组织能力、交流沟通能力等综合职业能力培养要求，全面融入行业企业和生产现场要素，嵌入多项技术领域的专项技术，并与专业教育实训课程设计和教学方法改革相适应。以自动化生产线安装与调试教学装备为例，装备设计的定位为多项技术在高仿真现场环境下的综合应用，实现局部与整体、单体与总体、机械与电气、机构搭建与编程调试协同设计，增强专业课程体系中各个课程、各个实验实训场所的有机关联，构建"相互平行、融合交叉"的理论和实践教学体系。

3. 对接国际通用技术、工艺和产品标准

鲁班工坊教学装备的设计开发，是在充分研究和借鉴国际经验基础上结合我国实际开发的，大量选取了在工业技术领域国际通用性强、应用效果好的主流技术和器件，因此其设计标准得到国际的认可。以葡萄牙鲁班工坊为例，工坊配套的 16 套教学装备的每一项技术标准、每一个零件都达到了欧盟的认证标准，其相关的系列教学设备不仅可以在葡萄牙进行广泛应用，而且也同时得到在欧盟其他国家广泛应用的许可，这为鲁班工坊在更多国家的建设奠定了坚实的基础。①

（三）专业设置优质优先特色鲜明

以机械加工、汽车维修、铁道工程与运营、信息技术为主导，天津市的 9 所中职、高职与应用本科院校分别与海外 8 所学校共建了 23 个专业，涉及先进制造、汽车技术、铁道交通、电子信息、商贸物流、餐饮等 9 个大类，这些专业均源自于天津国家职业教育改革创新示范区的优秀成果，得到合作国家的高度认可。

在鲁班工坊的建设与发展过程中，合作专业无论在专业覆盖面还是在服务能力方面都有显著提升。按照项目建设的发展规划，以及合作国家的需求不同，鲁班工坊在建设的过程中，逐步完善增加专业设置、合作专业的层次是多个项目的基本特征。如泰国鲁班工坊的专业建设是分三期完成的：机电一体化专业是第一期的建设专业，2017 年 8 月专业标准通过了泰国职业教育委员会的审核，被纳入泰国学历职业教育体系。第二期建设是在 2018 年 1 月，按照泰国技术技能人才培养需求业数控机床国际专业物联网技术国际专业三个专业。三期建设是在 2018 年 7 月，天津渤海职业技术学院与泰国大城技术学院合作建设了新能源汽车，技术国际专月：针对泰国国内对高铁技术技能人才的需求，天津铁道职业技术学院与泰国大城技术学院合作，在原有基础上，联合泰国境内 8 所具备高铁专业建设能力的院校，合作开展高铁类专业的学历教育与职业培训，在专业标准、人才培养方案、

---

① 参见杨延：《鲁班工坊建设的动因、内涵与特征分析》，《中国职业技术教育》，2019 年第 28 期。

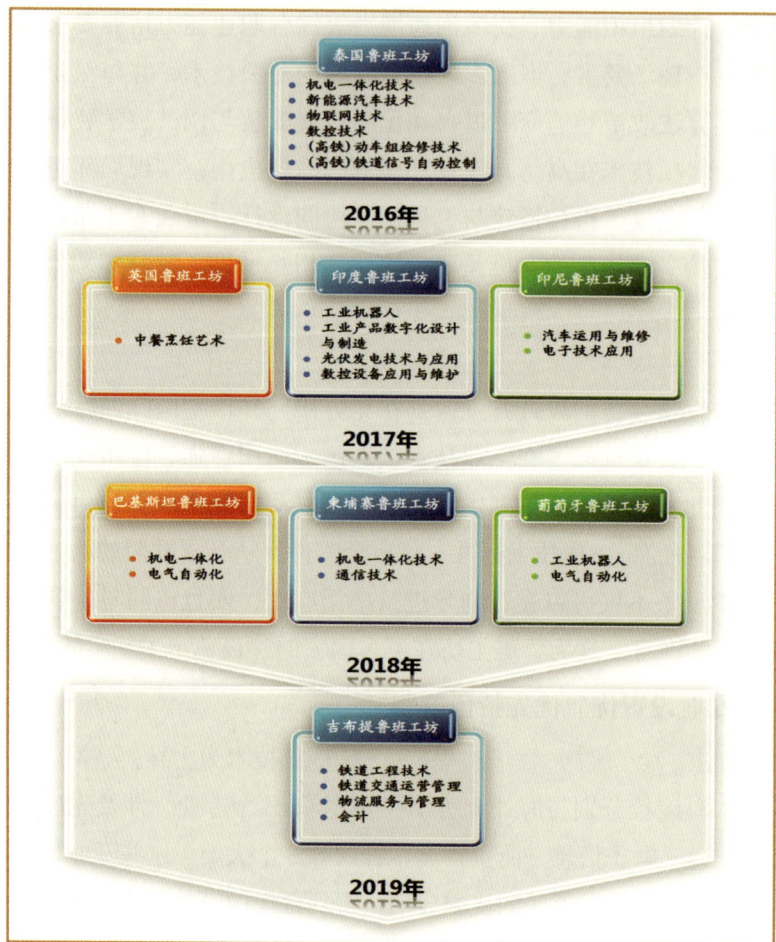

泰国鲁班工坊
- 机电一体化技术
- 新能源汽车技术
- 物联网技术
- 数控技术
- (高铁)动车组检修技术
- (高铁)铁道信号自动控制

2016年

英国鲁班工坊
- 中餐烹饪艺术

印度鲁班工坊
- 工业机器人
- 工业产品数字化设计与制造
- 光伏发电技术与应用
- 数控设备应用与维护

印尼鲁班工坊
- 汽车运用与维修
- 电子技术应用

2017年

巴基斯坦鲁班工坊
- 机电一体化
- 电气自动化

柬埔寨鲁班工坊
- 机电一体化技术
- 通信技术

葡萄牙鲁班工坊
- 工业机器人
- 电气自动化

2018年

吉布提鲁班工坊
- 铁道工程技术
- 铁道交通运营管理
- 物流服务与管理
- 会计

2019年

图 1-6 鲁班工坊项目专业设置情况图

实训基地、师资队伍、教学资源、留学生、技能大赛、产品研发等方面展开合作，形成覆盖泰国全境、辐射东南亚国家的高铁职业教育联盟。经过 2016——2018 年 3 年的发展，泰国鲁班工坊的专业设置由最初的 1 个专业提高到 6 个专业，成为目前已经建成鲁班工坊合作专业最多的一个项目。

（四）师资培训因地制宜规范系统

师资培训先行是鲁班工坊建设的基本原则，每一个项目在启动建设后的一个重要环节就是对专业教师进修培训，培训包括两个部分：外方教师在中国接受全面的专业培训，中国教师赴境外合作学校进行相应的专业培训。截至目前，接受过培训的外方专业教师人次达到 363 人次。受到合作国家实际情况的影响，各个项目目前培训教师的规模有一定的差异，其中柬埔寨鲁班工坊由于是面向澜湄 5

国的政府项目，因此其教师培训规模相对较大，其来华培训的教师规模达到 30 人次，在柬埔寨本土的专业教师培训规模达到 78 人次，且随着项目的不断深入，这一数据还将继续增长。

　　除了规模之外，教师培训的时长也是外方教师基本专业能力水平的重要保障，根据项目建设的教学层次不同，为了达到培训目标，每个项目都采取多次循环培训的方式，以期经过相对较长时间的学习，全面提升合作国家专业教师的理论水平与实践水平。

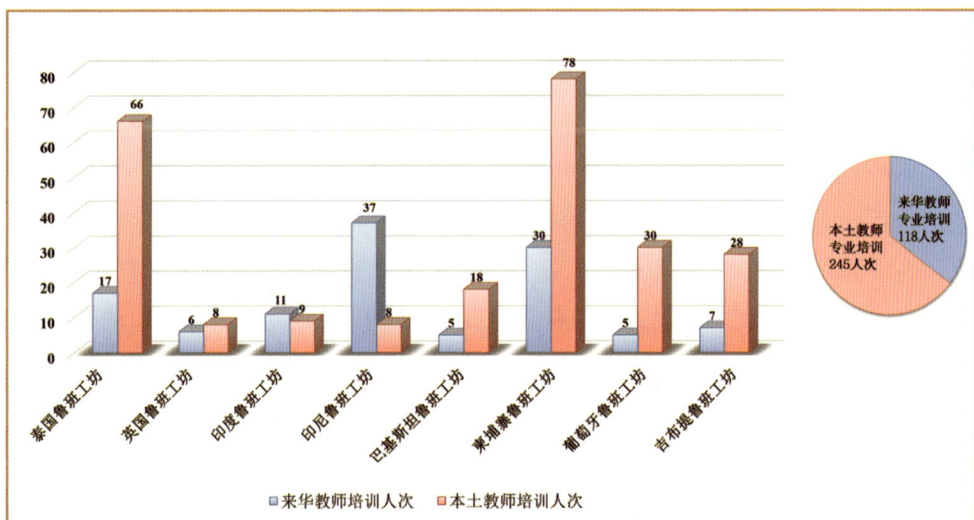

图 1-7　鲁班工坊项目师资培训情况图

　　以印度鲁班工坊为例，这个项目是首个与海外本科院校合作的项目，其师资培训是采用定制式的师资培训方式来进行的，由中印校方之间根据合作专业需求、印方专业教师基础，制定培养培训方案，采用国内外多次轮训的方式逐步完成对印度教师从教学理念、教学模式、专业理论和实践能力的完整培训。截至目前，培训已经完成三期轮训：第一期培训起始于 2016 年 11 月，印度金奈理工学院校长带领 6 位专业教师来津，进行一个月的 EPIP 师资研修，天津轻工职业技术学院和天津机电职业技术学院专门组建了强大的师资培训团队，从学校遴选具有较好英语基础、专业理论与实践能力兼备的优秀教师，利用校内一流的教学设备及教学资源，对印度教师进行定制式的系统培训。培训结束后，印度教师们基本掌握了专业技术理论与实践技能，能够独立完成实训作品。第二期培训是 2017 年 7 月在印度金奈理工学院完成的，天津轻工职业技术学院、天津机电职业技术学院联合派出专业教师及企业工程师团队在印度进行鲁班工坊规划布局与设备安装调试之时，带领印度师生边实操边讲解，确保印度教师和学生在实践中全面掌握相关设备的使用方法。第三期培训是2019年7月，印度金奈理工学院的专业教师再次到天津接受30天的集中培训，进一步提升其专业实践教学能力。未来根据实际需求，天津轻工职业技术学院与天津机电职业技术学院还将继续组织印方的专业教师进行定制式培训学习，以确保其教学理念、教学模式和教学标准与中国的同步。

对来华培训的部分教师进行采访发现，外方教师对中方培训的整体内容是非常满意的，认为中方的培训无论是在教学理念、教学模式还是在实训内容方面都是非常先进的，尤其是在实训教学方面，外方合作院校由于实践教学装备的不足，以及教学理念问题等原因，而形成了重视专业理论教学忽视实践教学问题较为严重，因此外方教师非常重视在中国的学习，且收获颇丰。关于未来承担的工作重点，受训教师认为主要是如何将中国的教育理念、教学模式和专业教学标准实现本土化，与中国学生对比，外方教师普遍认为，海外学校的学生基础能力有些薄弱，完全套用中国标准和中国模式还是有些困难，需要进一步本土化。课题组调查认为，中国模式、中国标准在国外的本土化发展是一个过程，需要中外教师的共同努力，首先是要对外方专业教学标准、学生学习能力等方面进行综合研判的基础上，联合开发设计相应的教学标准、课程标准和教材，其次采用年度循环的方式对外方教师进修周期性培训，以强化提高其教学能力和专业能力，并依靠其带动本土学院专业教师整体水平的提高，才能确保专业教学能够达到鲁班工坊设计的要求。

鲁班工坊作为一个大平台，其师资培养培训工作不仅仅局限于合作院校的专业教师，同时还承担着对海外进行中国先进职业教育理念、教学模式的推广的功能，泰国鲁班工坊和柬埔寨鲁班工坊的项目建设在分享中国职业教育教学理念、教学模式的工作中已经取得了显著的成果，目前借助两个工坊的专业教育教学资源，已经实现了向周边国家的专业教师开展规模化培训的工作，形成了广泛的影响力。

（五）教学资源开发高标准系列化

与国内教学不同，海外鲁班工坊的教学是由在中国接受过系统的专业培训的本土专业教师来组织实施的，是以中方的专业标准为依据来进行教学的，无论是学生的学还是教师的教，其重要依据都是由中方院校开发的教学资源，因此开发形式多样、内容丰富的教学资源是每一个鲁班工坊项目前期建设的重要任务。

已经建成的8个项目显示，开发完成的鲁班工坊教学资源是立体化与系列化

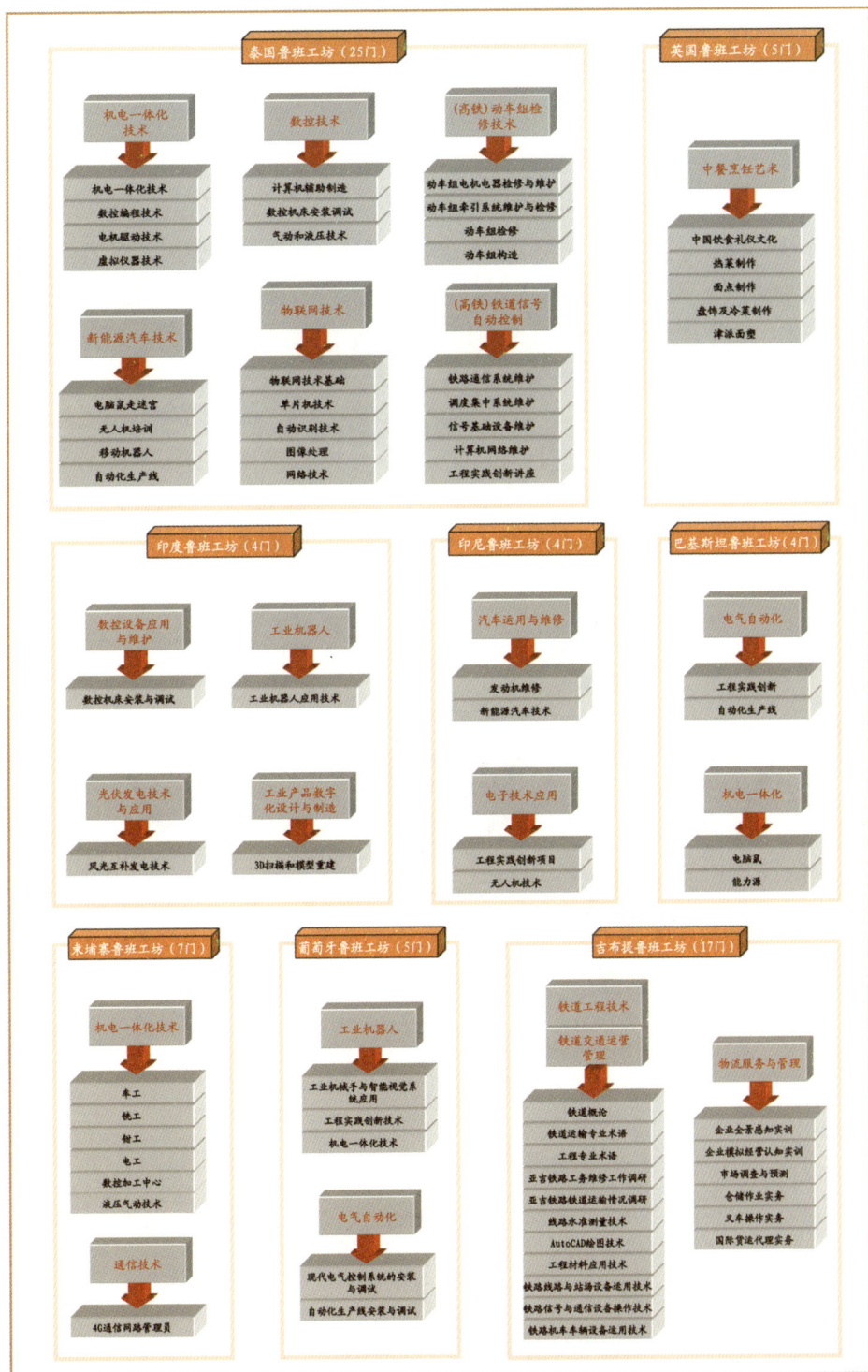

图 1-8 鲁班工坊项目课程设置情况图

的，既有在专业框架下的专业课程标准，也有相应的中外文教材，以及课件、视频等信息化教学资源。截至 2019 年 10 月，中外专业教师合作共同开发了 71 门相关专业的课程，中方专业教师已开发了中外文双语的专业教材 88 本，其中包含公开出版的 7 本专业教材和尚未出版的校本教材 81 本。同时，为了实现我国与合作国家之间专业教学的同质同步，中方教师还开发了大量的信息化教学资源，如课件、视频，以及相应的软件等，这些资源通过借助鲁班工坊的空中课堂等信息手段，有效地实现了海外课程与中国国内课程相互连接，有力地保障了鲁班工坊的教学质量。据不完全统计显示，目前 8 个项目已经完成 1056 个课件、5000 多分钟视频、38 个题库、28 个中外文双语软件系统，以及对接中国职业资格证书标准而开发的 19 套涵盖授课计划、实验手册，以及课程标准、考试内容等在内的完整的课程资源包。

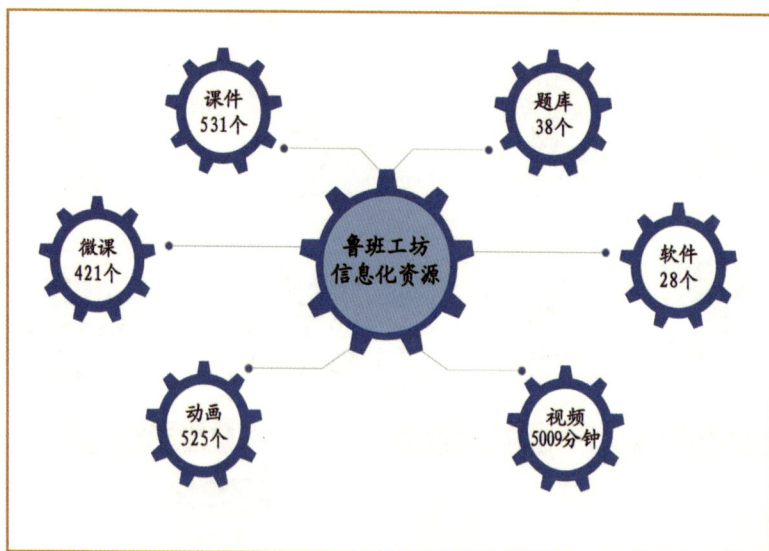

图 1-9　鲁班工坊项目信息化资源情况图

四、中国标准纳入合作国国民教育体系

鲁班工坊国际形象的创立、国际影响力与外部效应的产生均来自于卓越的办学质量，质量优先原则是项目建设的核心原则。

在已经建成的 8 个鲁班工坊中，天津职业院校的专业团队与合作国家的专业教师共同合作开发建设 23 个国际化专业，所有专业的开发标准全部源自于 2012年教育部在天津的国际化专业试点工作成果，这些专业也同时是中方合作院校的优势主干专业，在标准设计上对标行业的国际前沿技术标准，在教学组织实施上对标先进的教育理念与教学模式，因此项目团队合作开发的人才培养方案、专业标准得到合作国家的广泛认同。截至 2020 年 3 月，已有 10 个国际化专业教学标准获得当地合作国教育部评估认证，纳入其国民教育体系，专业招生实现规模化。

表 1-2　10 项专业标准纳入合作国国民教育体系

序号	获得认证专业名称	建设时间
1	机电一体化	2016.10
2	数控技术	2018.1
3	新能源技术	2018.1
4	物联网应用技术	2018.1
5	动车组检修技术	2018.7
6	铁道信号自动控制	2018.7
7	铁道工程技术	2019.3
8	铁道交通运营与管理	2019.3
9	物流服务与管理	2019.3
10	商贸专业	2019.3

除此之外，经过英国资格证书认证颁发机构 Qualifi 审核，英国鲁班工坊的中餐烹饪艺术（鲁班）专业教学标准获准进入英国国家职业资格框架体系。相关证书如下：

图 1-10　泰国职业教育委
员会认证证书

图 1-11　英国资格证书认证
机构 Qualifi 认证证书

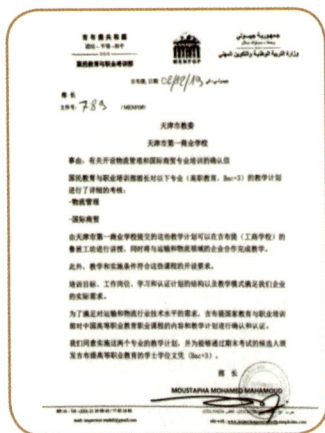

图 1-12　吉布提国家教育
与培训部认证证书

五、人才培养规模与质量实现同步提高

鲁班工坊人才培养包括两个部分：学历教育与职业培训。以鲁班工坊为载体的学历教育包括来华留学生教育和在合作国家的本土教育两个部分。研究数据显示，8 个鲁班工坊目前来华留学生的总规模达到 236 人，加上在本土的中职、专科和本科的招生，目前职业教育学历教育的总规模达到 633 人，随着合作项目建

设备项条件的逐步完善，相关专业达到招生要求后，本土招生的规模将会有一个大幅的增长。

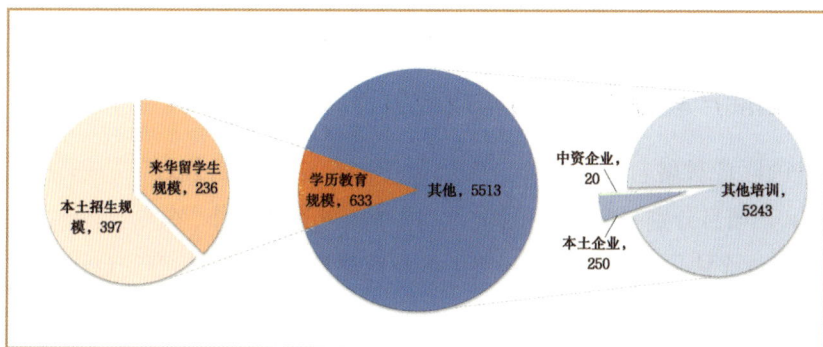

图 1-13　鲁班工坊项目学历＋培训人数情况图

　　以鲁班工坊为载体，与国（境）外院校联合培养留学生，或者承担留学生教育的部分职能，是天津市职业院校鲁班工坊建设的一个重大成就。为此，天津市政府专门出台了文件，提出为鲁班工坊建设院校提供一定数量的政府全额奖学金留学生名额。自 2016 年起，天津市教委专门为高等职业院校单列留学生名额，通过加大留学生奖学金的支持力度，改革和创新留学生的招生模式，天津市鲁班工坊的留学生规模有了显著的增长，从 2016 年只有 10 个学生，到 2019 年天津职业院校的留学生学历教育的规模已经达到 236 人，有力地推动了高等职业教育国际化的发展。这其中首个鲁班工坊泰国鲁班工坊借助其三期建设工程，使项目的国际合作专业规模达到 6 个，覆盖机械制造、高铁技术等专业，因其广阔的就业前景和丰厚的薪资待遇，吸引了越来越多的泰国学生来中国学习。学校在扩展专业类别的时候也发现，泰国学生对新兴专业的学习热情非常

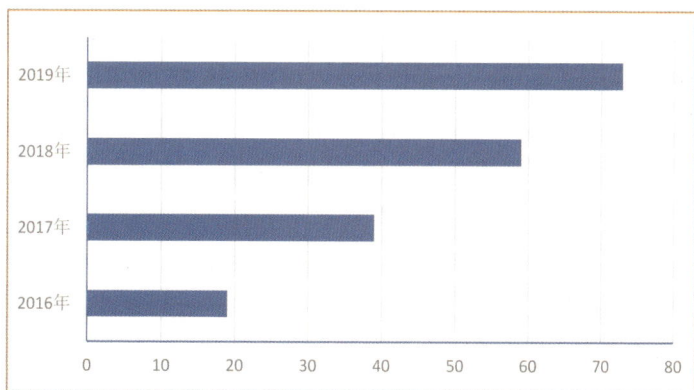

图 1-14　泰国鲁班工坊机电一体化专业留学生招生规模逐年递增

高，例如物联网技术专业和新能源技术专业在泰国是属于新专业，其招生规模均处于较高水平，新能源技术专业的2019年首次招生规模就达到了31人，由此可见，泰国学生对新技术的渴望程度，其中机电一体化专业由于其专业技术应用的广泛性，得到泰国学生的高度认可，选修此专业的泰国学生数量逐年增加。

六、国际产教融合校企合作成效显著

推进国际产教融合校企合作，为国际产能合作服务是鲁班工坊创立的重要任务，目前8个项目分别与27个中国企业。19个海外企业合作，在专业教学实训教学、实践教学和校企协同发展等方面开展了具有广泛性且含实质内容的合作。

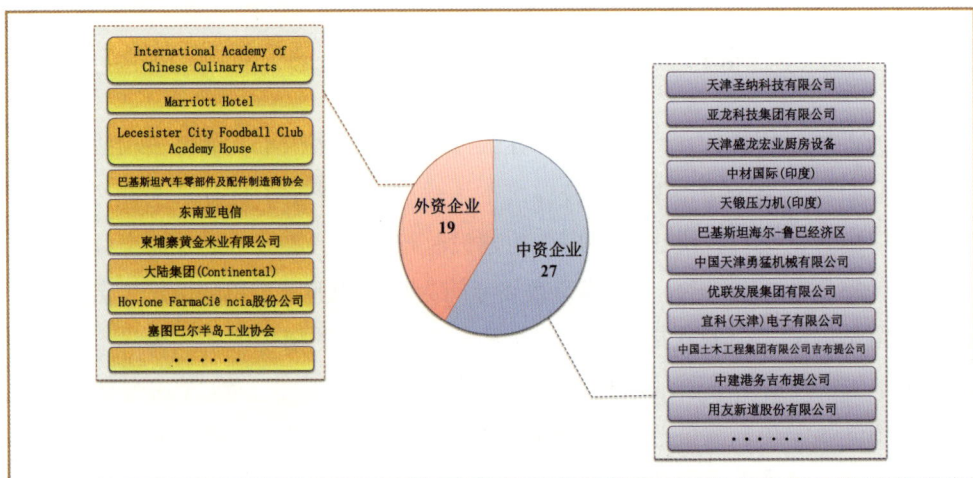

| International Academy of Chinese Culinary Arts |
| Marriott Hotel |
| Lecesister City Foodball Club Academy House |
| 巴基斯坦汽车零部件及配件制造商协会 |
| 东南亚电信 |
| 柬埔寨黄金米业有限公司 |
| 大陆集团（Continental） |
| Hovione FarmaCiê ncia股份公司 |
| 塞图巴尔半岛工业协会 |
| …… |

外资企业 19　中资企业 27

| 天津圣纳科技有限公司 |
| 亚龙科技集团有限公司 |
| 天津盛龙宏业厨房设备 |
| 中材国际（印度） |
| 天锻压力机（印度） |
| 巴基斯坦海尔-鲁巴经济区 |
| 中国天津勇猛机械有限公司 |
| 优联发展集团有限公司 |
| 宜科（天津）电子有限公司 |
| 中国土木工程集团有限公司吉布提公司 |
| 中建港务吉布提公司 |
| 用友新道股份有限公司 |

图 1-15　鲁班工坊项目校企合作情况图

在实训教学领域的合作体现在两个方面：一方面以企业先进技术来引领鲁班工坊的实践教学，另一方面以鲁班工坊为载体推动中国企业的国际化。以教学装备类企业亚龙智能装备集团公司为例，泰国鲁班工坊的首个合作专业机电一体化专业的教学装备采用的是全国职业院校技能大赛选用的亚龙智能的 YL-335 自动化生产线实训考核设备、亚龙 YL-166 型现代电工电子综合实验系统、亚龙 YL-569 型数控车床。这些教学装备在技术要求上达到目前国内外相关行业领域的先进水平，在教学上则按照职业教育理论教学与实践教学一体化的模式进行设计，有力地确保了鲁班工坊的实践教学能够达到中国先进标准的要求，且此教学装备与亚龙公司为东盟技能大赛提供的比赛装备相同。亚龙企业的先进教学装备有力地推动了泰国鲁班工坊的职业教育与职业培训的质量，连续几年鲁班工坊的外方合作学校泰国大城技术学院的在校生，以及周边地区和国家的学生通过该教学装备的训练，在东盟技能大赛上取得优异成绩。

另外，鲁班工坊的建设也为企业在合作国家及地区的发展创造了条件，葡萄牙鲁班工坊建设用的教学装备亚龙智能 YL-335BHE、YL-158GA1 系列实训设备，无论在设备的性能标准上还是在内部各个零件的配备上都是通过了欧盟的认证要求，随着项目的建成，该企业的系列产品也随着鲁班工坊进入欧洲市场，实现了国际市场的拓展。同样，在英国鲁班工坊的中餐烹饪艺术专业的建设过程中，专门为天津食品集团的系列产品建设展示窗口，为英国深入了解和采购中国产品提供平台。

在校企合作领域的合作，主要是为中资企业在海外的发展和解决本土企业急需的技术技能人才短缺问题提供了实质性的支持。以印度鲁班工坊为例，项目建设伊始就为中国海外企业提供了极大的支持，2018 年项目启动仪式上中天科技（印度）、中材国际（印度）、天锻压力机（印度）、中国巨轮（印度）、中国昇龙生物科技（印度）是 5 个中国在印度的制造业企业，与外方合作学院印度金奈理工学院签署订单培养协议，定向培养中资企业在印度本土发展急需的数控机床安装与调试、风光互补发电技术、工业机器人应用技术、3D 扫描和模型重建几个专业的技术技能人才。除此之外，项目所在地的印度南部省市中资企业集聚效应较大的地区，金奈周边的中资企业数量达到 300 余家，有着大量的本土化技术技能人才需求，印度鲁班工坊的建设还将为缓解印度金奈整个区域的人才短缺做出贡献。[①]

七、人文交流形式日益多元化立体化

海外建设的鲁班工坊，经过一段时间的发展，目前已经成为当地的职业技术教育中心，甚至成为周边国家青年人竞相前去学习技术的目的地，不仅为当地及周边国家青年人提供了就业技能，也增加了中国对该地区经济发展、人们生活提高的贡献度，提升了中国在该地区的影响力，展现了中国作为一个负责任大国应有的态度和作为，改变了外国政府和人民对中国技术和人才的印象和认知，有力地促进了双方的民心相通、相互理解。

鲁班工坊中外双方在职业教育国际合作领域的人文交流形式是多元化、立体化的，师生互访、竞赛交流、国际论坛和体验馆展示是现阶段鲁班工坊人文交流的四种主要形式。

（一）中外师生互访

从 2016 年至 2019 年 10 月，借助 8 个建成项目，无论中外学生交流还是教师

① 参见李云梅、王妍：《职业教育鲁班工坊国际化发展的成效与展望精读》，《职教发展研究》，2019 年第 1 期。

交流都取得了显著的成效，来华短期交流的外国学生达到 135 人次，赴海外交流的中国学生规模达到 128 人次，来华学习交流的教师总规模达到 465 人次，赴海外交流的中国教师规模为 199 人次，实现了双方之间师生层面的互访互学，为进一步推动国与国之间的人文交流奠定了基础。

以泰国鲁班工坊为例，作为最早创立的鲁班工坊中方建设学校，天津渤海职业技术学院从 2016 年开始有计划地与泰国大城技术学院开展师生交流活动，来华泰国学生 100 人次，约占所有鲁班工坊交流总量的 74.1%，赴海外中国学生规模占总量的 80.4%，来华外国教师数量占总量的 55.2%，赴海外中国教师的数量占总量的 40.2%。在师生互访的过程中，中外双方都开展了丰富多彩的人文交流活动，比如参观、考察、体验学校，参观企业，文化、体育和艺术等展演交流等。开展师生互访互学等活动不仅是中方合作学校的需求，也是外方合作学校的需求，在广泛的交流过程中，可以有效地增进两国之间友好关系。

（二）国际技能竞赛交流

在 8 个鲁班工坊中外双方师生共有二百余人参与了我国全国性的多个比赛项目，如全国职业院校技能的自动化生产线安装与调试大赛、年度 IEEE 电脑鼠走迷宫国际邀请赛等。这些赛项活动给予中外师生在技术技能层面广泛且深度的交流。调查显示，通过比赛活动，外方教师认为自己对中方企业文化了解足够多的比例占到 75%，对中国企业印象深刻的分别是中国的技术与服务占 75%，企业装备占 62.5%。有 75% 的外方教师认为自己对中国在职业精神、职业规范等有关职业文化方面的了解有很大扩展，这些都有力地促进了外国师生对中国技术、中国产品和中国企业的认知与了解。

关于中外双方教师对鲁班工坊影响力的评价，课题组对来国内的外国教师调查中发现外方教师认为鲁班工坊在当地有很大的影响力，认为非常大的占 75%，比较大的占 25%，且外方教师通过交流学习普遍认为鲁班工坊这一平台对学习和传播职业技术作用极大，其中认为非常有用的占 75%，比较有用的占 25%，这些观点足以说明随着鲁班工坊建设的逐步推进，其在当地的作用逐步显现。

另外鲁班工坊的建设对中国职业教育的影响也是显著的。为了建设项目，天津从 2016 年起调动了巨大的教师力量投入前期考察、教材编写、设备安装与调试、对外国教师培训等具体事务的过程中，为我国海外鲁班工坊的顺利开展付出巨大的同时，也通过参与中外教育论坛、国外教育制度与教育环境考察、中外双方合作技能竞赛等活动，使得中外的专业教师在教学资源开发、国际交流能力等方面有了很大的提升，在对中国45位被采访的专业教师调研中发现，91%的教师认为参加项目建设对自身能力的提高是巨大的，且通过合作对国外职业院校的教学管理有了进一步的理解。

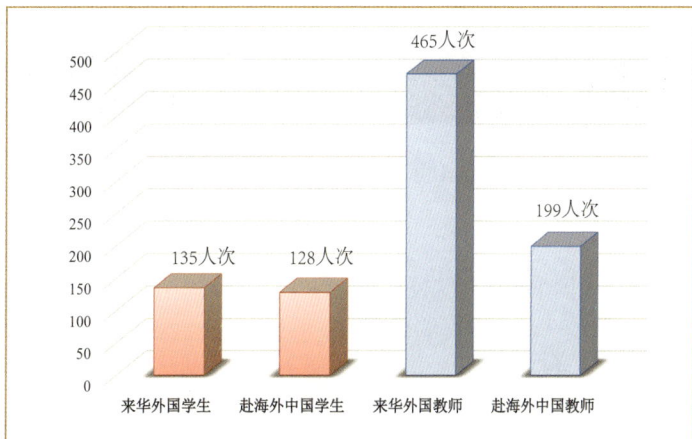

图 1-16　鲁班工坊项目人文交流情况图

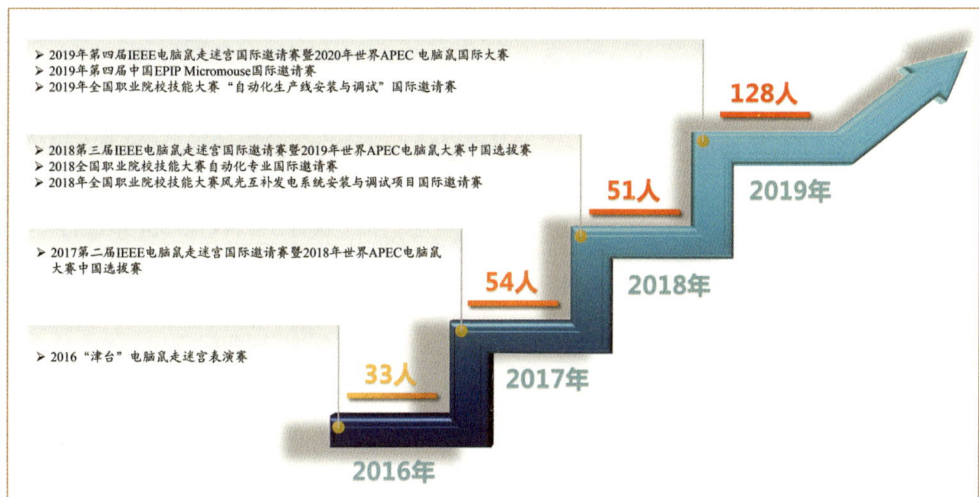

图 1-17　鲁班工坊项目竞赛交流情况图

（三）中外国际论坛

鲁班工坊作为国际合作与交流的大平台，伴随其规模的不断扩大，需要不断加强与国内国外的政府、学校、企业、社会组织等多方的沟通与合作，召开形式多样、层次各异的国际论坛成为自项目成立以来较为重要的一个建设内容，这其中既有推动中外职业教育思想交流的学术论坛，也有为中外合作各方提供信息的研讨会等，合作各方借助国际论坛，发现寻找中外职业教育合作内容，梳理职业教育学术成果和合作办学经验，推动深层次的民心相通，并有力地提升了中国职业教育国际影响力。

表 1-3　中外鲁班工坊专题论坛（2016—2019 年）

会议时间	论坛名称	主办方	参加单位
2016.5	现代职业教育国际产教对接会	中国职业技术教育学会	泰国 13 所职业院校、越南职业院校、天津大学、河北工业大学、天津渤化永利化工有限公司等
2017.5	中国东盟职业院校高峰论坛——EPIP 教学成果交流分享	天津市教育委员会	泰国大城府省政府、天津渤海职业技术学院等天津的职业院校、天津渤海化工集团等
2017.11	中英职业教育高峰论坛	天津市教育委员会职业技术教育中心、英国超卓教育顾问有限公司	英国奇切斯特学院、天津海运职业学院等天津的职业院校、相关企业
2017.12	中国印度尼西亚职业学校校长论坛	天津市东丽区职业教育中心学校	东爪哇省职业技术学校、天津职业院校、相关企业
2018.1	中泰职业院校校长论坛	天津市教育委员会、泰国教育委员会	泰国大城技术学院、天津职业院校、相关企业
2018.5	相通、融合、发展——产教融合与"一带一路"沿线国家职业教育合作	教育部职业技术教育中心研究所、天津市教育委员会	联合国教科文、世界银行，印度、印尼、泰国等 8 个国家，国内 23 个省市的政府机构和行业企业、职业院校
2018.5	EPIP 国际教育联盟论坛	中国职业技术教育学会、天津市教育委员会	泰国大城技术学院、山东商务职业学院、南开大学、伯明翰城市大学、天津职业院校等
2018.12	中国—印度职业教育合作论坛[1]	天津市教育委员会、中国驻印度大使馆	孔子学院总部、国家汉办、拉夫里科技大学、印度国家信息技术学院、天津轻工职业技术学院、天津机电职业技术学院、印度金奈理工学院等
2019.5	2019 年鲁班工坊与产教融合国际论坛[2]	教育部职业教育与成人教育司、天津市教育委员会、天津市政府外事办	泰国、印度、印度尼西亚等已建成鲁班工坊的中外院校及德国、肯尼亚、马来西亚等 15 个国家

---

[1] 参见《中国—印度职业教育合作论坛"在印成功举行 》，https://www.sohu.com/a/285001307_229991。
[2] 参见《首届鲁班工坊与产教融合国际论坛在津召开》，http://www.tjvae.cn/2019/xwzx_0510/3814.html。

（四）鲁班工坊体验馆

2018 年 4 月，在教育部职业教育与成人教育司和天津市教育委员会的具体指导下，天津轻工职业技术学院与天津市其他职业院校通力合作，创建了我国首个鲁班工坊建设·体验馆。

鲁班工坊建设·体验馆依托鲁班工坊的建设与发展，重点展示我国职业教育对外开放成果和天津市国家现代职业教育改革创新示范区成果。体验馆整体面积 560 平方米，其中主厅 420 平方米，序厅 140 平方米。序厅包括寓意和形象墙两部分，主厅包括序言、建设缘起和内涵、建设历程、已建成的鲁班工坊展区、建设中的鲁班工坊展区、空中课堂、鲁班工坊研究与推广中心、政策保障和展望等 12 部分。场馆设计兼具体验性和艺术性，融合中国和各鲁班工坊所在国家的文化特色，将古老"班墨文化"与现代信息技术相结合，以多元形式呈现鲁班工坊建设的历程和成效，让参观者真实感受新时代的匠气、匠心、匠技。

鲁班工坊建设·体验馆面向国内外开放，受到各级领导和社会各界的高度重视及广泛关注，中央政治局委员、国务院副总理孙春兰，中央政治局委员、天津市委书记李鸿忠时任市委副书记、市长张国清，教育部党组书记、部长陈宝生等领导到体验馆参观，给予充分肯定。截至目前，体验馆先后接待了来自国家各部委的领导、省市级领导、省市级教育厅领导，来自泰国、英国、印度、印度尼西亚、加拿大等国的政府官员，以及海内外职业院校的师生、合作企业和社会各界人士，联合国上合组织的国际合作项目学员等，参观人次达到 20000 多人次，在国内外产生了巨大的社会影响力。[①]

八、项目建设形成巨大国内外影响力

（一）鲁班工坊获得党和国家领导的高度肯度

2018 年 9 月 3 日，在 2018 年中非合作论坛北京峰会开幕式上，习近平主席在主旨讲话中提出"八项行动计划"，要在非洲设立 10 个鲁班工坊，向非洲青年提供职业技术培训。

2018 年 12 月 5 日，在中葡两国即将迎来建交 40 周年之际，习近平主席和科斯塔总理共同见证天津市长张国清代表教育部和天津市人民政府与葡方代表签署了葡萄牙鲁班工坊共建协议，宣告位居欧亚大陆两端的两个学校：天津机电职业技术学院和葡萄牙塞图巴尔理工学院携手共创葡萄牙鲁班工坊。

---

① 参见吕景泉：《鲁班工坊》，中国铁道出版社，2018 年。

2019 年 4 月 25 日，习近平主席会见出席第二届"一带一路"国际合作高峰论坛的埃及总统塞西时，提出中国愿积极参与苏伊士运河走廊开发计划，持续推进苏伊士经贸合作区建设及产能、基础设施建设等领域合作。中方将在埃及设立鲁班工坊，向埃及青年提供职业技能培训。

2016 年 12 月 12 日，陈宝生部长在福州召开的"现代职业教育发展推进会"上提出，国家社会不仅需要爱因斯坦，也需要爱迪生；中国要有孔子，更要有鲁班，对于鲁班工坊给予肯定。这是首次来自政府层面的认可。2018 年全国职业院校技能大赛期间，孙春兰副总理在鲁班工坊体验馆参观，提出借助鲁班工坊这一载体将中国职业技术传播到国外，服务"一带一路"倡议，值得充分肯定。

（二）项目建设获得合作国政府的高度认可

为表彰鲁班工坊为泰国职业教育发展做出的贡献，泰国授予天津渤海职业技术学院"诗琳通公主纪念奖章"。印尼总统佐科·维多多对印尼鲁班工坊给予高度评价。在中印两国高级别人文交流机制首次会议期间，中印双方共同举办"中印职业教育合作论坛"，宣传和推广印度鲁班工坊合作办学模式。英国政府邀请鲁班工坊掌勺首相府中国农历 2019 新年招待会"年夜饭"。吉布提总统盖莱在揭牌仪式上表示，鲁班工坊是中国送给吉布提最好的礼物。2019 年 7 月 18 日，柬埔寨王国政府授予学校党委书记、校长、主管副校长由洪森首相亲笔签名的撒哈拉大骑士头衔勋章。2019 年 10 月，葡萄牙塞图巴尔举办第三届中葡职业教育研讨会，成立了中葡校企合作联盟，葡萄牙鲁班工坊先后接待塞尔维亚、乌克兰、巴西、安哥拉等多国政府、院校和企业团组考察调研。

（三）国内外媒体反响强烈

鲁班工坊自创建以来，就备受中外政府和社会各界的广泛关注，《人民日报》《光明日报》以及泰国、印度、印度尼西亚和巴基斯坦等国的大媒体都相继对其建设历程进行了深度报道。2016 年 4 月 26 日，《光明日报》报道中国首所海外《鲁班工坊》落户泰国。报道称，作为中国第一所落户海外的鲁班工坊，该工坊以工程实践创新项目教学模式为核心理念和主线。2016 年 9 月 29 日，人民日报刊发《职业教育的"共享"之路》。报道称，如果说鲁班的名字是中国工匠精神的象征，那么鲁班工坊则称得上是中国职业教育"走出去"的标志。2019 年 4 月，《人民日报》以"非洲首家鲁班工坊在吉布提揭牌——更多年轻人的梦想将成为现实"为题，全面报道中国在非洲设立的首家鲁班工坊，致力于服务亚吉铁路和吉布提经贸港口经济发展，面向非洲青年提供学历教育和职业培训。吉布提总统盖莱和多位政府部长、中国驻吉布提大使卓瑞生等数百人出席揭牌仪式，共同见证这一重要时刻。

图 1-18　鲁班工坊项目媒体报道情况图

第四节　鲁班工坊的发展规划与重点任务

天津鲁班工坊的发展已经成为我国中外人文交流的一个知名品牌，无论在规模上还是在成效上都已经实现了突破性，未来天津市为大力推进鲁班工坊高质量建设和可持续发展，加快天津经验在全国范围的应用推广，将不断深化鲁班工坊的管理体制与机制改革，为其高水平、高标准发展奠定基础。

一、加快全球布局，推动项目规模化发展

作为国际化的人文交流品牌项目，未来鲁班工坊的建设必将随着"一带一路"的发展需求，在相关国家进行建设布局。在非洲区域，天津市将全力推进非洲鲁班工坊的项目建设，按照中非合作论坛八大行动要求，加快非洲区域的鲁班工坊建设，对接中国企业在非洲整体发展需求，确保并超额完成习近平总书记提出在非洲创建 10 个鲁班工坊的任务要求；在欧洲和亚洲区域，天津将根据"一带一路"建设的需求，优化布局，推进瑞士的中医药项目、俄罗斯的信息技术项目，以及中欧保加利亚的农业项目等。目前已经启动了 13 个建设项目：

表 1-4　鲁班工坊建设项目规划 2020-2021

序号	项目名称	建设单位	
		中方学校	外方学校
1	埃及鲁班工坊	天津轻工职业技术学院	艾因夏姆斯大学
		天津交通职业学院	
2	埃及鲁班工坊	天津轻工职业技术学院	开罗高级维修技术学校
		天津交通职业学院	
3	埃塞俄比亚鲁班工坊	天津职业技术师范大学	埃塞俄比亚联邦职业技术教育与培训学院
4	瑞士鲁班工坊	天津医学高等专科学校	爱斯康柏医疗培训中心
		天津市红星职业中等专业学校	
5	加纳鲁班工坊	天津市经济贸易学校	阿克拉技术大学
6	俄罗斯鲁班工坊	天津电子信息职业技术学院	莫斯科国立通讯与信息技术大学（MTUCI）
7	科特迪瓦鲁班工坊	天津理工大学	亚穆苏克罗国立博瓦尼理工学院
8	摩洛哥鲁班工坊	天津商务职业学院	阿伊 阿萨尼 1 应用技术学院
9	保加利亚鲁班工坊	天津农学院	普罗夫迪夫农业大学
		天津市经济贸易学校	
10	尼日利亚鲁班工坊	天津中德应用技术大学	阿布贾大学
		天津铁道职业技术学院	
11	乌干达鲁班工坊	天津工业职业学院	埃尔贡乌干达技术学院
12	马达加斯加鲁班工坊	天津机电职业技术学院	塔那那利佛大学
		天津市机电工业学校	
13	加蓬鲁班工坊	天津职业大学	加蓬职业教育中心（利伯维尔校区）
		天津外国语大学	

二、系统化建构鲁班工坊管理制度体系

除了加快规模建设之外，强化质量提升、注重绩效管理将是鲁班工坊下一步建设的重中之重。未来鲁班工坊管理体制机制建设的重点方向是制度体系的完善，

在市教委与市财政共同研究制定《天津职业教育鲁班工坊建设项目和资金管理办法》的基础上，依照天津市鲁班工坊的建设规划、内涵要求和建设任务，明确鲁班工坊各级部门和建设单位的主体责任，制定完善的制度体系。通过系列化的管理制度，确保项目建设各个环节的任务落实，保障财政资金的使用合法合规合理，有效提升鲁班工坊专项资金的使用效率与效益；通过从启动建设到项目运营的全过程质量监管，确保项目的建设定位、发展模式、核心内涵和建设成果与项目设计要求的高度一致，同时借助实施系列化的激励机制，确保项目可持续高水平发展。

三、示范引领鲁班工坊在全国推广应用

2019年教育部、财政部发布了《关于实施中国特色高水平高职学校和专业建设计划的意见》，明确提出要打造中国职业教育国际品牌，积极参与"一带一路"建设和国际产能合作，开展国际职业教育服务，探索援助发展中国家职业教育的渠道和模式，建设一批鲁班工坊，培养国际化技术技能人才，促进中外人文交流。

为此，教育部2019年启动了在全国范围发起建设鲁班工坊联盟的重大工程项目，在天津市教委的领导下，天津市职业院校、市教科院积极配合教育部的工作要求，研究设计联盟的建设方案与管理制度，筹划联盟建设的准备工作。未来，天津市将集中鲁班工坊建设团队的多方力量，全面系统总结天津市鲁班工坊2016年至今的建设现状与实际成效，凝练建设的成功经验，明确改革方向与发展路径，为后续的鲁班工坊项目建设提供宝贵的经验的同时，为鲁班工坊项目在全国的推广工作提供引领示范。

四、科研助力项目的科学化规范化发展

理论研究与实践探索同步发展是鲁班工坊建设的一大特征。为了促进鲁班工坊建设管理的科学化、规范化，下一步将紧紧围绕天津市教委研究出台的《天津市鲁班工坊研究与推广中心建设方案》，以鲁班工坊建设与发展的总体布局为核心，在市教委直接领导下，以天津市教育科学研究院为主体，联合天津职业大学、天津渤海职业技术学院和天津铁道职业技术学院主导的三个分中心结合各自的优势与特点分工配合，共同研究构建鲁班工坊研究与评价体系，开展国内国际联动的政策研究、资源开发、指导评价等工作，为鲁班工坊的可持续发展提供政策分析、标准制定、项目指导、信息发布、学术交流以及经验推广与应用等技术支持服务。

第二部分
━ 分报告 ━

第二章 泰国鲁班工坊建设与发展报告

第一节 泰国的社会经济与教育情况概述

一、社会经济情况概述

泰国，全称泰王国，位于中南半岛，与缅甸、老挝、柬埔寨和马来西亚接壤，东南经泰国湾出太平洋，西南临安达曼海入印度洋。泰国作为东南亚半岛的主要国家，以其优越的海洋地理位置，成为"21世纪海上丝绸之路"的重要战略支点国家。作为东盟成员国和创始国之一，泰国区位优势得天独厚，是东盟的物流、贸易和金融中心，也是东盟与中国的天然桥梁，还是亚太经济合作组织、亚欧会议和世界贸易组织成员。

泰国现在已经被全球公认为一个新兴的经济体和一个新型的工业化国家，随着中泰两国在"一带一路"倡议下深入合作，双边贸易额持续升温，中国已经成为泰国最大的贸易伙伴，是最大进口来源地和最大的出口市场。

农业、旅游业及相关服务业是支撑泰国经济的主要产业，但随着泰国加快了工业化进程，以及出台了一系列税收优惠政策，使得制造业成为当地发展最快的产业，并成为当地第一大支柱产业。以泰国大城府为例，短短几年时间就建立起4000多座现代化工厂，并且主要以汽车制造和电子信息产业为主，但在发展中，却始终受制于高素质技能人才的短缺。随着中泰经贸持续升温，中国制造、中国技术和中国标准成为越来越多泰国企业的选择，而这就意味着当地新培养出的职业技能工人，必须跟得上企业装备的更新速度。

二、教育情况概述

泰国教育主要分为初级教育、高等教育、职业教育和成人教育四大类。职业教育又分为初等职业教育、中等职业教育和高等职业教育。从其职业教育发展历程看，泰国的职业教育具有一定特色：设有职业教育委员会（VEC），隶属教育部，负责职业教育的发展、计划实施与监督，统筹管理全国职业教育学校（机构）与资源。职业院校是泰国职业技术教育与培训项目的主要提供者。其中，职业学院和高等专科学校提供较高层次的职业技术教育与培训，学制通常为3年。教学模式主要借鉴德国双元制模式，学校组织学生在双元制和学徒制项目中学习，有的双元制项目由教育部主管的职业学院组织，有的由企业家或国有企业和政府机构共同组织。

泰国目前有职业院校426所，业余职业学校1000余所，业余职业技术学校开设了不同的职业教育课程，方便人们利用业余时间，系统地学习专业知识或培训某一工作技能。职业学校开设不同的修习培训，有些是修习专业文凭，时间为1至8年；有些是短期培训班，培训时间仅为2个月。

第二节 中泰两国经济教育合作情况

一、中泰两国经济合作情况

中国和泰国是亲密友好近邻，两国人民在历史悠久的交往中结下了"中泰一家亲"的深厚情谊。自1975年建交以来，两国互信持续提升，各领域务实合作深入推进，人文交流富有成果，中泰全面战略合作伙伴关系被赋予新的时代内涵。特别是近年来，双方不断加强两国发展战略对接，围绕"一带一路"建设、产能合作和"泰国4.0""泰国东部经济走廊"建设等积极开展合作，为双边关系持续健康稳定发展注入了新的蓬勃动力。随着"一带一路"倡议的实施，中泰两国在投资贸易、新型产业的合作、文化交流，尤其是在交通基础设施的建设方面的合作更密切，这就需要更多掌握先进技术的人才。

中国是泰国最大的贸易伙伴，泰国是中国在东盟国家第三大贸易伙伴。1985年两国成立部长级经贸联委会，2003年6月升格为副总理级经贸联委会，迄已为止举行了多次会议。双方签订了《促进和保护投资协定》（1985年）、《避免双重征税和防止偷漏税协定》（1986年）、《贸易经济和技术合作谅解备忘录》（1997年）、《双边货币互换协议》（2011年、2014年）等。2003年10月，两国在中国—东盟自贸区框架下实施蔬菜、水果零关税安排。2004年6月，泰国承认中国完全市场经济地位。2009年6月，两国签署《扩大和深化双边经贸合作的协议》。2012年4月，两国签署《经贸合作五年发展规划》。2014年12月，两国央行签署《关于在泰国建立人民币清算安排的合作谅解备忘录》，并续签《双边本币互换协议》。①

二、中泰教育合作情况

多年来，中国和泰国在政治、经贸、文化、科教等多个领域有着卓有成效的合作，加强了两国的友好关系，尤其是教育方面的合作，更是取得了令人瞩目的发展。1999 年 3 月 22 日，中泰两国的政府联合在北京签署了《高等教育合作谅解备忘录》，使双方在教育与人才开发合作方面有了指导性文件。2007 年，中国教育部与泰国教育部签署关于相互承认高等教育学历和学位的协定，促进中泰两国高等教育学历学位互认，推动两国高等学校的学分互认，以便于中泰两国学生或研究生在彼此国家进一步学习深造，促进中泰教育深度合作与发展。教育领域的合作呈现多层次、全面合作态势。例如，中泰两国教育部经常互访交流，互换留学生，中国派遣志愿教师赴泰国教授汉语等。在中国学习的泰国学生数量位于东盟国家首位，泰国也是东南亚国家中首选的留学目的国之一。据统计，每年泰国来华的留学生为 7000 余人，在华留学生总人数为 2 万余人，主要为交换生和本科学位生；中国每年赴泰的留学生人数为 9000 余人，在泰国的留学生总人数为 3 万余人。除此之外，中泰两国的教育机构通过各种形式进行合作，如经常举办教学、培训、学术研讨会等。

中国与泰国开展经贸合作有着稳固的现实基础，与泰国的职业教育合作也有10 多年的历史，广泛开展了师资培训、学术研讨、职教论坛、学生互派等交流活动。比如，天津师范大学、天津中医药大学、天津理工大学和天津科技大学拟以境外办学的形式与泰国东亚大学、索苏南他皇家大学和皇家理工大学开展学科合作，包括汉语国际硕士专业、工商管理硕士、中医药本科和硕士。与高等教育出版社在教材数字化、高等教育和职业教育领域开展合作。继续开发《体验汉语中小学系列项目（泰国版）》。鼓励泰国职业院校学生参加在天津举办的职业院校技能大赛，展示、交流和进一步加强两国青年学生之间的友谊。2014 年，为进一步深化津泰双方在职业教育领域的交流与合作，天津与泰国职业教育合作再出组合拳，双方22 所职业院校在津集体签约。天津职业院校牵头设计的全国大赛赛项、教学装备、教材和教学资源走出国门，成为东盟十国第八、九、十届技能大赛的竞赛标准、竞赛装备和教学资源。自 2015 年起，天津市教委与泰国职业教育委员会签署《天津与泰国 2017 年职业教育项目合作框架协议》和《天津市教委泰国海上丝路孔子学院奖学金项目合作框架协议》。天津市教委提供"天津与泰国职业教育奖学金"，

---

① 参见庄国土、林宏宇、刘文正：《泰国蓝皮书：泰国研究报告（2018）》，社会科学文献出版社，2019 年。

项目的设计致力于为泰国职业教育培养更多"汉语+"人才，促进中泰两国高等职业教育的交流合作，实现"泰国4.0战略"与"一带一路"倡议顺利对接。该项目已资助118名泰国学生来中国天津学习。

第三节 项目建设与发展

一、中泰两国双方学校简介

（一）天津渤海职业技术学院

天津渤海职业技术学院是一所公办高等学校，是中国特色高水平高职学校和专业建设计划建设单位，是2015—2018创新发展行动计划国家优质校，是天津市首批示范性高职学院，首批天津市世界先进水平高职院校项目建设单位，是石油与化工行业职业教育与培训全国示范性实训基地。学院占地面积722亩，在校生万余人，有校企联合办学本科专业1个，高职专业44个。其中，国家级骨干专业5个，央财特色专业2个，国际化专业5个，国家和省部级教改试点专业2个、精品课程12门，主持参与国家级职教专业教学资源库3个，承担现代学徒制项目建设通过教育部第一批试点验收，国家级教学成果一等奖、二等奖各1项，省部级教学成果奖9项。多次承办全国职业院校技能大赛，先后荣获团体一等奖21次。

（二）天津铁道职业技术学院

天津铁道职业技术学院是一所始建于1951年轨道交通类高职院校，面向国内外铁路、城市轨道行业培养高素质技术技能人才。自1953年就开启了国际化办学历程，先后为越南、泰国、坦桑尼亚、赞比亚等10余个国家开展留学生教育、专业人员培训和技术援助，累计培养了750余名铁路员工，已成为亚吉铁路、坦赞铁路的技术骨干。铁道学院立足于轨道交通行业，服务京津冀交通一体化、天津市"一基地三区"战略定位，服务国家"一带一路"建设，专业设置紧贴轨道交通发展领域，设有6个二级学院，以及思想政治部、基础课部、体育部3个教学部共9个教学单位。开设30个专业，形成覆盖轨道交通运输"车、机、工、电、辆"五大专业群。其中高速铁路工程技术专业被评为全国示范专业，动车组检修技术专业成为天津市国际化专业。学院现有全日制在校生8500余人。多年来，学院始终坚持学历教育和社会培训并举的办学思路，不断提升社会服务水平。为国铁集团、北京局和其他兄弟铁路局及轻轨地铁等企业培训大批在职干部和工人，累计 9 万余人次。2019 年完成企业职工技能培训 12355 人次、61980 人天。

（三）泰国大城技术学院

泰国大城技术学院始建于 1938 年，是教育部职业教育委员会（VEC）下属的一所历史悠久的公办职业教育学院，隶属于中部教育地区 1 区的一所职业教育学院，是全国工业类专业优秀学院。大城技术学院面积约为 29600 平方米，有 3413 名学生、154 名教师。学院开设了 11 个技术专业均设有中职和高职人才培养，涵盖土木建设、汽车机械、金属焊接、机械制图、机械维修、电力、电子、工业维护、工业技术、信息技术、机电一体化和机器人等。学院分别于 1997 年、2018 年被授予国王奖，2014 年在马来西亚参加知识产权创新和技术博览会并获取银牌，参加全国学生技能大赛多次获得冠军。

二、合作企业介绍

（一）天津渤海化工集团有限责任公司

天津渤海化工集团有限责任公司，从业人员 3.2 万人，集团公司主要生产聚氯乙烯、苯乙烯、橡胶系列制品等系列化工产品。该公司作为天津渤海职业技术学院的举办方，在鲁班工坊建设初期提供了大力支持。

（二）天津七二九体育器材开发有限公司

天津七二九体育器材开发有限公司是从事乒乓器材生产与营销的世界级专业乒乓运动器材跨国供应机构。早年受国家体委委托研制乒乓用胶粒，1972 年 9 月产品研制成功并投入生产，命名为"729"。其产品一次又一次伴随着中国国家乒乓球队登顶世界冠军宝座的辉煌历程。2017 年 5 月 8 日，天津七二九体育器材开发有限公司提供了乒乓球体育器材，与天津渤海职业技术学院联合建设"729"创意文化体验中心，入驻了泰国鲁班工坊。

（三）天津圣纳科技有限公司

天津圣纳科技有限公司创建于 2007 年，是一家专业从事教育装备研发、生产、销售和服务的国家级高新技术企业，为各中高职、应用型本科院校新能源汽车、汽车维修、钣金喷涂、美容营销、电子商务等专业提供优质配套产品和解决方案。其研发的新能源汽车成为泰国大城省的新能源汽车改造指定商。该企业完成天津市科技技术项目《天津圣纳渤海泰国智能制造技术推广中心建设研究》，推广泰国新能源公共交通整车应用，开展新能源充电基础设施建设。

（四）中国铁路设计集团有限公司

中国铁路设计集团有限公司（原铁道第三勘察设计院集团有限公司），是中国铁路总公司下属唯一勘察设计企业，成立于 1953 年，资产 69 亿元，是以铁路、城市轨道交通、公路等工程总承包、勘察、设计、咨询、监理、项目管理业务为主的大型企业集团。中国铁路设计集团有限公司与铁道学院保持着长期的校企合作关系，是铁道学院的校外实训基地、顶岗实习基地。在 2018 年泰国鲁班工坊铁院中心启动仪式上，与铁道学院达成了服务泰国高铁建设、共同培养人才的合作意向。

（五）天津骥腾科技有限公司

天津骥腾科技有限公司成立于 2012 年 3 月 31 日，是清华大学启迪之星投资的国家级高新企业，总部设在天津，拥有北京、上海两家分公司，是一家致力于为轨道交通、航空领域提供教育培训装备及咨询服务的专业公司。2016 年，引入清华大学启迪之星战略投资，拥有 7 项实用新型专利技术，同年骥腾北京分公司成立；2017 年，与清华大学天津高端装备研究院合作成立"轨道交通模拟仿真实训装备与技术研究室"，实施"产学研"模式；2018 年，与铁道学院合作在泰国建立境外我国第一个高铁类技术技能培养中心——泰国鲁班工坊铁院中心，成立铁院中心技能大赛设备研发中心。

（六）泰国国家铁路局

泰国国家铁路局是泰国铁路运输及技术发展主管部门，2018 年泰国鲁班工坊铁院中心成立后，泰国国家铁路局技术装备部门主管与泰国驻中国大使馆文化秘书来铁道学院进行考察访问，双方就招生就业、人才培养、技能培训等方面的合作进行了交流，并达成了初步的合作意向。2019 年泰国国家铁路局与泰国职业教育仪器设备生产单位多次来铁道学院调研，就技能培训项目及教学实训设备购买达成协议，第一批教学仪器装备已经在泰国安装使用。

三、泰国鲁班工坊项目建设情况

（一）发展定位与建设思路

泰国鲁班工坊的发展定位是鲁班工坊紧紧围绕泰国的产业和我国"一带一路"建设对接要求，作为在泰国实施学历教育和技术培训的教育机构，要建成中国职业教育国际合作的新支点，"一带一路"上的技术技能驿站，推动中国优质产品技术向泰国输出的桥头堡。以天津渤海职业技术学院机电一体化技术、物联网技术、数控机床技术、新能源汽车技术和天津铁道职业技术学院（高铁）动车组检修技术、（高铁）铁道信号自动控制等优质教育资源为支撑，以深入开展校企合作基础上的技术技能人才培养目标机构为载体，以国际化专业教学标准为依据，以工程实践创新项目为教学模式，将中国优质职业教育和中国优质产品技术向泰国输出，通过培训泰方师资组织实施工坊的日常教学，为泰国经济社会发展提供高素质国际型技术技能型人才。

建设思路是，依托职业院校校际间国际合作创办鲁班工坊，在职业院校对外国际合作办学、合作交流的基础上，创建鲁班工坊，通过开展学历教育与技能培训、技能大赛与设备研发、师资培养与合作交流，服务泰国经济社会发展、辐射周边东盟国家。将其建成专业设置齐全、教学理念先进、技术装备精良、功能辐射广泛的优质境外办学项目。在建设过程中，探索出一条融合多所院校优质国际专业共同建设鲁班工坊的创新路，形成"一坊两中心"，即"一个鲁班工坊，内设渤海中心、铁院中心"的建设模式。采用双方共同管理的模式，天津渤海职业技术学院和天津铁道职业技术学院分别负责渤海中心和铁院中心教育教学标准、项目运行质量监控管理等工作，泰方大城技术学院负责招生工作、日常的教育教学管理等工作。

（二）重点建设内容

1. 泰国鲁班工坊渤海中心重点建设内容

（1）合作专业情况

泰国鲁班工坊一期开设专业"机电一体化技术"，二期建设专业"物联网技术""数控技术""新能源汽车技术"3个专业。国际专业均通过泰国职业教育委员会审批，纳入泰国国民教育体系。

国际专业学制均为3年，分为3个阶段，即0.5年（泰国）+2年（中国）+0.5年（泰国）。第一阶段（0.5年）：留学生在泰国大城技术学院进行为期半年的课程学习，所学内容为泰国教育部职业教育委员会要求的必修课程，如泰国文化、数学等基础课程。第二阶段（2年）：此阶段为在中国学习阶段，分为汉语学习阶段和专业学习培训阶段。留学生接受为期半年的汉语学习课程，系统地学习汉语知识和中国文化；之后，接受为期一年半的专业基础知识以及专业知识学习培训，系统地学习专业知识与实训。第三阶段（0.5年）：此阶段为泰国顶岗实习阶段，留学生在第六学期回泰国相关企业进行毕业顶岗实习。

课程体系构成，从人才培养目标出发，以职业素质培养为基础，以专业核心技术能力培养为主线，在各专业技术发展趋势和应用模式进行广泛了解与深入分析的基础之上，依据行业对应于高职层次人才所需要的主要工作岗位、涵盖的技术与管理知识，以及具体的岗位能力要求确定学习内容，通过 EPIP 教学模式，按照"学徒工人"—"技术员"—"现场工程师"的培养途径设计课程体系，强调对核心岗位能力的培养，突出"做中学、学中做"。设计的关键是通过对本行业所涵盖的知识内容进行归纳、抽象与整合，将自然形成的工作过程序列，与学习过程中学生循序渐进的认知心理顺序对应起来，建立课程之间的有机联系。专业课程体系由基础课模块、汉语模块、专业技能课模块、技能实践课模块构成，通过这些模块课程的学习，使学生掌握汉语和专业基础知识，具备专业技术能力，拓展专业技能，培养合格毕业生所应该具有的职业素质。实践教学体系主要由认知实习、顶岗实习等课程组成。

（2）教学资源建设情况

课程建设以泰国国家职业资格标准和中国国际化专业教学标准为依据、以跨国企业岗位技能要求为导向、以实践创新能力培养为核心，着力构建生产过程无缝对接的课程体系；强调突出综合实践能力培养，开展课程与职业证书相融合的"双证书"一体化教学改革，积极探索将国际职业资格证书纳入课程框架；课程体系设计中突出企业实践能力的培养；毕业设计立足于为实习企业解决技术上的实际问题，鼓励采用企业生产中的真实课题，真题真做。

教学资源涵盖专业教学标准规定内容、覆盖专业基本知识点和技能点，建设特点突出、颗粒化程度较高、表现形式恰当，能够支撑标准化课程的资源；还包括针对泰国产业发展需要和用户个性化需求，开发建设的特色性、前瞻性资源。

资源类型一般包括文本类素材、演示文稿类素材、图形（图像）类素材、音频类素材、视频类素材、动画类素材和虚拟仿真类素材等。视频类素材注重叙事性和完整性，以"微课程"为主要形式，用于讲解知识点或技能点；动画类素材注重逻辑规律运动的形象表达，将抽象微观黑箱的概念可视化，用于演示抽象概念、复杂结构、复杂运动等；虚拟仿真类素材注重现场感和体验，主要用于展现"看不见、进不去、动不得、难再现"等不能开展现场教学的场景环境过程。

目前，已完成了省部级以上国际化课题研究 4 项，参编出版了《鲁班工坊》《鲁班工坊核心要义》等著作。出版国际化教材《机电一体化技术》《工程制图与 CAD》3 本，编写《PLC 与工业机器人》《虚拟传感器仪器技术》《可编程控制器程技术》《数控编程技术》《物联网实训技术》校本教材 5 本。在信息化教学资源建设中，制作课件 60 个，动画 60 个，视频时长 300 分钟。

（3）实训基地建设情况

泰国鲁班工坊拥有独立的场地，使用中国大赛装备、EPIP 体验装备和专业教学装备，共有 12 个实训区，包括仿生机器人交流体验区、电脑鼠走迷宫竞赛互动区、POWERON 套件创意实训区、自动化生产线教学区、数控技术实训区、新能源汽车维修区、新能源汽车教学实训区、物联网 EPIP 实训室、中国高速列车 CRH380B 教学区、中国列车运行控制系统 CTCS 教学区，空中课堂教学区等，还在坊外配备了新能源汽车充电桩。

中国大赛装备：中国大赛装备均为行业内普遍使用、技术先进的设备，且已举办过、反映良好的赛项。

EPIP 体验装备：EPIP 体验装备，已经成为第八届、第九届东盟技能大赛正式指定赛项设备，是世界技能大赛制定设备。

专业教学装备：专业教学装备，符合专业需求的教学装备，以满足基本教育教学活动需求为原则，设施设备为中国制造的知名品牌。

鲁班工坊的教学形式主要以实训为主，实训课时的比例占到 90% 以上，目前的教学培训项目有自动化生产线的安装与调试、数控加工与编程技术、新能源汽车技术、物联网技术、电脑鼠走迷宫、机电工程创新实训 6 个实训大项目，每个实训项目根据教学的目标分为低、中、高三个级别，每个级别对应的学时为 80 学时。

（4）师资队伍培养情况

已培训师资 60 人次。项目建设前期，泰方专业教师来天津接受系统专业培训。培训内容包括对海外合作单位的教学团队、管理团队进行系统化、阶梯式培养培训，使其掌握职教新理念、教学新模式、技术新应用，具备实际操作装备能力，能够培养学生掌握专业技术技能综合应用，培训企业员工掌握岗位技术技能实践应用，培训时间为 3 个月。在项目实施过程中，天津渤海职业技术学院每年选派教师到泰方进行培训，培训内容主要是对其教师团队的教育理念、技术水平进行提升，培训时间为 2 周。

2. 泰国鲁班工坊铁院中心重点建设内容

（1）合作专业情况

泰国鲁班工坊铁院中心结合泰国经济发展需要，按照国际化专业建设标准，开设（高铁）动车组检修技术和（高铁）铁道信号自动控制两个专业，两个高铁类国际化专业已获得泰国职业教育委员会认证。

国际化专业学制均为两年,分为两个阶段,即1年(泰国)+1年(中国)。第一阶段(1年):留学生在泰国大城技术学院进行为期1年的课程学习,所学内容为泰国VEC要求的必修课程,如泰国文化、数学等基础课程,学习铁路运输系统安全、铁路运输系统管理等专业基础课程。第二阶段(1年):为在中国学习阶段,分为专业学习和实训阶段。学生来中国系统学习专业知识,并参与基地实习实训。

(高铁)动车组检修技术国际化专业主要面向中泰铁路和东盟国家轨道交通行业,从事动车组检修、驾驶,以及运用与管理工作。培养掌握动车组构造、原理、检修及运用管理等专业知识,能进行动车组检修、驾驶的技术技能和安全意识、精益求精等职业精神,能胜任高速动车组检修、日常维护、驾驶和技术管理岗位的技术技能人才。

(高铁)铁道信号自动控制国际化专业培养目标:面向中泰铁路和东盟国家的高速铁路及普速铁路培养信号设备结构、原理、测试、检修及运用管理等专业知识,具有故障导向安全意识,以及精益求精的职业道德和敬业精神,能胜任有轨交通信号设备测试、检修、日常维护和技术管理岗位技术技能人才。

泰国鲁班工坊铁院中心采用国家级教学成果特等奖EPIP(工程实践创新项目)教学模式。课程以工作项目为导引,以实际的工作任务为导向,以铁路设备运用及维护能力培养为目标,"工学结合、学做一体",在学生掌握岗位核心能力的同时,兼顾学生创新能力及自我学习能力的培养。

专业课程分为职业基础课程、职业技术课程、技能训练课和毕业环节。课程体系通过对本专业所从事岗位所涵盖的工作内容进行梳理,按照知识的认知规律和技能的养成规律归纳和整合知识及技能,形成与实际工作项目相对应的学习项目,主要实践学时比例大于50%。

(2)教学资源建设情况

2019年开发中文教材、课程标准、课件、题库10套,主要包括:(高铁)铁道信号自动控制专业的《通信线路维护》《车站信号设备维护》《铁路信号基础设备测试与检修》《铁路区间设备维护》《铁路信号基础设备维护》;(高铁)动车组检修技术专业的《铁道运输系统技术英语》《电子电气实践》《轨道交通电气系统简介》《动车组总体技术与驾驶》《EPIP教学模式实践案例》。

(3)实训基地建设情况

泰国鲁班工坊铁院中心建有(高铁)铁道信号自动控制专业CTCS、(高铁)动车组检修技术专业CRH380B和空中课堂三个教学区和一个技能大赛及设备研发区。

(高铁)铁道信号自动控制专业CTCS教学区设有中国列车运行控制系统,

CTCS 教学区包括行车显示大屏、行车控制台、行车调度台、车站联锁控制台、列车运行监督（CTC）系统、列车运行无线闭塞（RBC）系统、列控中心（TCC）系统、ZD6 型电动转辙机以及道岔转辙装置等。中国列车运行控制系统 CTCS 教学区可以满足对车站的联锁操作，对列车运行的控制，仿真列车的实际运行情况，可实现列车到达、出发进路排列、列车运行限速、信号机控制、道岔转换等教学需求。

（高铁）动车组检修技术专业 CRH380B 教学区设有 CRH380B 模拟操纵培训系统、高铁受电弓模型、动车组模型、CRH2 型动车组动力转向架模型等教学设备，CRH380B 模拟驾驶仿真演练系统的操作台等设备与中国高铁实际运行的设备按 1:1 比例制造。中国高速列车 CRH380B 教学区可满足（高铁）动车组检修技术专业动车组检查试验、行车安全装备使用训练、一次出乘作业标准化训练、应急故障处理模拟训练及非正常行车组织训练等教学需求。

空中课堂教学区包括交互白板系统和视频会议系统，是中国目前最先进的信息化教学设备之一。其中交互白板一体机为 153 英寸，包含红外电子白板、智能中控、电脑主机、功放、音箱、高拍仪/展台等功能模块，采用红外线感应触摸技术，支持 10 点触控，10 笔同时画线，方便教师使用。空中课堂教学区可满足两地教学场景实时互联，实时直播教师的视频、语音、课件、板书等，实现双方同步教学。

技能大赛及设备研发区由铁道学院联合天津骥腾科技有限公司建设。针对高铁类专业技能培养要求，制定大赛标准、研发大赛设备、组织举办高铁类专业国际职业技能大赛。推广大赛经验和成果，促进人才培养模式和教学模式的改革，扩大泰国鲁班工坊铁院中心的影响力和辐射作用。

泰国鲁班工坊铁院中心的实训设备能在完成实训教学的同时兼具科普展示的功能；不仅能完成两个高铁专业的核心课程实训项目，而且在宣传中国高铁技术、设备中起到重要作用。借助以铁道学院联合泰国 8 家职业院校创办的"泰国高铁职业教育联盟"推广泰国鲁班工坊铁院中心的成功经验，推广中国职业教育标准和优质资源。

（4）师资队伍培养情况

师资队伍建设是关系鲁班工坊可持续发展的重要因素，也是鲁班工坊重要的建设内容之一。铁道学院与泰国大城技术学院本着共商、共建、共研、共赢、共享的原则，共同制定了师资队伍标准和师资队伍建设规划、师资队伍培训计划，遴选专业相近、素质较高、致力于泰国高铁建设发展的青年教师，利用设备安装和建设交流的时间，根据实际情况，采取线上与线下，泰国本地培训与来华培训灵活的培训方式，系统化培训专业知识、技能、EPIP 教学模式、课堂组织及教学方法、信息化教学手段运用等知识和技能。

按照鲁班工坊"师资培训先行"的建设要求，铁道学院 2018 年 5 月开始师资培训工作，学院创新的"四双五能"师资培训模式取得良好效果，截至 2019 年 12 月，铁道学院已为铁院中心培训师资 38 人次，培训课时达到了 576 课时。

通过师资培训，泰方教师能够详细了解中国的高铁技术、标准、设备，基本掌握两个高铁类专业的基础知识和技能，对中国职业教育体系及职业教育人才培养模式、教学模式、教学方法的要求也有了更加详细的了解，能够具备专业基本知识和技能的传授能力。

（三）项目推进历程

1. 泰国鲁班工坊渤海中心推进历程

（1）合作筹备期

2014 年 9 月，天津市教委牵头组织天津 11 所高职院校与泰国 11 所职业院校进行了交流，搭建了合作交流平台。天津渤海职业技术学院和泰国大城技术学院又多次进行了互访交流。2014 年 12 月，泰国大城技术学院来天津渤海职业技术学院交流访问，就合作办学签署协议。2015 年 9 月，双方院校共同参加了中国—东盟职业教育论坛。2015 年 11 月，天津渤海职业技术学院又到泰国大城技术学院进行了回访，与泰国政府、教育行政管理部门和当地工商各界的代表就两国间职业教育的交流与发展进行了友好会谈。与泰国大城技术学院、巴吞他尼技术学院等 21 所学院签署了建立友好校备忘录，签署在泰国共同建立鲁班工坊协议。2016 年 1 月，泰国大城技术学院再次来到天津渤海职业技术学院，明确了鲁班工坊的建设意向，签订了共同建设鲁班工坊的合作意向书。

（2）启动建设期

天津渤海职业技术学院与大城学院落实鲁班工坊建设工作方案，双方通力协作，校企共同组建项目团队，到泰国大城指导鲁班工坊建设，实施工坊场地装修、教学设备安装调试、相关师资培训等准备工作，呈现了具有中国职教特色风格的教学环境与氛围，设计完成了鲁班工坊标志（LOGO）并进行了注册。

2016 年 3 月 8 日，天津渤海职业技术学院在泰国建设的鲁班工坊正式挂牌运营。泰国鲁班工坊一期建设面积 232 平方米，有 4 个功能教学实训区，分别是仿生机器人学习体验区、电脑鼠走迷宫学习竞赛区、POWERON 创新套件实训区、自动化生产线教学区。开设机电一体化国际化专业。

（3）运营发展期

2017 年底，完成了泰国鲁班工坊二期建设——渤海中心建设，新增物联网

EPIP实训区、数控车床实训区、新能源汽车教学实训区、新能源汽车维修区4个教学实训区，新增物联网技术、数控机床、新能源汽车技术3个国际专业。

2018年7月，为服务中泰高铁建设项目，应泰国多所职业院校的强烈要求，为泰国培养本土化高铁类专业技术技能人才，天津铁道职业技术学院在泰国鲁班工坊完成了三期建设——建成了铁院中心，开设高速铁道信号自动控制、铁道交通运营管理2个国际化专业。

2. 泰国鲁班工坊铁院中心推进历程

（1）合作筹备期

2017年9月4日，泰国交通部部长阿空率领泰国政府代表团与中国政府签订两份泰中高铁合约，启动中泰铁路项目。由于铁路技术技能人才缺口较大，为了培养满足泰国铁路发展需要的技术技能人才，一方面泰国各职业院校纷纷瞄准我国铁路职业教育发展较快的院校，洽谈合作建设高铁类专业，另一方面派出留学生到中国学习高铁技术。铁道学院被班派工业与社区学院、大城职业学院等选定为合作院校。2014年3月至2017年12月，泰国班派学院多次到铁道学院进行考察，探讨合作问题，就留学生管理、师资培养、合作模式、交流互访等方面进行了详细洽谈。2014年底，铁道学院分别与泰国班派工业与社区教育学院等3所学院签订了校际合作协议，合作开展高铁类专业技术技能人才的培养。

2018年1月，由天津市教委主办的中泰校长论坛在天津举行，来自泰国的5家职业学院的校长参加了论坛。在论坛上，天津市教委要求在10月前建成泰国鲁班工坊铁院中心，同时，天津市教委相关领导到铁道学院进行调研，并对鲁班工坊铁院中心的建设进行了具体的指导，有力地推动了鲁班工坊铁院中心的建设工作。

2018年2月到5月，铁道学院经过走访调研、论证和前期准备后，成立鲁班工坊建设领导小组和鲁班工坊建设办公室，积极筹备泰国鲁班工坊铁院中心项目建设。2018年5月8日，泰国大城省政府相关领导、大城技术学院院长等一行8人莅临铁道学院参观考察，双方现场签署了备忘录，就课程建设、师资培养、专业建设等方面进行详细洽谈。

（2）启动建设期

在天津市委市政府、市教委和市人力社保局的大力支持与精心指导下，学院很快明确了泰国鲁班工坊的建设目标，多次派出专门的负责教师赴泰国开展调研，进行论证、协商讨论，学院派出专人积极筹备泰国鲁班工坊铁院中心的人才培养方案制定、场地、设备、标准、教材等建设工作。

2018 年 7 月 20 日，铁道学院建设的泰国鲁班工坊铁院中心启动运营，天津市教委领导、中国驻泰国大使馆参赞、泰国职业教育委员会秘书长、大城府主要官员、泰国职业院校负责人等 70 余人出席启动仪式。

为扩大影响，充分发挥铁院中心的功能作用，由铁道学院牵头与泰国其他 9 所交通类学院组成了"泰国高铁职业教育联盟"。

（3）运营发展期

启动运营后，铁道学院分别派出 3 个专业代表团共 9 人次持续推进泰国鲁班工坊铁院中心的建设工作，就专业建设、课程体系、人才培养等进一步进行沟通和交流。为保证实训设备的使用效率及安全，2018 年 7 月与泰国大城技术学院签署了设备保管及维护协议。

2019 年招收泰国鲁班工坊铁院中心学生 17 名并来铁道学院学习，同年 5 月，泰国高铁职业教育联盟的泰国院校长参加了天津市的职业教育展示周活动。

四、泰国鲁班工坊的成效与创新点

（一）泰国鲁班工坊的成效

1. 全面提升技术技能人才培养质量，毕业生的国际竞争力日益增强

4 年来，天津渤海职业技术学院共招收留学生 162 人，短期培训 600 多人。泰国鲁班工坊除为泰国师生学习训练外，还对东盟国家职业院校师生开放，目前已累计交流培训学生 6000 余人次。马来西亚和印度尼西亚学生到鲁班工坊学习，回国参加国家自动化生产线技能大赛均获得一等奖。泰国学生在鲁班工坊学习后，2016 年获得第 11 届东盟技能大赛"工业自动化系统"竞赛奖牌，2018 年获得第 27 届泰国国家劳动技能大赛工业自动化专业赛项金牌冠军奖，获得第二届国际职业学生创新项目大会创新奖 1 项，创业奖 1 项，三等奖 2 项。2019 年泰国鲁班工坊留学生参加泰国首届"职业教育宝石王杯"大赛，并荣获金牌冠军诗琳通公主宝石王杯。目前已毕业的

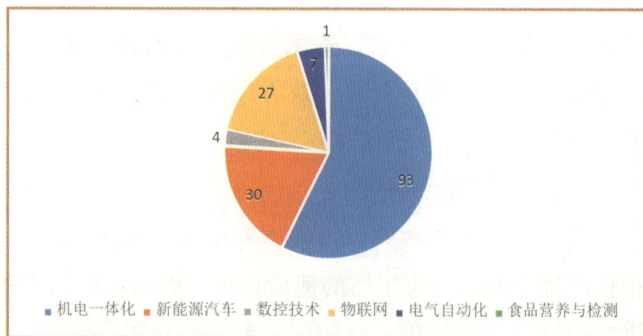

图 2-1　留学生专业分布

机电一体化　新能源汽车　数控技术　物联网　电气自动化　食品营养与检测

21 名泰国留学生，7 人到本科院校深造，其余均已就业。

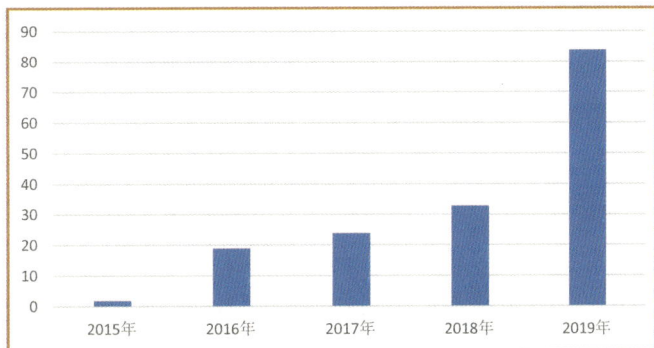

图 2-2　留学生历年招生人数

另外，经过天津铁道职业技术学院严密组织，培训教师精心讲解，受训教师认真研修，学生勤奋刻苦，铁院中心（高铁）动车检修技术专业 9 名学生全部进入泰国本科院校继续深造。

2.持续深化国际产教合作协同育人，助推提升中国企业国际竞争力

鲁班工坊通过采取职业培训、学历教育等多种方式，在输入地开展职业教育和技术技能培养培训，有力地促进了我国企业的服务和产品输出，提升中国企业在国际上的竞争力。一方面，为中国企业走出去培养了急需的技术技能人才；另一方面，也为中国企业走出去搭建平台，目前已经取得了显著成效，如天津圣纳科技有限公司研发的新能源汽车成为鲁班工坊输出设备的标准配置，该企业成为泰国大城的新能源汽车改造指定商。东方亨瑞科技发展有限公司承接了空中课堂项目，目前该公司提供交互智能平板注册了国际品牌 MAXHUB，已经进入泰国市场。2017 年 5 月 8 日，"729" 创意文化体验中心也入驻泰国鲁班工坊，成为鲁班工坊的标配设施。泰国 TTTC 公司和 4 所公司分别签署了中泰合作项目意向书，达成了初步合作意向。天津渤海职业技术学院与天津敏生科技有限公司、泰国当地兴泰地产合作，为泰国智慧钻石城项目（项目位于泰国 Phetchapuri）提供多媒体电子沙盘服务。

鲁班工坊铁院中心以两个面向为建设目标，即服务泰国经济发展、服务"走出去"中国企业，在国际化校企合作中探索出一条新道路。发挥工坊辐射效应，吸引更多企业的沟通与合作。铁道学院、泰国大城技术学院、天津骥腾科技有限公司签署了高铁设备研发及技能大赛合作协议。泰国鲁班工坊铁院中心成立后，在泰国的铁路企业中形成了巨大影响，一大批泰国轨道交通企业，职业教育设备企业，来自日本、越南等职业教育代表团纷纷赴大城技术学院参观调研，了解中国高铁技术装备情况。按照中国高铁技术和标准制作的教学设备也引起了泰国企业及装备公司的极大兴趣。截至 2019 年 10 月，先后有南非、日本及东南亚有关

国家 700 余人次赴铁院中心参观学习，鲁班工坊铁院中心成为泰国高铁技术及设备的科普基地；泰国科技部、驻华大使馆一秘、泰国国家铁路局等 20 余家单位来到铁道学院考察交流、寻求合作，双方就开展校企合作，共同培养铁路专业的维护技术技能人才进行磋商；泰国皇家理工大学与铁道学院签署多领域合作备忘录；泰国北曼谷先皇科技大学委托铁道学院为其开展教师培训。泰国铁路企业、泰国职业教育装备企业 5 次来铁道学院和合作企业进行参观洽谈，与铁道学院合作的天津骥腾科技有限公司已多次为泰国铁路企业和泰国职业教育装备企业提供了产品。

3. 深耕国际专业教学资源开发建设，推动职业教育国际标准"走出去"

通过借鉴国际上先进的教育理念和教育经验，在广泛调研的基础上，梳理国际型企业岗位核心技能，确立了国际化专业人才培养目标，构建工程项目引领的国际化专业课程体系，建设工程实践基地和评价体系。逐步形成了完整的与国际企业岗位需求相匹配的，符合国际型技术技能人才培养要求的国际化专业教学标准。2017 年 8 月，天津渤海职业技术学院开发的机电一体化国际专业教学标准与资源，通过了泰国职业教育委员会的审核答辩，纳入了泰国学历职业教育体系。2019 年，物联网技术、数控技术、新能源汽车技术、（高铁）动车组检修技术和（高铁）铁道信号自动控制顺利进入泰国国民教育体系审批程序，得到泰国职业教育委员会的认可。

机电一体化国际专业是根据泰国经济建设的需要和我国"一带一路"倡议的需要，以工程实践创新项目为教学模式，融合了计算机应用、机电一体化、自动化控制专业知识与技能，旨在培养泰国学生掌握机电一体化技术专业的基本知识，熟悉电气设备的设计维修规范，掌握自动化生产线的调试维护和设计，以及改造简单机电设备的技能。机电一体化国际专业教育采取同时在中国和泰国开展学历教育和短期培训的形式，教材采用自主编写的中英文双语教材，授课采用中英和部分泰语的授课方式，授课内容包括数控技术、计算机辅助设计、电脑鼠等多门实践性很强的课程。目前出版教材 4 本，制作演示文稿 225 个，教案 150 个，微课 232 个（65G）。

物联网技术专业，根据"泰国 4.0 计划"将泰国打造成东南亚物联网最普及的国家需求，旨在培养掌握 RFID、WSN 等物联网行业必备的基础知识，具备综合应用各种技术进行信息感知采集、数据传输处理和控制的能力，能够胜任物联网系统集成、系统维护、系统操作、产品二次开发等岗位的高素质劳动者和技术技能人才。物联网技术专业教材采用自主编写的中英文双语教材，授课内容包括物联网技术基础、单片机技术、自动识别技术、图像处理、网络技术等多门实践性很强的课程。目前有自编教材《物联网 EPIP 实训教程》1 本，开发了 2 个双语模拟软件，30 套课件（PPT）。

数控加工技术国际专业，主要培养学生掌握数控加工技术专业的技能要求，打造可从事机械加工、数控加工、数控设备维修、数控设备安装调试、操作运行、技术改造等生产一线工作，具有较强综合职业能力的高素质技能型人才。授课内容包括数控编程技术、电机驱动技术、虚拟仪器技术、计算机辅助制造、数控机床安装调试、气动和液压技术等多门实践性很强的课程。目前有自编教材 2 本、课件 60 个、动画 60 个、视频时长 300 分钟。

新能源汽车国际专业，考虑到泰国作为东南亚地区汽车制造行业的领导者，随着市场对新能源汽车兴趣的增加，泰国为了能确保其作为主要汽车制造中心的地位，正在积极逐步建立国内新能源汽车的供应体系和基础设施，因此急需此类专业技术技能人才。该专业主要培养学生掌握新能源汽车技术的技能要求，打造可从事电动汽车的维护保养、检测维修、售后服务、技术支持等工作，具有较强综合职业能力的高素质技能型人才。授课内容包括电脑鼠走迷宫、无人机培训、移动机器人、自动化生产线等多门实践性很强的课程。目前有自编教材 2 本。

轨道交通类专业严格按照合作企业的要求，按照国际化专业建设标准，结合泰国的职业教育体系，确定人才培养规格，正有序开发教材和网络教学资源建设。以学习型任务设计和开发教学资源，教材建设按照不同阶段不同教学要求以不同的形式建设，培训教材以项目任务为导向，采取模块化的结构，专业技术基础教材以实用、够用为主，增加拓展知识模块。网络资源以满足空中课堂、网络教学需求，主要解决重点难点问题，以实际设备的操作、标准化维护、故障查找作业为主。目前，两个专业已完成 10 本教材的编写。

（高铁）动车组检修技术专业要求学生具备必需的机械制图、机械原理、电工电子技术等专业基础知识；具备一定的动车组运用管理基本理论知识；掌握动车组构造、作用原理、检修方法的基本知识；掌握动车组机械装置、牵引、制动、辅助供电系统的构造、原理，以及使用维护的必备基本知识；掌握一定的动车组驾驶基本知识。在技能要求方面，使学生具有必需的信息技术应用能力，能正确使用本专业工具、量具、仪器、仪表，会进行必要的机电装备安装与维护，能进行动车组车体、车内设施及转向架检修作业，能进行动车组牵引系统及高压设备检修作业，能进行动车组电气装置及控制系统检修，会驾驶动车组并能进行应急故障处理。

（高铁）铁道信号自动控制专业要求学生具备岗位所必需的电工、电子技术等专业基础知识；掌握信号器材的基础知识和性能及要求；具备铁路信号基础设备结构组成、作用、原理等基本理论知识；具备铁路信号车站联锁设备结构组成、作用、原理等基本理论知识；具备铁路信号闭塞、行调、列控设备结构组成、作用、原理等基本理论知识；具备铁路通信线路类型、结构、性能指标等基本理论知识；具备计算机网络类型、结构、协议等基本理论知识；具备铁路通信系统结构、业务功能等基本知识，了解通信技术在铁路信号系统中的应用；能够进行基本的计算机操作与应用；能够识读技术图纸；能够正确熟练使用专业常用工具、仪器、仪表；能够进行光电缆线路的日常检修与故障处理；能够进行车站、区间信号设备的测试、检修；能运用专业知识对车站、区间信号设备故障进行定位，应急处理；能够进行列控系统、行调系统进行日常维护；能够进行数据网设备的日常维护；能够进行铁路通信设备的日常维护。

4. 积极开展中外人文交流培训项目，孵化外国留学生实习实践基地

2018 年经天津市教委批准，天津渤海职业技术学院成为首批天津市外国留学生实习实践基地建设单位。基地秉持"技术创新 + 人文交流"的理念，以提高外国留学生综合文化素质、提升外国留学生专业和综合技能，提升外国教师理论和实践教学能力为主导，开展了一系列的交流培训活动。先后组织了天津渤海职业技术学院 150 余名师生到泰国开展技术交流和学访，接收 4 批共 150 余名泰国短期培训师生来津学习。铁道职业技术学院接收了 20 名泰国短期培训学生来津学习，还举办了"天津渤海周"与"泰国大城周"活动。

天津渤海职业技术学院现有全球化企业战略管理综合实践教育中心、EPIP 物联网技术体验培训基地、精酿啤酒创研工坊、食品加工实习实践、药物制剂生产技能培训、化工安全技术技能培训、工皂创意实训项目、机器人智能装备实训项目、智能家居体验实训项目、新能源汽车留学生实训项目、电商与营销实训室、物流实训基地、工程测量实习实践基地、建筑工程施工虚拟仿真实习实践基地、预制装配仿真实训基地等 24 个校级外国留学生实习实训基地，重点打造啤酒生产工艺体验基地、DOP 生产技术基地、EPIP 体验中心等 14 个外国留学生实习实训基地。还与山东省滕州市鲁班纪念馆共建校外留学生文化体验基地 1 个。通过建设外国留学生实习实践基地，为在津留学生提供实践、实习、创业的良好平台，发挥学

院的资源优势，培养国际化、综合型、适用性人才，为学院外国留学生教育创造更好的条件。实训基地分 3 个类型：短期参观、短期体验和短期培训。短期参观主要为了了解实训基地主要项目内容。短期体验主要是为了了解实训基地主要项目内容，体验项目工艺流程。短期培训主要是为了了解实训基地主要项目内容，学习项目工艺流程，学习实训课程技术要领。

5. 开发职业教育国际技能赛项资源，举办多个高水平国际技能比赛

充分发挥鲁班工坊与国际职业教育深度交融的优势，以之作为"国赛"对接"世赛"的交点。在鲁班工坊合作项目中，依据国际先进工艺流程、产品标准、技术标准、服务标准制定国际化竞赛标准，同时将竞赛内容与日常教学相融合，建立健全以赛促教、以赛促练、以赛促学、学练结合机制，为当地区域及其周边国家培养和选拔优秀技术技能人才。通过鲁班工坊提升大赛的国际参与度和影响力，建成参加世界技能大赛的培训基地。鲁班工坊不仅是当地区域进行职业教育教学活动的场所，同时也是我国每年一度的职业院校技能大赛的延伸场馆，进一步推动我国职业院校技能大赛的国际化发展。

连续 4 年举办 IEEE 电脑鼠走迷宫国际邀请赛暨世界 APEC 电脑鼠大赛中国选拔赛。先后吸引英国、新加坡、中国台湾、泰国、蒙古、巴基斯坦，以及南开大学、天津大学、北京交通大学、河北工业大学等多所国内外高校参加。还开发了鲁班锁国际技能大赛，建设了工业机械臂比赛系统，实现了现代技术与传统技艺同台竞技，大赛从传统的鲁班锁手动拆装这一"兴趣"切入，从鲁班锁的自动拆装这一"工程"入手，用"创新"作为拓展，实现从工程到实践再到创新项目，丰富学生的工程实践知识、经验，提升工程技术应用能力、工程实践创新能力和职业素养，拓展了学生的专业视野。

6. 鲁班工坊得到中泰政府的充分肯定，中国职教国际影响力持续增强

泰国鲁班工坊的建成受到了国内外媒体的高度重视，天津市教委和天津渤海职业技术学院被泰国授予"诗琳通公主纪念奖章"，大城技术学院荣获"国王奖"。天津渤海职业技术学院荣获 2016 年、2018 年职业教育国际影响力 50 强，2018 年亚太地区 50 强，天津渤海职业技术学院主持的《中泰职业教育研究与探索》荣获 2018 年天津市职业教育教学成果市级一等奖，牵头主持的《开发国际化专业教学标准创设鲁班工坊职业教育国际合作的研究与实践》荣获 2018 年职业教育教学成果国家级一等奖。鲁班工坊自创建以来，就备受中外政府和社会各界的广泛关注，《人民日报》《光明日报》，以及泰国等中外各大媒体都相继对其建设历程进行了深度报道。

《人民日报》（海外版）在《"一带一路"上的中国职教故事："丝路"化雨春满园》中写道："这所刻有鲜明的中国铁路发展印记的技术学院，担负着授人以渔的重任，向世界贡献中国高铁标准。"2019 年 4 月，新华网以"通往明天的列车——'鲁班工坊'助力泰国培养铁路人才"为题，对铁院中心在学历教育与技能培训发挥的作用给予高度评价。

《天津日报》在《搭建天津职教与世界"对话"舞台——泰国鲁班工坊建设纪实》中写道："鲁班工坊铁院中心的建立，将直接服务中泰铁路建设项目，正可谓恰逢其时。相信它也将为促进泰国及东南亚高铁技术及产业发展，促成中国与东南亚国家之间的铁路网络提供积极的帮助。"THAILAND+PLUS 等多家泰国媒体对铁院中心进行持续追踪及报道。

在接受媒体记者采访时大城学院院长哲仁说："我去中国的时候，第一次见到了高铁，现在我的祖国也要有一条高铁了，这条高铁经过大城，会给我们带来空前的机遇，铁路上需要维修、运营、服务、列车员等等各种人，我的国家这类人才很少，我要借天津之力给祖国培养人才，不能错过这么美好的机会。"

2018 年 7 月，泰国十世国王在《暹罗早报》上寄语"铁院中心"："努力为泰国高铁培养技术人才！"；2019 年 7 月，泰国鲁班工坊铁院中心又入选了"中国—东盟高职院校特色合作项目"。

（二）泰国鲁班工坊创新点

1. 以鲁班工坊为平台组建研究中心，中泰职业教育合作交流进入新时代

自泰国鲁班工坊建立以来，受到了中泰两国乃至世界职业教育的关注，中泰职业教育通过鲁班工坊的建设进入了一个新时代。为进一步深化鲁班工坊内涵建设，双方经过多次协商，在天津渤海职业技术学院建立中泰职业教育研究中心，在泰国建立工程实践创新项目（EPIP）教育研究中心，共同推进两国职业教育的交流与发展。

2016 年 10 月 24 日，"中泰职业教育研究中心揭牌仪式"在天津渤海职业技术学院工程实践创新项目体验中心隆重召开。该中心以天津渤海职业技术学院和泰国大城技术学院的鲁班工坊为载体，致力于推动中泰职业教育理念的交流与借鉴，推广先进技术教育。由天津市和泰国的职业教育研究专家和学者组成研究开发团队，共同开展中泰职业教育改革发展和政策研究，开发中泰职业教育国际化标准，为中泰职业教育国际化专业建设等提供决策咨询、推广和宣传等服务，开展中泰职业教育学术、教学交流活动，增加中泰职教合作，以达到职业教育对外开放，促进对外输出先进技术，服务"一带一路"建设。中心基于泰国社会经济

发展的需求进行技术技能培训、泰国职教师资培养培训，以及与天津市职业院校相近层次的学历教育。中心在中泰职业教育合作项目的基础上，融入更先进的教学装备，打造鲁班工坊的硬件环境；共同建设优质的双语教学资源，提升人才培养的软实力；在项目建设的过程中，着力培养双师双语型师资队伍，提高专业建设和改革的水平，使用先进的教学方法和教学手段，全面提升教学质量；积极探索培养海外职业教育学生培养的方法和途径。

中泰职业教育研究中心是天津市第一家专门研究中泰职业教育的机构，对于中国高职教育的走出去意义重大，中心的建设将扩大中国与共建"一带一路"国家的职业教育合作，并为中国高职教育进入泰国出谋划策，为中国高职教育的战略输出提供强大的理论支持。

中心先后派遣行政管理人员、专职教师 50 人次赴泰国调查研究，和泰国职业教育联盟签署了合作协议，深入调研了泰国大城技术学院、泰国沙拉布瑞、巴吞塔尼等 25 所学校，以及泰国职业教育联盟合作的泰国西部数据、SANGARIA 等跨国企业，为研究中心进行中泰教师培训和交流、开发职业资格标准和课程标准，创新学生培训方式、方法和教学内容等打下了良好的基础。

目前，中心承担了天津市重点课题"工程实践创新项目在化工教育中的应用""以'一带一路'为依托，'鲁班工坊'的研究与实践"，中心现阶段完成以"工程实践创新项目"为教学模式的机电一体化、物联网技术、新能源汽车技术、数控技术国际专业的人才方案的编写工作，完成了《工程制图与 CAD》《电工电子技术》《机器人系统拆装与实训》等多门课程的课程标准建设工作，完成 8 本中英文双语教材的编写工作。

2. 推广工程实践创新项目教学模式，提升中国现代职教国际话语权

工程实践创新项目（EPIP），是在 20 余年的中国职业教育教学实践和理论研究基础上，广泛吸取中国古代、近现代教育思想，借鉴国际先进教育教学理念创立的，适合技术技能人才培养的一种教学模式。工程实践创新教学模式，是以实际工程为背景，以工程实践为导向，以能力培养为目标，以工程项目为统领的技术技能人才培养模式；是创新性、复合型、应用型技术技能人才培养领域深化产教融合，密切校企合作的具体措施和方法。

（1）EPIP 在鲁班工坊中的应用与成效

2016 年 5 月，工程实践创新体验中心在天津渤海职业技术学院建成，总占地面积 1300 平方米，包括机器人创新互动区、电脑鼠走迷宫竞赛区、POWERON 实

训区、智能制造学习区、自动化生产线教学区、新能源汽车技术体验区 6 大区域，集"教、学、做、赛"为一体，为实践教学搭建了平台。

一是搭建技能竞赛平台，助推国赛对接世赛。以工程实践创新项目设计大赛的形式，进一步推动工程实践创新项目教学，实现了课内课外联动、教学与竞赛并存、相关专业结合的工程实践创新项目建设体系。连续 4 年举办 IEEE 电脑鼠走迷宫国际邀请赛暨世界 APEC 电脑鼠大赛中国选拔赛。

二是搭建教学改革平台，培养创新型技能人才。多年来，坚持以工程实践创新项目建设引领教学改革，取得了良好效果。在推动工程实践创新项目教学的过程中，学院以机械、信息和化工专业学生为试点对象，进行了有效尝试。以工程项目为教学载体，借助"能力源创新课程套件"和"物联网创新课程套件"，由学生通过与真实工程项目的实际比对，自主搭建高仿真型工程项目实体，完成项目的组件搭建、线路连接，全面实现高仿真型工程项目的控制设计、运行调试和故障诊断，达到创新型人才培养的目标。

三是搭建创新实践平台，提升学生的创新能力。学生以能力源创新课程套件为载体，自主设计、搭建了典型化工生产单元控制系统工程项目多次在全国、天津市大赛中获奖。荣获了天津市第二届"启诚·能力源"工程实践创新中高职衔接暨国际挑战赛团体一等奖，荣获第二届天津市大学生物联网创新与工程应用设计竞赛二等奖，荣获全国职业院校学生技术技能创新成果交流赛优秀项目二等奖。还在全国职业院校学生技能大赛博物馆做了展示，参加了教育部"中国—东盟职业教育联展暨论坛"国际学生作品联展。

四是搭建体验分享平台，助力天津职教走向世界。工程实践创新项目体验中心面向全院师生开放，同时还是学生科技社团的活动基地，先后开发出了数控车床、四轴加工中心、五轴加工中心、自动分拣工厂、自动打印机等多个体现机械特色的工程创新项目，以及化工消防报警及自动灭火系统、洗涤液生产线等体现化工特色的工程实践创新项目。

（2）牵头成立工程实践创新项目国际教育联盟

鲁班工坊申请单位应同时申请加入工程实践创新项目国际教育联盟，遵守联盟章程。2017 年 5 月 9 日，工程实践创新项目国际教育联盟成立大会在天津渤海职业技术学院举行。联盟由致力于应用、推广工程实践创新教学模式的院校、企业组成，具有国际性和非营利性，是一个开放的战略联盟群体。联盟以盟员通过多种形式的合作，积极推广 EPIP 教学模式，实现优质教育资源的交流和共享，提升学生工程实践的创新能力与水平。同时为盟员了解国际社会、经济、文化、教育发展水平提供交流平台，为中外人才发展提供交流互动平台为宗旨，努力促进 EPIP 教学模式在中国乃至世界范围内应用推广，推动中国乃至世界技术技能人才培养的长足发展。

EPIP 国际教育联盟聘任英国伯明翰城市大学，美国麻省理工学院，德国费斯托（中国）有限公司，法国图卢兹大学，芬兰国家科学研究院，波兰欧洲－亚洲商业教育基金会，泰国大城府基础教育服务部，瓦柬埔寨国立理工学院、巴基斯坦旁遮普省教育局，葡萄牙里斯本理工学院，葡萄牙塞图巴尔理工学院，葡萄牙莱利亚理工学院等院校的 60 多名国际专家和 20 余名中国专家为工程实践创新项目教育联盟成员。

（3）在泰国成立 EPIP 教学研究中心

EPIP 教学研究中心是 EPIP 国际教育联盟成立后在成员国中建设的第一个研究中心，旨在积极推广 EPIP 教学模式，实现优质教育资源的交流和共享，提升学生工程实践创新能力和水平。该中心成立以来，组织了工程实践创新项目教材泰语版的翻译工作，实施了马来西亚、中国、泰国的职业院校校长工程实践创新项目行动计划，培训师资 20 余人。

3. 创新"四双五能"师资培养模式，开展师资培训工作

师资队伍是鲁班工坊得以顺利运行的重要保障。为保障泰国鲁班工坊铁院中心的日常教学，铁道学院遵循"师资培训先行"的原则，采取"走出去、请进来"的方式和"四双五能"的培养形式，首先培养鲁班工坊本土化的师资队伍。"四双五能"的师资培训模式取得良好效果，"四双"即在培养过程中采取双讲、双练、双测、双证等形式，"五能"即提升教师的专业实践能力、教学能力、资源开发能力、信息化应用能力和自我学习提升能力。截至 2019 年 10 月，铁道学院已为铁院中心培训师资 38 人次；2019 年，来铁道学院培训师资 3 人。

4. 研发中国职业技能大赛装备，拓展校企合作空间

铁院中心积极推动国际产教融合，深化校企合作，铁道学院与天津骥腾科技公司校企联合，成功研发了"高铁标准动车组制动仿真实训系统"。该系统能够满足高铁标准动车组检修核心技术的培训需求。该设备也因其功能定位准确，成为 2019 年度天津市铁道运输行业大赛设备。通过大赛的成功举办，该套设备的性能、质量及实用性经受住了考验，得到了参赛院校的一致认可。铁道学院与天津骥腾科技有限公司共同申请的专利已经被国家知识产权局受理，专利名称为"一种高铁标准动车组制动实训装置"，分别申请了实用新型专利和发明专利。

5. 成体系输出职教标准，共享中国职教成果

泰国鲁班工坊已开设的机电一体化技术、物联网技术、数控技术、新能源汽车技术、（高铁）动车组检修技术和（高铁）铁道信号自动控制 6 个专业，均通过泰国职业教育委员会审批，纳入泰国国民教育体系，为中国职教标准服务泰国经济社会发展，服务"走出去"中国企业奠定了基础。

6. 举办职业教育高端国际论坛，形成鲁班工坊影响力

随着鲁班工坊建设规模的扩大，先后举办中国—东盟职业院校高峰论坛、中国·泰国职业院校校长论坛、EPIP 国际教育联盟论坛、鲁班工坊与产教融合国际论坛等多场国际论坛，向国内外介绍鲁班工坊，极大地提升了鲁班工坊的影响力。

中国·东盟职业院校高峰论坛是在中国海外首个鲁班工坊落成一周年之际，对鲁班工坊的成功经验进行总结回顾，进一步推动 EPIP 教学模式与各国职业教育实践的有效融合，共同探索职业教育国际合作的新模式、新路径。会议达成泰国鲁班工坊"5·9"共识。

EPIP 国际教育联盟自 2017 年成立以来，已经举办了三届国际论坛。联盟开创了培养学生形成解决一切问题的能力的职业教育新模式，努力促进 EPIP 教学模式在中国乃至世界范围内应用推广，推动中国乃至世界技术技能人才培养的长足发展。

在鲁班工坊产教融合国际论坛上，举行了非洲鲁班工坊研究与推广中心成立仪式。中心的成立，旨在为推进非洲鲁班工坊建设，进一步扩大鲁班工坊的国际影响力，落实中非合作八大行动计划，把优秀的中国新时代职教理念与世界分享。

除了举办国际职教论坛，还举办了多样化的国际交流活动。2017 年 5 月 22 日，在泰国大城技术学院举行的中泰职业教育合作交流"泰国·大城周"活动。按照天津市教育委员会倡导的"天津市职业院校教育资源，愿意向包括泰国在内的所有东盟各国家的职业院校师生开放"的原则，天津渤海职业技术学院与泰国大城技术学院共建海外师生实践拓展基地。进一步促进了两校之间师生的友好往来，增进友谊，加深了解，培养国际视野的技能人才，两校将各自的校园技术实践训练基地向彼此师生全面开放，接纳来自双方国家的师生学习、交流、培训，并提供方便条件。

五、泰国鲁班工坊的未来规划

践行"一带一路"倡议，努力扩大对外开放办学力度，加强泰国鲁班工坊全面建设，促进其可持续性发展，为职业教育国际合作提供可借鉴、可复制、可推广的机制和经验。

（一）深化国际产教合作，设立技术技能人才储备基地

加强泰国鲁班工坊内涵建设，建立鲁班工坊完善的运营管理机构，建立和规范、完善管理运行制度，扩大鲁班工坊的功能及影响，以校企合作、人才培养、技术装备研发作为可靠动力，做好国家规划课题"'一带一路'视域下海外鲁班工坊建设的标准模式研究"的研究工作及相关子课题的研究，促进鲁班工坊两个中心的可持续发展。鲁班工坊的建设是一项长期的合作项目，需要建立相应的管理体制和激励机制，以保证项目的健康发展。为了保证鲁班工坊的健康发展，两所学院将积极开展与泰国大城学校的合作，建立科学的管理体制，以规范泰国鲁班工坊两个中心合作方的权利与义务，保证鲁班工坊各方能够持续投入到鲁班工坊的项目教学中，真正发挥出鲁班工坊的作用，促进中国职业教育的国际化，促进中泰人文文化交流。

依托泰国鲁班工坊，延伸鲁班工坊在国际产能合作中作用的发挥，为境外中资企业提供人力保障，助推中资企业"走出去"。发挥鲁班工坊在学生顶岗实习和实习实践的作用，推动设立鲁班工坊技术技能人才储备基地，激发创新创业活力，促进技术技能成果转化，服务优质产能"走出去"。探索与亚洲国家职业院校在石化类、轨道交通类专业上的交流合作，依据相关企业在海外市场的发展需求，培养培训符合企业需求的海外人才，帮助企业解决在海外发展的人力资源本土化问题，合作推动相关行业传统文化的传承和宣传，促进中外交流。

（二）推广工程实践创新项目教学模式，分享中国现代职业教育教学成果

EPIP 教学模式是一种中国原创的先进教学模式，学院作为 EPIP 国际教育联盟发起和推广单位，将深化 EPIP 国际教育联盟、EPIP 教学研究中心、中泰职业教育研究中心三大高端平台运营管理，让中国优质职业教育教学模式在海外落地生根，与世界共享。利用可编程技术、机器人技术、传感器技术和人工智能技术等开发鲁班锁国际技能大赛，实现从工程到实践再到创新项目，丰富学生的工程实践知识、经验，提升工程技术应用能力、工程实践创新能力和职业素养，拓展学生的专业视野。

（三）积极开展中外人文交流培训项目，孵化外国留学生实习实践基地

广泛开展国际合作交流，完善外国留学生实习实践基地建设，发挥鲁班工坊作为中外人文交流平台的作用，弘扬鲁班工匠精神，与东盟多国开展职业教育交流活动，搭建职业教育的合作平台。提升市级外国留学生实习实训基地，重点打造智慧商务、互联网金融运营、物联网技术等外国留学生实习实训基地。建设智能制造领域中外人文交流人才培养基地。秉持"技术创新＋人文交流"理念，孵

化"智能国际技术创新中心"。建设外国留学生文化体验基地，与山东省滕州市鲁班纪念馆共建校外留学生文化体验基地。

以泰国鲁班工坊两个中心为平台，积极拓展开发职业教育合作项目，强化产教融合、学做一体的中国职业教育理念，加强国际化专业标准与当地职业职业教育要求及实际的结合，积极促进和落实与泰国高等教育的合作项目；积极参与皇家理工大学面向东南亚铁路人才培养基地建设；继续研发技能大赛产品扩大参赛范围、研发完善中国实训装备，申报和举办国际化的职业技能大赛；总结经验，不断提高人才培养质量和鲁班工坊的影响力，将两个中心建成集学历教育和技能培训为一体、在行业中有一定影响力、功能齐全、辐射广泛的优质境外职业教育合作项目；将泰国鲁班工坊两个中心建成集"技能—技术技能—技术应用型"人才培养为一体的东南亚高铁类、化工类人才培养基地。

（四）广泛开展现代职业教育国际合作，深化泰国鲁班工坊旗舰店建设

深化建设集优质教学模式、优质教学资源、优质中国实训装备、优质中资合作企业、优质中国大赛资源于一体的泰国鲁班工坊，开发国际专业教学标准和课程体系，为境外国家输出中国职业教育优质教学资源和标准，培养规模化、掌握中国先进技术的国际型职业技术技能人才，现有国际化专业获得泰国职业教育委员会认证。开展空中课堂资源开发，以服务国际化教学为核心，提供教室智能管控、课堂互动教学、教学过程督导等功能，使泰国鲁班工坊建设成为专业设置齐全、教学理念先进、技术装备精良、功能辐射广泛的优质境外办学项目。

依托泰国鲁班工坊两个中心，深化国际化校企合作，不断提高人才培养质量，扩大鲁班工坊的影响力。继续助力"走出去"中资企业，发挥鲁班工坊作为中外人文交流平台的作用，弘扬中国的鲁班工匠精神。加强与泰国铁路、化工企业的合作，以鲁班工坊为人才培养和技能培训的基地，广泛开展坊内培训及到渤海学院、铁道学院进行高级进修班培训，积极探索订单班培养模式，结合目前相关行业发展情况与泰国相关企业岗位人才需求情况，共同拓展合作项目和领域，在铁路、化工等领域进行培训合作。

充分发挥政府、企业、学校合作办学的优势和作用，将泰国鲁班工坊打造成立足于泰国、辐射东南亚的技术技能人才培养中心，为"一带一路"倡议搭建民心相通的桥梁，深化泰国鲁班工坊旗舰店建设，描绘出绚丽多彩的工笔画。

第三章 英国鲁班工坊建设与发展报告

第一节　英国的社会经济与教育情况概述

一、社会经济情况概述

英国，全名大不列颠及北爱尔兰联合王国，是由大不列颠岛上的英格兰、威尔士和苏格兰、爱尔兰岛东北部的北爱尔兰，以及一系列附属岛屿共同组成的一个西欧岛国。本土位于欧洲大陆西北面的不列颠群岛，被北海、英吉利海峡、凯尔特海、爱尔兰海和大西洋包围。面积 24.25 万平方千米，6100 多万人口，首都伦敦，官方及通用语言均为英语。

英国是世界重要的贸易实体、经济强国及金融中心，是世界上第一个进入现代文明社会的国家，也是中国重要的经贸合作伙伴。

私有企业是英国经济的主体，占国内生产总值的 60% 以上，服务业占国内生产总值的 3/4，制造业只占 1/10 左右。2018 年英国国内生产总值为 2.03 万亿英镑，人均国内生产总值 30750 英镑，国内生产总值增长率 1.4%，通货膨胀率 2.3%，失业率 4.1%。作为一个高度发达的资本主义国家，其国民拥有较高的生活水平和良好的社会保障制度。[①]

二、教育情况概述

英国的教育、学术研究处于世界领先地位，拥有众多国际知名学府，如剑桥大学、牛津大学、帝国理工学院和伦敦政治经济学院等。其教育体系具有非常大的灵活性，总体来说分为三个阶段：义务教育、延续教育和高等教育。学生一般从 5 岁开始接受义务教育，享受全免费的国家福利；小学教育一般持续到 11 岁，

---

① 参见《英国经济及产业情况》，http://www.mofcom.gov.cn/article/tongjiziliao/sjtj/xyfzgbqk/201905/20190502866379.shtml。

然后进入中学。

延续教育是英国教育体系中最有特色也是最精彩的部分,它是继小学、中学教育之后的"第三级教育",为进入高等教育或就业打下基础。分为两种体系:学业路线和职业路线。学业路线着重于培养学术研究方面的人才,职业路线则结合社会各层面的职业需要,培养在各种行业中具有专门技能和知识的人才。英国的职业教育与学业路线有一定的对应性,学生可以根据自己的学业情况选择进入学业路线的不同阶段。这种方式给学生提供了更多的选择机会,使不同类型的学生都能够充分发挥自己的优势和潜能。①

高等教育是英国教育体系中的高级阶段,包括:本科、研究生、博士生、高级国家文凭。英国的本科教育和中国本科教育略有不同,中国本科学制一般是4年,而英国的本科学制和学位没有一定的标准,一般普通的院校学制是3年,这样的院校主要在英格兰、威尔士和北爱尔兰,用3年的时间就可以拿到荣誉学位,不过在苏格兰学生用3年的时间只能拿到一个普通的学位,要想拿到四年的学位还需要再读1年的课程〔英国的学位分不同的等级,最高的是一等(荣誉)学位,然后就是二等(荣誉)学位,三等(荣誉)学位和及格及普通学位〕。

进入英国大学本科的路线有多条:中学毕业后,先进入第六学级学院学习相当于大学预科的 A-Level 课程,获得3个C等以上的成绩;学习职业教育课程,取得相应等级的普通通用职业资格证书;中学毕业后,进入继续教育学院学习,获得高级国家文凭后,直接进本科阶段第3年读学位。

现在英国的高等职业教育改革普遍实行"三明治"教学计划,即第一学年在学校打基础、第二学年到企业岗位实习、第三学年回学校深入学习获取学位。从而把工程设计、研究、实验与教学融为一体,使学生能在所选择的典型工业环境中学习,并伴有各种社会、经济、生产革新等活动。这种工学交叉的教学模式,不仅使学生理论知识与实践相结合,而且使学生在作好就业准备时,具有较高的技能和创造力。

英国职业教育是世界职业教育模式的成功范例之一,在新职业主义的发展浪潮中,采取了如"培养关键能力""职业教育与普通教育相融合"的措施,形成了完整的中高等职业教育体系。学生既可以选择在义务教育结束后接受中等职业教育,也可以继续深造,到大学之后选择高等职业教育。英国的职业教育体系是

---

① 参见《英国经济及产业情况》,http://www.mofcom.gov.cn/article/tongjiziliao/sjtj/xyfzgbqk/201905/20190502866379.shtml。

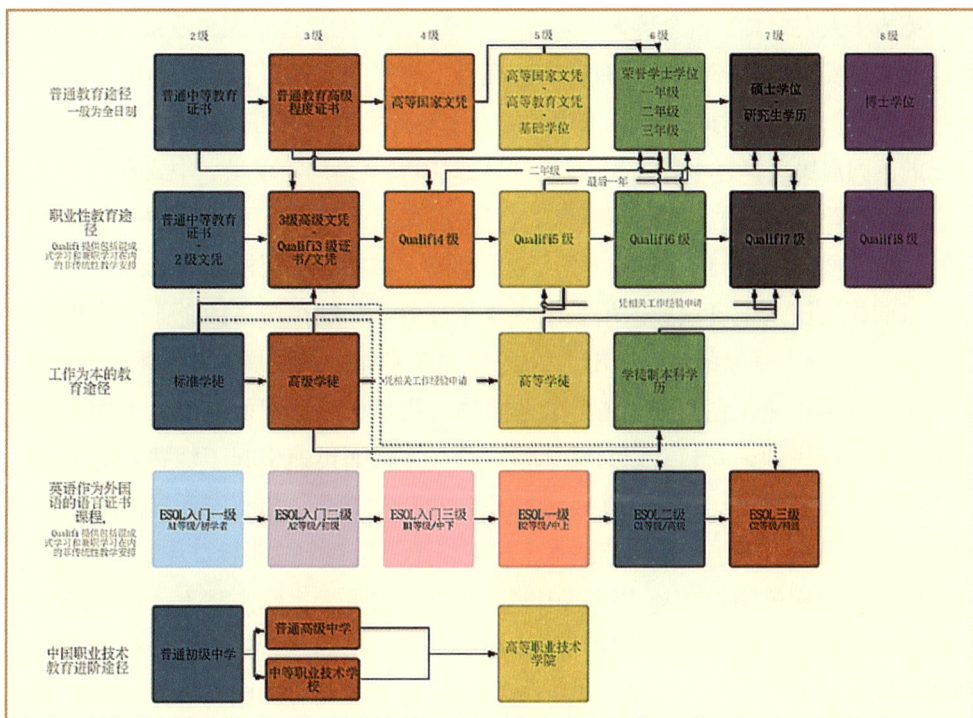

图 3-1　英国职业资格制度构架图

连续贯通的，依托于终身教育，有助于形成终身学习型社会。其国家职业教育体系为 2 级至 8 级共 7 个等级，2 级为初等学历、3 级为中等学历、4 级和 5 级为大专、6 级为本科、7 级和 8 级为高等教育硕士、博士。从 5 级开始，即可与普通教育衔接，给学生提供更多的选择机会，也可以走向职业技术岗位，向管理、研究方向发展。

第二节　中英两国经济教育合作情况

一、中英两国两国经济合作情况

目前已有超过 500 家中资企业落户英国，两国经贸合作呈多样化发展趋势。英国在我国优先发展的交通、能源、化工、机械制造领域，以及信息、生物工程等高新技术方面具有优势，同时也是我国机电、纺织、化工、金属制品、服装和初级产品的重要市场。英国对参与我国西部大开发态度较积极，投资区域正逐渐从沿海向中西部内陆地区扩展。2016 年 2 月，中英经贸联委会第 12 次会议在英举行，成立了中英地方合作联合工作组，这是中国与欧洲国家建立的首个地方经贸合作机制。

英国华人人口总数占全英人口总数的 0.7%，75% 的男性华人企业家从事分销、酒店和餐饮行业，29% 的华人拥有商业项目，45% 的华人拥有大学学历，高于英国平均比例。在英国约有 15000 家中餐馆，全英外卖市场销售额高达 300 亿英镑，78% 的英国居民选择过中餐外卖，英国民众对中餐菜系的需求量、中式餐厨具的销售量、中餐调料市场的需求量不断攀升，但是仍有 14% 的受访民众认为中餐不健康。同时，在英国有约 100 所烹饪技术学校和培训班，取得烹饪资格的有 25.5 万人。

目前，英国本土餐饮业的增长出现放缓迹象。一些小型连锁企业经营状况不佳，甚至一些资力雄厚的集团退出了餐饮业。随着旅游业的发展和外来移民的增长，中餐企业发展迅速，在为中国游客和华裔居民提供中餐消费的同时，也大大带动了英国本土居民的消费，并以口味丰富、菜品多样而迅速引起了消费者的关注。因为中餐给英国本土居民带来了从未想象到的味觉感受、与英国迥异的进餐环境和超高的性价比，迅速吸引了英国本土居民，尤其是其中的年轻群体。

中餐消费在英国越来越广泛，中餐烹饪人才需求量也越来越大，在拉动消费的同时，也提供了大量的工作岗位，但中餐烹饪教学却一直没有进行标准化。国际化的中餐烹饪专业设置不但丰富了英国职业教育的内容，同时也使中餐烹饪教学标准化、规范化，突破了师徒口传心授的中餐人才培养模式，这为英国培养本土的中餐烹饪人才打下了基础。

二、中英教育合作情况

英国是与我国开展教育合作交流较早的欧洲国家之一，我国赴英各类留学人员约 17 万人，英在华留学生约 7000 人。我国在英建立了孔子学院和孔子课堂，数量居欧洲之首。

长期以来，中英教育合作交流一直是两国关系中的亮点，也是现阶段中英高级别人文交流机制的核心内容之一。在双方的共同努力下，教育合作领域形成了范围宽广、内容丰富、政府主导、民间活跃的交流格局。2015 年习近平主席对英国成功的国事访问开启了中英关系的"黄金时代"，同时也让人文交流机制成为继中英财金对话、战略对话之后，推动中英关系长期友好的助力引擎和第三大支柱。

目前，中英间的教育交流合作覆盖了高等教育、职业教育、基础教育和语言文化等多个领域，合作的主体涵盖各级各类学校、教育机构和政府教育主管部门。此外，中英间在政府和各级各类学校的广泛参与下，通过双向留学、科研合作、语言教育、合作办学、实习培训、校际交流等合作，加深了中英双方在教育政策、教育理念上的了解、互信，同时也以借鉴、学习的方式提高了双方交流对话的效果，为在彼此尊重、相互包容的基础上开展对等交流创造了良好的外部环境。

英国是最早与中国开展合作办学的国家，中英间各级各类教育机构间交流往来频繁，设立了众多合作办学项目。据统计，全英共有 119 所大学与我国的 206 所高等院校开展了不同类型与层次的合作办学。其中宁波诺丁汉大学和西交利物浦大学是中国最早一批中外合作大学，为中国高等教育的多样化发展提供了借鉴经验。近年来，中方部分高校也开始了在英开办学历教育的尝试，由卡迪夫大学与北京师范大学合作设立的卡迪夫大学中文学院已于 2015 年 9 月正式签署协议。

2011 年 7 月中英双方共同签署了《中国教育部和英国商业、创新与技能部、教育部关于职业教育合作的谅解备忘录》，并成功举行多次教育政策对话会议，在"中英职业教育院校校长跟岗培训"中，通过中方赴英集中交流、跟岗等形式，促进了双边职业教育领域的认识与合作。此外，中英一直在探索开展学徒制试点，并立足于物流、汽车维修等学科在国内的部分省市开展了中英企业及行业协会广泛参与的试点合作，为今后通过中英教育职业教育研究等项目深入地开展合作进行了有益的尝试。[①] 英国鲁班工坊的建立，为中英职业教育合作开辟了一条新的途径。

第三节　项目建设与发展

一、合作双方学校简介

天津市第二商业学校（天津市烹饪技术学校）是一所具有历史积淀的国家级重点校，同时在天津市人力资源和社会保障局注册为天津市烹饪技术学校，拥有天津市国家技能鉴定六所。学校有近 60 年的办学历史，中餐烹饪专业是市级骨干专业，该专业教师大多为国家级烹饪大师或天津市烹饪大师，师资力量雄厚，有一支由高级讲师、高级技师为骨干的"双师型"教师组成的教学团队。学校拥有先进的设施设备，可满足多种教学需求，在烹饪教学方面享有"津门烹饪第一校"的美誉。作为央财支持中式烹调师实训基地，学校常年举办初、中、高级"中式烹调""中（西）式面点""公共营养师"等工种培训，并可考取市劳动社会保障局颁发的技术等级证书。学校的教学管理和学生管理科学严谨，制定了一系列管理考核办法。毕业生技术过硬，综合素质高，学生实习、就业、胜岗率高，很多学生已经成为企业骨干。正是由于科学的管理、过硬的素质，才会被英国

---

① 参见《教育交流》，http://www.chinese-embassy.org.uk/chn/。

Qualifi 选中并通过认证，受到英国奇切斯特学院和英国超卓教育顾问公司的信任。

2018 年 9 月，天津市第二商业学校（天津市烹饪技术学校）与天津市经济贸易学校合并为天津市经济贸易学校（天津市烹饪技术学校）。

英国奇切斯特学院是一所继续教育（含高中及中职）和高等职业学历教育（大专及专升本）学院。该学院成立于 1964 年，历史悠久。其主校园坐落在景色秀丽的英格兰西苏萨克斯郡奇切斯特市中心，是一所由英国政府拨款成立的具有现代化、科技化教育理念、理论和设施的正规政府高等学院。学校以优良的教学质量、多层面的课程设置及优秀的毕业生，在国内和国际上享有盛名。因其优质的教学质量、科学的课程设置、严谨的规范管理，其毕业生深受英国、欧盟和美国知名企业的欢迎。2000 年到 2004 年，该学院连续被授予"英国国际教育奖"，成为全英这一大奖的唯一获得者。

二、合作企业介绍

鲁班工坊是探索中国职业教育与国际职业教育接轨的一种全新教育模式。英国鲁班工坊作为首个落户欧洲的鲁班工坊，在英国完备的职业教育框架体系下不断摸索适合中英职业教育发展的教育模式。在选择教育合作伙伴上需要考量合作方的资质、国际影响力，考虑国际教育合作的可持续发展，以及是否适合两国教育体系等情况。通过考察，最终选择了英国超卓教育顾问公司作为合作伙伴，支持并共同探索中餐烹饪国际化标准在英国落地。

英国超卓教育顾问公司拥有一批英国教育界的知名专家，以定制教育解决方案著称，资质与实力雄厚，具有软硬件建设标准，特别是熟悉中英两国的教育政策。除开发学历课程和学习内容外，还提供专业培训和国际教育资源融合，可为学生提供更优秀的教育资源，为教育机构搭建相互合作的桥梁。其开发的教育产品具有权威性和广泛的认可度，具有希望英国鲁班工坊可持续发展的强烈意愿，真正实现产教融合，并创造经济价值。公司成立以来在业界打造众多成功案例，是教育培训界的知名品牌。

天津市经济贸易学校（天津市烹饪技术学校）隶属于天津食品集团。天津食品集团有限公司聚焦天津食品产业优势资源，以民需为导向，重点以现代农牧渔业、食品生产加工业、仓储物流及贸易服务、房地产开发为发展方向，主要承担着保障城市放心食品供应的社会责任。

集团旗下共有老百姓耳熟能详的"海河"奶、"王朝"酒、"迎宾"肉、"利民"调料、"桂顺斋"糕点、"玉川居"酱菜、"起士林"西点、"利达"粮油、"山海关"豆制品等涵盖中华老字号、津门老字号的品牌 32 个，在市场上具有很高的知名度、信誉度和美誉度。集团从源头上保障食品品质，全力打造"从田间到餐桌"纵贯三次产业的食品全产业链，建成政府信赖、百姓放心、保障有力的民心集团企业，为大众提供安全、优质、健康的食品。

天津食品集团作为国有大型食品企业，坚持以人民为中心的发展思想，以"着力保障和改善民生"为光荣使命，做好天津市民"放心菜篮子"，做好"现代都市型农业引领示范"，做好"产业扶贫突击队"，做好"'一带一路'倡议践行者"，积极履行好国有企业政治责任、经济责任、社会责任，致力于让更多人民群众共享企业发展成果，更好地服务于人民的美好生活。

在天津市教委、天津食品集团、天津市烹饪协会的大力支持下，在超卓教育顾问服务公司的鼎力协助下，中英职业教育开启了新的合作模式——英国鲁班工坊。该项目打开了中英职业技术学历教育的通道，通过培养国际化、标准化的中餐烹饪人才，弘扬中国饮食文化，带动中国食品和餐饮企业的海外市场，在中英双方的持续合作下，开发英国鲁班工坊的标准流程与科学体系，确保鲁班工坊持续旺盛的生命力。

三、项目建设情况

（一）发展定位与建设思路

英国鲁班工坊是天津市中职学校建设的第一个鲁班工坊，也是首个在欧洲建设的鲁班工坊。通过师资培训、学生交流、国际化课程及技能大赛等项目合作，培养国际化技能人才，配合中国装备"走出去"，搭建带动天津餐饮企业、食品集团企业拓展海外市场的平台，向世界各地提供正宗的中餐烹饪技术学历教育和技能培训，介绍中国及天津的饮食文化，推进中外人文交流。

英国鲁班工坊依据以下建设思路：

首先，做标准，解决"中餐是什么，中餐教学怎么教"的问题。通过细化中餐烹饪国际化教学标准和手段，建立"英国鲁班工坊中餐烹饪艺术"学历资格证书开发流程，成功开发出二、三、四级证书。在未来的几年中，还将继续探索更高级别的职业认证体系，与二、三、四级认证组成一条得到国际认可的中餐烹饪艺术职业发展体系。

其次，学习内容构建阶段，做资源，解决"中餐怎么做，做什么"的问题。学校深入研究中餐教育资源的整合与创新，设计研发出专业学习资源库，突出"津派、津系、津艺、津味、津菜"特色,将中餐烹饪国际化专业分化为5个模块:中国饮食礼仪文化、盘饰及冷菜制作、热菜制作、面点制作、津派面塑,5个模块各自独立又相互支撑,为在世界范围内推广标准化的中餐职业技术技能奠定了良好的基础。

在上述教育产品设计和生产过程完成后,开展教育产品的商业化过程,即通过融合、展示,解决"中餐更好地走出去,亮起来"的问题,其主要目的是支持鲁班工坊在英国的可持续发展,依托鲁班工坊优质平台,尤其是依托英国鲁班工坊利物浦中心探索校企合作的发展模式,建立英国鲁班工坊中餐烹饪教学与考评中心、中餐旗舰店和食品研发中心,把中国的文化和产品带到英国乃至全世界,弘扬中国文化,实现产教融合,实现更大的社会效益和经济效益。

(二)重点建设内容

1. 合作专业

随着近些年中国的发展越来越快,综合国力不断增强,与英国等西方国家经济文化交流日益加深,越来越多的西方人开始认识并接触中国。

而中餐作为中国饮食文化的代表,凝聚了中国几千年的饮食文化精髓,也逐渐被英国人所接受,尤其是现在,更是出现了蓬勃发展的势头。据调查,中餐是英国最受喜欢的菜系之一,多数英国人都能说出几种中国菜。

虽然中餐在全世界范围内为人们所喜爱,但中餐烹饪文化和技艺的推广却并不顺利。在过去的几十年甚至上百年间,开办中餐馆只是一种谋生手段,绝大多数是华人从事的家族企业,大多是自学成才、学徒手艺,没有受过中国餐饮业的正规培训,厨师在制作菜肴时全凭经验,致使每个厨师在制作相同菜品时味道存在差异。这些问题暴露出中餐在烹调过程中的不规范性、无标准性。虽然在英国中餐烹饪从业人员奇缺,但中餐烹饪无标准、无专业学历认证制约了本土中餐从业人员的培养。

英国鲁班工坊中餐烹饪专业向英国输出的是整套中餐烹饪标准,在这套标准化管理方案下,不同企业、不同个人烹制出的中餐菜肴,色、香、味、形基本一致,这就解决了同一菜品在不同企业或个人烹制下品质不同的问题。由于统一了标准,更有利于企业的内部管理和外部监督。

在培养出更多更符合海外市场需求的国际化、标准化的中餐烹饪人才,以弘扬中国传统饮食文化的初衷下,英国鲁班工坊及中餐烹饪专业应运而生,成为首个在欧洲建立的鲁班工坊。

截至目前，英国鲁班工坊中餐烹饪专业共招收三级学历教学班1个、学员8名，在鲁班餐厅、奇佳斯特学院集团、HIT厨师学院、波兰学院开展师资培训，并通过剑桥路演等活动，培训教师8名、学生135名。

2018年6月，天津市第二商业学校（天津市烹饪技术学校）选派4名烹饪专业优秀学生作为交流生前往英国奇切斯特学院集团克劳利学院进行交流学习，并通过空中课堂连线，成功实现中英专业技能展示交流互动。

2. 师资培训

为更好地促进中英双方文化互融，将中华烹饪技艺在欧洲发扬光大，英国鲁班工坊在多次对英方专业教师进行培训的同时，派出烹饪专业教学骨干教师团队出访英国，进行学术交流和技艺展示。通过观摩互动，在体验中餐饮食文化的同时传承和发扬中华烹饪优秀传统文化，加深中英职业教育的交流与合作。截至2019年底接待来华接受培训教师6人，学习时长累计240学时。天津市第二商业学校教师外访培训教师8名，累计培训时长306学时，接待来华交流教师32人。

2017年11月，2名来自英国奇切斯特学院的烹饪专业教师到天津市第二商业学校进行专业培训。培训期间，天津市第二商业学校多位国家级烹饪大师根据鲁班工坊盘饰及冷菜制作、热菜制作、面点制作、津派面塑、中国饮食礼仪文化5个模块的教学内容，有针对性地开展教学。2位英方老师在学习中餐技能之余，结合自身专业领域，为在校学生进行了西餐实训操作教学，促进了中英餐饮文化的互通互融。

2018年12月，英国鲁班工坊中方代表团出访英国，对英方教师及学生进行热菜、面塑等技艺培训，受到当地教师、学生的广泛赞誉。他们纷纷赞叹中国烹饪大师们精湛的技艺和中餐文化的博大精深。

2019年5月及8月，英国鲁班工坊教师6名代表访津，向天津市第二商业学校烹饪大师学习中餐烹饪技法与菜品制作，与学校专业教师团队进行教学交流、菜品研发。经过培训，英国鲁班工坊的英方教师能够独立完成项目授课及菜品制作。

3. 标准与资源开发

（1）"中式烹调师培训包"项目的承接为开发教学资源积淀了丰富的经验

天津市第二商业学校（天津市烹饪技术学校）一直秉承职业教育发展理念，制定了一整套中餐烹饪教学标准。2013年，学校承接了"中式烹调师培训包"项目，代表天津市在国家职业资格证书制度框架体系内，为中式烹调师、营养配餐员等领域提供标准化、规范化的培训教学指导。"培训包"项目的开发集学校教育与企业实践相结合的优势互补，根据中式烹调师初、中、高级、技师、高级技师岗位对专业知识、专业技能的要求，开发满足不同层次人员需要的立体化、模块化的培训课程、培训教材和实训项目。

2014 年学校建立了由中央财政支持的中式烹调师实训基地，在中等职业教育改革发展中更加突出地发挥引领、骨干和辐射作用。同时，"培训包"项目在初期、中期、自评三轮验收和专家论证中得以发展成熟，并依托行业办学优势，与 30 余家校外实训基地开展合作，将天津市烹饪领域职业教育标准推广至全国。

学校一直致力于中餐烹饪技艺和文化的弘扬，正是有了前期开发教学资源的经验积累，为英国鲁班工坊教学资源的开发奠定了基础。在开发中餐烹饪市标、国标的基础上，借助"中英鲁班工坊"平台创建了国际化教学标准，开发了中国饮食礼仪文化、盘饰及冷菜制作、热菜制作、面点制作、津派面塑 5 个模块共 850 小时学习资源，包括教学大纲、教材、教案、讲义、课件、视频动画、主观答题题库、视频纠错题库、考评标准和专业评估方案。由英国权威认证机构 Qualifi 最终核准、颁证，转化为符合英国三级职业教育（相当于国内中职）标准的学习资源，成为首例中国职业教育课程被列入英国国家职业教育资格体系（RQF）的范本，成功创建并输出中餐烹饪教学标准，使之成为欧盟及美国教学依据，同时，也成为国内首个且唯一被英国国家职业教育认可的开发、讲授 2 级至 8 级学历教育认证中心。

Qualifi 是获得英格兰考试与标准办公室（Ofqual）、爱尔兰课程、考试评估委员会 (CCEA)，以及威尔士证书办公室 (QiW) 授权的资格证书认证颁发机构，是英国众多资格证书颁发机构中少数几家可以提供 2 级至 8 级资格证书的机构。Qualifi 认证的课程可与其合作伙伴大学的本科（6 级）、硕士（7 级）、博士（8 级）课程对接。这些大学承认 Qualifi 作为英格兰考试与标准办公室授权的学历资格认证颁证中心的合法地位，并遵照学校自身的品质保障流程和合作伙伴遴选条例，认定 Qualifi 课程的专业内容严谨有效。由于 Qualifi 的权威性，英国中餐烹饪艺术三级学历课程的学分及未来将要开发的其它等级的学分将获得美国 3000 余所大学和学院的承认。另外，英国学历框架与欧洲学历框架互通，英国学历在欧洲得到普遍认可，为在世界范围内推广标准化的中餐职业技术技能奠定了基础。

天津市第二商业学校是经 Qualifi 认证的教学中心，原则上可招收国内的学生在中国学习英国中餐艺术课程，合格的毕业生既可在国内培养取得英国学历，也可以去英国及欧盟其他国家、美国进行继续深造。

（2）不断探索学历向上延展通道，形成连贯学历认证体系

在英国教育制度框架下，2 级资格要求学员了解基本知识，掌握一系列基础

技能包括常用工具的使用，能在明确的指令下完成指定的任务；3级技术标准在专业知识、技术技能、个人素质等方面有了进一步提升，要求学员除掌握更具深度和广度的专业知识外，必须能够在一定范围内展示出对理论知识的活学活用，同时能在指导下相对自主地完成指定的任务；4级技术要求学员能够理解和应用理论知识，具备分析和解决技术问题的能力，具备收集、归纳、评估、分析相关信息的能力，能独立工作，也能与他人协作，能制定个人发展规划；5级及以上级别则提出了更高的要求。基于学校作为中餐烹饪中职教育教学标准建设单位，英国鲁班工坊的建设从3级学历开始。

由于3级资源适合具有烹饪基础的学生学习，这就成为零基础学生学习中餐烹饪的障碍。为此，英国鲁班工坊又开发了适合零基础学生学习的中餐烹饪艺术2级学历和向上细化的中餐烹饪艺术管理4级学历，并于2019年相继成功上架，与三级学历共同组成一条得到国际认可的中餐烹饪艺术职业发展途径，为5级营养学等专业的开发及实现职业教育和普通教育的国际化融通打下基础。

（3）合作企业的支持助推了中餐烹饪标准化

在教学资质核准认证的过程中，英国超卓教育顾问公司做了大量工作，发挥了重要作用。由学校开发的教学资源是按照中国的教育模式和标准开发出来的，符合我国的教育标准，但是英国有自己的教学体系和教学标准，并且中英两国标准相差较大。为了能够满足英国的教育标准，英国超卓教育顾问公司聘请知名教育专家进行审核，并将中国开发的资源按照英国的教学模式、体例、技术标准，重新编写制定。此外，超卓还聘请大量的专业技术人员、业内专家，将中国教学资源的所有菜品案例，采用中国的调料，英国的食材，按照教学标准，一一亲自操作，反复验证，达到规定的技术标准后才允许编辑进入教学方案，体现出严谨的治学态度。

未来，英国鲁班工坊将继续探索中餐烹饪学历认证体系，努力使之成为向上不断延展的学习体系。

4. 实训基地建设

目前，天津市第二商业学校已在国内外建成三处鲁班工坊实训基地，总面积约980平方米。分别为：位于天津市经济贸易学校（天津市烹饪技术学校）南开校区的鲁班工坊实训基地、位于英国奇切斯特学院集团克劳利学院的鲁班工坊实训基地和位于英国利物浦市的鲁班工坊教育教学中心（鲁班旗舰餐厅），设备数量12台套，实习工位42个，配备有国际领先水平的烹饪教学设施设备，呈现"互联网＋"现代智能烹饪教学载体的空中课堂，有效地发挥了成果展示、技能培训、学习体验等诸多功能，为"鲁班"课程教学夯实了平台，为英国鲁班工坊的人才培养提供有力保障。

（三）项目推进历程

作为一所普通的中职学校，学校几十年来一直坚持弘扬中国博大精深的饮食文化，专心致志地从事中餐烹饪的教育教学和技能培训，也正是有了这份坚持与执着，加之在多年实践中不断提炼、升华，为英国鲁班工坊项目的成功开发打下了坚实的基础。

英国鲁班工坊的软硬件建设都有一套成熟可实施的建设规范和技术标准，这些规范标准是在参考合作双方所在国家的技术标准上建立起来的。在师资、教学方面有配套的方案，在布局、建设方面有严格的标准，在管理、评价方面有细致的监管机制。英国鲁班工坊建设的每一个步骤都要符合合作双方所在国家的相应规定。因此，在鲁班工坊建设过程中，每一步都要以规范为依据，以政策为准绳。

1. 合作筹备期

2016 年 8 月，天津市教育委员领导到学校进行鲁班工坊建设前期调研，指出学校的定位符合天津职业教育未来的发展方向，希望能够树立"津门烹饪第一校"的品牌，在津派、津系、津菜、津艺上创牌子、下功夫，通过国际合作，为现代食品服务业向中高端转化，培养国际化高技能人才；要继续以中西餐烹饪为发展方向，走出国门，以烹饪专业带动企业发展。

2016 年 12 月，天津市第二商业学校（天津市烹饪技术学校）与英国奇切斯特学院合作建立鲁班工坊项目，并于天津市第二商业学校（天津市烹饪技术学校）举行了隆重的签约仪式。

2. 启动建设期

2017 年 5 月，天津市第二商业学校（天津市烹饪技术学校）与英国奇切斯特学院强强联合、合作建立的鲁班工坊正式揭牌运行，这是天津在海外建立的第二个鲁班工坊，也是在欧洲建立的首个鲁班工坊。该工坊主要通过开展中餐烹饪学历教育和技能资格证书认证，提高海外中国餐饮服务行业的水准，传播天津及中国历史悠久的中餐烹饪技艺和饮食文化，打造高端的中国餐饮品牌和中餐教育培训体系。

2017 年 8 月，英国鲁班工坊专家论证会暨颁证揭牌仪式在天津市第二商业学校（天津市烹饪技术学校）鲁班工坊举行。英方专家代表团一行从学校背景、组织架构、教学管理、烹饪专业教学资质、烹饪专业优势、安全及健康管理、招生就业情况、战略推广计划、实训基地建设等方面进行了严格而详细的考察评估，经过近 8 个月的严格审核及现场答辩，Qualifi 最终确定了天津市第二商业学校（天津市烹饪技术学校）的教学资质符合英国的教学质量体系，并颁发资质证书。这标志着审核通过后的教学及测评标准已获得英国国家认可，并于 2018 年 4 月在英国国家职业教育框架体系中正式上架，此学历将获得美国 3000 余家大学和学院的承认，为在世界范围内推广标准化的中餐职业技术技能奠定了坚实的基础。

3. 运营发展期

为进一步推进英国鲁班工坊在英国的深度发展，天津市经济贸易学校（天津市烹饪技术学校）计划在英国建立一个集产、学、研相结合的教育教学中心。2018 年 11 月，英国鲁班工坊天津代表团出访利物浦市，与利物浦市市长、副市长及市长助理进行了亲切友好的会见，并对利物浦的经济、教育、潜在发展等因素进行全面考察，提出计划在利物浦市建立鲁班工坊教育教学中心，通过职业教育培训的方式促进中餐烹饪的传播，以带动当地经济发展的构想，项目得到利物浦市政府的大力支持，并纳入利物浦市成人教育计划，由专人负责，政府支持执行。

2019 年 1 月，英国鲁班工坊第三阶段建设项目合作框架签约仪式在天津食品集团有限公司举行，计划在英国利物浦共同建立 600 平方米的利物浦教育教学中心。该中心将以鲁班旗舰餐厅的形式呈现，集教学、测评、研发功能为一体，有效地发挥着成果展示、技能培训、学习体验等功能，是中西教育及文化融合的合作新模式。

2019 年 10 月，英国鲁班工坊利物浦教育教学中心基本建设完成。

四、成效与创新点

（一）建设成效

1. 新型中餐烹饪国际化人才培养

经过数年的建设，英国鲁班工坊制定了一整套新型中餐烹饪国际化人才的培养方案，并在具体的教学实践中取得了较好的效果。

（1）以企业为核心制定教学目标

英国鲁班工坊制定教学目标的过程，打破了学历教育本位思路，紧跟市场导向，让企业参与到教学目标的制定过程中来，并在教学目标制定过程中起主导作用。教学目标的制定不再以学校为主体，而是以企业为核心，围绕企业的要求来制定。

让企业参与到教学目标的制定过程，可以充分发挥企业的主动性和能动性。在以企业为核心制定的教学目标的引领下，培养出的技术工人与企业的契合度高，所以学生所学技术、知识能很好地满足企业的需要，可迅速适应岗位，进入工作状态，提高学生就业时的"胜岗率"。

（2）三方共同制订教学计划

所谓"三方"，是指学生、企业和培训机构。英国鲁班工坊的中餐烹饪人才培养计划，学生有权参与制定。这样学生可以将自己的发展方向、兴趣爱好甚至未来薪资、工作岗位等因素考虑在内，形成一个切实可行，并且能够坚持始终的培训计划。在制定培训计划的过程中，学生可以充分发表自己的意见，合理的意见将会被尊重和认可。

在培训计划的制定过程中，培训机构和企业的意见也得到了重视。

有些课程是必须开设的，例如食品安全教育、职业道德教育，包括一些基本课程，如语言、数学等。学生除了技能的培训外，不能放弃这些交流技能和逻辑思维的培养，而这些课程必须由培训机构来完成。

培训计划的制定，企业也不能置身事外，因为培训的学员很可能就是该企业将来的工人，因此在制定培训计划的过程中，该计划要适合在该企业实施，招收的学生也要符合该企业的企业文化或企业精神。

这种全新的教育模式可以让三方充分表达自己的意愿，改变了之前完全由一方输出另一方完全被动接受的局面。既有利于学生的持续培养，也为学生从事本行业的稳定性提供保证。

（3）创新混成式学习模式

英国鲁班工坊是典型的跨国教育项目，其实质是在英国教授中国的中餐烹饪课程。考虑到跨境教育的实施成本和中餐烹饪职业技术教育的实操性，中英双方共同探索开发了线上教学和面授相结合的混成式教学方式。混成学习又译为混合学习，即将在线教学和传统教学的优势结合起来的一种"线上"＋"线下"的教学。通过两种教学组织形式的有机结合，可以把学习者的学习循序渐进地引向深入。通过将学习资源数字化，结合网络科技和面对面授课的新型教学形式，运用智能管理学习平台，将课堂的实际学习环境与虚拟的网络世界相结合，从而获得更佳的教学效果，实现了中餐烹饪的国际化教学。

"线上"的教学不是整个教学活动的辅助或者锦上添花，而是教学的必备活动。"线下"的教学也不是传统课堂教学活动的照搬，而是基于"线上"的前期学习成果而开展的更加深入的教学活动。

通过混成式教学重构传统教学模式，可以充分发挥教师和学生的自主性，更能充分体现学生作为学习过程主体的主动性、积极性与创造性。比如学习《盘饰及冷菜制作》模块，首先需要学生通过网站学习讲义、观看 PPT，进行网上自学，这部分占全部学习过程的 35%；然后进行课堂教学，采取空中课堂的方式——由教师通过视频对学生授课，并展开互动；再由经过教师亲自指导学生进行实际练习，最后，学生还要亲身到企业进行现场实习，这在整个教学过程中占 65%。通过知识＋技能＋标准＋文化形成的学习资源的输出，确保教学过程的有效实施。

（4）切实有效的考核模式

英国鲁班工坊的考核方式共分为 3 个步骤：第一步是客观题测评，其目的是要证明学生的理论基础。学生需要知道自己要做什么，知道怎么做。理论测试不通过就不能进入下一阶段的测试。

通过第一步测试后，就进入第二步实操阶段，要求做给评委看。这一过程会分单一技能考核和综合技能考核。单一技能考核会分配给学生某一整体任务中的一个步骤让其完成，看是否能够达到标准，这些任务是全国统一标准，可以在考评中心的实践基地或者指定的地点完成。此外还要完成综合技能考核，会分配给考生一项完整的任务，一般是由企业的领导制定，在学生自己实际工作的企业中完成。

通过第二步测试，则进入第三步，专家组进行专业性的讨论，也就是答辩阶段。这一过程会以谈话的形式进行。在讨论过程中，企业领导和学生的督导都要参加，讨论学生在操作过程中出现失误的原因、操作是否符合标准。这个步骤的专家指的是学术专家，一般是学院指定的学术导师。此次谈话学生要向专家们证明自己的知识水平达到了标准。讨论过程也需要得到学生的认可，这一过程是一个公平公正的过程。专家论证过程不仅是技术的考核，而且是综合能力的考评。这一过程也给了考生向专家解释之前考评专家的疑惑和自己操作失误原因的机会。学生出现的失误是有多种原因的，有的是自身原因，但也有外部原因或者偶发原因，有些原因并不是学生自己能控制的，有些失误不是考生的问题，如果学生解释合理，则会获得重新进行第二步考核的机会。在这一过程中，考生和专家处于一个平等的地位，体现出考核的客观性与公平性。

学生在学习和考核的过程都要受到第三方机构的监督，这属于外部认证过程，以确保学生达到培训所要求的质量。

总之，从学生的招收、教学目标与教学计划的制定、混成式的学习模式、学业考核等方面，英国鲁班工坊有了一套行之有效的中餐烹饪国际化人才培养方案，并在实践中取得了良好的效果。

2. 传播正宗中餐文化，促进中外人文交流

随着英国鲁班工坊在海外影响力的不断扩大，引得国内外媒体争相报道。

2019 年春节前夕，应英国首相府的邀请，由天津市经济贸易学校（天津市烹饪技术学校）4 位烹饪大师带领的英国鲁班工坊中餐烹饪艺术专业的师生，为英国首相府举办的春节招待会制作了 8 道具有天津特色且兼具西方美食形态的佳肴，飘香首相官邸。这是英国首相府第一次在春节期间举办中式冷餐会，也是第一次邀请学校师生掌勺。

为了承办好英国首相府新春招待会宴席，天津市贸易学校（天津市烹饪技术学校）烹饪大师远赴英国对克劳利学院的教师和学生进行培训，精心设计了菜肴品种，并搭配天津食品集团光荣酱油等调味料产品。在招待会上，天津蒸饺、香蘑牛肉粒等正宗美味的中餐菜肴受到宾客的高度赞扬。

2019 年 5 月，英国鲁班工坊开展全英大师巡回讲座，受邀在剑桥大学圣约翰学院、奇切斯特学院克劳利校区、利物浦市希尔顿酒店进行了三场路演展示。中英双方通力合作为热爱中餐烹饪的学员们献上了三场精彩纷呈的中式面点技艺展，得到了英国民众的欢迎与认可，极大地提高了英国鲁班工坊的声誉和影响。

3. 带动国内企业走出去

英国鲁班工坊在运行的过程中，始终以输出中国—天津市优秀职业教育成果、传播和弘扬正宗中餐烹饪文化和技艺为宗旨，通过产教融合带动中国—天津企业装备和产品走出国门，实现国际合作办学新形式。

目前，已将天津利民调料有限公司、天津利达粮油有限公司产品列入英国鲁班工坊教学实施标配，在开展培训教学和对外交流活动中使用的调料、面粉等均来自上述企业。

此外，为继续深入推进鲁班工坊在英国的发展，天津市经济贸易学校（天津市烹饪技术学校）与英国超卓教育顾问服务有限公司在英国利物浦共同建立利物浦教育教学中心（鲁班旗舰餐厅），为支持个人发展、员工的职业发展和企业的商业发展提供高质量的职业教育培训解决方案，为本土中餐烹饪人才的储备提供支撑。

2019 年 8 月，利物浦教育教学中心（鲁班旗舰餐厅）代表访津，与天津利达粮油有限公司的食品研发团队就即将进入鲁班餐厅的"利达包"的生产制作、技术培训、口味改良等方面进行研讨。

将"利达包"引入英国市场，受到英国大众的欢迎。同时，将天津食品集团及其他国内企业中餐预包装食品、红酒、中餐烹饪调料、设备、中式家具、餐具

等输入英国，以英国为点，面向欧盟及世界各国，提高和扩大中国产品的知名度。

4. 获得当地政府的大力支持

在深入推进英国鲁班工坊建设发展中，获得利物浦市政府的大力支持。

利物浦是英格兰西北部的一个著名港口城市，是默西河畔都市郡的5个自治市之一，有着悠久的历史。2008年当选为"欧洲文化之都"，是中国人最早居住的英国城市之一，建有英国第一个唐人街。2016年与天津签署了建立友好城市意向书。近年来，为促进双方友好合作，两市各领域交流互访频繁。利物浦市政府支持当地有实力的企业与天津食品集团合作，共同推进鲁班工坊项目及开展进出口贸易，拉动当地餐饮及旅游经济的发展，并将英国鲁班工坊列入利物浦与天津友好城市协议。

英国鲁班工坊在向外输出职业教育成果的同时，不但为我们研究与国际合作共享中国职业教育成果探索出新道路，而且通过职业教育合作创造出企业新的发展空间和机遇。

（二）创新点

1. 崭新的合作方式

英国鲁班工坊的合作形式是天津市经济贸易学校（天津市烹饪技术学校）、英国奇切斯特学院和英国超卓教育顾问公司三方合作，共同展开专业教育与技能培训服务。

天津市经济贸易学校（天津市烹饪技术学校）为英国超卓教育顾问公司，提供建设标准与学习资源，超卓将相应的标准转化为符合英国相关规定的形式，编制教学计划，由奇切斯特学院实施。

中方设计开发出850个小时时长，含盘饰及冷菜制作、热菜制作、面点制作、津派面塑、中餐饮食礼仪文化5个模块、60万字、200个视频和21个动画影片的英国教育标准的职业教育学习资源库。英国超卓顾问公司既是教育咨询公司，也是Qualifi的教学中心。学校将相应的教育资源委托给超卓公司，超卓聘请知名教育专家进行审核，并将学校开发的资源按照英国的教学模式、体例、技术标准，重新编写制定，以适应英国本土化教育的需要。此外，超卓还聘请大量的专业技术人员、业内专家，将我方教学资源的所有菜品案例，采用中国的调料、英国的食材、照教学标准，一一亲自操作，反复验证，达到规定的技术标准后才允许编辑进入教学方案，这不但体现出了严谨的治学态度，也满足了英国的教学要求。超卓将转化好的教学资源提交给Qualifi，经Qualifi认证后上架。

同时经贸学校负责师资力量的培训，并根据需要派专业技术教师前往英国指导教学工作。

2. 中餐烹饪专业纳入英国职业教育框架体系之内

英国鲁班工坊中餐烹饪国际化教学标准与资源，经英国职业教育资格证书颁发机构 Qualifi 核准颁证，天津市经济贸易学校（天津市烹饪技术学校）成为首个且唯一被英国国家职业教育承认的开发讲授 2 级至 8 学历的教育认证中心。

英国鲁班工坊中餐烹饪专业的建设和发展分三个阶段：

第一阶段做标准，解决"中餐是什么，中餐教学怎么教"的问题。中餐热虽然"火"遍全球，但在国外，人们始终对中餐的原料、调味、用具乃至命名、内涵、品控等存在盲点，导致中餐制作没有统一的标准，同样的菜品达不到统一的水平，对中国饮食文化传播起不到应有的作用。在这一阶段，英国鲁班工坊使用的中餐烹饪国际化教学标准，细化了教学标准和手段，建立了"英国鲁班工坊中餐烹饪艺术"学历资格证书开发流程，成功开发出三级证书。在未来的几年中，还将继续探索更高级别的职业认证体系，与三级认证组成一条得到国际认可的中餐烹饪艺术职业发展体系。

第二阶段是学习内容构建阶段，做资源，解决"中餐怎么做，做什么"的问题。学校深入研究中餐教育资源的整合与创新，设计研发出专业学习资源库，将中餐烹饪国际化专业分化为 5 个模块：热菜制作、面点制作、盘饰及冷菜制作、中国饮食礼仪文化，并将津派面塑单独拿出，作为一个模块，5 个模块各自独立又相互支撑，为在世界范围内推广标准化的中餐职业技术技能奠定了良好的基础。

如果将前两个阶段比作教育产品设计和生产过程，则第三阶段可视为教育产品的商业化过程，即通过融合、展示，解决"中餐更好地走出去，亮起来"的问题，其主要目的是支持鲁班工坊在英国的可持续发展，依托鲁班工坊优质平台，把中国的文化和产品带到全世界，传播中国文化，实现产教融合，发挥更大的社会效益和经济效益。

2018 年 4 月，英国鲁班工坊成功开发了中餐烹饪艺术（鲁班）3 级学历证书，并正式在英格兰国家普通和职业学历框架上架，该学历同时获得欧盟及美国共3000 余家大学和学院认可，具备在欧盟及美国教育推广资格。这样在英国建立的鲁班工坊培养出的学生受欧盟及美国教育体系的认可，具有培养国际化技能人才的基础和资格。

目前，英国鲁班工坊中餐烹饪专业的二级、三级、四级学历均获得 Qualifi 认证，并纳入英国职业教育框架体系之内。

英国鲁班工坊第一阶段和二阶段建设取得了阶段性成果，2019年1月，英国鲁班工坊第三阶段建设备忘录签署完成，2019年11月利物浦教育教学中心建设完成并投入使用，鲁班工坊三个阶段的建设按照建设体系构架已基本完成。

3. 人才培养上独具特色的第三方监督机制

英国鲁班工坊中餐烹饪专业的学习过程，会受到督导员、实践老师、企业雇主或公司领导的监督。如果学生完成学时并且经监督人员评估合格，认为其已经达到相应标准，则该学生进入测评阶段。

学生在学习和考核的过程都要受到第三方机构的监督，这属于外部认证过程，以确保学生达到培训所要求的质量。

第三方监督机构会审核导师对学生的指导是否符合 Qualify 的标准，教学机构、企业雇主是否尽到了教育义务，在教授知识技能的时候学生是否受到不公平的待遇，学生是否真正修满学时，考核过程是否科学合理、公平公正。这种审核不是主观的，不是自己认为符合要求或不符合要求，整个审核过程必须提供证据。

第三方监督机构还会对考核过程进行审核，看考核过程是否科学合理、公平公正。考核完成后，则需要对考核进行公正性检验。人都有一定的主观性，为了保证测评的公平性、公正性、合理性，认证机构会选派监督人员，要求和考生、雇主都没有任何接触，对整个测评过程进行评估。鉴定过程有专门的标准流程，这个流程是由认证中心控制，学校、雇主都不参与。测评的所有内容都需要提供证据或者记录。

4. 获得英国本土行业协会的支持

本土行业协会的认可，提高了英国鲁班工坊毕业生的核心竞争力。

随着学历体系的不断完善和项目的深度发展，英国鲁班工坊开发的英国中餐烹饪技术标准和产教结合式人才培养体系在业内获得了广泛关注和多方好评，并受邀接受世界顶尖的职业技能资历颁授机构之一"英国伦敦城市行业协会 City & Guilds"的资质评估，所有资格证书及旗下餐厅的工作经验获得 City & Guilds 和世界厨师协会的认可。英国中餐烹饪（鲁班）的合格毕业生，可以在毕业证书上加盖其公章。

英国伦敦城市行业协会历史悠久，是伦敦市政府和16个行业工会于1878年联合组建的不以谋利为目的的职业技能教育慈善组织。英国伦敦城市行业协会是面向全英的职业教育和资格等级考试的发证机构。1900年英国维多利亚女王向英国伦敦城市行业协会颁发诏书，确定了其办学宗旨。英国伦敦城市行业协会为许多世界著名公司提供职业培训和认证服务，其合作伙伴遍布世界各地一百多个国家。

伦敦城市行业协会的认可，是对中英鲁班工坊的高度肯定，使得英国中餐烹饪专业的学生在今后就业、晋升和个人发展方面具有更大的优势。

五、未来规划

（一）继续深入开发国际化中餐烹饪专业

天津市经济贸易学校（天津市烹饪技术学校）作为首个且唯一被英国国家职业教育承认的开发讲授 2 级至 8 级学历的教育认证中心，在未来的几年中，还将继续探索更高级别的职业认证体系，与现已开发的二级、三级、四级认证组成一条得到国际认可的中餐烹饪艺术职业发展体系。

下一步，将在相关高等院校的支持与配合下，进一步开发国际化中餐烹饪专业的五级、六级甚至更高级别，既为当地培养更多更高层次的中餐烹饪专业国际化人才，也为开展中餐烹饪专业普职融通奠定基础，为中外人文交流、弘扬中国饮食文化、开展职业教育国际合作、带动中国企业、产品走出去做出更大的贡献。

（二）充分发挥中餐烹饪旗舰店的引领作用

2019 年 11 月，占地 600 平米的英国鲁班工坊利物浦教育教学中心（鲁班旗舰餐厅）正式营运。该中心旨在英国及欧美国家进一步推广中餐烹饪专业，并集产、学、研为一体，为产教高度融合打下坚实的基础。该中心除满足鲁班中餐烹饪专业的教学之外，还拥有自主运营的中餐旗舰餐厅。

（三）探索成立联盟

英国鲁班工坊的前期建设和后期运营受到天津市教委、天津食品集团、天津市烹饪协会的支持与指导；天津市经济贸易学校（天津市烹饪技术学校）和英国超卓教育顾问公司则主要负责运营管理和申请机构的评审监督工作，这样便组成了一个以推动鲁班工坊自主良性运转的产教联盟。

今后凡开办英国鲁班中餐烹饪专业，将由其办学机构发起办学申请，由天津市经济贸易学校（天津市烹饪技术学校）和英国超卓教育顾问公司进行审核，根据审核情况决定其是否具有办学资格，并监督其之后的运行管理。

英国鲁班产教联盟将为参与合作的院校提供尽可能多的帮助，并与对方共同努力，以使这种国际职业教育合作新模式不断完善。

（四）促进国内企业与产品走出国门

中国企业以英国鲁班工坊为载体，向英国输入中餐烹饪相关产品，如中餐烹饪器具、工具、设备，带动中国企业及产品走出国门。

2018 年 11 月，利物浦市政府表示支持当地有实力的企业与天津食品集团合作，共同推进鲁班工坊项目及开展进出口贸易，拉动当地餐饮及旅游经济的发展，并将英国鲁班工坊列入利物浦与天津友好城市协议。在英国首相府春节筵席上，天津食品集团的调味料、粉丝、大红方腐乳等食材得到了一致认可和好评。

2019 年 4 月，诺丁汉市政府代表表示大力支持英国鲁班工坊建设，并就英国诺丁汉市与集团产业的合作事宜进行探讨。2019 年 8 月，英国鲁班工坊中餐旗舰餐厅代表访津，与天津利达粮油有限公司的食品研发团队就"利达包"的生产制作、技术培训、口味改良等方面进行研究探讨。

在英国鲁班工坊的辐射影响下，中国—天津企业装备和产品不断走出去，将利民调料、王朝红酒、电磁灶等更多产品列入英国鲁班工坊标配，以来拓展英国鲁班工坊商业市场，为中餐烹饪学历教育提供支撑。

第四章 印度鲁班工坊建设与发展报告

第一节 印度的社会经济与教育情况概述

一、社会经济情况概述

印度共和国是南亚次大陆最大的国家，世界四大文明古国之一，面积约 298 万平方千米，居世界第七。东临孟加拉湾，西濒阿拉伯海，海岸线长 5560 千米。目前，印度人口已到达 13.24 亿，居世界第二。印度共和国是联邦制国家，采取英国式的议会民主制。印度也是多神教国家，其中印度教教徒和伊斯兰教教徒分别占总人口的 80.5% 和 13.4%。印度有 100 多个民族，其中印度斯坦族约占总人口的 46.3%。[①]

印度自独立后，经济有较大发展。农业由严重缺粮到基本自给，工业形成较为完整的体系，自给能力较强。20 世纪 90 年代以来，服务业发展迅速，占国内生产总值比重逐年上升。印度已成为全球软件、金融等服务业重要出口国，是世界上发展最快的国家之一。

印度是全球经济成长最快的新兴经济体和世界十大经济体之一，在 2015—2016 财年，印度以 7.9% 的国内生产总值增长率位列全球排行榜第一，人均国内生产总值为 1747 美元，仅位于第 129 位；印度总人口中，大约有 12.3% 的人每天工资低于 1.25 美金（2011-2012 年，世界银行报告）；印度矿产、石油、天然气资源丰富，是全球黄金最大消费国；从印度的产业结构来看，印度第一产业比重为 49%，第二产业比重为 20%，第三产业比重为 31%，支持国家发展的工业占比较低。[②]

---

① ② 参见《印度国家概况》，https://www.fmprc.gov.cn/web/gjhdq_676201/gj_676203/yz_676205/。

二、教育发展概况

印度是联邦制国家。宪法规定，教育行政分为中央、邦和地区层级，以邦一级为主。中央和邦教育部根据教育专家提出的建议，制定教育计划与革新方案，并付诸实践。中央教育部对各邦教育部起顾问作用。中央教育部主管直辖区的教育、国家重点大学与科技机构、全国教育发展计划及国际文化教育科学的交流活动等。各邦有自主权，依据宪法规定实施普及义务教育。印度学制结构不统一，一至四年级或五年级，有的称为小学教育阶段（如在旁遮普邦），也有称为初级小学教育阶段（如在古吉拉特邦）；五至七年级或六至七年级称为中等教育（如在旁遮普邦），或称为高级小学教育（如在古吉拉特邦），也有称为高年级基础教育或初级中学教育阶段（如在北方邦）。自1968年起，印度政府大力推广"10·2·3"学制。"10"代表普通教育，包括小学和初中；"2"代表高中阶段，有的邦把它放在中等教育内，有的邦则附属于高等教育的预科；"3"代表高等教育阶段。新学制有利于普及10年义务教育；能够用2年时间分别做好学生升学或就业的分科准备，也有利于保证高等教育的质量与劳动力的供求平衡。

印度职业教育体系分为正规职业教育体系和非正规职业教育体系。一至十年级为义务教育阶段，十年级之后为非义务教育阶段。

印度职业教育体系可主要划分为职业教育、技术教育和职业培训三种类型。其中，职业教育一般被狭义地定位于中等教育的职业化分流，其管理体制隶属于国家人力资源开发部（MHRD）；技术教育指高等教育层次的工程技术教育，由全印度技术教育委员会（AICTE）管辖；职业培训则是独立于学校系统外的、面向就业的教育类型，隶属于国家技能开发与创业部（MSDE）。

印度职业教育为了适应经济和产业的发展，在政府的主导下，基本形成了较为完善的职业教育体系，构建了符合印度国情的职业资格等级框架制度。1961年，印度颁布《学徒制法案》，使印度产业工人通过学徒过程进入企业岗位。

印度政府非常重视职业教育和技能发展，近些年来出台了一系列相关政策，支持职业教育的发展，为保障职业培训发展形成了较为完备的法规体系，并于2013年发布印度国家技能资格框架。在这一框架下，任何学习者都可以通过正式或非正式的学习获得任意等级的能力证书，使得职业教育与普通教育之间的转入或转出成为可能，之前的学习经历能够得到认可，从而使得从非正规工作市场转入有组织的工作市场成为可能。通过一个全国性的质量保证框架，使得全国范围内的培训成果得以标准化，并且能够在全国范围内得到承认。

第二节 中印两国经济教育合作情况

一、中印两国经济合作情况

中国和印度是全球两大新兴经济体。近几年，随着中印经贸合作快速发展，越来越多的中国企业在印度投资建厂，本土企业快速升级，迫切需求大量的高素质技术技能型人才。

中印经济合作领域不断拓展。2017 年，中印双边贸易额为 844.11 亿美元，同比增长 20.5%，其中中国对印度出口 680.67 亿美元，同比增长 16.5%，中国自印度进口 163.44 亿美元，同比增长 38.9%。2018 年，中印双边贸易额为 955.43 亿美元，同比增长 13.2%，其中中国对印度出口 767.05 亿美元，同比增长 12.7%，中国自印度进口 188.38 亿美元，同比增长 15.2%。

随着印度逐步改善内外部环境，扩大对外开放程度，越来越多的中资企业来到印度投资。目前，在印注册的中资企业约 431 家。其中，有限责任公司和民营企业 326 家，各种分支机构 105 家。中资企业在印度设立的公司主要以民营企业为主，部分为独资子公司（由母公司 100% 控股），合资公司和各种分支机构较少。

2014 年，印度总理莫迪执政后，大刀阔斧地进行改革，各种政策和外商投资政策不断放开，使得印度成为外国直接投资（FDI）热点，如 2018 年直接投资流入资本达 430 亿美元。从 2014 年的第五位上升至 2015 年第一位。[①]

从中资企业在印投资行业来看，主要以制造业和基础设施建设相关行业为主。其原因主要是，印度未经历工业革命大发展阶段，制造能力相对薄弱，基础设施相对落后，这些领域对中资企业市场机会较多。同时，印度政府推动的"印度制造"的政策也是刺激中国企业瞄准印度制造业的主要原因，投资者意识到印度正在加快推动本土制造能力的提升，广阔的市场蕴藏着丰富商机。

二、中印两国教育合作情况

中国和印度都是人口大国，也是近年来在发展中国家中经济增长速度较快、发展势头强劲的国家。随着经济合作的升温，中印双方间的教育往来也越来越密切，来华留学的印度学生人数在不断增加。根据 2019 年的统计数据，在华印度留学生

---

① 参见《中国工商银行中资企业印度生存报告》（2016 年版），https://www.sohu.com/a/115665536_481741。

超过 2.3 万人；近年来，印度一直是中国十大国际学生来源地之一，在印中国留学生人数也保持稳定，促进了中印间的教育交流。

第三节　项目建设与发展

一、中印合作院校介绍

1. 天津轻工职业技术学院

天津轻工职业技术学院坐落于渤海之滨的天津海河教育园区，经教育部备案、天津市人民政府批准，为公办全日制普通高等学校，占地面积 57.73 万平方米，建筑面积 19 万平方米，在校生 9000 余人。

学院拥有数字化设计与先进制造、智能装备自动化、新能源与节能技术、信息化与智能技术、创意产品设计与推广、现代服务与管理 6 大专业群，开设 33 个高职专业，2 个联合培养技能本科专业。其中国家重点建设专业 6 个，市级重点建设专业 11 个，模具设计与制造专业为全国职业院校装备制造类示范专业，并建有国家级技能大师工作室 2 个。

2019 年，经过严格评审，学校被评为国家"双高计划"建设单位，模具专业群、光伏专业群被评为国家"双高计划"建设专业群；主持完成了国家级新能源类专业教学资源库建设；累计获得国家级和市级教学成果奖 13 项，在高职院校中的引领示范作用日益彰显；学院荣获 2018 亚太职业院校影响力 50 强单位。学院不断扩大国际交流与合作，主动服务国家"一带一路"倡议，并加入了"一带一路"产教协同联盟，实现了职业教育服务国际产能合作的重大突破。

2. 天津机电职业技术学院

天津机电职业技术学院坐落于天津海河教育园区，是全国优质专科高等职业院校，是天津市世界先进水平高职院校项目建设单位、全国机械行业骨干职业院校和校企合作与人才培养优秀职业院校、全国职业院校数字化校园建设实验校、国家级国防教育特色示范校。学校现有在校生 11000 余人，设有电气学院、机械学院和管理与信息学院 3 个二级学院，开设的 32 个专业服务于机械装备、航空航天、汽车、环保、电子信息、金融、物流、港口等行业和相关领域。

学校积极开展国际合作交流，实施"引进来"与"走出去"并举的战略，与日本、韩国、印度、英国、法国、加拿大、葡萄牙、埃及、马达加斯加等国家，开展师生交流、合作办学、师资培训、学术文化交流等多种形式的国际交流与合作。近3年，共承接国际团组30个，接待和培训达400余人次。2018年，为加强学校对外国留学生人文交流及国际化建设，学校"智能制造实训基地"获批天津市外国留学生实习实践基地。

3. 印度金奈理工学院

印度金奈理工学院是一所经金印度技术教育委员会批准的技术教育工程学院。金奈理工学院在金奈122家教育机构中排名第12，在526个工程类学校中排名第9，获得过国家2016年度就业安置优秀奖，2017年获智能印度黑客马拉松国家级优胜者等奖项。同时，学校与中国、德国、日本多所院校具有国际交流与合作项目。

金奈理工学院能够为学生提供先进的设备和实验室。学院定期邀请工业界和学界的专家到学校讲课，激发学生的学习兴趣。学校为满足和创造就业条件，坚守职业道德，立足于为学生就业作好准备。学校发展愿景为"传授知识、相关实践和人类价值观，通过创新和可持续发展解决全球性挑战，使学校成为著名的学术、产业、研究中心"。

二、印度鲁班工坊合作企业介绍

印度鲁班工坊与中国中天科技印度有限公司等5家大型在印中资企业签订了订单培养协议，培养中资企业急需人才，实现了职业教育服务国际产能合作，服务走出去企业。5家在印中资企业在印度鲁班工坊建设及运营过程中积极参与工坊建设，与校方共同研究人才培养方案，提出用工标准指导工坊教学实施，并接收印度鲁班工坊毕业学生到企业就业。

5家与印度鲁班工坊合作企业情况如下：

1. 中国中材国际工程股份有限公司（印度分公司）

中国中材国际工程股份有限公司成立于2001年，公司以水泥技术装备与工程为主营业务，以精湛品质和卓越业绩成功领跑全球市场，"SINOMA"成为国际建材工程市场最具影响力的品牌之一。

2. 中国巨轮（印度）有限公司

巨轮（印度）有限公司位于印度南部有"南亚底特律"之称的金奈市，是巨轮智能的全资子公司，专门从事汽车轮胎模具、工程机械轮胎模具、飞机轮胎模具和赛车轮胎模具的制造。公司成立于2011年，并于2012年7月正式投产，公司目前拥有员工近400人，全面建成后年销售可达2亿元人民币以上。

3. 中国中天科技印度有限公司

中天科技是涉足电信、电力两轮并驱，涉足投资、置业、酒店服务等行业，拥有 20 家公司的现代企业集团，也是拥有近 5000 名员工、年销售收入超过 100 亿元的高新技术企业集团。中国中天科技印度有限公司成立于 2008 年，主要从事 OPGW 光缆的生产和销售，截至目前，中天印度累计中标 OPGW 带电施工总包项目已突破 30000 千米。

4. 中国天津天锻压力机有限公司（印度分公司）

天津市天锻压力机有限公司始建于 1956 年，是国内液压机研发、制造企业，企业销售收入、经济增速、科技投入连年位居液压机制造业前列。天锻目前能够设计生产 50 个系列，1000 余个品种液压机和成线成套装备，产品规格从 80 吨至 40000 吨，广泛应用于新型能源、汽车制造、轨道交通、轻工家电等领域。

5. 中国昇龙生物科技（印度）有限公司

印度昇龙公司坐落于印度泰米尔纳德邦蒂鲁瓦卢县（Tiruvallur）的 SIPCOT 工业园内，地处南印水产养殖中心，占地 5.57 公顷，年产量最高可达 5 万吨，是在印度的中资独资企业。印度昇龙公司拥有先进的生产设备——布勒（Buhler），公司的新式饲料生产系统、标准化工艺制作流程，结合本地市场优化的虾料配方，全力确保产出品质稳定、营养均衡的一流白虾饲料；同时将整合昇龙印度的虾苗、动保及当地服务站的全方位优势，为当地养殖户打造"好苗、好料、好模式、好服务、好效益"的昇龙优质服务体系。

三、项目建设情况

（一）发展定位与建设思路

1. 发展定位

印度鲁班工坊作为国际性的职业教育与职业培训机构，采取多种方式，支持中国企业和中国产品走出去。鲁班工坊的发展定位有四：一是在印度金奈开展职业教育和技术技能培养培训，提高以金奈为核心的泰米尔纳德邦的技术服务水平，促进先进制造业的发展；二是服务中印国际产能合作，促进中国企业的服务输出和产品输出，为当地 300 余家中资企业及当地企业提供人才培养与支持，培养急需的技术技能人才；三是服务天津市职业教育国际化发展，推进中印职教交流，促进中印职业院校师资和专业建设；四是针对当地经济和行业发展需要，培养技术技能人才，为提高当地劳动者就业能力作出贡献。

2. 发展思路

首先，确定印度鲁班工坊的建设与发展理念，树立平等合作、开放包容、互学互鉴、互利共赢的精神，形成共研、共建、共享、共用、共赢的五共机制。

其次，坚持以中外双方共同制定认可的国际化专业教学标准为依据，以国家级优秀教学成果——工程实践创先项目为教学模式，以全国职业院校技能大赛所选用的优秀教学装备为基础，以校企合作开发的"四位一体"的立体化教学资源为内容，以海外职业院校本土师资系统化标准化培养培训为根本，以规范化制度化的监管机制保障鲁班工坊的可持续发展。

最后，在实践中探索制定鲁班工坊建设的模式标准，在助力国际产能合作，支持发展中国家职业教育，开拓中国职业教育国际化办学、实现"走出去"的路径，成为品牌和示范。

（二）重点建设内容

1. 构建政、校、企联动模式

印度鲁班工坊的建设采用"政府主导下的国际产教融合模式"。印度鲁班工坊的建设得到中印相关政府部门，包括印度科技部、全印度技术教育委员会、安娜大学（金奈理工学院主管单位）、天津市教育委员会、中国驻印度大使馆，以及海外中资企业等的大力支持与指导。

在印度鲁班工坊的建设过程中，两国政府在宏观政策、资源投入上均给予了大力支持，在整合国内职业院校优质职业资源、创造条件支持鲁班工坊建设等方面发挥了重要作用。天津市委市政府对印度鲁班工坊建设给予高度重视及大力支持，天津市教委领导对印度鲁班工坊建设做了顶层设计和指导。印度金奈理工学院隶属的印度安那大学专门派出相关领导赴天津合作院校进行考察调研，并对合作共建印度鲁班工坊表示支持。在印度鲁班工坊揭牌仪式上，印度科技部等领导出席仪式，并对鲁班工坊的举办进行了指导。

2. 遴选境外优秀合作院校

2016 年 5 月，5 家印度学校和教育机构被邀请到中国，参加研讨会。研讨会上，印方学校及教育机构进行了宣讲，中方院校也对项目进行了介绍。在了解了中国职业教育的发展状况，参观了海河教育园区及学院建设，了解了鲁班工坊项目后，印度学校和机构纷纷表示希望合作建立鲁班工坊的强烈愿望。最终，中方结合印度学校的综合情况选定了印度鲁班工坊印方合作伙伴为一所应用本科技术学院——印度金奈理工学院。印度金奈理工学院是一所经全印度技术教育委员会批准的技术教育工程学院，是金奈最好的理工学院之一。

3. 根据合作国需求确定合作专业

经过周密的详细调查，根据印度尤其是泰米尔纳德邦地区经济和产业发展情况，以及在该地区中资企业的建设情况，由印度金奈理工学院提出，中印双方共同反复研讨，最终确定光伏发电技术与应用、数控设备应用与维护、工业机器人技术、机械设计与制造（3D 制作）4 个国际化专业作为鲁班工坊的合作专业。

4. 打造国际双师型师资队伍

在国内培训境外（印度）教师，境外教师培训境外学生的模式下，鲁班工坊在培训印方教师方面作了充分准备。国内两所合作院校针对合作专业，专门成立了培训组织机构，制定了周密、具体的培训方案，配备专业技能精、责任心强的班主任及"双师"骨干教师，同时还聘请了企业工程师培训团队。

自揭牌启运以来，共举办了 5 次师资培训，其中印方教师来华参加 EPIP 师资培训 3 次，累计培训 14 人次，中方教师赴印度进行短期现场培训 2 次，累计培训 18 人次。2016 年 11 月，"印度鲁班工坊 EPIP 师资研修班"的首批 6 名印度教师在天津完成了 4 个专业为期 1 个月的培训。培训期间，由校企共同制定培训方案，采用理论学习、实践实训、企业实地考察相结合的方式，为印度鲁班工坊的顺利运行储备了高水平的师资及专业带头人。2017 年 7 月，中方派出教师和企业工程师团组赴印度，与印方师生共同进行鲁班工坊实训区实训设备的安装调试，同时对印度的教师和学生进行第二次培训。2017 年 12 月，中方教师赴印度参加印度鲁班工坊揭牌仪式，同期，在印度鲁班工坊现场对印度教师和学生进行了第三次培训。2018 年 5 月，印度鲁班工坊派出 3 名骨干教师及 7 名学生赴中国，接受第四次培训及参加中国全国职业院校技能大赛。2019 年 5 月，印度鲁班工坊再次派出 6 名师生到中国接受了第五次培训，并参加了中国全国职业院校技能大赛并获奖。

5. 制定国际化人才培养方案

印度鲁班工坊中方师资团队通过与印度金奈理工学院的教师进行研讨，对印度金奈理工学院及在印中资企业需求进行深入调研，并聘请 2 位在印度中资企业领导作为客座教授，掌握印度金奈地区产业和中资企业对合作专业的技术技能人才的能力需求。开发制定了光伏发电技术与应用专业、数控设备应用与维护专业、工业机器人技术专业、机械设计与制造（3D 制作）专业的人才培养方案，各专业人才培养方案以技术技能为基础，以企业岗位需求为目标，教学内容设计是以工作过程为向导，以典型工作任务为基点，操作技能和职业素养为一体的思路设计。

6. 开发国际化专业教学资源

印度鲁班工坊运行以来，中印双方共同开发、编写了 4 个国际化专业教学标准和课程标准，公开出版 4 本国际化双语教材，开发了 6 个实训项目，形成了完整的专业教学和实训体系。天津轻工职业技术学院利用主持建设国家级新能源专业教学资源库的优势，为鲁班工坊提供了国内新能源领域最先进、最优质、最完整的线上线下教学资源，提供了双方共同认可的课程标准及双语教材。同时，中方院校与在印中资企业共同按照体现印度产业特点的国际化职业标准，使印度鲁班工坊更具国际化、多元化和本土化。此外，中方师资团队还为印度鲁班工坊制作"智能制造—未来制造业核心网课"，以及双语版数控机床装调 VR 实训国际化资源。

7. 优化学生培训及评价模式

中印师资团队共同制定了各专业初、中、高级教学大纲，初级课程时长为 300 课时，中级课程时长为 240 课时，高级课程时长为 200 课时，课程成绩计入学分，以期推动鲁班工坊的教育教学进入印度的应用型本科教育体系。同时，鲁班工坊还提供企业员工培训，并为周边大学学生提供体验性短期培训。

鲁班工坊的学生考核与评价采用过程性考核和终期考核相结合的方式，过程性考核以课堂表现为依据，终期考核则是对培训进行内部评价，理论占 30%，实操占 70%。得分高于 50% 的学生颁发证书，并确定职业资格等级。

8. 规范鲁班工坊管理

印度鲁班工坊的最高领导机构是理事会，理事会由中印双方 3 所院校的主要负责人组成，理事长由三校主要负责人轮流担任，每三年为一轮。理事会下设管理工作小组，主任由金奈理工学院鲁班工坊项目负责人担任，另设 2 名副主任，分别由中方两所学校的相关部门负责人担任。印度鲁班工坊的专职教师共 14 人，均具有大学本科以上相关专业学历，同时在中国境内接受过系统专业和职业教育培训，特聘 2 位中资企业领导作为客座教授。在鲁班工坊教学中，印度教师担任主要教学工作，中方教师不参与实际教学工作，在管理模式方面，为实现鲁班工坊自主运行、自主管理、自主发展奠定基础。

（三）项目推进历程

1. 合作筹备期

2016 年 2 月，印度金奈理工学院校长一行到天津职业院校考察。同年 5 月，包括印度金奈理工学院的三所印度学校和两个机构组成的印度教育代表团来津访问，中印双方举行了职业教育研讨会。在研讨会上，遴选并最终确定印度金奈理工学院为印度鲁班工坊的合作院校；同年 5 月，天津轻工职业技术学院、天津机电职业技术学院同印度金奈理工学院签署"中印职业教育合作意向书"。双方开始印度鲁班工坊建设筹备工作。

2. 启动建设期

2016 年 9 月，天津轻工职业技术学院与天津机电职业技术学院率团访问印度金奈理工学院，双方就鲁班工坊建设方案进行了深入讨论，沟通确定合作专业、建设地点等相关事宜。双方依据协议开始启动建设。

2016 年 11 月—12 月，"印度·鲁班工坊 EPIP 师资研修班"的首批 6 名印度教师在天津完成了 4 个专业各 5 周的培训。同时，中印双方专业教师共同开发、编写了 4 个国际化专业教学标准和课程标准，公开出版 4 本国际化双语教材，形成了完整的专业教学和实训体系。

2016 年 11 月—2017 年 5 月，印方根据中方提供的实训室建设方案对实训室进行了装修设计及设备采购。2017 年 7—8 月，中方派出教师和企业工程师团组赴印度，与印方师生共同进行鲁班工坊实训区实训设备的安装调试，并对印度师生进行了现场培训。

经过 5 个月的试运行，2017 年 12 月，印度鲁班工坊举行揭牌仪式，正式启动运行。揭牌仪式上印度鲁班工坊与中国中天科技印度有限公司、中国巨轮（印度）有限公司、中国中材国际工程股份有限公司（印度分公司）、中国昇龙生物科技（印度）有限公司、中国天津天锻压力机有限公司（印度分公司）5 家大型在印中资企业签订了订单培养协议。

3. 运营发展期

印度鲁班工坊自揭牌以来，运营情况良好，注重学生培养质量，培养了印度金奈理工学院相关专业大批学生，提高了学生的技能和创新能力，也承接了印度其他学校及马来西亚学校的学生培训工作，成为学生新技术体验基地，同时还承接了印度行业技术委员会的企业员工培训项目，并配合当地企业进行技术研发，很好地服务了当地学校、企业（包括当地企业和中资企业）、政府部门。

2018 年 5 月，印度 3 名教师和 6 名学生来华参加中国全国职业院校技能大赛，经过近 1 个月的培训，最终分别在"机电一体化""风光互补发电系统安装与调试""工业产品数字化设计与制造（3D）"项目国际邀请赛中获得二等奖及优胜奖等好成绩。2018 年 12 月 20—21 日，由中国驻印度大使馆和天津市教育委员会主办，天津轻工职业技术学院、天津机电职业技术学院和印度金奈理工学院在印度新德里承办首届中印职业教育合作论坛。12 月，成立中国天津职业院校师生海外拓展基地和"工程实践创新项目"（EPIP）教学研究中心。

2019 年 5 月，第二届中国—印度职业教育合作论坛在中国天津召开，并成立中印职教联盟，旨在积极落实中印两国领导人关于扩大与发展中印两国文化与教育交流，搭建两国优质产业和职业教育的对话与沟通平台。

同月，印度鲁班工坊再次派出 5 名师生到中国接受了第五次培训，参加了中国全国职业院校技能大赛并获奖。

四、成效与创新点

（一）建设成效

1. 人才培养取得丰硕成果

印度鲁班工坊揭牌启运以来运行情况良好，并取得了显著的成果。截至 2019 年，累计培训企业员工共计 760 人，学生 600 余人。2019 年，为 6 所其他印度学校及马来西亚学生提供技能培训，并服务 8 家印度当地企业，为这些企业培训员工和提供技术服务。2019 年，66 名印度鲁班工坊学生在知名企业就业，还有 18 人在印中资企业工作，有效缓解了印度本地企业和中资企业用工难问题。同时，承接了全印度技术教育委员会培训项目，服务全国 5 个行业技术委员会。

2. 国际竞赛拓展学生视野

2018 年，印度鲁班工坊 3 组团队到天津进行交流培训，参加 2018 年全国职业院校技能大赛，并在"机电一体化项目"国际邀请赛中荣获二等奖、"风光互补发电系统安装与调试"项目国际邀请赛中荣获优胜奖、"工业产品数字化设计与制造（3D）"项目国际邀请赛中获优胜奖。2019 年 5 月，印度鲁班工坊再次派出师生团队来津培训，参加中国全国职业技能大赛"工业产品数字化设计与制造（3D）"项目国际邀请赛，并获得二等奖。

在 MicroMouse 印度（国内）赛中，金奈理工学院鲁班工坊代表队采用中方赠送的 TQD-MicroMouse-JD 电脑鼠。在天津轻工职业技术学院和天津启诚伟业科技有限公司的支持与帮助下，荣获印度国内大赛第一名的优异成绩。同时，轻工学院派出学生与印度鲁班工坊学生组成代表队参加 Techfest2020 年 MicroMouse 印度（孟买）国际比赛，获得优胜奖。

3. 产教融合、校企共育新模式

印度鲁班工坊实施订单培养、工学结合的培养模式，在确定驻印度中资企业

的人才需求后，鲁班工坊与合作企业反复沟通签订校企合作"订单班"培训协议。校企共同落实学生实习基地，确定学生顶岗实习岗位及实习考核标准。每个学期，中资企业都会到印度鲁班工坊沟通用工需求及标准。

鲁班工坊以学历教育和技能培训相结合，搭建起国际合作五平台：校校合作平台、校企合作平台、资源开发平台、教育培训平台、职教研究平台，突出国际化校际合作、校企合作特点。

中资企业参与了印度鲁班工坊建设的全过程，印方教师来华进行师资培训期间，为使印度教师更好地了解中国制造、中国技术，组织印度教师到天津奥的斯电梯、天津津荣天宇精密机械股份有限公司、天津汽车模具有限公司、长城汽车股份有限公司、英利新能源有限公司等多家企业学习考察，感受智能制造、新能源、新材料等技术发展。

4. 拓展鲁班工坊辐射功能

（1）两次举办中国—印度职业教育合作论坛。2018年12月20日至21日，为落实中印两国领导人武汉会晤共识，深化双边人文交流合作，由两国外长牵头的中印高级别人文交流机制首次会议在印度德里召开。中印职业教育合作论坛作为中印高级别人文交流机制配套活动，由中国驻印度大使馆和天津市教育委员会主办，天津轻工职业技术学院牵头，与天津机电职业技术学院和印度金奈理工学院承办。在论坛上，印度金奈理工学院的学生讲述了在鲁班工坊的学习经历和到中国参加技能大赛的感受。通过鲁班工坊的建设，让更多的印度学生学到先进的知识，掌握实用的技能，并以"我爱中国"作为汇报的结束语。

2019年5月11日，第二届中国—印度职业教育合作论坛在天津召开。会议就深化印度鲁班工坊建设、印度鲁班工坊的可持续发展、如何更好地利用鲁班工坊服务在印中资企业，以及中印教育、文化交流及成立中印职教联盟相关事宜进行了充分的研讨。

（2）成立中印职教联盟。中印职教联盟是在中国驻印度大使馆和中国教育部的领导下，在天津市教委的具体指导下建立的。联盟初期纳入了印度德里大学、印度理工大学、印度金奈理工学院、中国天津轻工职业技术学院、天津机电职业技术学院、内蒙古机电职业技术学院等中印优秀院校，及在印中资企业、印度当地企业、中印教育协会等单位。联盟旨在积极落实中印两国领导人关于扩大与发展中印两国文化与教育交流，搭建两国优质产业和职业教育的对话与沟通平台，通过"联盟"的工作加快并不断完善印度鲁班工坊建设，扩大印度鲁班工坊的辐射功能，使之成为中国优质职业教育国际化办学典范。

（3）成立中国天津职业院校师生海外拓展基地和"工程实践创新项目"（EPIP）教学研究中心、印度德里班墨文化研究院，以期在两国职业教育国际合作的基础上推进两国的人文文化交流，增进教育领域的人文往来。

5. 以科研促进鲁班工坊内涵建设

学院依托鲁班工坊项目，申报立项了各级各类相关课题 12 项，其中国家级项目 1 项、省部级项目 2 项、其他类别课题 9 项。2018 年上半年，天津轻工职业技术学院作为第二建设单位和其他鲁班工坊建设单位共同申报了教学成果奖，并获得天津市市级特等奖和国家级一等奖；2018 年 7 月，天津轻工职业学院和机电职业学院分别申报立项全国教育科学"十三五"规划 2018 年度教育部重点课题"'一带一路'视域下海外鲁班工坊建设的标准化模式研究"和"基于'工程实践创新项目'的教学模式研究与实践"；2018 年 9 月 25 日，以印度鲁班工坊为依托申报了"智能制造技术研发推广中心项目"，获得天津市科学技术委员会国际合作"一带一路"项目立项及专项资金支持；完成教育部职教研究中心主持的"若干国家和国际组织职教发展跟踪研究"课题中的《印度职业印度职业教育发展情况报告》；在国内率先提出鲁班工坊建设模式标准，发表论文《做好"六道题" 打造鲁班工坊建设样板间——以印度、埃及鲁班工坊建设为例》，为国家规范以鲁班工坊为模式的职业教育国际化办学作出示范。

6. 提升鲁班工坊的国际影响力

印度鲁班工坊的建设成效引起中印双方政府的重视，也受到了社会各界的广泛关注和我国驻印度大使馆的大力支持，促进了中印双边关系的发展，取得了良好的社会效果。

2018 年 5 月 6 日，天津鲁班工坊建设·体验馆在天津轻工职业技术学院落成开馆，馆内配有鲁班工坊建设纪实画册，全面展示了鲁班工坊建设的历程与成效。鲁班工坊体验馆自建成以来，海内外参观团组络绎不绝。中国驻印度使馆组织，邀请全印大学联盟常任秘书长米塔女士，率 8 所印度高校校长共 9 人对其进行访问，参观结束后，代表团与中国驻印度大使馆教育官员、天津市教委相关领导，以及本市部分职业院校领导共同参加座谈会，全印大学联盟常任秘书长发表讲话，表示对印度鲁班工坊项目建设的肯定与支持。系列交流活动的开展对提高鲁班工坊的国际影响力和促进国际合作起到极大的推动作用。

印度鲁班工坊从签约、师资培训、学生参加竞赛、实训室建设到揭牌启运，一直受到社会的广泛关注，新华网、环球网、人民日报海外网、搜狐网、央广网、《天津日报》等中国各大主流媒体，以及印度电视台、报纸媒体对印度鲁班工坊进行了 40 余次报道．人民日报海外网报道称："印度鲁班工坊有力地提高了中国职业教育的国际影响力，服务了印度当地经济与社会的发展。印度鲁班工坊在中印职业教育中发挥了示范引领作用，架起了中印职业教育的新桥梁，搭建起了中印人文交流的新平台。"此外，在中印两国元首在印度金奈举行第二次非正式会晤之际，印度金奈理工学院校长还接受了中央电视台的采访。他表示，非常欢迎习近平主席来印度，希望两国关系越来越好，特别是在教育领域。

印度鲁班工坊揭牌以来，实施高水平、高质量国际合作，与国内优质企业、印度本科院校合作，深化国际化校企合作，产教融合，实现了职业教育优质资源的共享，实现了服务"一带一路"倡议，服务中国企业走出去。中印职教论坛的成功召开，使鲁班工坊在印度产生了广泛影响，成为中印人文交流的品牌。

（一）创新点

1. 构建了"政、校、企"多维合作平台，形成"产教深度融合"长效机制

印度鲁班工坊的建设，充分利用"政、校、企"多维合作平台，深化了与在印中资企业在各个方面的合作，多渠道、多层面构建产教深度融合机制，充分调动各参与主体的积极性，搭建充满活力的政校企合作平台。鲁班工坊以学历教育和技能培训相结合，建设成为国际化校际合作、校企合作的项目。搭建起国际合作五平台：校校合作平台、校企合作平台、资源开发平台、教育培训平台、职教研究平台，在印中资企业和当地行业企业参与了印度鲁班工坊建设的全过程。

2. 规范建设流程，制定模式标准和绩效评价指标

在鲁班工坊建设和运行过程中，天津轻工职业技术学院通过边实践、边总结、边研究，在国内率先提出鲁班工坊建设流程和模式标准，并得到我国政府有关部门、学术界和院校的认可。

建设流程为：

遴选境外合作院校 → 确定合作专业及建设场所 → 开发课程标准与配套教学资源 → 培训境外鲁班工坊教师 → 安装调试实训室设备 → 鲁班工坊揭牌起运

图 4-1　鲁班工坊建设流程

建设模式标准包括：

第一，输入国合作院校的遴选标准：一是应当充分考虑合作院校所处的地缘背景；二是合作院校可以是本科层次，也可以是专科层次，但必须是以培养应用型、技能型人才的职业类或应用型院校；三是合作院校应具有非常强烈和积极的合作、共建愿望。

第二，合作专业的确定标准：一是专业的选择应以输入国当地的产业发展需要为主来确定；二是合作院校专业应具有较好的生源基础和办学条件；三是合作专业应满足当地中资企业国际产能合作需要，且能够解决就业问题。

第三，实训场地的建设标准：鲁班工坊的实训场地应当体现"理实一体化"的教学要求，一般工科实训室面积应大于 300 平方米，数控、汽车等需要大型设备的专业应当至少 500 平方米，能够容纳一个班学生同时进行"理实一体化"实训教学。

第四，输出设备与技术的国产化标准：鲁班工坊输出的设备与技术必须是我国国产设备与技术，必须是能够展示和代表我国相应领域最高（先进）水平的设备与技术，也应是代表我国新时期、新时代与国际先进水平对接的设备与技术，从而在鲁班工坊建设中能够展现中国产业的强大能量、先进程度和引领作用。

第五，外方教师培训与国际化教学资源的建设标准：在鲁班工坊正式揭牌启运前，合作院校应来华参加至少 5 周的集中师资培训，培训内容应包括现代职业教育理念和应用、专业主要教学内容的重点和难点，以及先进设备使用和实践课程教学等。中方院校应当开发达到国际水平且符合当地职业教育实际、满足产业需求的教学标准，同时开发至少一种综合实训类双语教材。

第六，中外校企协同的合作标准：在鲁班工坊建设中应与中资企业紧密合作，充分发挥支持中资企业国际产能合作中的人力资源储备，同时与外方企业加强、加深合作关系，在推动当地就业，进行订单定向培养和实施学徒制教学模式方面达成一致，同时也要努力发挥合作院校的办学优势，做到双方在合作中输入与输出并行。

第七，绩效评价指标包括：鲁班工坊建设与运行绩效评价可根据建设模式、管理运营、建设成效、国内外影响、创新发展 5 个维度、24 个指标，70 余个观测点进行鲁班工坊绩效评价，为培育鲁班工坊内生动力，做到持续发展奠定了基础。

3. 采用 EPIP 教学模式，树立中国职业教育走出去的"教学样板"

EPIP 教学模式是天津市教育委员会多年来大力倡导的具有中国特色的先进教

育理念。EPIP 以培养学生的工程素养和技术素养为宗旨，探索职业教育与普通教育横向互通，实现两者在教学资源、教学模式、师资建设、课改成果等方面的创新与融合，从而为学生多元发展搭建成长平台。EPIP 产生于中国，结合中国职业教育的特定环境，将工程、实践、创新三个核心元素提取出来，形成项目式教学，是鲁班工坊核心教育理念和教学模式。

4. 搭建双向交流新平台

印度鲁班工坊的建立开启了中印两国之间合作的新领域，通过鲁班工坊建设，中印职业教育国际合作平台成为中印职业教育高级别人文交流机制的一部分，开启了中印职业教育合作新篇章。借助鲁班工坊平台，中印多家学校和企业共建中印职教联盟，开展中印教育和校企合作，服务国际产能合作，中印院校还建立了班墨文化研究院，成立中国天津职业院校师生海外拓展基地和"工程实践创新项目"（EPIP）教学研究中心等，促进了两国的教育和文化沟通，促进了人文交流及民心相通。同时，印度职业教育在构建职业资格框架制度、实施学徒制教学模式方面做到了与国际接轨，是印度职业教育的特色和优势。天津轻工职业技术学院通过印度鲁班工坊平台，在对印度职业教育进行跟踪研究的过程中，系统研究了印度职业资格框架制度和《学徒制》法案，研究成果已在国内重要学术期刊发表。

五、未来规划

印度鲁班工坊揭牌以来，实施高水平、高质量国际合作，与优质企业、印度本科院校合作，深化国际化校企合作，产教融合，实现了职业教育优质资源的共享，实现了服务"一带一路"倡议，服务中国企业走出去。两届中印职教论坛的成功召开，使鲁班工坊在印度产生了广泛影响，成为中印人文交流的品牌。同时，目前印度鲁班工坊还有很大的发展空间，如何继续深入专业建设，如何实现可持续发展，如何开展有效的监测与评价，亟待中印双方共同解决。下一步印度鲁班工坊的建设将主要集中在以下四个方面：

（一）搭建中印职教平台，扩大印度鲁班工坊的影响力

借助职业教育研究中心、中印职教联盟等平台，校企携手扩大印度鲁班工坊的影响力，以职业教育研究促进海外鲁班工坊建设，通过 EPIP 师资培训不断加强师资力量。此外，中国还将积极搭建中资企业赴印度投资考察平台，帮助中国企业走出去，促进国际产能合作。

（二）理论研究结合实践研究，完善印度鲁班工坊制度建设

以教育部重点课题"'一带一路'视域下海外鲁班工坊建设的标准化模式研究"和"基于'工程实践创新项目'的教学模式研究与实践"为基础，开展鲁班工坊和职业教育研究。结合鲁班工坊建设实践，探索职业教育在国外设立鲁班工坊的人才培养模式和鲁班工坊的标准化模式，为印度鲁班工坊发展奠定坚实的理论基础并指导实践，完成印度职业教育追踪调查报告，创建印度鲁班工坊管理制度，通过制度保障印度鲁班工坊的可持续发展。

（三）开发教学资源，融入当地教育体系

形成数维和光伏发电专业国际化专业标准、课程标准，出版双语教材，并建设相关 VR 实训系统，以满足中资企业和学院双方对职业教育与职业培训的需求。根据印方需要，录制网课，协助印方提高鲁班工坊的教学质量。

协助金奈理工学院申请三年制学历教育专业，促进鲁班工坊融入印度学历教育体系，实现多层次人才培养，有针对性地培养符合当地需求的人才，深化鲁班工坊校企合作，提升鲁班工坊学生就业率，切实提高鲁班工坊的办学实效，增强认同感。

（四）积极开展中印人文交流活动，增强鲁班工坊影响力

我校以中国天津职业院校师生海外拓展基地（印度）为依托，开展多层次，多方面的人文交流活动，实现中印双方师生交流互访，扩大鲁班工坊影响，选派师生赴印度进行职业教育交流，并通过参加国际职业教育比赛拓展学生的国际视野。此外，学校将协助金奈理工学院向印度政府申请在金奈借助鲁班工坊举办印度全国职业技能大赛，吸引更多人关注职业教育，关注鲁班工坊，扩大职业教育规模和影响。举办中印职业教育论坛，推动中印职业教育合作。

第五章 印度尼西亚鲁班工坊建设与发展报告

第一节 印度尼西亚的社会经济与教育情况概述

一、社会经济情况概述

印度尼西亚共和国（The Republic of Indonesia），通称印度尼西亚，简称印尼，是东南亚国家，首都为雅加达。印尼是世界最大的群岛国家，由约 17508 座岛屿组成，因此又被称作"千岛之国"。印尼人口约 2.62 亿，是世界上第四大人口国家，官方语言为印度尼西亚语。

印尼盛产石油、天然气以及煤、锡、铝矾土、镍、铜、金、银等矿产资源。矿业在印尼经济中占有重要地位，产值占 GDP 的 10% 左右。据官方统计，印尼石油储量约 97 亿桶（13.1 亿吨），天然气储量 4.8 万亿立方米 ~ 5.1 万亿立方米，煤炭已探明储量 193 亿吨，潜在储量可达 900 亿吨以上。

印尼也是东盟最大的经济体。农业、工业、服务业均在国民经济中发挥着重要作用。1950—1965 年 GDP 年均增长仅 2%；20 世纪 60 年代后期调整经济结构，经济开始提速；1970—1996 年间 GDP 年均增长 6%，跻身中等收入国家；1997 年受亚洲金融危机重创，经济严重衰退，货币大幅度贬值；1999 年底经济开始缓慢复苏，GDP 年均增长 3% ~ 4%；2003 年底按计划结束国际货币基金组织（IMF）的经济监管。

外贸在印尼国民经济中占据重要地位，政府采取一系列措施鼓励和推动非油气产品出口，简化出口手续，降低关税。主要出口产品有石油、天然气、纺织品和成衣、木材藤制品、手工艺品、鞋、铜、煤、纸浆和纸制品、电器、棕榈油、橡胶等。主要进口产品有机械运输设备、化工产品、汽车及零配件、发电设备、钢铁、塑料及塑料制品、棉花等。主要贸易伙伴为中国、日本、新加坡、美国。[1]

---

[1] 参见李建求：《"一带一路"沿线国家职业教育概览》，商务印书馆，2018 年。

二、教育情况概述

印尼独立后进行了教育改革,借鉴美国式的教育制度。印尼各类学校的学制是:学前教育 2 年;初等教育 6 年(学生的年龄 7—12 岁);中等教育分为初中和初中中级(学生的年龄 13—15 岁)以及高中和高中中级(学生的年龄 16—18 岁),学制均为 3 年;高等教育学制 5 年(学生的年龄 19—23 岁)。所以印尼的学制可以概括为"6—3—3—5"制,从小学到大学共 17 年。大学毕业生毕业后还可考入研究生班。

印尼有两种类型的高中:一类是 SMA(Sekolah Menengah Atas),即普通中学;另一类是 SMK(Sekolah Menengah Kejunuan),即职业高中。前者的学生可以继续升入大学,后者的学生在高中毕业后不能进入大学,而是直接参加工作。此外,印度尼西亚还有伊斯兰学校体系,其中伊斯兰学校体系中的 MA(Madrasah Aliyah)相当于普通高中(SMA),伊斯兰学校体系中的 SAL(Madrasah Aliyah Kejunuan)相当于职业高中(SMK)。初中毕业生可以进入普通中学(SMA)或职业高中(SMK),也可以进入伊斯兰学校体系中的 MA 和 SAL。学生进入高中前还要参加学业水平测试和心理测试。[①]

表 5-1　印度尼西亚教育情况

高等教育	高等教育 5 年				
高级中学教育	普通高中教育 3 年	伊斯兰教育 3 年	职业教育 3 年	伊斯兰职业教育 3 年	
初级中学教育	初级中学教育 3 年				
小学教育	小学教育 6 年				

印尼的学校分为国立和私立两类。国立学校由政府主办,多数为中小学和幼儿园,高等院校较少,办学质量较高。私立学校主要由政党、社团、私营企业和基金会创办,中小学较少,幼儿园和高等院校较多,接受政府文教部和创办单位的双重领导。印尼政府对教育经费的投入不断增加,而且占国家总投资的比率也较高。根据印尼中央统计局提供的数据,印尼 2006 年教育预算开支 4.69 万亿盾,

---

[①]　参见李建求:《"一带一路"沿线国家职业教育概览》,商务印书馆,2018 年。

占 GDP 的 1.5%。2010 年，印尼提出推广 12 年义务教育制计划。

印尼的职业技术教育可分为两部分：职业教育和技术教育。职业教育包括职业初中（20 世纪 70 年代中期已逐渐消失）和职业高中，但它们往往是终止性的，毕业后即进入工作岗位。技术教育则是非终止性的，低一级的技术学校毕业后可以升入高一级继续深造。技术教育在中等教育阶段分初级技术中学和高级技术中学。初级技术中学招收小学毕业生，学制三年，毕业后可就业，也可升入高级技术中学。高级技术中学招收普通初中或初级技术中学毕业生，学制三年或四年。三年制的学生毕业后可直接就业或升入技术教师培训学院，四年制的学生毕业后可就业或升入高等技术学校。最高层次的高等技术教育在综合性大学的工程系、专门性学院或综合工业大学中进行。[①]

第二节　中国与印尼两国经济教育合作情况

一、中国与印尼两国经济合作情况

2018 年，印尼位列中国十大对外投资目的地，是中国主要的海外工程承包市场。据印尼统计局统计，2018 年，中国与印尼双边货物进出口额为 724.8 亿美元，增长 23.7%。其中，印尼对中国出口 271.3 亿美元，增长 18.9%，占其出口总额的 15.1%；印尼自中国进口 453.5 亿美元，增长 26.8%，占其进口总额的 24.1%。印尼方贸易逆差 182.2 亿美元，增长 40.6%。2018 年 5 月，中国国务院总理李克强应邀访问印尼。访问期间，双方签署了战略对接、电子商务、农业合作等领域的多份合作协议。雅万高铁等一系列重要合作项目正在推进，基础设施、产能、数字经济等两国合作新动能不断涌现。2017 年印尼总统佐科建议将北苏门答腊、北加里曼丹、北苏拉威西、巴厘四省"区域综合经济走廊"合作作为"一带一路"框架下中国和印尼战略对接的第二阶段。目前，两国政府正就此进行探讨，力争将其打造为中国和印尼发展战略对接的新亮点。[②]

中国和印尼政府非常重视开展两国间友好合作。天津具有较好的工业基础，电子信息、汽车、冶金、化工、制药、新能源等优势产业发展很快，城乡面貌变化显著，港口吞吐能力显著增强，正在加快实施"三步走"战略，积极进行海河

---

① 参见郑阳梅：《印度尼西亚国家教育概况及其教育特色研究》，《广西青年干部学院学报》，2015 年第 3 期。
② 参见《中国与印尼经贸合作近况》，http://www.hncmec.com/NEWS/China_news/547.html。

综合开发，实施大规模市政建设，进一步改善京津交通，力争率先基本实现现代化。东爪哇省自然资源丰富，在印尼经济发展中具有重要地位。与天津在经济上既有相似之处，又有许多互补的地方，在港口建设、航运、石油开采、海洋捕捞等诸多领域，都具有非常广阔的合作空间。双方通过交流中心带动，东爪哇省对服务业及制造业市场加速发展需求迫不及待，通过企业合作、学校合作发展校企之间的合作，从而为东爪哇省未来经济建设奠定基础。

二、中国与印尼两国教育合作情况

中国和印尼教育交流虽然起步晚，但进步快，这与双方教育部门脚踏实地的推进工作密不可分。2012 年 7 月 5 日，首届中国 – 印尼教育联合工作组会议在印尼日惹举行。这是中国和印尼共同建立的双边教育对话平台，旨在创新思路，拓展渠道，提高合作水平，进一步推进双边教育交流与合作。中国和印尼一致同意，愿在加强高校交流、建立孔子学院并建设中国文化研究中心等方面开展合作。目前，两国已合作建立了六所孔子学院和两所孔子课堂，每年培养学生约达 1.5 万人。在留学生交流方面，2011—2015 年印尼留华学生累计达到 6.3976 万名，其中 2015 年达到 1.2694 万名；2017 年中国的印尼留学生超过 1.4 万名，中国成为印尼学生海外留学的第二大目的地。[①]

2012 年，天津与印尼东爪哇省缔结友好城市，双方互设交流中心，以教育、文化等交流为纽带助推印尼的产业发展。2016 年至今，东爪哇教育局选派高等教育、职业教育、普通教育等 240 余名教师先后来到天津中德职业技术大学、天津体育学院、东丽职业教育中心学校等进行交流考察。

第三节 项目建设与发展

一、中国与印尼合作学校简介

1. 东丽区职业教育中心学校简介

东丽区职业教育中心学校是一所集中职、电大、老年大学和社会培训为一体的，多层次、多门类、多形式、多功能的办学实体。学校占地 397.7 亩，建筑面积 8.26 万平方米，实习实训设备总值 6068 万元，在校生 4568 人，教职工 244 人，开

---

① 参见许利平：《新时期中国与印尼的人文交流及前景》，《东南亚研究》，2015 年第 6 期。

设汽车运用与维修、机电电子技术应用、中餐烹饪、学前教育等 12 个专业。学校先后被评为国家职业教育改革发展示范校、国际先进水平中等职业学校建设单位、教育部中央电教馆首批数字化校园实验校、天津市第一届文明学校；先后承办中国中职学校汽车运用与维修技能大赛、计算机检测与维修技能大赛；承办天津市中职学校汽车运用与维修、学前教育、计算机检测与维修技能大赛；与微软（中国）有限公司合作成立天津市微软 IT 学院；成立环城四区职业教育集团。学校在师资力量、教育教学、实习实训、校园环境等方面处于全国领先地位，现已成为天津市中等职业教育窗口学校。

2. 波诺罗戈市第二职业技术学校简介

波诺罗戈市第二职业技术学校成立于 1984 年，占地 2 万平方米，学生 2400 余人，先后与奥地利、韩国开展专业建设等国际合作。2011 年，通过 ISO9001 认证；2016 年，与天津市东丽区职业教育中心学校结为友好学校。目前，开设机械加工、轻型车辆工程、摩托车工程、机械设备、软件工程、计算机工程与网络等多个专业。2018 年，学校被印尼教育部评为"全国技能竞赛"最佳组织奖。2018 年 2 月，印尼总统佐科·维多多对印尼鲁班工坊给予高度评价。

二、合作企业介绍

1. 天津开发区畅洋工贸有限公司

天津开发区畅洋工贸有限公司是中国领先的教学设备、课程、研发、生产商及维修检测设备配套服务商。参与印尼鲁班工坊汽车维修应用智能项目建设，共建包括一体化集成教具、一体化工量具配套、一体化互联网 +APP 微课程应用和一体化二维码学习工作页在内的"四维一体"综合解决方案，有效地解决了理实一体化教学过程中教学实施对象、教学工量具配套、教学数据和教学方式的统一性，完整地实现了教、看、学、做、考、评的教学流程，极大地提升了学员自主学习能力和技能转化效率，能更好的掌握专业知识，有效降低了对汽车维修专业教师的技能要求，而且提升了教师的信息化教学水平。

2. 天津启诚伟业科技有限公司

天津启诚伟业科技有限公司成立于 2006 年，是集科、工、贸一体化的国家级高新技术企业及天津市产教融合型企业。产品涉足新一代信息技术、人工智能、物联网、嵌入式技术等教育教学领域。先后 40 余次支持赞助天津市教委主办的学生竞赛。参与印尼鲁班工坊建设，旨在物联网应用、电子信息、软件编程、智能控制等技术技能和综合素养领域提升学生素养，提高学生思维。

3. 天津市鹏顺隆科技有限公司

天津市鹏顺隆科技有限公司作为专业的无人机行业解决方案提供商，涵盖包括多类型无人机设计生产制造、高校无人机专业搭建、专业农业植保服务等众多无人机行业应用领域。公司秉承专业、诚信、负责、笃行的价值观，深耕无人机行业发展。参与印尼鲁班工坊无人机技术项目，致力于将国内领先的无人机技术带到印尼，从无人机的组装调试到技能应用，搭建完整的无人机尤其是农业植保无人机生态链，提升印尼劳动生产效率。

4. 天津圣纳科技有限公司

天津圣纳科技有限公司是一家专业从事新能源汽车充电技术、教育装备研发、生产、销售和服务的国家级高新技术企业。参与印尼鲁班工坊新能源汽车技术项目建设，将国内相关专业的技能人才培养模式进行输出，在印尼东爪哇省职业学校共建人才培养基地。其中，新能源汽车技术人才培养基地建设由圣纳科技完成，主要包含新能源汽车、新能源汽车结构与拆装 VR 教学软件、智能双充新能源汽车及充电桩，满足了汽车类高技能人才对于新能源汽车认知与使用的教学要求，尤其是增强了学生对清洁新能源的了解和应用。

三、项目建设情况

（一）发展定位与建设思路

印尼鲁班工坊选址于东爪哇省泗水市，其发展定位是天津职业教育服务当地制造业、服务业的快速发展。

印尼鲁班工坊"职业技能培训＋职业等级认证"人才联合培养项目，以融通中国和印尼职教体系为运行主线，并行驻印尼中资企业职业技能培训，实施印尼鲁班工坊产教协同育人联盟，助力当地职业技能培训。通过了解当地经济发展需要、企业人才培养需求，运用 EPIP 教学模式制定国际化人才培养方案，在与东爪哇省教育局、天津驻东爪哇省交流中心深入探索和沟通下，建立运行机制和管理机制，通过建设双基地、双师资、教学资源和空中课堂，实现服务当地人才培养需求，分步建设实现中国－印尼产能输出、人文交流、师资培训、技能竞赛、学历进修、国际化专业教学标准开发等合作内容，进而更好服务"一带一路"倡议。

（二）重点建设内容

1. 搭建"四大平台"运行模式

双方搭建鲁班工坊运行四大平台，即合作办学平台、交流互访平台、国际技能竞赛平台、输出特色专业与服务平台。东丽区职业教育中心学校提出"五元互动"国际交流合作办学平台思路，即搭建优势专业互补、优秀学生互学、师资队伍互访、国际校企互融、职业能力互认的"五元互动"运行方式。

2. 设置印尼方需求的合作专业

东爪哇省约有 66 万个服务业及制造业公司，对服务业、制造业市场加速发展需求迫切。因此，印尼鲁班工坊建有汽车运用与维修专业和电子技术应用 2 个专业，以"汽车维修技术"为核心理念和主线，以工程实践创新项目为特色。印尼鲁班工坊建筑面 360 平方米，建有汽车维修应用智能教学区、工程实践创新教学区、无人机技术教学区、新能源汽车教学区和"空中课堂"五个部分。工坊建设充分突出了校企融合、国际合作的内涵性成果，呈现了信息技术、"互联网＋"现代智能制造的教学载体应用。

通过与企业技术沟通，结合印尼方市场技术需要，汽车维修应用智能技术的学习内容定位于汽车发动机机械拆装教学实训、汽车灯光照明检测教学实训、汽车舒适检测教学实训。结合企业与学校共同开发的双语教学资源，实现学生与企业的零对接。

新能源汽车市场在印尼市场中属于新兴行业，我们从引进企业技术标准，结合东爪哇省对于新能源未来的站位发展来制定培训内容，包含新能源汽车结构、智能双充新能源汽车及充电桩。通过掌握设备的使用，尤其是车辆驾驶体验、充电作业、VR 仿真结构认知与拆装练习，达到掌握新能源汽车（乘用车、低速车）的结构认知、配件拆装规范、举升与检测仪器的使用、高压安全知识与作业规范、新能源汽车的工作原理、汽车维护、基础故障诊断与排除等技术技能等。

工程实践创新项目是以实际工程为背景，以工程实践为导向，以能力培养为目标，以工程项目为统领的技术技能人才培养模式。在结合国际标准与当地设备需要的情况下，设计课程硬件依托能力源套件，进行课程的实施工作，包括：准备工作（分小组、起组名、定方向）、课题引入［"实践项目的原理分析"、自我思考（项目核心问题的讨论）］、动手实践（各小组根据讨论结果搭建"项目"）、成果展示（各小组运行自己组装的项目，并介绍项目搭建的思路）、教师点评六个阶段。培养学生工程实践创新意识、工程实践创新思维和工程实践创新技能，为今后的工作打下了良好的基础。

无人机技术在东爪哇省是属于高新技术。双方结合当地服务行业、农业发展需要制定了《无人机专业人才培养方案》。主要针对掌握无人机原理及装配、无人机检修、无人机驾驶操控、无人机数据处理等方面的相关知识和实践技能。印尼是农业大国，无人机植保机可以减少环境污染，用药量可比普通的机械减少30%，可以减少劳动强度，不用人进地作业，也不用机械进地作业，作业效果要比常规的作业效果好，不会造成农作物的破坏，对农业的损失这方面很少。无人机在印尼农业生产中有着很大的应用前景，未来将会发挥更大的作用。

3. 制定国际化人才培养方案

印尼鲁班工坊师资团队秉持"和平合作、开放包容、互学互鉴、互利共赢"的"一带一路"理念，制定了适合印尼学生的汽车运用与维修、含新能源汽车）专业和电子技术应用专业（无人机方向）国际化人才培养方案。根据双方达成的共识，明确培养与专业相适应的技能水平、良好的职业道德和创新精神。在专业领域培养熟知中国技术、技艺和技能的本土化技术技能人才。

在汽车运用与维修专业和电子技术应用专业合作中，通过项目式任务教学，汽车运用与维修专用培养能够在汽车检测中心、汽车修理厂从事汽车维修工作；培养从事汽车制造企业的生产、技术、设备管理工作；培养从事汽车营销与服务工作。电子技术应用专业培养能够从事无人机组装与维修人员、无人机操控作业人员、图像与视频处理人员、无人机营销与售后服务人员等工作的高素质劳动者和技能型人才、应用型人才。

4. 制定质量评价考核标准

根据双方鲁班工坊建设的实际情况，我们采取发展性评价法作为学生质量评价的基础理念，我们在广泛调研的基础上认为学生考核体系的改革应遵循发展性的评价原则，走"四方三层"的道路。"四方三层"学生考核评价模式中的"四方"指：用人单位评价学生、教师评价学生、学生自我评价、小组互评；"三层"指：专业知识、专业技能、道德素质。

5. 打造国际双师型师资队伍

印尼鲁班工坊师资研修班在东丽区职业教育中心学校进行了7期，在波诺罗戈第二职业学校进行了2期，师资队伍是从波诺罗戈第二职业学校各专业骨干中遴选出来的。14位印尼教师参加了汽车维修与应用智能、无人机技术、工程实践创新项目、新能源汽车技术培训并圆满结业。印尼鲁班工坊设有运行专员，在通过研修考核后，完成印尼鲁班工坊教学准备工作，服务于印尼鲁班工坊运营和管理。在运营过程中，双方教师要围绕两个国际化专业的教学标准和教学方案进行深入探讨、形成成果。东丽职教中心教学团队与印尼教师在相互学习交流中结成友谊深厚的真朋友，既互相提升了技术技能，又传递了天津职业教育优秀教学方法。

6. 开发国际化专业教学资源

汽车运用与维修专业依托鲁班工坊汽车维修与应用智能实训室建设，开发符合鲁班工坊、符合汽车维修与应用智能实训的《二维码实训手册》，将学习与工作紧密结合，以"工学结合"为宗旨，促进学习系统的过程化，使教学内容更加地贴近于生产实际。以汽车原厂维修手册的标准作业数据为蓝本，以教具为主体进行课程资源开发，做到 APP 微课程和一体化教具的软硬件一体化深度对接。课程内容以翻转课堂的微课程制作方式为指导，系统性地进行碎片化处理，每一个课程目录下均含有原理结构微图文、作业指导微视频、教学重难点微考核等相关信息。对职业教育的就业技能导向特性，采用国际领先的"项目式"教学法，将能力要素和知识要点融合于案例教学中，加强实操演练，提升教学趣味性、灵活性和有效性。贴合国外培养对象需求，依托印尼的教育情况和市场需求，开发了《汽车运用与维修专业—国际化课程标准》，该标准针对职业能力标准进行了描述，对入学要求、学习年限、培养目标和职业生涯路径、人才培养规格等内容都作出了明确规定和参考。同时，对核心课程、专业设置条件和评价考核标准都进行了详细描述，为印尼的汽车维修专业建设提供了有效的帮助。

电子技术应用专业贴合印尼市场培养不同层次需求人才，开发符合鲁班工坊电子技术应用（无人机方向）专业的中英文版教材，与中国科技公司启程伟业合作开发《智能鼠原理与制作》国际课程标准，适应国际化需求。依托 EPIP 研究中心教学资源平台，开发与鲁班工坊电子技术应用（无人机方向）专业实训相关的中英文教学资源（如多媒体课件、教学视频等）。

7. 优化专业课程设置

根据课程教学标准应满足岗位需求的知识目标、技能目标、素养目标等相关要求，汽车运用与维修专业制定了"汽车发动机构造与维修""汽车底盘构造与维修"汽车电器构造与维修》3门专业基础课程和"汽车电控发动机构造与维修""汽车营销"等6门专业核心课程。电子技术应用专业制定了"机械基础""电工电子技术"等4门专业基础课程和"电子测量技术与仪器""无人机组装与调试"专业核心课程。

（三）项目推进历程

1. 合作筹备期

2016 年 3 月 18 日，天津市东丽区职业教育中心学校受邀参加渤海职业学院鲁班工坊项目建设研讨会，明确了东丽区职业教育中心学校将代表天津市中等职业学校在印尼筹建鲁班工坊。3 月 25 日，天津驻印尼东爪哇省交流中心考察团到东丽区职业教育中心学校考察调研。通过交流考察，了解了东丽区职业教育中心学校的办学规模、专业设置、师资条件、文化建设等，同时也了解到在印尼建设鲁班工坊应具备的相应条件，以便寻找更好的共建单位。4 月，区教育局向东丽区委区政府汇报了筹建鲁班工坊建设事宜，东丽区委区政府表态将给予大力支持，并指出鲁班工坊建设符合东丽区职业教育创新领先发展的要求，区教育局建议学校应高度重视筹建鲁班工坊建设相关事宜，随后区领导及相关指导部门到东丽区职业教育中心学校考察。5 月 25 日，天津驻印尼东爪哇省交流中心带领印尼东爪哇省教育局领导、3 位校长等组成的考察团到东丽区职业教育中心学校考察调研。经过考察、交流，最终东丽区职业教育中心学校与波诺罗戈第二职业学校签订了鲁班工坊项目建设意向书。

2. 启动建设期

2016 年 11 月，天津市教委、东丽区职业教育中心学校应印尼东爪哇省教育局邀请，带领 7 家合作企业赴印尼东爪哇省进行学访和考察。经现场考察与交流座谈后，东丽区职业教育中心学校与波诺罗戈第二职业学校签订了鲁班工坊项目建设合作协议。2017 年 3 月，首批印尼东爪哇波诺罗戈第二职业学校 3 位教师来津参加了 EPIP 师资培训，为期 14 天，围绕鲁班工坊共建汽车维修应用智能、无人机技术、新能源汽车技术、工程实践创新项目以及空中课堂等。8 月，经过双方多部门多次研讨、审定，波诺罗戈第二职业学校根据东丽职业教育中心学校提供的设计图纸，开始施工建设印尼鲁班工坊。2017 年 12 月 12 日，印尼鲁班工坊项目建设启动仪式在印度尼西亚东爪哇省波诺罗戈市第二职业技术学校举办。东丽职教中心学校作为分会场，使用空中课堂设备与主会场进行网络互动。

3. 运营发展期

2017 年 12 月 26 日，以"产教融合对话"为主题的中国·印尼职业学校校长论坛在天津市东丽区职业教育中心学校举办。出席此次论坛的主要单位有天津市教委、东丽区政府、天津驻东爪哇省交流中心、东丽区教育局、印尼东爪哇省教育局、8 所印尼东爪哇省职业学校、6 所天津职业学校以及企业代表。2018 年 5 月，中国天津—印尼东爪哇职业教育发展研究中心揭牌仪式在东丽区职业教育中心学校举办。通过"五方联手"，搭建合作办学、交流互访、国际技能竞赛、国际化升学立交、输出特色专业与服务五大平台，为中国—印尼职业教育发展建立新模式。6月，经过长时间摸索，在市教委、印尼东爪哇驻天津交流中心、合作企业的大力支持下，印尼鲁班工坊设备运抵印尼波诺罗戈第二职业学校。7月，东丽区职业教育中心学校先后有3名骨干教师与企业技术工程师到波诺罗戈第二职业学校，为鲁班工坊设备进行安装、调试，并培训印尼教师关于设备使用及注意事项，为双方今后开展互动教学、师资培训等活动奠定基础。9月，来自印尼东爪哇省4个城市、9所职业教育学校的21名教师，在东丽区职业教育中心学校参加了为期23天的师资培训。此次培训是中国天津—印尼东爪哇职业教育发展研究中心自成立以来，举办的规模最大、时间最长、效果最好的一次培训，为推动"一带一路"建设奠定了基础，为中国—印尼职业教育共同发展创造了条件。

2019年5月，由天津市教委主办的"启诚杯"第四届IEEE电脑鼠走迷宫国际邀请赛暨2020年世界APEC电脑鼠国际大赛中国选拔赛在渤海职业院校开赛。来自印尼、泰国、印度、巴基斯坦、柬埔寨、葡萄牙等国家鲁班工坊以及各省市代表队共计52支参赛队参加比赛。印尼鲁班工坊代表队最终获得2个奖项，发挥出了选手应有的水平。6月，波诺罗戈第二职业学校校长一行7人到天津东丽区职业教育中心学校进行学访考察。同时，与天津鹏顺隆科技有限公司洽谈合作，购置了2台无人机植保机用于当地农业发展。9月，天津市政府代表团到印尼东爪哇省波诺罗戈第二职业学校鲁班工坊考察。实地考察工印尼鲁班工坊建设，了解东爪哇职业教育示范区建设内容，为后续鲁班工坊建设、开展示范区职业教育培训奠定了基础。12月，由印尼教育部举办的全国职业学校创新展览在雅加达举行，展会上印尼教育部部长Nadiem Makariem先生参观了印尼鲁班工坊无人机植保机设备并给予高度评价。

四、成效与创新点

（一）建设成效

1. 开启中印职业教育产教融合对话

2017年12月26日，以"产教融合对话"为主题的中国·印尼职业学校校长论坛在天津市东丽区职业教育中心学校举办。印尼东爪哇省教育局领导和8所印尼职业学校校长，与天津6所职业院校校长、企业代表围绕职业教育发展成果和特色、职业教育与产业对接、鲁班工坊建设运营、农业机械知识等进行了深入交流。

2. 开发国际化课程建设

结合印尼鲁班工坊教学需求，开展专业教材开发，与天津鹏顺隆科技发展有限公司合作编写《无人机组装与调试》《无人机航空知识手册》等双语教材。《在转化全国大赛赛项资源中实施"一中七化"人才培养模式》教学成果荣获市级一等奖；东丽职业教育中心学校参与完成的《开发国际化专业教学标准创创设鲁班工坊职业教育国际化的探索与实践》《全国职业院校技能大赛成果资源国际化发展的实践创新》教学成果，荣获天津市特等奖、全国一等奖。

3. 开展教师、学生技能培训

目前，开展了 9 期 EPIP 师资培训，共计 63 人次。先后为东爪哇省波诺罗戈第二职业技术学校教师、学生开展汽车维修技术、工程实践创新项目、无人机技术、新能源汽车技术等多次培训并顺利结业。2018 年、2019 年波诺罗戈第二职业学校选派优秀学生参加了"启程杯"EPIP 鲁班工坊国际邀请赛和 2018 年全国中职组汽车运用与维修技能大赛并取得优异成绩。

4. 成立中国天津—印尼东爪哇职业教育发展研究中心

2018 年 5 月 7 日，中国天津—印尼东爪哇职业教育发展研究中心揭牌仪式在东丽区职业教育中心学校成功举办。研究中心成为助推中国 – 印尼产能输出、人文交流、师资培训、技能竞赛、学历进修、国际化专业教学标准开发等方面的有效平台，同时更好服务国家"一带一路"倡议，实现双方共研、共建、共享、共用、共赢。

5. 收获印尼政府认可

2018 年 2 月，在印尼举办的以"加强教育，促进文化"为主题的全国教育与文化工作会议上，印尼总统佐科·维多多对印尼鲁班工坊建设给予高度评价。2019 年 12 月 4 日，印尼教育部举办的全国职业学校创新展览在雅加达举行，展会上印尼教育部部长 Nadiem Makariem 先生参观了印尼鲁班工坊无人机植保机设备并给予高度评价。

6. 受到当地企业青睐

目前，波诺罗戈第二职业学校轻型汽车维修、机械工程、计算机和多媒体工程等 8 个专业 1200 名学生，每周在印尼鲁班工坊开展 4 课时技能培训。印尼鲁班工坊已接待来自政府、企业、学校、社会团体等机构共计 30 余次的参观、培训。多家企业抢订参加鲁班工坊培训的毕业生，2019 年 480 名学生被当地优秀企业录用，47 名学生被当地日资企业录用。

（二）创新点

1. 创立"一中七化"，形成印尼鲁班工坊人才培养模式

通过双方实践共建鲁班工坊，形成了"一中七化"校际协同合作的印尼鲁班

工坊人才培养模式。所谓"一中"指：围绕"人才培养质量"这一个中心，"七化"指：专业建设一体化、教学方法多样化、校本教材实训化、学生考核多元化、教学资源优质化、基地管理规范化、专业教师能力化。

（1）实施五方携手构建专业建设一体化。通过"政、行、企、校、研"职教发展新机制，形成政府主导、统筹，行业企业参与、指导，职业院校培养、实践，研究机构支撑、服务，五方权责清晰、定位明确的共同体。借助鲁班工坊建设契机，中国天津－印尼东爪哇职业教育研究发展中心在东丽职业教育中心学校落成。通过天津市教委、东爪哇省教育局、天津驻东爪哇交流中心、东丽区教育局、东丽区职业教育中心学校五方携手同行，共同在职业教育理论研究、职教改革与实践、职教师资培训与专业发展、职业教育信息化以及鲁班工坊建设等方面开展务实合作，实现双方共研、共建、共享、共用、共赢。

（2）关注学生特点形成教学方法多样化。结合几年来承办、参加全国汽修技能大赛经验，在选手训练过程中探索出了分解训练法、解压训练法、紧贴训练法、模拟训练法、对抗训练法、揣摩训练法和冥想训练法7种训练方法，并将这些技能大赛的训练方法与日常的专业教学方法进行有机结合，为国际合作办学提供有力支撑。通过计算机多媒体技术、信息网络技术和虚拟仿真技术等现代教育技术手段，东丽区职业教育中心学校与波诺罗戈第二职业学校开展空中课堂教学，提高了双方学生学习兴趣，强化了学生技能操作，提升了人才培养质量。

（3）针对岗位需求推进校本教材实训化。国际竞赛内容来源于企业的生产岗位，这为国际化校本教材的开发提供了依据、样本和途径。通过对竞赛的技术资料的学习、梳理和归纳，结合岗位需求分析，开发了"六步教学法"系列国际化教材，即无人机技术教材、发动机构造与维修二维码手册。内容上突出了加强专业技能训练和实际动手能力的培养，实现了教材内容与生产岗位的对接。

（4）注重职业素养实施学生考核多元化。参考和借鉴国际竞赛评价标准和方法，结合学生特点，创建了"四方三层五证"学生考核新模式。突破传统的试卷考试的方式，取而代之的是教学过程考核。在考核中，原则上采用技能考核与理论考核相结合的方法，突出技能考核。同时，注重考核的过程化、多样化和灵活化，从出勤、作业、课堂提问、职业素养和学习态度等方面进行全面考核，客观对学生进行评价。

（5）围绕共建共享开发教学资源优质化。以技能竞赛为支撑，以国际市场需求为主导，以培养能力为目标，实现资源优质化。与企业合作，开发建设汽车服务与营销教学素材资源、汽车营销综合实训资源，商务情境仿真系统资源和汽车维修教学素材资源库，形成图片、视频、动画、仿真、案例、课件与题库等丰富素材资源。借助竞赛资源转化中心的平台，组建微课课题研究团队，开展微课的开发与实践。先后开发了"发动机构造与维修""整车综合化实训"等课程的微课视频 100 余个。利用现代信息技术，与企业合作开发汽车发动机构造与维修、底盘构造与维修、电器构造与维修 VR 教学系统等 VR 资源。

（6）借鉴企业文化形成基地管理规范化。竞赛的承办使校企合作更加紧密。通过竞赛，将企业的"8S"管理模式引入到学校的实训基地管理中来。在管理中，实施整理（Sort）、整顿（Straighten）、清洁（Sanjtary）、清扫（Sweep）、素养（sentiment）、安全（Safety）、节约（Save）、学习（Study）8 项内容。"8S"管理活动作为学校推行精细化管理的一项重要工作实施后，有效提高实训资源的利用率、学生职业素养和安全意识。

（7）优化师资队伍提升教师能力常态化。为打造一支"双师 – 双能 – 双证"素质的国际化教师队伍，学校坚持"走出去、引进来"战略，聘请一批学术水平高、教学能力强的行业企业专家、能工巧匠来校任教，形成稳定的外聘专家教学团队；积极选派教师出国进修、学历晋升、下企业实践、技能取证，为专业化建设培养一批理念先进、能力突出的教师团队。

2. 搭建"四大平台"，形成印尼鲁班工坊运行模式

（1）搭建合作办学平台。通过学习本科院校开展国际化合作办学的先进经验，结合天津职业教育发展现状，提出"五元互动"国际交流合作办学平台思路，即搭建优势专业互补、优秀学生互学、师资队伍互访、国际校企互融、职业能力互认的"五元互动"国际交流合作办学平台。印尼鲁班工坊是双方合作办学的桥梁和纽带，双方本着"友好、尊重、互信、平等"的原则，在汽车维修技术、工程实践创新项目、新能源汽车技术、无人机技术等方面开展技能培训、合作办学。

（2）搭建交流互访平台。通过搭建交流互访平台，采用"走出去，请进来"方式，将天津职业教育优质成果，通过鲁班工坊走向世界。将国外优质的职业教育资源引入天津中等职业院校。2017 年先后举办中国 – 印尼职业教育校长论坛 – 产教融合对话、印尼鲁班工坊访谈、EPIP 论坛等活动，开展了 9 期 EPIP 师资培训，东丽区职业教育中心学校与合作企业选派骨干人员到印尼波诺罗戈第二职业学校开展技术交流。通过交流互访平台的搭建，为鲁班工坊发展奠定基础。

（3）搭建国际技能竞赛平台。以搭建国际技能竞赛为平台，探索中职学校

国际化教学改革有效途径。2018年、2019年波诺罗戈第二职业学校选派优秀学生参加了"启程杯"EPIP鲁班工坊国际邀请赛和2018年全国中职组汽车运用与维修技能大赛并取得优异成绩。通过国际竞赛，熟悉国际竞赛标准，形成以赛促学、以赛促教的教学常态，有助于职业院校完善国际化人才培养标准，提升技能人才培养质量。

（4）搭建输出特色专业与服务平台。汽车运用与维修专业是东丽区职业教育中心学校品牌专业，通过多年承办技能大赛，拥有先进的场地设施和专业的师资队伍。在与印尼共建的鲁班工坊项目中，汽车维修技术作为主线与印尼学校开展专业对接，为印尼汽车工业的后市场服务提升提供有力支撑。电子技术应用专业（无人机方向）作为新兴行业，是双方合作的特色专业，目前无人机植保机已用于当地农业生产并参加了在雅加达举办的职业学校创新展览会，受到了高度关注，印尼教育部部长给予高度评价。

五、未来规划

1. 高标准培养人才，扩大鲁班工坊海外影响力

立足于东爪哇波诺罗戈第二职业学校鲁班工坊项目建设扩大鲁班工坊影响力，与东爪哇省其他城市的职业院校，合作共建以无人机技术、中餐烹饪、3D打印技术等为合作内容的鲁班工坊分中心。在教育质量上，不仅在教学设计、课程设置、教材开发、师资培训等方面给予全方位质量保障，同时借助现代信息技术，设立空中课堂、视频微课，实现课堂教学同步化，保证鲁班工坊高标准人才培养质量。

2. 加大投入，提升鲁班工坊培训质量

根据印尼鲁班工坊发展需求，在原建设基础上，加大资金投入，将鲁班工坊做大、做强。加强与东爪哇省教育局沟通，开展两地职业教育研究，在中国－印尼产能输出、人文交流、师资培训、技能鉴定、技能竞赛、内涵建设、国际化专业教学标准开发等方面加强合作。继续加大无人机技术、工程实践创新项目设备投入，满足印尼方技术培训、课程建设需求。

3. 产教融合，服务中资五菱汽车企业

根据鲁班工坊建设进展情况，结合天津市教委对于鲁班工坊建设要求，应天津驻印尼东爪哇交流中心邀请，原计划2020年底6月份与当地中资企业五菱汽车股份有限公司合作，引入鲁班工坊建设工作，针对合作方式、场地设施设备、员工需求、培训内容等方面，开展深层次对接。由于受全球疫情影响，该计划推迟

至 11 月份，以便实现服务当地中资企业，实现服务国家"一带一路"建设，服务印尼当地中资企业更好发展。

4. 开发教学资源、拓展 EPIP 教学模式

学校正与启程伟业科技有限公司合作开发《智能鼠原理与制作》进阶篇教材及教学资源，其课程涵盖了物联网应用技术、电子信息工程技术、嵌入式技术、软件技术、计算机应用技术、应用电子技术、机电一体化技术、自动化技术、智能控制技术等多种专业内容，拓宽 EPIP 教学模式，提升学习者实践创新能力。

第六章／巴基斯坦鲁班工坊建设与发展报告

第一节　巴基斯坦的社会经济与教育情况概述

一、社会经济情况概述

巴基斯坦伊斯兰共和国，简称巴基斯坦，国语为乌尔都语。巴基斯坦位于南亚次大陆西北部，南濒阿拉伯海，东接印度，东北邻中国，西北与阿富汗交界，西邻伊朗。海岸线长 980 千米。南部属热带气候，其余属亚热带气候。首都伊斯兰堡，前首都卡拉奇是最大城市。[①]

巴基斯坦人口约 1.97 亿，是世界第六人口大国。农村人口占总人口的 63% 左右，女性占总人口的 48.5%。巴基斯坦是经济快速增长的发展中国家，是世界贸易组织。

巴基斯坦是经济快速增长的发展中国家，经济以农业为主，整体经济处于轻工业开发出口阶段，其中制造业占工业的重要部分。巴基斯坦是一个劳动力资源丰富、人口结构年轻型的国家，约 60% 的人口集中在农村，巴基斯坦的工业化水平处于前工业化向工业化初期过渡阶段，工业化的发展尚未将农村富余的劳动力充分转移出来。2015—2016 年，巴基斯坦工业总产值占国内生产总值比重为 21.02%、吸纳动力占 23.21%。2017—2018 财年，巴工业增长率为 5.8%。论及巴基斯坦工业子部门的国内生产总值贡献率和吸纳劳动力就业能力，制造业在整个工业发展中可谓表现突出，制造业产值占国内生产总值的 13.6%，吸纳劳动力占 15.33%，而其他子部门的发展则明显不足。在制造业中，轻纺工业占了较大比例，机械、电子制造业发展明显不足，尤其是高新技术部门。另外，巴基斯坦进口额度占比较高的机电、设备及其附件类产品，主要从中国、美国、德国等进口。2012—2016 年，中国对巴基斯坦出口的商品平均为 1344100 万美元，以机电产品

[①]　参见《巴基斯坦国概况》，https://www.fmprc.gov.cn/.2019–1。

为主的资本和技术密集型为主，占比最大的机电产品类平均每年出口为 504700 万美元，占所有出口产品的 37.5%。[1]

二、教育情况概述

巴基斯坦的教育体系按照等级划分，由基础教育（小学）、初级教育（中学）、中等教育（高中）、高级中等教育（大学预科、职业院校和培训课程）及高等教育（本科、硕士及博士）组成；按照职能划分由普通教育、技术教育和职业培训（TVET）组成。小学是五年制，即 1 至 5 年级，入学年龄是 5 岁；初级中学 6 至 8 年级，高中 9 至 10 年级，大学预科 11 至 12 年级。大学预科毕业后，开始文学、理学、医学和商科学士、硕士及博士阶段的高等教育学习。巴基斯坦职业教育是在青少年完成高中阶段学习后，可通过入学考试进入技术职业院校，接受三年制（11 至 13 年级）或二年学制（11 至 12 年级）的技术和职业教育，毕业可获得副工程师证书。三年制学生通过专门的技术职业大学入学考试和学习，未来可以取得工程学或技术学的学士、硕士、博士学位。[2]

1999 年，巴基斯坦引进了技术和职业教育培训体系，巴基斯坦的技术教育是指在理工学院、专科技术学院、技术学院和技术学校为工业培养中级技术专业人员（副工程师）而提供的工业技术教育和培训，即为人们就业作好准备并使他们在各个经济领域更有生产力的教育和培训，使人们在科学技术领域拥有广泛的知识和技能，以提升专业水平和社会生活能力。[3]巴基斯坦技术和职业教育培训政策依托其国内各省技术教育和职业培训局（TEVTA）落实执行，巴基斯坦鲁班工坊的合作单位即是巴基斯坦旁遮普省的技术教育和职业培训行政主管部门。

巴基斯坦技术和职业教育培训，除了三年制、二年制学历教育，还有非常重要的培训课程部分，由 6 个月 G3 等级、12 个月 G2 等级、18 个月 G1 等级的职业资质培训课程。巴基斯坦青少年学生在完成了中学学习后即可接受这些职业培训课程。培训课程涵盖了巴基斯坦全部的行业和工种，为工业、农业和服务业提供熟练和半熟练的劳动力。

巴基斯坦技术和职业教育培训政策具有以下特征：第一，确保国家对技能开发的重要性途径，实现经济持续增长，提高生产力，为人民特别是该国日益增长

[1] Hina Ayub, Factors Affecting Student Attitude towards Technical Education and Vocational Training,4th International Conference on Recent Innovations in Engineering & Technology (ICRIET' 2016)2016.(12).

[2][3] Farid A. Khwaja, Research Study on Technical and Vocational Education in Pakistan at Secondary Level, *The Pakistan Development Review*, 2009.

的年轻人口提供就业机会，服务经济社会发展；第二，增加提升培训机会的数量和质量，以便在短期内每年至少培训100万青年；第三，政府主导与私营企业参与，到2025年除对现有工人进行技能提升和再培训以外，再培训20%的毕业生；第四，引入国家标准的资质、评估和认证体系；第五，设计和提供基于能力的教育和培训计划，专注于在工作中所需的技能；第六，在政府和私营部门之间建立新的伙伴关系，鼓励企业更直接进行培训，并为政府职业技术教育与培训的改革做出贡献；第七，继续改革和振兴职业技术教育与培训部门。

巴基斯坦技术和职业教育培训政策依托其国内各省技术教育和职业培训局落实执行，巴基斯坦鲁班工坊的合作单位即巴基斯坦旁遮普省的技术教育和职业培训行政主管部门。它的职能包括为下属的400余各机构进行监督、协调和顺利运作拟订政策准则，收购、发展和管理机构，批准涉及政府基金的发展项目和计划，落实省内技术教育和职业培训项目、计划的实施，更新、修改课程。技术教育和职业培训局资金源于省政府和企业捐款。

第二节　中巴两国经济教育合作情况

一、中巴两国经济合作情况

巴基斯坦鲁班工坊位于巴基斯坦旁遮普省省会拉合尔市。旁遮普省是巴基斯坦最重要的省份，该省人口占全国人口的60%，国内生产总值占全国的60%，35岁以下人口占全国35岁以下人口的60%。旁省拥有巴基斯坦人口数量、国内生产总值贡献率、工业种类、农业产量等多个"第一"，是巴基斯坦的"超级大省"。中国在巴基斯坦70%的水电项目、IT项目、基础设施、援建项目都在旁遮普省。

省会拉合尔是巴基斯坦第二大城市，是巴基斯坦的文化和艺术中心，是一座有2000多年历史的古城，有"巴基斯坦灵魂"和"花园城市"之称。早在630年，中国唐代高僧玄奘曾到拉合尔进行访问，开展文化交流。目前，拉合尔经济迅速发展，已成为拥有千万人口的重要工业中心。拉合尔是纵向联通"中巴经济走廊"的重要接合点，巴基斯坦鲁班工坊选址于此对于服务"中巴经济走廊"，服务中巴国际产能合作具有重要意义。面对"中巴经济走廊"建设项目大量的技术技能型专业人才的急切需要，巴基斯坦职业教育、技术培训和当地技术青年技能水平尚不能满足。巴基斯坦人口数为 2.1 亿，35 岁以下青年占全部人口的 63%，巴基斯坦每年有 240 万年轻人进入就业市场，但文化程度普遍有限，有高技术技能的劳动力明显匮乏，且该国职业教育和技术培训机构的教学资源严重不足。除了市场对合格毕业生的需求与供给之间存在巨大缺口之外，也存在着培训所需的师资、设备、技术与就业市场要求不匹配。

2015 年，中巴两国领导将中巴关系上升为"全天候、全方位战略合作伙伴关系"，这在中国对外关系的定位中是独一无二的，是世界上国与国关系的典范。中国人民亲切地将巴基斯坦称为"巴铁"，巴基斯坦人民最爱说"中巴友谊万岁"，可以说，中巴关系已成为新时期新型国际关系和周边命运共同体的率先实践和重要示范。2015 年 4 月，习近平主席访问巴基斯坦，确定了以走廊建设为中心，以瓜达尔港、能源、交通基础设施、产业合作为重点的"1+4"合作布局，正式开启了"中巴经济走廊"全面建设。走廊总投资超过 180 亿美元，已进入充实扩展期，收效明显：萨希瓦尔燃煤电站等大型能源领域投产运营，拉合尔橙线项目等交通设施建设进入维护和试运营阶段，瓜达尔港口建设取得突破，自由区一期起步区已经完工，中巴双方就巴方提出的 9 个特殊经济区进行深入研究和评估。"中巴经济走廊"的建设快速提升巴基斯坦经济的发展，作为"一带一路"倡议的标志性工程正迎来密集的项目推进和建设期。①

二、中巴两国教育合作情况

近年来，随着中巴之间建立全面战略伙伴关系和"中巴经济走廊"的建设，以及两国之间深厚的友谊，使得越来越多的巴基斯坦学生在出国留学时选择中国。据中国教育部数据统计，2019 年在华巴基斯坦留学生的数量大约在 28000 人左右，其中 7000 余人享受了来自中方提供的各种奖学金，包括政府奖学金、孔子学院奖学金和其他地方政府、大学奖学金。中国赴巴留学生数量也不断增长，目前在伊斯兰堡市的中国留学生数量有 1000 多人。在"一带一路"倡议和"中巴经济走廊"建设的时代契机下，中国职业教育面向巴基斯坦开展职业技能培训，双方合作培养巴基斯坦高级职业技术人才。

为"一带一路"倡议和"中巴经济走廊"的建设做出贡献，天津积极推进与巴基斯坦旁遮普省的职业教育深度领域合作发展，为巴基斯坦学生创造优质职业教育学习的平台。2018 年，天津职业技术师范大学、天津工业大学、天津城建大学联合

---

① 参见《"一带一路"推进的"示范区"》，https://world.huanqiu.com./article/9CaKrnJK7zi。

与巴基斯坦旁遮普省技术教育与职业培训部开展的跨境办学项目——旁遮普天津技术大学在拉尔市举行开学典礼，首批招收的290名当地学生将在该校接受相关专业的应用技术教育。天津3所高校分别在该校设立了工程技术学院、纺织工程技术学院和建筑工程学院，开设有机械工程技术、纺织工程技术和土木工程等7个专业，以联合办学的形式使用中国高等教育培养模式为巴基斯坦培养应用型技术人才。

第三节 项目建设与发展

一、合作双方学校简介

巴基斯坦鲁班工坊由天津现代职业技术学院与巴基斯坦旁遮普省技术教育与职业培训局合作共建。天津现代职业技术学院成立于2001年，是一所公办全日制高职院校。2014年，完成国家生物技术及应用专业教学资源库建设项目并通过验收；2015年，以优秀等级通过国家示范性骨干高职院校验收；2018年，经中国轻工业联合会批准成立了全国轻工行业钟表与精密制造职业教育集团。学院与天津商业大学、中德应用技术大学联合培养四年制本科层次技术技能人才，是滨海新区技能型紧缺人才培养基地，高等职业学院骨干教师国家级培训项目单位，生物制药技术专业被教育部评为全国职业院校健康服务类示范专业。荣获国家第四届"黄炎培职业教育奖优秀学校奖"。现有7个二级学院，在校生达9000人，其中留学生33名。

巴基斯坦鲁班工坊合作共建单位巴基斯坦旁遮普省技术教育与职业培训局隶属于旁遮普省政府，下属机构包括政府技术学院（GCT）、政府技术培训学院（GTTI）、政府职业培训学院（GVTIW）和政府技术培训中心（GTTC），共计401所职业学院、培训院校及机构中心，其中三年制高等职业教育学院共42所，三年制职业教育学生毕业后可进入本科院校学习。巴基斯坦旁遮普省技术教育与职业培训局围绕电气、电子、机械、土木、化工、建筑、电信、纺织、农业、计算机软件和硬件、时尚和服装设计、美容师、家政、烹饪艺术、服务行业、陶器、皮革、驾驶技术等，对旁遮普省青年学生和适龄劳动力进行技术教育和职业培训，为旁遮普省工业、农业和服务业提供培养技术技能人才。

二、合作企业介绍

现代学院、巴基斯坦旁遮普省技术教育与职业培训局代表巴基斯坦鲁班工坊与巴基斯坦海尔—鲁巴经济区、中国能源建设集团湖南火电巴基斯坦分公司、中国中电方大科技巴基斯坦分公司、巴基斯坦汽车零部件和制造商协会巴、中贸易促进有限公司和巴基斯坦东方电子有限公司等 11 家中资和当地著名大型企业签订了产教协同育人战略合作协议,在当地成立了第一个产教联盟单位,即巴基斯坦鲁班工坊—产教协同育人联盟,具体合作企业如下:

(1)巴基斯坦海尔—鲁巴经济区是中国商务部批准建设的首个"中国境外经济贸易合作区",包括家电、汽车、纺织、建材、化工等多个产业。

(2)中国能源建设集团湖南火电公司是巴基斯坦鲁班工坊产教协同育人联盟成员之一,其在旁遮普省盐岭地区建设的巴基斯坦 50 兆瓦(2×25MW)燃煤电厂项目是巴基斯坦第一个由政府投资建设的燃煤电厂项目。

(3)巴基斯坦汽车零部件和制造商协会旗下 1200 个行业超过 278 家"一级"零部件制造商注册会员单位。

(4)巴基斯坦电器巨头东方电子有限公司是巴基斯坦排名第一的大型电器制造企业。

(5)天津勇猛机械股份有限公司是国内领先的集自主研发、生产、销售、服务为一体的玉米收获机械专业制造商。公司始终致力于玉米收获机械前沿科技的研究,注重产品品质的升级,关注终端用户需求,拥有玉米机割台装置、剥皮机装置、果穗抛送装置、发动机动力输出装置等国家专利 30 余项。

(6)天津中天大地科技有限公司是全国唯一一家国有种子类企业,公司致力于大田玉米、鲜食玉米、小麦、转基因棉花育种研究并集生产销售、技术服务为一体的农业高新技术。勇猛机械已在巴基斯坦玉米收割机销售市场占有一定份额,该企业在巴基斯坦推进粮食生产试验田培育,将良种种植与农业专业化设备结合起来,力求在当地以高质量、高口碑的产出成果。

三、项目建设情况

(一) 发展定位与建设思路

巴基斯坦鲁班工坊选址于"中巴经济走廊"的纵向交合点——"超级大省"旁遮普省省会拉合尔市,其发展定位是天津职业教育服务"中巴经济走廊"技术技能人才的桥头堡。

以巴基斯坦鲁班工坊"学历＋职业等级证书"人才联合培养项目,将融通中巴职教体系作为运行主线,并行驻巴中资企业职业技能培训,实施巴基斯坦鲁班工坊产教协同育人联盟企业员工培训项目,以"技术人才储备＋岗位技能提升"

助力"中巴经济走廊"上中资企业的发展。对接巴基斯坦旁遮普省技术教育和职业培训体系，通过输出和分享实践创新项目教学模式、制定符合巴基斯坦的国际化教学标准人才培养方案等，在双向沟通机制和评价考核管理保障下，建设双基地、双师资、教学资源和空中课堂，实现服务当地中资和巴资企业发展、提升当地职教水平和培养当地技术青年。最终实现达成构建具有中国特色的职业教育国际化模式、服务"中巴经济走廊"本土化技能人才储备和与共建"一带一路"国家分享中国改革开放 40 多年建设成果，构建命运共同体的建设目标。

出于合作单位巴基斯坦旁遮普省技术教育与职业培训局的强烈要求，巴基斯坦鲁班工坊设置了机电一体化和电气自动化两个专业。之所以选择这两个专业，一是考虑其经济社会建设的需要，二是其本身职业教育发展的需要。巴基斯坦是经济快速增长的发展中国家，其中制造业占工业的重要部分，机电一体化和电气自动化这两个专业是制造业领域发展进程中人才培养必不可少的专业。面对巴基斯坦正处于工业建设的关键起步发展阶段，需要大量的高素质技术和管理从业人员，选择这两个专业是切实满足巴基斯坦工业发展的切实需求的。另外，巴基斯坦旁遮普省技术教育与职业培训局是职业教育的学历教育和职业培训的政府职能部门，下属 401 所职业院校和培训机构，是旁遮普省技术人才培养的摇篮，培育高素质技术技能人才是巴基斯坦旁遮普省技术教育与职业培训局的首要职责。而巴基斯坦国内职业技术教育管理基础体系较好，职业教育与本科、研究生学历对接体系完善，管理流程规范。目前，教学理念变革和实训设备更新是首要的迫切需求。

通过中巴职教共同携手建设巴基斯坦鲁班工坊，将我国先进的教学理念和模式、国际化教学标准、国赛装备与巴基斯坦职教同仁和学生进行分享，共同培养具有国际视野、通晓国际规则的技术技能人才，服务"中巴经济走廊"建设，同时也惠及巴基斯坦人民和经济社会发展。

（二）　重点建设内容

1. 启动中巴职教融通的运行模式

巴基斯坦鲁班工坊运营采用中巴专科层次学历教育联合培养模式，由巴基斯坦旁遮普省技术教育与职业培训局择优选择职业教育专科学历二年制及以上学历毕业生，与现代学院共同完成专科层次电气自动化专业学历教育。学制共 3 年，分为三阶段，即 0.5+2+0.5。第一阶段，在巴基斯坦当地完成鲁班工坊 6 个月的课程学习，并通过考核后颁发巴基斯坦旁遮普省技术教育与职业培训局培训资质证书; 第二阶段, 巴基斯坦旁遮普省技术教育与职业培训局依据双方制定的考核标准, 遴选优秀学员进入现代学院学习 24 个月 (学历部分) 先进电气自动化专业课程并完成考核; 第三阶段, 返回巴基斯坦鲁班工坊产教协同育人联盟企业单位顶岗实习 6 个月 (或升入中方、巴方本科大学)。巴基斯坦鲁班工坊专科层次联合培养项目全部完成并考核通过后, 取得天津现代职业技术学院专科学历毕业证书。毕业后, 学生可自主选择接受本科学历教育或者在巴基斯坦鲁班工坊联盟企业就业。通过鲁班工坊专科层次学习并获得中巴职业教育共同认可的专科及以上学历的巴基斯坦技术青年或企业工程师, 成为服务中巴产能合作技术岗位需求、满足驻巴中资企业生产和管理一线需求的技术技能人才。

2. 设置巴方需求的合作专业

巴基斯坦鲁班工坊坐落于旁遮普省技术教育与职业培训局总部院内, 一期占地约 560 平方米, 设立彼此独立又相邻的专业教学实训区和专业汉语培训区两个教学区域, 重点建设电气自动化技术和机电一体化技术两个拥有国际化专业教学标准专业。

专业教学实训区按不同教学功能进行 "一体两翼" 整体化设计。"一体" 以工程实践创新项目教学实训区为核心和主体, 重点建设能力源创新体验和电脑鼠教学实践区; "两翼" 分别为 "电气自动化技术—自动化生产教学实训区" 和 "机电一体化技术—先进制造业教学实训区", 该区域主要用于对巴基斯坦当地青年及企业员工进行学历教育和职业技术培训。在现代学院智能工程学院和巴基斯坦旁遮普省技术教育与职业培训局对应建设专业教学实训区, 通过空中课堂设备实施教学互动。

巴基斯坦鲁班工坊开设了专业汉语培训区, 占地面积约 150 平方米, 配备电脑语音学习系统。培训教学形式采取教师现场教学与网络微课教学相结合的方式。天津现代职业技术学院通过开发录制专业汉语教学微课辅助现场教学, 满足巴基斯坦学生即时学习的需要。教学内容主要是结合专业课教学需要开展专业汉语及职业素养课程培训, 使巴基斯坦学生能够熟悉并掌握基本专业汉语词汇, 了解中国职业教育文化, 为择优到中国留学继续深造打下基础。

3. 制定国际化人才培养方案

鲁班工坊中巴师资团队对照巴基斯坦职业教育三年制学历教育电气自动化专业人才培养方案, 依据 "一个定位" "三个类型" "五个优于" 制定了适用于巴基斯坦学生的国际化人才培养方案。

从 "一个定位" 明确人才培养目标, 即切实发挥巴基斯坦鲁班工坊桥头堡定位作用，配合巴基斯坦鲁班工坊产教协同育人联盟成员单位巴基斯坦海尔—鲁巴工业园区企业需求，服务中资企业"走出去"，培养"中巴经济走廊"上熟知中国技术、技艺和技能的本土化技术技能人才。

从"三个类型"优化课题体系，即设计了涵盖专业实训、专业＋汉语水平考试（HSK）汉语、中国文化研习三类课程的课程体系。专业实训课程中除电气自动化专业必修课程外，依据巴基斯坦当地需求拓展了无人机操控技术专业，同时拓展巴基斯坦鲁班工坊能力源创新课程套件、电脑鼠走迷宫项目、自动化生产线和机电一体化4个模块教学广度，在巩固第一阶段6个月当地学习成果的基础上，通过项目式任务教学，培养和提升学生的创新创造能力。配套开发巴基斯坦鲁班工坊4个模块的《自动控制专业汉语教程》，开展专业汉语教学，提升学生在中资企业实际生产中的语言能力。中国文化研习课程中注重传播班墨文化，并以中国当代"大国工匠"的技艺去吸引和感染巴基斯坦技术青年。

从"五个优于"保障人才培养过程，即专业教学要高于巴基斯坦原有的基础，实训教学要精于巴基斯坦旧有模式，拓展教学要先于巴基斯坦现有条件，模块教学要广于巴基斯坦现有成效，汉语教学要专于巴基斯坦已有领域，保障人才培养实施全优质过程，提升来华留学生人才培养质量。提升自动化专业教学深度，专业教学的重点难点高于巴基斯坦三年制电气自动化专业；以代表世界先进水平的全国职业院校技能大赛装备开展实训教学，将"高精尖"的技术技能传递给学生；拓展无人机操控专业教学，满足巴基斯坦在民用测绘和植保等领域需求，填补巴基斯坦职业教育无人机课程空白；丰富鲁班工坊4个模块的广度，培育学生自主开发工程项目的能力；汉语教学注重专业性，结合鲁班工坊模块特点完成对自动控制专业的词汇学习，不仅仅停留于生存汉语和汉语水平等级考试。

4. 制定学历和培训一体化考核评价

巴基斯坦鲁班工坊专科层次学历教育联合培养的第一阶段鲁班工坊G3等级职业资格培训中，中巴教师共同开发了6个月800学时的"工业自动化与机器人"课程，理论课占20%，实践课占80%。课程的考核由旁遮普技术教育委员会（PBTE）负责。试卷由10道多重短题（MCQ）组成，权重为20分，占理论部分的20%，其余部分按课程安排在4个不同模块上执行项目任务，占实践部分的80%。考试通过的学员将获得由旁遮普技术教育委员会认证的旁遮普省职业资格G3等级证书。

第二阶段电气自动化专业专科学历教育中，通过第一阶段考核的巴基斯坦学生在天津现代职业技术学院进行专业理论学习和技能训练。包括汉语水平考试汉语、专业汉语中华研习等5门基础课程占全部课程的31%，包括电机与电气控制技术、气动技术等7门职业技术课程占全部课程的21%，包括自动化生产、机电一体化实训、企业等7门技能训练课程占全部课程的48%。以理论课试卷和项目任务为主要考核形式，考核成绩达标后进入第三阶段顶岗实习。

在巴基斯坦鲁班工坊专科层次学历教育联合培养的第三阶段中，巴基斯坦籍留学生回到旁遮普省，到产教协同育人联盟企业进行6个月的定岗实习。旁遮普省技术教育与职业培训局负责实习企业的联络，现代学院负责与企业共同制定顶岗实习设计。实习中每月进行学生个人总结、中方教师指导和企业师傅考评，实习到期后进行学生个人实习报告、教师和企业师傅的总评，最终给予成绩鉴定。

三个阶段"0.5+2+0.5"涵盖了巴基斯坦职业技能G3等级培训、中国天津现代职业技术学院专科学历教育和"中巴经济走廊"上企业实习。在通过三个阶段考核的巴基斯坦学生可以获得巴方旁省职业教育行政部门认证的在职业培训证书、中国专科学历证书，以及大型企业就业机会。

5. 打造国际双师型的师资队伍

2018年4月，巴基斯坦鲁班工坊实践创新项目师资研修班在天津现代职业技术学院巴基斯坦鲁班工坊EPIP师资研修中心正式开班。旁遮普省技术教育与职业培训局从旗下400余所院校中遴选出5名硕士学历巴基斯坦名校毕业的教师，参加天津现代职业技术学院举办的为期5周的巴基斯坦鲁班工坊实践创新项目师资研修班。巴方教师全面学习了巴基斯坦鲁班工坊2个专业4个教学模块的实训教学内容，并在参加职教周期间举办的国际师资技能大赛中获得多项优异成绩，圆满完成研修任务。通过对实践创新项目教学理念和对巴基斯坦鲁班工坊2个专业4个教学模块系统学习，5位巴方教师通过了研修考核，完成了巴基斯坦鲁班工坊教学准备工作，服务于巴基斯坦鲁班工坊运营和管理。在巴基斯坦教师培训的过程中，中巴双方要围绕两个国际化专业的教学标准和教学方案进行深入探讨、形成成果。现代学院教学团队要与巴方教师在相互学习交流中结成友谊深厚的真朋友，既互相提升了技术技能，又要分享天津职业教育优秀教学方法。

回国后，5名教师投入到巴基斯坦鲁班工坊的建设与设备安装调试过程中，并作为巴基斯坦鲁班工坊首批专任教师，负责鲁班工坊的正常教学与运营维护。建设巴基斯坦鲁班工坊实践创新项目师资研中心、启动师资培养是确保巴基斯坦鲁班工坊所有实施目标有效落地的核心项目，是基斯坦鲁班工坊建设项目的重要组部分，是鲁班工坊建设启动的标志，是巴基斯坦籍教师学习实践创新项目工程的师资培养基地和巴基斯坦青年来华留学进行专业学习的实训基地。分享了中国职业教育成果、弘扬了工匠精神、提升了技术技能人才培养质量。

6. 开发国际化专业教学资源

现代学院就巴基斯坦鲁班工坊专业开发了机电一体化、自动化生产、能力源创新套件、电脑鼠走迷宫 4 个项目模块微课和配套教材。其中《自动控制专业汉语教程》校本教材，旨在与世界分享自动控制专业国际化教学标准所需专业词汇，为培养熟知中国技艺、技术和技能的本土化技术技能人才提供专业语言学习教程。教程依托电气自动化、机电一体化等全国职业院校技能大赛装备，紧密结合专业前沿词汇知识，内容涉及机电一体化、自动化生产、能力源创新套件、电脑鼠走迷宫 4 个项目模块，以中英文对照的形式配合图片加深理解，为来华留学生专业学习做良好铺垫，增强其使用汉语学习专业的综合能力，提高来华留学生专业汉语水平，提升国际化专业人才培养质量。

7. 注重项目的内涵研究推广

成立了巴基斯坦鲁班工坊研究推广中心，开展关于国际合作中定期会晤机制、平等磋商机制和协调实施机制的研究和实践，为鲁班工坊运营提供基础性保障作用；中巴双方研究制定鲁班工坊章程，明确双方权和责任；引入先进的国际管理理念，结合中巴国情文化的探索现代化管理模式，保障巴基斯坦鲁班工坊运营质量和水平。深入开展巴基斯坦职业教育公共政策和国别研究，尤其对巴基斯坦职业教育政策制度、学历体系、职业院校办学特色和急需专业建设等进行深入调研，为制定鲁班工坊发展战略、政策措施提供智力支持、决策咨询、理论探讨和实践分析。2019 年 5 月邀请清华大学"一带一路"研究院巴基斯坦籍研究员到校参加巴基斯坦鲁班工坊工作推进会，深入讨论了中巴双方学历互认、拓展产教协同育人联盟单位、加大协同科研能力等重点议题，并将其特聘为巴基斯坦鲁班工坊顾问。

8. 提升鲁班工坊在"中巴经济走廊"的国际影响力

为响应国家"一带一路"倡议号召，进一步促进中巴两国人文友好交流，扩大巴基斯坦鲁班工坊的国际影响力。2019 年，天津现代职业技术学院与国内外多家院校、机构开展人文交流活动，获得了《天津日报》、北方网、津云等多家媒体的高度关注。

为促进中巴两国友谊，在中华人民共和国成立 70 周年之际，应北京环球英才交流促进会邀请，天津现代职业技术学院巴基斯坦留学生参加巴基斯坦共和国驻中国大使馆举行的"中巴两国优秀青年人走进大使馆"活动，巴基斯坦大使馆商务参赞高度赞誉鲁班工坊建设。为加强两国青年人才的交流互动，在天津市对外友好协会的指导下，全巴基斯坦中国友好协会主席率领的中巴青少年文化交流周代表团一行 34 人参观访问天津现代职业技术学院，全巴基斯坦中国友好协会主席对现代学院发展和巴基斯坦鲁班工坊建设表示极大的赞赏，《天津日报》《今晚报》、津云网对此进行了专题报道。

此外，西班牙友好协会、印度金奈理工大学 、马达加斯加塔那那利佛大学、加拿大华人商会等国际团组先后到天津现代职业技术学院参观鲁班工坊研修中心，学习交流鲁班工坊的建设经验。津云《新闻会客厅》节目专题采访巴基斯坦鲁班工坊，分享鲁班工坊建设历程和建立产教协同育人联盟给当地学生就业带来的影响，讲述中巴两国人民间的暖心故事，畅谈巴基斯坦鲁班工坊的未来规划。巴基斯坦鲁班工坊在社会各界引起广泛赞誉。

9. 优化鲁班工坊国际化运营机制

天津现代职业技术学院积极构建巴基斯坦鲁班工坊国际化运营机制，保障其长期良性运营。通过构建接轨教学管理机制、形成国际产教融合机制、建设国际双师资队伍机制、完善国际化教学资源开发机制等，完善巴基斯坦鲁班工坊国际合作机制，健全双边合作机制，丰富合作机制内容。构建接轨教学管理机制中学院设立巴基斯坦鲁班工坊项目组式国际化管理机构，打破了学院传统的部门组织架构，转变传统组织模式以满足工坊建设运营过程中多部门协同、多职能并进的复杂特殊的组织结构需求。在形成国际产教融合机制中，成立鲁班工坊产教协同育人联盟，吸纳合作国当地中资和外资企业，精准对接合作国产业发展现状和驻外中资企业本岗位真实需求。在建设国际双师资队伍机制中，中外合作院校共同制定鲁班工坊师资"门槛"机制，审核教师学历、工作经验、教学能力，优先遴选具有国际化教学经验的双师任课。完善国际化教学资源开发机制中，遵循共建共享和规范适用原则。天津现代职业技术学院与旁遮普省技术教育与职业培训局和驻巴中资企业以共建共享教学资源为原则，持续扩展教学资源。

（三）项目推进历程

1. 合作筹备期

2017 年 4 月，天津市教委与巴基斯坦旁遮普省教育部签订工作备忘录，原则上同意天津现代职业技术学院与巴基斯坦旁遮普省技术教育与职业培训局合作共建巴基斯坦鲁班工坊；5 月，在旁遮普省时任省长的见证下，天津现代职业技术学院与巴基斯坦旁遮普省技术教育与职业培训局签订了中巴鲁班工坊合作建设框架协议；10 月，巴基斯坦旁遮普省教育部部长和驻华参赞到天津现代职业技术学院参观考察并签订了巴基斯坦鲁班工坊合作建设协议书；12 月，天津现代职业技术学院代表团出访巴基斯坦考察职业教育，确定在巴基斯坦鲁班工坊一期建设中对接巴方专科层次教育，合作建设电气自动化生产技术和机电一体化 2 个国际化专业。现代学院制定顶层设计方案，依据巴方的工业发展切实需求及自身专业特色，确定机电一体化和电气自动化 2 个专业并开发教学模块，选定国赛装备并由中巴教师共同开发教材，开发 4 个教学模块和 6 个月的培训课程，确定了每一期 25 人的学生人数，学生的入学资格是巴基斯坦高中以上学历的技术青年。在师资培养方面，由巴基斯坦旁遮普省技术教育与职业培训局遴选优秀教师到天津现代职业技术学院开展师资培训，作为鲁班工坊的储备教师。

2. 启动建设期

2018 年 4 月 18 日，天津现代职业技术学院举办了巴基斯坦鲁班工坊实践创新项目师资研修班，为 5 名来自巴基斯坦的硕士以上学历教师进行为期 5 周的培训；6 月至 7 月上旬，天津现代职业技术学院先后派遣两批次工作人员赴巴基斯坦，与巴基斯坦旁遮普省技术教育与职业培训局推进巴基斯坦鲁班工坊启动运营仪式、设备安装调试、合作企业意向确认等事宜。7 月 17 日至 19 日，天津职业教育代表团赴巴基斯坦旁遮普省拉合尔市出席巴基斯坦鲁班工坊揭牌运营仪式，期间代表团先后参观了中国驻拉合尔总领事馆、巴基斯坦旁遮普省技术教育与职业培训局和海尔—鲁巴经济区，与巴方职业教育和企业界领导深入会谈，全面深入地介绍了天津职业教育的优秀成果，并有效探讨了巴基斯坦鲁班工坊的运营机制建设和启动管理模式。

3. 运营发展期

2019 年 1 月 16 日，巴基斯坦鲁班工坊开学运营，首批 25 名巴基斯坦学生走进鲁班工坊，开始为期 6 个月的课程学习。授课教师均为在天津现代职业技术学院培训的巴基斯坦籍教师。2019 年 7 月，25 名巴基斯坦学生顺利完成为期 6 个月的鲁班工坊专科层次联合培养第一阶段学习任务，取得了巴基斯坦鲁班工坊职业培训证书。其中 18 名优秀学员成功申请天津政府奖学金，作为 2019 籍留学生于 2019 年 9 月到天津现代职业技术学院注册报到，开始了巴基斯坦鲁班工坊专科层次学历教育联合培养模式的第二阶段学习。2019 年 7 月，天津现代职业技术学院代表团赴巴基斯坦旁遮普省拉合尔市推进鲁班工坊第二阶段运营建设。代表团与旁遮普省技术教育与职业培训局官员共同组织召开了巴基斯坦鲁班工坊第二阶段合作签约仪式暨巴基斯坦鲁班工坊产教协同育人联盟第一次工作会议，并确认了巴基斯坦鲁班工坊纳入旁遮普省职业培训 G3 课程体系。双方就鲁班工坊专科层次人才联合培养、师资培训和产教协同育人等项目达成合作共识，签订 5 项合作协议及 2 项备忘录，为巴基斯坦鲁班工坊优质运营、科学发展制定了中长期规划和有效路径。

巴基斯坦海尔—鲁巴经济区、中国天津勇猛机械有限公司、中国中天大地科技有限公司等 11 家中资巴资联盟企业出席签约仪式和工作会议，同期开展了鲁班工坊自动化专业师资及企业工程师培训。巴基斯坦国家电视台、旁遮普省电视台和 11 家巴基斯坦报社对"巴基斯坦鲁班工坊第二阶段合作签约仪式"进行了现场报道和采访。2019 年 9 月，巴基斯坦鲁班工坊启动了第二批 25 名巴基斯坦学生为期 6 个月的课程培训。

四、成效与创新点

（一）建设成效

1. 服务"中巴经济走廊"技术人才培养

巴基斯坦鲁班工坊选址于"中巴经济走廊"的纵向交合点 —— "超级大省"旁遮普省省会拉合尔市。经过中巴双方研讨，依据巴方的切实需求，天津现代职业技术学院制定顶层设计方案，依据巴方的工业发展切实需求及自身专业特色，确定机电一体化和电气自动化 2 个专业并开发教学模块，选定国赛装备并由中巴教师共同开发教材，开发 4 个教学模块和 6 个月的培训课程，确定了每一期 25 人的学生人数，2019 年完成了共 50 名巴基斯坦高中以上学历的技术青年的培训。在师资培养方面，由旁遮普省技术教育与职业培训局遴选优秀教师到天津现代职业技术学院开展师资培训，作为鲁班工坊的储备教师。巴基斯坦鲁班工坊之所以设置了机电一体化和电气自动化 2 个专业，考虑其经济社会建设的需要和其本身职业教育发展的需要。这两个专业是制造业领域发展进程中人才培养必不可少的专业，培育高素质技术技能人才是旁遮普省技术教育与职业培训局的首要职责。巴基斯坦鲁班工坊所在地拉合尔成立了当地第一个国际产教协同育人联盟，联盟包括 1 个世界知名的中国民族品牌—海尔鲁巴经济园区，1 个巴基斯坦国家级行业协会—巴基斯坦汽车配件制造商协会，2 个天津企业及 7 个中资和巴资大型知名企业，为鲁班工坊工学生提供了畅通的就业渠道。

2. 构建专科层次联合培养育人体系

天津现代职业技术学院与旁遮普省技术教育与职业培训局确立了巴基斯坦鲁班工坊专科层次学历教育联合培养模式。此模式学制 3 年，分为"0.5+2+0.5"三个阶段。学生通过各阶段的学习和考核，可获得巴基斯坦旁遮普省 G3 等级职业资格证书、天津现代职业技术学院专科层次毕业证书和驻巴中资企业实习鉴定书。实践性探索了巴基斯坦鲁班工坊本土化高技能人才培养学历教育融通的可行性路径。从课程互认、来华留学生人才培养方案制定、联盟企业顶岗实习和就业多维管理等层面，构建巴基斯坦鲁班工坊"0.5+2+0.5"专科层次联合培养人才体系：一是完成了巴基斯坦鲁班工坊 6 个月课程体系并纳入巴基斯坦职教培训 G3 体系；二是完成了来华 2 年高职教育电气自动化专业人才培养方案制定，第一批巴基斯坦鲁班工坊18 名学员到天津现代职业技术学院来华留学；三是确认了顶岗实习的岗位和标准，4 名巴基斯坦大三年级留学生走上中国北方工业集团承建的拉合尔橙线轨道项目专业翻译和设备维护的实习岗位，为鲁班工坊毕业学生开展 6 个月顶岗实习做好准备。

3. 打造内涵建设，提升国际影响力

为做好巴基斯坦鲁班工坊研究与推广工作，天津现代职业技术学院与河北大学伊斯兰国家社会发展研究中心、河北大学及巴中环球文化公司共同成立了巴基斯坦鲁班工坊研推广中心，并在巴基斯坦管理与技术大学揭牌。开展了 4 门国际化双语微课开发和 5 套双语教材开发，提升了鲁班工坊教学资源建设水平。鲁班工坊建成以来，先后接待了巴基斯坦、西班牙、印度、马达加斯加、加拿大、乌干达等国际团组并广泛开展了人文交流，获得了《人民日报》《环球时报》《中国教育报》《天津日报》等多家媒体的高度关注，津云《新闻会客厅》节目专题采访巴基斯坦鲁班工坊，在社会各界引起广泛赞誉。

4. 以职业教育合作新模式开启中巴友谊新篇章

1951 年至 2015 年，中巴两国始终患难与共、携手相伴，"中巴友谊"深入人心，中巴关系已成为睦邻友好、共建人类命运共同体的重要示范。巴基斯坦正处于工业建设的关键起步发展阶段，需要大量的高水平技术和管理从业人员，培育高水平技能型人才是巴基斯坦职业技能培训行政部门的首要职责，而巴基斯坦国内职业技术教育的教学理念和实训设备局亟待更新和提升。面对巴基斯坦工业发展的切实需求，依据巴基斯坦技术青年和当地劳动力技术水平提升的急切需求，巴基斯鲁班工坊为当地技术青年提供"职业培训 + 来华留学 + 优质就业"的国际教育平台，惠及巴基斯坦人民和经济社会发展，体现了中巴"全天候、全方位合作伙伴关系"。

（二）创新点

1. 构建"巴方职业培训 + 中方学历教育"的人才培养路径

巴基斯坦鲁班工坊运营采用中巴专科层次学历教育联合培养模式，学制共 3

年，分为三阶段即"0.5+2+0.5"，包括鲁班工坊培训和中国职业教育电气自动化专业学历学习和巴基斯坦大型企业的实习。通过考核的巴基斯坦学生全面接受了技术技能和专业汉语、职业素养培养，并获得旁遮普省认证的职业培训证书、中国专科学历证书及大型优秀企业的就业机会，成为当地通晓中国技艺、国际规则的优秀国际化技术青年。

2. 产教协同服务"中巴经济走廊"技术技能人才培养

巴基斯坦鲁班工坊协同育人联盟由"中巴经济走廊"上 11 家大型中资和巴资企业组成，包括巴基斯坦海尔—鲁巴经济区、中国能源建设集团湖南火电巴基斯坦分公司等知名大型企业，是当地成立的第一个产教联盟单位。其中巴基斯坦海尔—鲁巴经济区是中国商务部批准建设的首个"中国境外经济贸易合作区"，也是巴政府批准建设的"巴基斯坦中国经济特区"，是中国境外经济区的旗舰项目，经济区产业辐射家电、汽车、纺织、建材、化工等多个产业。联盟还包括中国天津勇猛机械有限公司、中国中天大地科技有限公司两家天津市科技创新型企业。巴基斯坦鲁班工坊"职业培训＋学历教育＋顶岗实习"的"双证书、三阶段"国际化人才培养模式，切实有效地服务了"中巴经济走廊"电气自动化专业本土化人才的储备。未来将围绕农机设备现代化制造、无人机植保服务天津驻巴企业本土化人才培养。

3. 优化鲁班工坊国际合作机制

构建鲁班工坊国际化运营机制是保障其长期良性运营的关键环节，需系统完善机制建构，构建国际级鲁班工坊项目合作专项领导机构；健全双边合作机制，形成常态化的决策协商、规范化的事务流程；丰富合作机制内容，鲁班工坊职业教育国际合作机制的内容包括功能、专业、人员、事务等方面。天津现代职业技术学院积极构建巴基斯坦鲁班工坊国际化运营机制，保障其长期良性运营。通过构建接轨教学管理机制、形成国际产教融合机制、建设国际双师资队伍机制、完善国际化教学资源开发机制等，完善巴基斯坦鲁班工坊国际合作机制，健全双边合作机制，丰富合作机制的内容。

4. 实施巴基斯坦鲁班工坊来华留学培养

与合作方旁遮普省技术教育与职业培训局签署了留学生培养协议，探索鲁班工坊"中高本"一体化国际招生有效路径和人才培养的实施方案。以巴基斯坦鲁班工坊为平台，探索构建区域性"中高本"一体的职业教育留学生招生体系；发挥政府奖学金的引领和支持项目建设作用，设立学校鲁班工坊专项奖学金申请管理办法，对鲁班工坊奖学金的使用进行过程监控和使用成效的考核评价办法。

五、未来规划

（一）担当国际技术人才培养的职责使命

巴基斯坦鲁班工坊的发展定位是天津职业教育服务"中巴经济走廊"技术技能人才的桥头堡。巴基斯坦鲁班工坊将汇集天津职业优质教育资源，发挥合作共建单位巴基斯坦旁遮普省技术教育与职业培训局（TEVTA）的政府职能优势，统筹规划全省 400 余所职业学院、培训院校及机构中心的教育资源，围绕电气、机械、能源、纺织、建筑等专业不断推广复制鲁班工坊合作模式，开展全方位职业技能培训和专业学历教育的国际合作，为驻巴大型中资企业提供技术技能人才支撑保障；为巴基斯坦青年学生和人民增长技术技能及巴基斯坦社会经济发展做出有效服务。

（二）拓展标准化的职教国际化发展路径

对接职业教育发达国家，引进优化国际优质职业教育资源，将国际职业教育标准的要求与中国职业教育发展的现实基础和需求结合起来，构建中国特色的国际化标准体系。发挥鲁班工坊为共建"一带一路"国家共谋职业教育发展的服务属性，为合作院校提供职业教育的建设方案，结合合作院校办学实际和当地经济社会人才培养现实需求，将指标体系进行本土化改造，共同开发专业标准、课程标准、培训标准。推进院校与行业组织、跨国企业的合作，探索开发国际通用专业标准和课程体系的有效途径，推进本土标准的国际化，提升中国职业教育的国际影响力。

（三）明确助力中资企业的职教国际化发展目标

构建"政校企行"协同的国际合作体系是巴基斯坦鲁班工坊的一项重要特征，在项目建设和运营过程中，中巴合作双方持续整合政府、学校、"走出去"企业和行业资源的深化合作，搭建国际化产教融合平台，积极参与"中巴经济走廊"上国际产能合作，从而推进院校国际交流合作、推进产教国际协同、推进国际人文交流等，扩大鲁班工坊的国际影响，切实为共建"一带一路"国家和驻外中资企业培养知晓现代生产技术和具有职业素养的国际化技术技能人才。今后，巴基斯坦鲁班工坊产教协同育人联盟将围绕工坊服务国际产能合作的发展目标，发挥鲁班工坊在人才培养、技术服务的资源优势，助力中国企业海外腾飞。

（四）坚实科学路径和规范管理的基础保证

鲁班工坊实现国家化的路径可从"凝练鲁班工坊国际化标准模式、优化鲁班工坊国际化运营机制、落实学历教育和职业培训职能、培育鲁班工坊持续发展自生力、扩大中国职教国际品牌影响力"五方面进行探索；建设院校要注重项目的科学规范管理，可从"完善系统科学的发展保障政策，完善多元自主的经费保障政策，完善国际师资队伍建设保障政策，完善来华留学的招生保障政策，完善国际接轨的育人保障政策"五方面完善鲁班工坊保障政策。

（五）高质量落实内涵建设的任务目标

以巴基斯坦鲁班工坊为依托，与巴基斯坦旁遮普省技术教育与职业培训局合作，开设巴基斯坦师资培训班，通过互访、线上研修等多种形式结合，为巴基斯坦培养机电一体化等方向专业师资，促进相关专业的国际化教学标准更好地融入巴基斯坦职业教育和培训体系；依托鲁班工坊，实施中巴"专科层次职业等级证书"人才联合培养项目，推进中巴"中高本"学历融通，毕业获得巴基斯坦工程师认证的学历教育毕业证书，培养本土化技术技能人才；结合巴基斯坦海尔经济区、中国铁路公司巴基斯坦旁遮普省拉合尔橙线轨道交通等"中巴经济走廊"上的旗舰项目，为中资企业量身打造各类培训方案，开展急需岗位的职业技能培训；开发无人机、机器人、物联网、环境监测与治理等国际职业教育中长期培训；开发驻巴中资企业"工程实践创新"国际化培训教材；开发巴基斯坦鲁班工坊专业教学标准、课程标准和实训项目；建设以人工智能为主的实训基地。对接巴基斯坦国家机器人与自动化研究中心，在巴基斯坦一流本科院校自动化专业实训室推广"工程实践创新项目"人才培养模式，实现"中巴经济走廊"上的"人工智能＋职业教育"复制推广。创新"助推产能合作，共享成果发展"的国际合作发展模式。

巴基斯坦鲁班工坊是天津职业教育积极响应"一带一路"倡议，是增进中巴友谊的一个新创举，是新时代中巴国际合作的新典范。在中巴职教人的共同努力下，巴基斯坦鲁班工坊将发挥合作单位旁遮普省技术教育和职业培训局省级政府机构的职能辐射作用，培育巴基斯坦技术青年，提升当地劳动力资源的技术水平，依托产教协同育人联盟为当地技术青年提供优质就业平台，切实惠及巴基斯坦人民和经济社会发展需要。未来，巴基斯坦鲁班工坊将被打造成中巴职业技术与文化交流的旗舰项目，成为中巴国际合作与交流的新窗口和"中巴职业教育＋国际产能合作"的新支点。巴基斯坦鲁班工坊必将成为中巴职业教育国际交流合作的新品牌，为构建人类命运共同体发挥新的典型示范作用，为中巴友谊书写真挚热忱、灿烂辉煌的篇章。

第七章
柬埔寨鲁班工坊建设与发展报告

第一节　柬埔寨的社会经济与教育情况概述

一、社会经济情况概述

柬埔寨，全称柬埔寨王国（Kingdom of Cambodia）。柬埔寨位于中南半岛南部。国土面积约 181 万平方千米。柬埔寨的地形特征非常鲜明，三面高，中间低。东西北三面均为高原，是森林的主要分布地区；中部为湄公河及其支流形成的冲击平原，是柬埔寨的主要农业区，首都金边。

柬埔寨是君主立宪制国家，国王是国家最高元首，国会是最高权力和立法机构。政府首相由赢得国会议席简单多数的政党候选人担任。2018 年 2 月 25 日柬举行参议院选举，执政党人民党获得投票产生的全部 58 席。现任国王为诺罗敦·西哈莫尼，国会主席韩桑林，首相洪森。

柬埔寨是传统农业国，工业基础薄弱，曾是世界上最不发达国家之一（2016 年 7 月 1 日起，柬埔寨正式脱离最不发达国家，成为中等偏下收入国家）。现有的工业主要分布在成衣制造业、建筑、电力与小型手工业。柬政府实行对外开放的自由市场经济，推行经济私有化和贸易自由化，把消除贫困、发展经济作为首要任务，把农业、加工业、旅游业、基础设施建设及人才培训作为优先发展领域，改善投资环境，成效显著。

近年来，柬埔寨作为联合国及东盟成员，积极融入区域合作，重点参与区域连通计划的软硬设施建设，加大吸引投资，特别是私有资本参与国家建设的力度。"四驾马车"（农业、以纺织和建筑为主导的工业、旅游业和外国直接投资）拉动经济稳步前行。

（一）产业状况

1. 资源

矿藏主要有金、磷酸盐、宝石和石油。林业、渔业、果木资源丰富。由于战乱和滥伐，森林资源破坏严重。

2. 农业

农业是柬埔寨经济第一大支柱产业。农业人口占总人口的85%，占全国劳动力的78%。可耕地面积630万公顷。柬埔寨政府高度重视稻谷生产和大米出口，除满足国内需求外，剩余稻谷加工成大米供出口。

3. 工业

工业基础薄弱，门类单调，大多数工厂机器设备陈旧，原料缺乏，技术落后。自1991年底实行自由市场经济以来，国营企业普遍被国内外私商租赁经营。自1994年投资法颁布以来，各类私营企业发展迅速。

4. 旅游业

自2000年来，柬埔寨政府大力推行"开放天空"政策，支持、鼓励外国航空公司开辟直飞金边和吴哥游览区的航线，外来游客增长率连续保持在25%~30%。同时，柬埔寨政府加大对旅游业的资金投入，改善旅游环境。2018年，外国游客620万人次，中国游客200多万人次。主要旅游点有世界遗产吴哥窟、金边等。

（二）贸易投资

1. 贸易状况

柬埔寨自成为东盟成员国和加入世界贸易组织后，经济发展较快，进出口贸易逐年增长。主要出口商品是服装、橡胶、大米等，其中服装鞋类占出口总额的76%；主要进口产品为成衣原辅料、燃油、食品、化工、建材与汽车等。[①]

2. 投资状况

为了进一步摆脱贫困、发展经济，柬埔寨迫切需要外来资金和援助。柬埔寨实行自由经济政策，所有行业对外资高度开放，尤其在农业、旅游、自然资源等领域以其较大的发展潜能吸引了大量外来投资者。1994年，柬埔寨通过投资法，2003年通过投资修正法，为国内外投资者提供相对优惠的政策。除此之外，柬埔寨政府还通过建立经济开发区、工业开发区等方式为外资创造投资环境。

---

① 参见中国银行股份有限公司、社会科学文献出版社编：《文化中行——"一带一路"国别文化手册·柬埔寨》，社会科学文献出版社，2015年。

（三）产业发展

柬埔寨自推行以市场经济为核心的经济自由化政策以来，商业取得了较大发展，尤其是华人工商企业呈现良好的发展势头，华商在柬埔寨经济中扮演着十分重要的角色，柬埔寨国家税收的很大一部分来自华商企业。[①]另外，旅游业是柬埔寨最为重要的支撑产业之一。20世纪80年代末，柬埔寨的旅游业开始复苏。2018年，中国成为柬埔寨最大的旅游客源国。

二、教育情况概述

（一）基础教育

柬埔寨现行的教育体制规定儿童满6岁开始上小学，小学学制5年，中学学制6年（其中初中3年，高中3年）。

进入21世纪，柬埔寨基础教育得到了迅速发展，但是还未能普及基础教育。初中的入学率低，且性别差距很大。小学入学率高，且性别分化在缩小，但有很多小学生留级，平均要10年才能读完小学，仅不到一半的学生能够完成学业。

（二）高等教育

柬埔寨高等教育创立于20世纪40年代末。其中，院校类型涵盖了文科、理科、工科、医学、农业、管理、教师培训等。90年代中期以前，柬埔寨只有公立高校，享受政府拨款，大学生免费接受教育。柬埔寨于1997年开始对高等教育进行改革。国家批准公立大学收取费用，并允许兴办私立大学，且发展较快。目前，新建立的私立大学数量是公立大学的两倍，已成为柬埔寨高等教育的主流。

柬埔寨高等教育的改革得到了诸如联合国教科文组织等国际组织的捐助和支持。1995年，联合国教科文组织和世界银行联合成立了一个柬埔寨高等教育专家组，并为之量身制定了一个全面改革和发展高等教育的计划。

此外，柬埔寨还选派相关高校教师到国外名牌大学深造，以提高师资质量和教育水平。

（三）职业教育

职业教育主要集中在高级中学教育阶段和高等教育阶段。完成初中教育后，学生可以选择继续接受高中教育，也可以选择参加中等职业培训课程。完成普通

---

① 参见中国银行股份有限公司、社会科学文献出版社编：《文化中行——"一带一路"国别文化手册·柬埔寨》，社会科学文献出版社，2015年。

高中教育后，学生可以参加职业培训或进入大学学习。柬埔寨的职业培训课程学制为 1 年至 3 年不等。柬埔寨正规的职业技术教育培训主要由政府负责。此外，柬埔寨设有非正规教育部门，面向未成年的辍学者和成人提供识字和生活技能的课程及职业培训。

目前，柬埔寨职业教育面临着供需不平衡、社会认可度低等问题，柬埔寨政府则继续增加投入，将职业教育与市场需求挂钩，加强公私伙伴关系，强化"一带一路"等国际合作，不断提升职业教育的质量。

（四）华文教育

柬埔寨的华文教育已有百余年历史。20 世纪 90 年代，柬埔寨恢复和平，政府推行文化多元政策，华文教育得到迅猛发展，大量华校得到建设。

华校毕业学生的毕业证书由柬埔寨政府签发，但不承认学历。为造福子孙后代，柬华理事总会提出了"留根工程"的口号。目前，在柬埔寨学习中文已不再是华侨华人后代的"专利"，而是越来越多柬埔寨年轻人的追求。柬埔寨的中文教育已形成一套完整的教学和管理体系。

第二节　中柬两国经济教育合作情况

一、中柬两国经济合作情况

据中国商务部统计，2018 年中国对柬埔寨直接投资流量为 7.78 亿美元。投资产业主要分布在水电站、电网、通讯、服务业、纺织业、农业、产业园区等。在经济援助方面，近年来中国已成为柬埔寨最大的援助国。

（一）基础设施援助拓展合作空间

柬埔寨多年战乱，国家基础设施条件落后，建设资金缺乏。近年来，中国在柬埔寨国家的基础设施领域与其开展了深入合作，成绩斐然。从基础设施的合作中可以预测未来数年内两国在农田水利、交通通信、能源运输等领域将有强烈的合作意向与广泛的合作空间。

（二）中企投资实现两国互利共赢

中央财经大学财经研究院发布《中国与"一带一路"沿线国家经贸合作国别报告》指出，对柬埔寨投资的中国企业以民营企业为主，投资领域十分广泛，主要涉及电站、电网等基础设施，纺织业、房地产、服务业、农业、林业、能源矿产、境外合作区等。中资企业一方面发展自身，同时为柬埔寨当地的经济发展、就业等做出重要贡献。比如，在基础设施领域，正是中国企业帮助柬埔寨建设的 6 个水电站，才让首都金边等城市有了足够的供电；目前柬方正在与中国路桥公司等筹建柬埔寨第一条高速公路——金边至西哈努克港高速公路；柬埔寨全国光纤通信网络项目也正在由中国企业建设，这将为柬埔寨搭建起 21 世纪通信信息互联互通的高速公路。①

（三）旅游业合作凝聚文化交融

在"一带一路"倡议全面展开的背景下，柬埔寨旅游业迎来了新的增长契机。柬埔寨政府发布了《2016—2020 年吸引中国游客战略》及"China Ready"白皮书，用以提升本国旅游业接待中国游客的能力。伴随着 2020 年中国申报世界遗产项目"泉州：宋元中国的世界海洋商贸中心"，作为"海上丝绸之路"重要一环的柬埔寨，势必会更加吸引购买力强大、数量庞大的中国游客在柬埔寨的旅游经济中开创新的增长点。同时，旅游经济的蓬勃发展还带动了一系列的旅游附加价值，例如餐饮、旅游商品等。

二、中柬两国教育合作情况

中国是柬埔寨重要的教育合作伙伴国。特别是自"一带一路"倡议实施后，中国对柬埔寨进行了大规模的教育援助，包括教育基础设施建设、师资培训、留学生招生与短期技术培训等多项内容。②2018 年以来，中国为柬埔寨职业教育提供了优质的资源，培养了许多符合其社会需求的专业人才。中国部分科技公司已向柬埔寨提供了数字化教育支持。

（一）逐步完善教育基础设施援助

柬埔寨原有教育基础设施建设十分落后。2013 年，随着"一带一路"倡议的提出，我国围绕柬埔寨的基础教育设施开展了全面系统的援助提供。例如，中国对柬埔寨桔井省农业技术大学（暨桔井大学）的援助项目，显著改善了柬埔寨东北部地区高等教育基础设施的条件。

（二）不断加强留学生激励力度

2008 年，中国设立针对东盟国家留学生的奖学金专项制度；2013 年，"一带

① 参见赵爱玲：《中柬建交六十周年经贸合作全面加速》，《中国对外贸易》，2018 年第 7 期。
② 参见黄小异：《东盟国家职业教育共享"中国机遇"》，《光明日报》，2017 年 8 月 8 日。

一路"倡议提出后，中国又设立了专项的"'一带一路'文化交流专项基金"与"'丝绸之路'中国政府奖学金"等奖学金项目。除了国家层面设立专项奖学金，各地方省市也纷纷设立"'一带一路'专项奖学金"，并且还开设专门针对其留学生的专业课程。柬埔寨来华留学生数量逐年递增。

（三）多层次覆盖人力资源培训类型

柬埔寨劳动力市场缺乏技术娴熟的工人，每年职业教育培养学生的数量远远不能满足市场的人才需求，尤其是企业对高水平技术工人的需求。对此，柬埔寨制定了"四角战略"（Rectangular strategy），其中一部分内容写道："培养高素质的人才和人力资源是本国教育的关键，开展教育合作是有效的途径之一。"中国给予援助的同时，鼓励各地方高校、企业纷纷加入到对柬埔寨人力资源援助项目中。尤其在职业教育领域，为柬埔寨高本硕的职业教育人才培养作出了品牌的示范效应。例如，天津市政府与高等应用型院校在柬埔寨及其他"一带一路"国家建立的鲁班工坊，通过学历贯通教育的尝试与技术技能培养的实践，为柬埔寨技术技能不同层次、不同类型的人才培养提供了模式借鉴。

第三节　项目建设与发展

一、合作双方学校简介

作为贯彻落实"一带一路"国际倡议的有益探索和具体举措，澜湄职业教育教育培训中心暨柬埔寨鲁班工坊（以下简称柬埔寨鲁班工坊）项目肇始于2016年，由天津中德应用技术大学和柬埔寨国立理工学院共同建设。

天津中德应用技术大学是中国教育部批准成立的中国职业教育领域第一所应用技术大学，是天津市委市政府确定的一流应用技术大学建设单位，是中国与德国、日本、西班牙三国政府在职业教育和培训领域最大的合作项目。学校占地面积1000亩，教学做一体化的实验实训场所330个，全校仪器设备20000余台套，价值逾4亿元人民币。学校硕士、本科、高职和技工学历教育涵盖先进制造技术、自动化技术等9大专业组群，在校生规模1.2万人。学校始终坚持聚焦工业发展需求，致力于培养"政治过硬、技能精湛、诚实守信、理性平和"的高级技师、一线工程师、大国工匠。当前，学校积极探索构建现代职业教育体系，全力推进"中国特色、世界一流"高水平应用技术大学建设。

　　柬埔寨国立理工学院始建于 2005 年，地理位置优越，坐落于柬埔寨政治、经济、文化、交通、贸易、宗教中心的金边，是一所公立的职业教育与技术培训学院，隶属于柬埔寨劳工与职业培训部，被誉为柬埔寨技术与职业教育领域的领军院校。学校共设有 9 大专业，包括：汽车工程、计算机辅助设计（CAD）/计算机辅助制造（CAM）、土木工程、烹调艺术、电子工程、电气工程、计算机科学、通用机械工程、旅游及酒店服务。学校始终秉承国际合作理念，先后与 12 个国家和地区开展 100 多项合作项目，派遣多名教师与学生赴海外进行学习与培训；同时，重视与当地企业的合作，累计建立了 30 多个校企合作项目。

二、合作企业介绍

　　天津中德应用技术大学与柬埔寨国立理工学院聚焦制造产业，发挥职业教育校企合作、产教融合优势与特色，与优联发展集团有限公司、亚龙智能装备集团股份有限公司、大唐移动通信设备有限公司、东南亚电信（柬埔寨）有限公司、华为技术有限公司、天津启诚伟业科技有限公司等多家中外企业搭建校企共同育人平台，助推柬埔寨及澜湄沿线国家社会经济发展和产业转型升级。具体合作企业情况为：

（一）优联发展集团有限公司

　　优联发展集团有限公司成立于 2007 年，2008 年与柬埔寨王国政府签订租赁协议，开发柬中综合投资开发试验区暨柬埔寨七星海旅游度假特区。优联发展集团有限公司与天津中德应用技术大学本着相互依托、互信互惠、共建共享的原则建立战略合作关系，双方就机电一体化等专业在职业培训、人才培养、科学研究、师资队伍引育、实训基地建设等方面开展深度合作。

（二）亚龙智能装备集团股份有限公司

　　亚龙智能装备集团股份有限公司创始于 1983 年，多年来始终专注为高职院校、技工院校、行业企业等提供电气自动化、机电一体化、工业机器人应用、教育机器人、数控机床等教学做一体化人才培养整体解决方案服务。亚龙智能装备集团股份有限公司与天津中德应用技术大学在人才培养和产学合作方面有着较为全面的合作，该公司深度参与了柬埔寨鲁班工坊机电一体化专业建设，并捐赠近 200 万元实验实训设备。

（三）大唐移动通信设备有限公司

　　大唐移动通信设备有限公司是大型高科技央企——大唐电信科技产业集团旗下的核心企业，是我国拥有自主知识产权的第三代移动通信国际标准 TD-SCDMA 的提出者、核心技术的开发者以及产业化的推动者，是国内最早开展物联网、云计算技术研究和应用研究的单位之一。大唐移动通信设备有限公司系统参与了柬埔寨鲁班工坊通信技术专业建设，并捐赠近 300 万元实验实训设备。

（四）东南亚电信（柬埔寨）有限公司

东南亚电信集团有限公司 2014 年成立于新加坡，是一家移动通信与互联网服务投资公司，其下属的东南亚电信（柬埔寨）有限公司是一家综合性通信运营商，业务涵盖移动通信与互联网服务，已获得柬埔寨王国政府颁发的运营牌照，2015年上半年投入运营。东南亚电信（柬埔寨）有限公司与深度参与了通信技术专业建设，并将中国现代化通信技术带到澜湄沿岸国家。

（五）华为技术有限公司

华为技术有限公司是全球领先的信息与通信技术（ICT）解决方案供应商，自1999 年以来便进入柬埔寨市场，并在当地设立分公司，深度参与并见证了柬埔寨ICT 产业的发展。柬埔寨邮电部在 2019 年与华为签署了 5G 协议，预计将于 2020年在该国推出 5G 移动基础设施。华为技术有限公司与天津中德应用技术大学在技术研发和人才培养方面有着多方面合作，并将发挥自身在通信技术方面的优势，参与鲁班工坊空中课堂的建设工作。

（六）天津启诚伟业科技有限公司

天津启诚伟业科技有限公司成立于 2006 年，涉足单片机、仿真器、编程器、教学实验系统等千余种产品，是科工贸一体化的高新技术企业。天津启诚伟业科技有限公司在与天津中德应用技术大学进行产学研合作的同时，深度参与了柬埔寨鲁班工坊通信技术专业建设。

三、项目建设情况

（一）发展定位与建设思路

1. 发展定位

作为我国与澜湄国家开展职教合作的重要内容之一，澜湄职业教育教育培训中心暨柬埔寨鲁班工坊项目应"一带一路"国际倡议而生，由外交部、教育部、天津市人民政府牵头组织，天津中德应用技术大学具体建设；项目组秉持"共研、共建、共享、共用、共赢"的建设理念，遵循"立足中柬两国、服务澜湄五国、辐射东盟十国"的工作思路，致力于在 5 年内将柬埔寨鲁班工坊打造成为集职业培训、职业教育、科学研究、文化传承、创新创业"五位一体"的国际化职业教育培训中心，持续服务澜湄国家经济建设对应用型、技术技能型人才的强烈需求，积极响应习近平总书记构建人类命运共同体的号召，彰显中国在职业教育领域的大国担当和风范。

2. 建设思路

柬埔寨鲁班工坊项目经过前期充分调研与设计，整合国内外优势资源，采用"三步走"的建设思路。

第一步（初期）：2017年1月—2018年12月。完成机电一体化、通信技术2个专业共计6814平方米的场地建设和3个实训中心、18个实训室的硬件建设，开展面向中柬企业和柬埔寨民众的机电一体化和通信技术2个专业的技术技能培训。

第二步（中期）：2019年1月—2020年12月。增设旅游、物流工程等专业培训；开始筹备培训教育到学历教育转型、研究生联合培养。

第三步（长期）：2021年1月—2022年12月。增设汽车维修、建筑电气等专业培训；全面开展学历教育，开展应用型本科教育试点；项目实施市场化运作。

（二）重点建设内容

1. 创建规范化管理体制机制

项目组在澜湄职业教育教育培训中心暨柬埔寨鲁班工坊项目建设过程中注重顶层设计、统筹规划。一方面，完善组织机构，组建专项团队；中方成立了由天津市教委领导任组长，天津中德应用技术大学书记、校长任副组长，学校其他相关部门领导任项目组主要成员的工作团队，为项目具体实施提供了有力的支撑。另一方面，注重建章立制，推行规范管理；制定了《项目出国人员管理办法》《澜湄职业教育培训中心（柬埔寨鲁班工坊）章程》《项目运行管理框架协议》《柬埔寨鲁班工坊实训设备捐赠协议》《电气技术实训室管理制度》《通信技术实训室管理制度》《机械加工技术实训室管理制度》等多项规章制度，确保项目建设工作科学、规范、有序、高效。

2. 搭建一体化实验实训平台

项目首期建设专业为机电一体化和通信技术2个专业，建成机械加工技术、机电一体化技术、通信技术3个实训中心，建筑面积6814平方米，共计18个实训室；各实训室按照理实一体化学习岛进行布局，讲练结合，中心采用5S管理，制度上墙，张贴设备介绍，营造项目文化氛围。搭建了覆盖2个专业教学的前端、中端、后端一体化实验平台，满足当地不同层次的技术技能师资培训与学历教育。未来，还将建设旅游管理专业实验实训中心、建筑智能化工程技术专业实验实训中心。

3. 开发模块化教育教学资源

2019 年 1 月至今，学校共开发出 19 本国际化培训教材；上述教材都是基于培训中心设备、参考我国 6 个工种的职业培训技术标准、针对柬埔寨人力资源情况并按照"初中高" 3 个难度级别进行编写的，同时，还涉及培训标准、题库等教学资源的建设。到 2019 年底，已经完成初、中级培训国际化教材的编写工作并且提交专业人士进行翻译，高级国际化教材预计 2020 年底完成。未来，还将针对二期和三期建设的专业进行模块化教育教学资源的开发。

4. 打造专业化师资培训基地

专业化师资培训是做好做实项目的基础性工作。学校对此事高度重视，组织具有丰富教学与技术经验等教师组成专门团队，为项目顺利开展提供智力保障，开展了一系列有针对性的师资培训，包括：柬方教师 17 人次到校开展初级、高级技术技能培训，学校教师 12 人次赴柬埔寨开展初级、中级技术技能培训，面向柬埔寨 6 所学校、澜湄国家 7 所学校共计 45 人次的师资培训；在此期间，由学校教师团队培养出的柬埔寨国立理工学院 11 名教师已经具备较高的技术技能水平，已经参与到面向柬埔寨其他学校及澜湄国家相关院校的培训工作中。专业化的师资培训基地初见雏形，效果凸显。

5. 制定国际化职业培训标准

学校在澜湄职业教育培训中心暨柬埔寨鲁班工坊项目建设过程中始终高度重视我国职业培训标准走向国际这一工作，项目组在建设模块化教学资源基础上开发电工、车工、铣工、数控加工中心操作工、钳工、4G 通信网络管理员、导游业务等技术工种的国际化标准，并将标准输出至当地，提高柬方师资和社会民众的技术技能水平，扩展柬方师资和社会民众培训范围和级别，为澜湄职业教育培训中心暨柬埔寨鲁班工坊高质量运行奠定基础。

6. 构建现代化职业教育体系

自 2010 年以来，学校累计招收学历留学生、制造业实习基地实习生 800 余人，生源地国达 20 余个，体现出学校留学生教育和管理的良好水平，受到国外政府、友好学校、跨国企业、教育机构和学生的高度认可。依托鲁班工坊平台，目前近 50 名柬埔寨留学生在我校进行学历教育。为了继续加大留学生招生规模、拓展留学生培养层次，积极探索"中高本硕"现代化职业教育体系建设和应用型人才培养规律，澜湄职业教育培训中心暨柬埔寨鲁班工坊将持续支持澜湄五国留学生培养，涉及高职、本科和研究生等多个层次。

7. 开展本土化科学技术研究

项目组依托鲁班工坊平台开展我国自有技术在输入国的适应性、适用性研究，并在此基础上开展输入国的本土化开发，带动我国自身技术、产品、标准在输入国的应用和推广，提升我国自身产品境外开发能力，重点解决相关技术在"一带一路"国家的适用性问题以及亟须解决的科技难题，实现互利共赢。到目前为止，共完成自制设备 4 套，包括：喷涂码垛自动线、维修电工培训考核实训装置、可移动工件装拆车、可移动式光伏光热一体化实验实训系统等；已授权相关专利 10 余项，正在申报专利 10 余项。

8. 组织多样化技术技能赛项

项目组在澜湄职业教育培训中心暨柬埔寨鲁班工坊建设过程中一直秉承着"以赛促学、以赛促建"的理念，积极组织柬方师生团队参与各级各类技术技能大赛，在磨练团队的同时，展示鲁班工坊建设成果。组织柬方师生参加 2019 年第三届"EPIP"工程实践创新项目国际论坛；组织柬方师生参加 2019 国际电脑鼠邀请赛，柬埔寨国立理工学院教师代表队获得二等奖、学生代表队获得三等奖；组织柬方师生参加 2019 年自动化生产线安装与调试国际邀请赛，获得三等奖；我校培养的柬方教师团队在 2019 年柬埔寨国家职业院校技能大赛自动化生产线安装与调试赛项中获得第一名。

（三）项目推进历程

1. 合作筹备期

2016 年 11 月 7 日，学校与柬埔寨国立理工学院签署中柬职业培训中心合作框架协议。2017 年 3 月 1 日至 5 日，学校工作组赴柬埔寨国立理工学院进行实地调研，调研培训中心大楼主体建设情况，并对工程建设、设备安装、管理架构与柬方充分交换意见并达成共识。2017 年 3 月 19 日—4 月 1 日，学校工作组赴柬埔寨深入调研产业布局、市场环境、人力需求，并对项目管理模式、运行机制、建设方案及招生计划等 8 项工作与柬埔寨国立理工学院进行深度对接，最终确定机电一体化和通信技术 2 个专业为初期合作专业领域，并制定了项目五年规划。

2. 启动建设期

2017 年 9 月 5 日，学校召开澜湄职业教育培训中心项目建设方案专家论证会。11 月 7 日，确定将鲁班工坊项目融入到澜湄职业教育培训中心项目。12 月 26 日，澜湄职业教育培训中心 3 个实训中心设备招标采购方案完成。2018 年 4 月 22 日—26 日，学校工作组及企业代表一行 9 人，第二次赴柬埔寨国立理工学院深度对接澜湄职业教育培训中心项目,包括:场地、运输、清关、揭牌仪式等。2018 年 7 月 11 日,在天津市外办积极协调和努力下,教育部为设备出口的海关出具"关于请协助办理捐赠柬埔寨教学设备海关手续的函件",为设备顺利从天津和宁波海关运输奠定基础。2018 年 7 月 20 日,学校党委会审议通过《天津中德应用技术大学澜湄项目出国工作人员管理办法(试行)》。2018 年 7 月底,机电一体化技术和通信技术专业方向设备启运。2018 年 8 月初、9 月 7 日、9 月 12 日,机电一体化技术和通信技术专业方向设备抵达柬埔寨国立理工学院。2018 年 8 月—10 月,学校 11 名教师赴柬埔寨国立理工学院进行设备的安装、运行、调试、初期培训及揭牌仪式准备工作。2018 年 10 月 28 日,中央代表团领导、天津市委书记李鸿忠、柬埔寨劳工部部长毅森兴等嘉宾参加柬埔寨鲁班工坊项目揭牌仪式。

3. 运营发展期

2018 年 10 月 29 日,柬埔寨政府顾问作为揭牌以后第一批客人到访;同日,柬埔寨中国商会一行 3 人到访。2018 年 10 月 31 日,柬方 7 个省份的百余名高中学生参观实训室建设情况。2018 年 12 月 7 日,学校完成《澜湄职业教育教育培训中心暨柬埔寨鲁班工坊运行管理框架协议》《澜湄职业教育培训中心暨柬埔寨鲁班工坊章程》及设备捐赠协议的修订与英文翻译校订工作。2018 年 12 月 20 日,学校党委会审议并通过成立首届柬埔寨鲁班工坊理事会并落实中方 5 名理事会成员。2018 年 12 月 24 日—28 日,学校工作团队一行五人赴柬埔寨国立理工学院参加理事会会议,同时拜访柬埔寨劳工部、外交部、中国大使馆、中国驻柬埔寨商会。2019 年 1 月,学校向主管部门天津市工信局与天津市财政局报送捐赠柬埔寨国立理工学院备案材料。2019 年 7 月 18 日,柬埔寨王国政府授予学校党委书记萨哈梅特里军官头衔勋章,柬埔寨王国政府授予学校校长、主管副校长萨哈梅特里骑士头衔勋章,柬埔寨首相洪森亲笔签名。2019 年 7 月 22 日,中国教育国际交流协会授予学校"中国 – 东盟高职院校特色合作项目"奖牌。2019 年 9 月 9 日—27 日,"柬埔寨国家职业教育师资培训及开班仪式"举行。2019 年 9 月 24 日,天津市政协领导及天津市教委领导一行考察项目。2019 年 10 月 7 日—25 日,"湄公河国家职业教育师资培训及开班仪式"举行。2019 年 10 月 25 日,为表彰学校教师在项目建设过程中做出的贡献,柬埔寨劳工部为学校 3 名教师颁发了荣誉证书及奖章。

四、成效与创新点

（一）建设成效

1. 助推中国职业教育品牌走向海外

澜湄职业教育培训中心暨柬埔寨鲁班工坊是到目前为止建筑面积最大、专业种类最全、教学设备最多、人才培养最广、师资培训最精、交流互访最频的鲁班工坊。该工坊以工程实践创新项目建设为核心理念开展建设，致力于培养学生的职业素质、综合实践能力和创新能力；项目建设集中了天津的优质职业教育资源，反映出天津职业教育改革创新示范区的现代教学组织理念，凸显出天津中德职业教育校企合作、国际合作、创新创业内涵性成果，形成了独具中国特色的、具有国际竞争力的职业教育品牌。

2. 提升澜湄五国技能人才培养质量

依托已经和即将建成的实训中心，澜湄职业教育培训中心暨柬埔寨鲁班工坊大力开展面向澜湄五国社会民众和师资的技术技能培训活动；截至目前，共计培养培训境外合作院校教师108人次、境外学生120人次，双方师生交流互访60人次，有力提升澜湄五国技能人才培养质量，助推当地社会和区域的经济、教育、科技、文化等领域的跨越式发展。柬埔寨国立理工学院校长曾表示该校参与柬埔寨鲁班工坊培训的教师是目前柬埔寨技术技能最好的教师。

3. 增强澜湄五国师资培训整体水平

近年来，澜湄职业教育培训中心暨柬埔寨鲁班工坊先后开展7期面向澜湄五国师资的机电一体化技术和通信技术的师资培训，以后每年将围绕合作专业持续开展。上述师资培训通过理论与实践相结合的模式令澜湄五国师资深度掌握所建专业的核心技术技能，帮助其深入了解当前先进的智能化仪器，同时使其熟悉所建专业的培训设备、学习相关技术及操作技能、体验博大精深的中国文化，实现提升其技术技能水平、增强其解决实际问题等目标。这些师资将成为鲁班工坊的种子，在澜湄国家的技术技能人才培养中发挥重要作用。

4. 建成高水平职业教育实验实训基地

现已建成机电一体化技术和通信技术2个专业，共计3个实训中心，18个实训室，设备台（套）数1613套，设备总值1429.62万元，为澜湄职业教育培训中心暨柬埔寨鲁班工坊的有序、高效运行提供了基础保障。实训室包括：机加工（车工）实训车间、机加工（铣工）实训车间、数控车工实训车间、数控加工中心实训车间、数控编程区、智能创客训练竞赛区、钳工实训区、PLC与传感器应用技术实训室、电力电子与电气传动技术实训室、通信技术体验厅、通信工程实训室、LTE 系统实训室、网络优化实训室、多功能网络教室、电气控制技术实训室、电工电子技术实训室、液压技术实训室、气动技术实训室。现正在建设旅游管理专业相关资源，规划建设 1 个实训中心，2 个实训室，包括：3D 导游模拟实训室和旅行社经营管理沙盘实训室。

5. 建成展示中国职教成果的宣传平台

2017 年至今，《人民日报》《光明日报》《中国教育报》、新华网等国内外各类主流媒体累计相关报道达 92 篇。天津电视台《党的生活》栏目制作了《高棉"授渔"记》两期专题报道片，并分别于 2019 年 5 月 6 日和 5 月 13 日在天津电视台播出。2019 年 10 月 7 日，柬埔寨当地媒体对开展的湄公河国家职业教育师资培训进行了集中报道。2019 年 3 月，柬埔寨国立理工学院校长为我校 9 位参训教师颁发了感谢信。2019 年 7 月 18 日，柬埔寨王国政府授予学校党委书记萨哈梅特里军官头衔勋章，柬埔寨王国政府授予学校校长、主管副校长萨哈梅特里骑士头衔勋章，柬埔寨首相洪森亲笔签名。2019 年 7 月 22 日，中国教育国际交流协会授予我校"中国－东盟高职院校特色合作项目"奖牌。2019 年 10 月 25 日，柬埔寨国立理工学院校长为我校 3 位参训教师颁发了柬埔寨劳动与职业培训部荣誉证书与奖牌。未来，项目组将继续围绕澜湄职业教育培训中心暨柬埔寨鲁班工坊的项目建设成果，制作视频、手册等宣传材料，持续提升品牌影响力，展示中国职教最新成果。

（二）创新点

1. 打造中国职业技术标准输出新模式

一方面，实施职业技术标准制定的"本土化策略"，针对柬埔寨当地人力资源现状开发国际化教材和职业技术标准，改变原有的从国内照搬的做法，不断提升职业技术标准的适应性和有效性；另一方面，配合职业技术标准输出，采用"软硬结合"的模式，将具有职业性、综合性、先进性、系统性和趣味性的中国设备输入柬埔寨，涵盖基础实训、专业实训、综合实训 3 大领域，并通过工程实践创新项目激发当地社会民众的参与兴趣，实现中国先进制造设备服务澜湄国家社会经济发展的功能。

2. 构建"高本硕博"职业教育新体系

现代化的职业教育体系是开展职业教育的重要组织保障，区别于单纯地开展技术技能培训，学校项目组在工作伊始便着手为柬方搭建"高本硕博"贯通的职业教育体系，不断提升项目建设的纵深。学校自 2013 年开始为澜湄五国培养高职留学生，至今涉及 10 个专业 140 名学生，培养了懂中文、会英文、精技术、通母语的"四有人才"；后期计划招收澜湄五国 4 年制留学生 48 人；与天津科技大学合作招收柬埔寨教师进行硕士研究生及博士研究生人才培养，预计 2020 年试点一个专业（机械专业）硕士研究生人才培养，预计 2021 年进行 2 个专业硕士研究生（机械专业、电气专业）人才培养，根据柬方需求开展博士研究生联合培养。

3. 创新国际合作项目管理运行新机制

一个国际合作项目的有效运行依赖于高效的决策和执行机制。通过深入调研和细致设计，《澜湄职业教育培训中心章程》规定澜湄职业教育培训中心暨柬埔寨鲁班工坊采用采取理事会领导下的中柬方主任负责制；中方主任和柬方主任由理事会任命，任期 3 年，中方主任协助柬方主任进行培训课程、学历教育课程、职业资格证书标准的确定、师资的培训。同时，出台了一系列管理制度保障项目的管理运行。

4. 厘清中国职业教育装备出海新路径

项目组完成了所有实验实训设备的捐赠手续，厘清了中国教育装备输出海外的正确路径，可借鉴、可复制，为其他相关院校办理类似手续提供了经典样例。新路径主要包括：实施政府采购→设备常规验收→学校捐赠审批→至运输海关函→办理运输手续→设备海上运输→海外海关清关→安装运行调试→设备技术验收→设备资产建账→签署捐赠协议→主管部门备案→市财政局备案→设备财物销账。

五、未来规划

（一）扩大柬埔寨鲁班工坊建设规模

目前，学校已经获批 2020 年度澜湄基金和柬埔寨鲁班工坊专项经费，该经费将用于开展旅游管理专业实验实训中心建设、校内实验实训条件配套建设、澜湄国家留学生培养等项目二期建设内容。学校将联合柬埔寨国立理工学院共同申报项目的三期建设经费，建设主要内容包括：建设建筑智能化工程技术专业实训中心，开展澜湄国家机电类师资培训，开展澜湄国家留学生教育，宣介澜湄合作系列成果 4 项内容。柬埔寨鲁班工坊二期和三期建设将继续围绕项目发展理念，持续在师资培养、硬件升级、专业建设、自主研发等领域发挥自身的特色和优势。

（二）拓展中柬双方合作办学层次

基于前期合作成果，中柬院校将共同积极争取教育主管部门批准，在柬埔寨鲁班工坊开展机电一体化技术、通信技术 2 个专业方向的高职、本科层次学历教育，进行高职"2+1"和本科"2+2"的学历教育人才培养，并共同为毕业生颁发学校和柬埔寨国立理工学院的毕业证书或学位证书。同时，还将继续扩大留学生招生规模，面向澜湄国家招收留学生在柬埔寨鲁班工坊开展学历教育。学校将向柬埔寨国立理工学院输出符合中外合作办学特色的培养方案、课程体系、教学资源等，不断优化柬埔寨国立理工学院学科、专业结构以及人才培养模式，努力培养能够跨文化交流的应用型、技术技能型人才。

（三）完善"高本硕博"人才培养体系

依托柬埔寨鲁班工坊平台，中柬双方院校将以惠及澜湄国家普通民众、推动当地教育科技发展为目标，开展更大范围、更高水平、更深层次的科教文化交流，培养具有国际视野、适应国内外社会发展的"文化+技术"型高级技师、一线工程师、新型大国工匠；积极探索"高本硕博"贯通式发展的现代职业教育体系和应用型人才培养规律，为澜湄国家培养跨学科的应用型、技术技能人才，不断增强天津乃至中国在职教领域的国际影响力。

（四）提升澜湄国家技术研发水平

澜湄国家虽然太阳能资源丰富，但却始终受到电力匮乏问题的困扰。学校教师团队将与澜湄国家相关院校教师共建澜湄国家技术研究平台、开展适应性科学研究，解决上述与当地老百姓生产生活密切相关的难题。与此同时，发挥我国在能源产业和科技创新管理方面的优势，突出技术研究平台的科技引领、技术示范、教育培训、咨询服务等功能，帮助澜湄国家开展基础研究和自主研发，有效服务当地区域经济和社会发展。

（五）建立"中柬文化教育研究中心"

柬埔寨鲁班工坊经过 2 年的运转，取得了系列成果，学校将在此基础上建立"中柬文化教育研究中心"，聘请相关领域的国内外知名专家作为客座专家，指导研究人员深入开展柬埔寨经济发展、历史文化、职业教育等方面研究，及时总结柬埔寨鲁班工坊的建设成效、范式方法，形成研究报告、科研论文等研究成果，为柬埔寨鲁班工坊建设提供理论指导，为国内企业走出去提供信息和数据支持，有力服务国家"一带一路"倡议。

第八章 葡萄牙鲁班工坊发展报告

第一节 葡萄牙的社会经济教育情况概述

一、社会经济情况概述

葡萄牙共和国坐落于欧洲大陆西南角，是欧洲古国之一，东、北部连接西班牙，西、南部濒临大西洋。海岸线长 832 千米。国土面积 92225 平方千米，2018 年人口 102.7 万，人口密度为 111.4 人 / 平方千米。外国居民约 48 万人，主要来自巴西、佛得角、安哥拉、几内亚比绍等葡语国家，以及中国和部分欧盟国家。官方语言为葡萄牙语。[①] 葡萄牙设有包括里斯本、波尔图、科英布拉、维亚纳堡、布拉加、雷阿尔城、塞图巴尔等 18 个大区，以及亚速尔群岛和马德拉群岛 2 个自治区。

葡萄牙是欧盟中等发达国家，工业基础较薄弱，但矿产资源较为丰富，农林渔业也比较发达，纺织、制鞋、酿酒、旅游等是国民经济的支柱产业。近年来，旅游业是葡萄牙外汇收入的重要来源。葡萄牙旅游业收入连续 5 年实现增长。2017 年，旅游收入 150 亿欧元，同比增长 18.1%。接待外国游客 1270 万人次、同比增长 24.8%，游客主要来自英国（22%）、德国（13.6%）、西班牙（9.7%）、法国（9.5%）等国家。主要旅游目的地有里斯本、波尔图、阿尔加芙大区、马德拉群岛等。

葡萄牙是现代工业—农业国家，工业方面有金属提炼、化工、石油等，最出名的是以水松木制造的软木塞，其软木产量占世界总产量的一半以上，出口位居世界第一，因而有"软木王国"之称。

在对外贸易和对外投资方面，2019 年葡萄牙出口总额 598.85 亿欧元，同比增长 3.42%，进口总额 806.51 亿欧元，同比增长 7.76%。自 2001 年以来，对欧

---

① 参见《巴基斯坦国概况》，https://www.fmprc.gov.cn/web/gjhdq_676201/gj_676203/oz_678770/1206_679570/1206x0_679572/。

盟成员国投资额大幅度增加。截至 2019 年 12 月，吸引外国直接投资 1438.84 亿欧元。截至 2019 年 9 月，葡萄牙累计对外直接投资 565 亿欧元，主要投资目的地为荷兰、西班牙、巴西、安哥拉、卢森堡、美国、英国、波兰、莫桑比克、丹麦、爱尔兰等。

二、教育情况概述

1986 年教育法确立了葡萄牙教育体系的总体结构，包括幼儿教育、学校教育和校外教育。学校教育包括基础教育、中等教育和高等教育。基础教育是义务的、普及的和免费的教育，一共 9 年，被分为 3 个阶段。第一阶段由公立、私立和合作学校提供，采取综合（科目）教学的形式，由一位老师负责管理。第二阶段包括两种类型：初等教育的直接教育和利用电视周边及边远地区提供的间接教育，后一种类型已经逐渐减少了。第三阶段包括 7—9 年级，通过预备 / 中学学校来组织。在这个阶段，统一课程包括各种职业领域，每门科目或一组科目由一位教师教授，完成基础教育后授予毕业证书。

中等教育在义务教育之后，属于选择性教育，年限 3 年（10—12 年级）。中等教育课程包括两类，一类主要面向职业生活，另一类主要以升学为目的。职业导向的课程包括了步入现实生活所必需的素质培养。学生完成以升学为目的的课程后，参加入学考试，由此升入高等学校。

高等教育包括大学和多科学院。大学授予学士、硕士和博士学位。多科学院提供专科课程。根据地方兴趣和（或）学校性质的不同，这些课程能够与更广泛的部门和单位构成联系。高等教育的学校条例由各个学院的执行机构来规定。在许多高等学院，一个学年分为两个学期（一般是 15—16 周），然而许多学科是以学年的结构来组织的。

葡萄牙的职业技术教育起始于 20 世纪 80 年代末，它是葡萄牙教育体制的一部分。这种体制是随着葡萄牙经济和社会的发展而兴起的与之相适应的一种教育培训就业制度，具有较强的生命力。[①] 葡萄牙的职业技术教育和商业教育是指，在基础教育阶段，学生完成对职业生活的准备。除此之外，职业教育也为进入现实生活而作准备，同时它也为进入学术性中等学校提供教育服务。职业教育的目的是，在中等技术方面，培养有技能的专业人员。职业教育学制 3 年，课程包括社会文化、科学、技术知识和技能等。学生顺利完成这些课程后获得职业证书和中等教育文凭，后者是继续学习（包括高等教育）的凭证。

葡萄牙与欧洲学龄和学位的关系如下图所示：

---

① 参见驻葡萄牙使馆文化处教育组：《关于葡萄牙的职业技术教育》，《世界教育信息》，2002 年第 4 期。

表 8-1　年龄与学位的关系

年龄	中国	葡萄牙		欧洲
18	学士（Bachelor）	学士（Bachelor）	工程师学位（engineer）	工程师学位（engineer）
19	学士（Bachelor）	学士（Bachelor）	工程师学位（engineer）	工程师学位（engineer）
20	学士（Bachelor）	学士（Bachelor）	工程师学位（engineer）	工程师学位（engineer）
21	硕士（Master）	念硕士必须再两年		硕士（Master）
22	硕士（Master）	念硕士必须再两年		硕士（Master）
23	硕士（Master）	硕士（Master）		博士（PHD）
24	硕士（Master）	硕士（Master）		博士（PHD）
25	博士（PHD）	硕士（Master）		博士（PHD）
26	博士（PHD）	硕士（Master）		博士（PHD）
27	博士（PHD）	博士（PHD）		博士（PHD）
28	博士（PHD）	博士（PHD）		博士（PHD）
29	博士（PHD）	博士（PHD）		博士（PHD）

第二节　中葡两国经济教育合作情况

一、中葡两国经济合作情况

中葡经贸关系历史悠久，早在1514年葡萄牙商人就到中国广州用象牙、银器、羊毛、檀香等换取中国的丝绸。1979年2月8日中葡建交，开启了两国关系的新纪元。自建交以来，中葡双边贸易规模不断扩大，由建交时的20万美元到1993年首次突破1亿美元大关，2017年中葡货物贸易总额达56.09亿美元，2018年1月—9月达45.34亿美元，同比增长7.6%，再创历史新高，中国是葡萄牙在亚洲的第一大贸易伙伴。

中国对葡萄牙投资合作快速增长，自2002年中兴通讯、华为技术在葡萄牙开拓市场以来，特别是2012年以三峡集团公司为代表的中资企业，积极参与并购，带动了一批企业到葡萄牙投资兴业，中葡投资合作发展快速。[①]

据不完全统计，截至2018年9月底，中国企业对葡萄牙的各类投资已达82.57亿欧元，涵盖能源、金融、保险、医疗、通信、水务、工程设计、建筑、建材、

---

① 参见徐伟丽：《一带一路框架下中葡经贸合作成果丰硕》，《国际商报》，2018年第12期。

航空、水产、餐饮等领域，中国投资的企业为当地提供了 4.2 万人的就业。中国已快速成为葡第五大外资来源地，葡萄牙也成为中国对欧投资的主要目的国之一。

二、中葡两国教育合作情况

葡萄牙是同中国在教育、语言、人文等领域交流合作最为密切的欧洲国家之一。[①] 根据中葡两国教育部 2013 年 9 月签署的《关于加强高等教育交流与合作的意向声明》，中葡两国合作设立"中葡语言文化合作交流联合体"。2014 年 5 月，北京外国语大学和里斯本大学为了共同推动两国的语言教学并确保联合体的良好运行，经过双方协商，在北京外国语大学成立"北外 – 里斯本大学 – 卡蒙斯葡萄牙语言文化中心"。[②] 目前，中葡每年双向人员往来超过 30 万人次。

截止 2018 年，中国有 17 所高校设立了葡萄牙语课程；国家汉办在葡萄牙共开办了 4 家孔子学院，分别是：米尼奥大学孔子学院、里斯本大学孔子学院、阿威罗大学孔子学院和科英布拉大学孔子学院。它们发挥各自职能，开展汉语教学，培训汉语教师，提供教学资源，进行文化交流活动等，为葡萄牙学生学习汉语言文化、了解当代中国打开了一扇大门。[③]

葡萄牙是欧盟和葡语国家共同体的重要成员，一直以来为推动中欧关系、中国与葡语国家的关系发展发挥着积极作用，葡萄牙参与"一带一路"建设将使其成为中国与欧洲、中国与葡语国家间关系的桥梁与纽带。今后，葡萄牙可以在中国、葡萄牙与欧盟和葡语国家间的三边关系中继续发挥"中心作用"，积极探索面向欧盟国家、葡语国家的三方合作，为新时期三边关系的发展注入新的活力，为共建"一带一路"开辟新的空间。

---

①③　参见任珊珊：《葡萄牙孔子学院的发展现状和问题研究》，《新西部》，2019 年第 10 期。

②　参见曾祥明：《文化外交在当代中葡关系中的作用》，《新疆财经大学学报》，2015 年第 2 期。

第三节 项目建设与发展

一、合作双方学校简介

葡萄牙鲁班工坊由中国·天津机电职业技术学院和葡萄牙·塞图巴尔理工学院合作共建。

（一）中国·天津机电职业技术学院

天津机电职业技术学院坐落于天津海河教育园区，是全国优质专科高等职业院校，是天津市世界先进水平高职院校项目建设单位、全国机械行业骨干职业院校和校企合作与人才培养优秀职业院校、全国职业院校数字化校园建设实验校、国家级国防教育特色示范校。学校现有在校生 11000 余人，设有电气学院、机械学院和管理与信息学院 3 个二级学院，开设的 32 个专业服务于机械装备、航空航天、汽车、环保、电子信息、金融、物流、港口等行业和相关领域。

学校积极开展国际合作交流，实施"引进来"与"走出去"并举的战略，与日本、韩国、印度、英国、法国、加拿大、葡萄牙、埃及、马达加斯加等国家，开展师生交流、合作办学、师资培训、学术文化交流等多种形式的国际交流与合作。近3 年，共承接国际团组 30 个，接待和培训达 400 余人次。2018 年，为加强我校对外国留学生人文交流及国际化建设，我校"智能制造实训基地"获批天津市外国留学生实习实践基地。

（二）葡萄牙·塞图巴尔理工学院

塞图巴尔理工学院成立于 1979 年，是一所公立学院，学院有两个校区，分别位于塞图巴尔与巴雷罗。塞图巴尔地理位置优越，是连接葡萄牙与整个欧洲的桥梁，同时又掌握着纸业与汽车制造业，是个背山面海的美丽城市。

塞图巴尔理工学院目前在校生 6500 名左右，教师 500 名左右。开设专业主要有自动化、机器人和工业控制、生物医学工程、环境工程等 29 个本科专业，23个本硕连读专业，以及 28 个硕士专业，就业率高居全国第二位。

二、合作企业介绍

（一）塞图巴尔半岛工业协会

协会内有 50 多个工业合作伙伴，从拥有 3500 名员工的大公司到只有 2 名合作者的小企业。它的目标是促进和振兴塞图巴尔半岛工业，促进伙伴公司之间的凝聚力和该地区工业活动的密集化。2018 年，塞图巴尔半岛工业协会成为葡萄牙鲁班工坊校企联盟的成员，参与葡萄牙鲁班工坊推广等工作。

（二）伟世通

伟世通是美国最大的汽车零部件制造商之一，在世界各地都有工厂。伟世通位于 Palmela（帕尔梅拉，塞图巴尔区）的工厂致力于以高度自动化的方式生产电子产品（音频系统、驾驶员控制系统、信息娱乐系统、动力传动系统和功能控制模块）。过渡到工业 4.0 行业一直是这家公司的一大重要举措。2018 年，伟世通成为葡萄牙鲁班工坊校企联盟的成员，参与葡萄牙鲁班工坊的推广等工作。

（三）宜科（天津）电子有限公司

宜科（天津）电子有限公司是中国工业自动化的领军企业，于 2003 年在天津投资成立，企业职工 800 余人，其中工程师 200 余人，年产值 5 亿元，在德国有独立的研发中心。作为中国本土工业自动化产品的提供商和智能制造解决方案的供应商，宜科在汽车、汽车零部件、工程机械、机器人、食品制药、印刷包装、纺织机械、物流设备、电子制造等诸多领域占据领先地位。2018 年，宜科（天津）电子有限公司成为葡萄牙鲁班工坊校企联盟的成员，参与葡萄牙鲁班工坊的师资培训等工作。

（四）浙江天煌科技实业有限公司

浙江天煌科技实业有限公司是一家专业从事教育装备研发、生产、销售和服务的国家级高新技术企业，是省级产教融合型企业、省级院士专家工作站、国家级博士后科研工作站和全国职业教育师资专业技能培训示范单位（国培基地）。该公司积极参与鲁班工坊项目，结合葡方实际，个性化定制了设备，参与了教材编写和师资培训等相关工作。

（五）亚龙智能装备集团股份有限公司

亚龙智能装备集团股份有限公司（简称"亚龙智能"）为职业院校提供智能装备和工业软件、智能教育装备、线上线下培训、课程咨询服务等整体解决方案和服务。亚龙智能坚持走技术创新之路，自主开发 500 余项专利和软件著作权技术成果，拥有谭建荣院士工作站、罗安院士工作站、博士后科研工作站。该公司积极参与鲁班工坊项目，结合葡方实际，个性化定制了设备，参与了教材编写和师资培训等相关工作。

（六）广东三向智能科技股份有限公司

广东三向智能科技股份有限公司成立于 1999 年，是一家集产、学、研、教为一体的专业为职业教育提供产品和服务的综合型集团化上市企业。该公司积极参与鲁班工坊项目，结合葡方实际，个性化定制了设备，参与了教材编写和师资培训等相关工作。

三、项目建设情况

（一）发展定位与建设思路

"陆止于此，海始于斯"，在亚欧大陆最东端和最西端的两个国家，中国和葡萄牙——在 21 世纪"一带一路"倡议引导下，续写了海上丝绸之路的友谊。

葡萄牙鲁班工坊建成后，建立了相应的组织管理和服务保障机制，达成发展共识，保证葡萄牙鲁班工坊长期持续发展。中葡双方院校建立"葡萄牙鲁班工坊"合作交流委员会，建立"葡萄牙鲁班工坊校企联盟"，建立工作联动推进机制；双方院校每年设置专项资金，用于"葡萄牙鲁班工坊"的研讨、交流、拓展、合作，形成双方师生互学、互访交流机制；双方共同制定 3 年发展规划，明确双方的职责、任务及预期工作目标，进一步加大课程、教材和资源合作建设的力度；双方共同加强葡萄牙鲁班工坊的宣传、推广力度，总结凝练葡萄牙鲁班工坊的特点、特色，成为鲁班工坊合作的典范，发挥好"一带一路"技术驿站的作用，做好葡语国家之间的桥梁，为"走出去"的中国企业提供本土化技术支撑。

（二）重点建设内容

葡萄牙鲁班工坊在建设过程中得到了各级领导的大力支持，建设过程中按照"五到位"（场地改造到位、设备调试到位、专业标准制定到位、教学资源准备到位和师资培训到位）的要求成立专班，逐层逐级细化《葡萄牙鲁班工坊工作计划》，确保各项工作顺利完成。

葡萄牙鲁班工选址于塞图巴尔理工学院主校区图书馆一楼，占地 650 平方米，首期开设工业机器人技术和电气自动化技术两个专业，拥有现代电气控制系统、自动化生产线安装与调试装备、工业机器人与智能视觉系统、药品灌装生产线等 16 台套装备，价值超过 400 万元人民币。装备与现代制造技术紧密衔接，紧贴现代先进制造与人工智能技术。截至 2020 年 1 月份，已经有 50 余名学生和 30 余名教师在鲁班工坊接受了专项培训。

1. 合作专业由中葡双方研讨决定

工业机器人技术专业。该专业主要依托现代机电装备制造产业，培养学生在特定的职业活动或工作环境中进行转化与整合的综合职业能力。毕业生主要面向工业机器人的制造、应用、系统集成，以及销售与服务型企业。

电气自动化技术专业。该专业主要培养学生自主创新意识和创新思维，通过软件仿真、硬件仿真、实物制作等多项创新课程，强化学生综合运用所学的知识解决实际问题的能力。毕业生主要面向电气、电子类装备制造业和现代服务业等企业。

塞图巴尔理工学院在工业机器人技术和电气自动化技术专业引入鲁班工坊的五门课程，利用鲁班工坊提供的人才培养方案、课程标准、教材、课程资源和实训装备，开展专科及本科层次学历教育的技术技能人才培养；同时面向在葡萄牙的中资企业和葡萄牙本土企业，开展在岗人员的技术技能培训。通过海外师生拓展培训基地开展中葡职教论坛、师资培训、资源共建、技能竞赛等国际交流活动。[1]

2. 教学设备符合欧洲安全标准，由葡方按需选定

鲁班工坊的设备主要是从全国职业院校技能大赛中优选出来的，因为大赛能够紧密对接新产业、新技术、新业态，并通过鲁班工坊与世界各国分享专业建设成果。针对葡方院校提出的要求，以欧洲标准进行设计，并结合职业院校教学规律进行开发与制造，紧密衔接世界技能大赛标准，校企共同开发的现代电气控制系统、自动化生产线安装与调试装备、工业机器人与智能视觉系统、药品灌装生产线四类教学设备均达到 CE 认证 和 RoHS 国际化认证标准，主要用于培养学生在高端装备制造行业的精湛操作技能，强化学生的工匠精神和职业素质意识。[2]

根据葡萄牙鲁班工坊场地建设的实际情况，以及塞图巴尔理工学院的教学要求，对相关实训平台进行定制化生产，并制作双语标识和教学标准，方便葡方教学。定制化的生产和服务，实际就是与当地社会经济发展相融合，而不是简单地输送中国制造的产品。

3. 教学资源按国际化标准建设

目前，开发与提供双语教材共 9 本，制定人才培养方案 2 个。

---

[1] 参见王振兴、邵帅、张朝辉：《深化高职院校校企融合的国际化创新模式研究》，《中国教育技术装备》，2019 年第 12 期。

[2] 参见袁海亮、王振兴、张朝辉：《基于鲁班工坊的工业机器人技术国际化专业建设发展路径初探》，《中国教育技术装备》，2019 年第 10 期。

在建设过程中，通过对于塞图巴尔理工学院《自动化、机器人和工业控制专业学习计划》的研讨与分析，以教学装备支撑课程教学为原则，结合中方工业机器人技术专业、电气自动化技术专业人才培养方案，与葡方专家共同开发出工业机器人技术专业、电气自动化技术专业国际化人才培养方案。根据合作的专业，由天津机电职业技术学院定制了《工业机器人技术专业国际化人才培养方案》与《电气自动化技术专业国际化人才培养方案》2套国际教学标准，配合使用的装备和课程，有针对性地开发编写了5套中英双语教材《工程实践创新项目教程》《机电一体化设备安装与调试》《自动化生产线安装与调试》《工业机器人视觉系统安装与调试》及《电气控制系统安装与调试》。在葡萄牙鲁班工坊的运营过程中，还将对标准、教材等进一步完善、修订。[①]

为了保障葡萄牙鲁班工坊的教育教学质量，在教学设计、课程设置、教材开发、师资培训等方面给予全方位的质量保障。同时借助现代信息技术，在葡萄牙的鲁班工坊内设立空中课堂、视频微课，实现课堂跨区域与葡萄牙的鲁班工坊课堂教学同步，保证葡萄牙鲁班工坊的高标准人才培养质量。

4.EPIP 教学模式，融入葡方教学体系

EPIP 是工程（Engineering）、实践（Practice）、创新（Innovation）、项目（Project）四个英文单词的缩写。EPIP 教学模式，是要激活现有职业院校人才培养诸要素，它不是颠覆现有，而是激活现有。EPIP 既是理念，又是方式，也是路径，更是启示。它将墨子重视实践的"行为本""亲知"，黄炎培的"建教合作"、教育与实业联为一体以解决生计、开发产业，陶行知的"生活即教育、社会即学校""千教万教教人求真，千学万学学做真人"等教育理念大旗，举起以彰理，落地以取效，是中国职业教育在模式、话语、标识、体系领域的一个探索。

EPIP 教学模式是结合技术技能人才培养的中国职业教育实际而创立的一种教学模式。在这个模式培养下的应用型技术技能型人才是现代制造业的中坚，在生产制造流程中起到技术实现和再造的作用。在互联网时代，教师不能只是一个"先知"，而应是引导启发学生去掌握、应用技术技能解决工程问题，启发学生的学习兴趣、激活学生的思维、发掘学生的潜能、促进学生的个性发展、培养学生的创造精神和创造能力。

工程实践创新项目（EPIP）是在现代产业转型视野下，探索出的一种教育界

[①] 参见袁海亮、王振兴、张朝辉：《基于鲁班工坊的工业机器人技术国际化专业建设发展路径初探》，《中国教育技术装备》，2019 年第 10 期。

与产业界互动,以实际工程项目为指引,以实践应用为导向,以创新能力培养为目标,以项目实践为统领的教学模式。EPIP 以鲁班工坊为课程教学平台,通过三层次递进的工程实践创新项目课程体系,构建从"学徒工人"到"技术员"再到"现场工程师"的"专业化"成长路径,适应产业对应用型技术技能型人才的要求。

(1)EPIP 以真实工程为载体。EPIP 的"工程",是真实世界,是现实生活。在 EPIP 教学模式中,需要建立一个从简单工程案例到复杂系统工程的教育环境和载体,培养学生的生活观察能力,自主学习能力以及分析和解决问题的本领。

葡萄牙鲁班工坊构建了真实现场工作环境,围绕企业和行业的真实工程需求,提升学生解决现实问题的能力,从而实现人才与真实企业生产环境的紧密衔接。

(2)EPIP 以实践应用为导向。"实践是检验真理的唯一标准",在教学实施中,构建"相互平行、融合交叉"的理论教学与实践教学课程体系。EPIP 利用搭建的工程实践环境和载体,要求学生在实践中学习思考,培养团队合作意识,探索知识,检验科学真理的实践能力。EPIP 以实践应用为导向,是一种培养更具职业责任感的系统性应用工程,将职业技术技能人才的知识、技能、素质要求融入其中。

葡萄牙鲁班工坊在实践过程中,通过理论知识和实践训练的融合教学,理论与实践的相辅相成,对教学设计、课程组织、教学环境进行整体提升,激发学生主动学习的兴趣和激情,从而真正做到"知行合一"。

(3)EPIP 以创新培养为目标。职业教育培养的人才,既应是高素质的技术技能人才,更应是创新型、复合型、应用型的技术技能人才。职业教育为生产、生活服务,在课程实施的微观层面,就要做到"学而知其用,用而知其所,所而知其在","在"是它的所处所在和应用的具体化。

葡萄牙鲁班工坊以国内先进制造与人工智能技术最为贴近、衔接最为紧密的全国职业院校技能大赛优质装备为平台,结合学生的专业特点和实际情况,重点培养学生的创新思维,传承中国的创新文化。

(4)EPIP 以项目实践为统领。职业教育要在教学生学知识和技能的过程中,注重培养关键能力,而关键能力的培养应该是"项目式"的。葡萄牙鲁班工坊在教学设计过程中,每门课程、每项活动、每个环节都力求体现完整,教师指导学生(团队)做一个个完整的项目。

在一个个项目式教学中,培养学生的认知能力,即独立思考、逻辑推理、信息加工、文字应用的能力;培养学生的合作能力,即自我管理,与他人合作的能力;培养学生的创新能力,激发学生的好奇心、想象力和创新思维,鼓励学生勇于探索、大胆尝试、创新创造;培养学生的职业能力,引导学生适应社会需求,爱岗敬业、精益求精，动手实践和解决问题。

葡萄牙鲁班工坊是根据不同设备操作流程，营造真实工业环境的工作区域。可进行专业教学研究、教授比赛技巧、培训企业员工等，是中国现代装备制造业的缩影。鲁班工坊将中国先进的技术设备、教学模式以及自主研发的专业教材和教学标准融入葡方，它的建立将极大地促进塞图巴尔理工学院的教学改革，为学校带来新的人才培养模式。

通过鲁班工坊这个平台，把包括专业标准、课程标准和教学资源在内的天津优秀职业教育成果与葡萄牙共同分享。葡萄牙塞图巴尔理工学院（简称为 IPS）自动化专业学科带头人卢卡斯教授，已经在 IPS 工作了快 30 年，他说："工程实践创新很类似于欧洲的 PBL（Problem Based Learning，即以问题为导向的教学方法），但它更具有更强的实用性、创新性和创意部分，其应用更接近并存在于工业行业中。"

在葡萄牙鲁班工坊实践过程中，EPIP 教学模式融入葡方教学体系，结合 IPS 本地教学特色，其实施路径主要应用于三个阶段，如下图所示：

第一阶段（EP）：主要以真实工程实践为导向，教授所需专业知识并利用鲁班工坊的设备进行实践操作，这就是第一步——工程与实践。在学生具有一定知识结构的基础上，结合鲁班工坊内的实训设备，例如通过工程实践创新课程套件搭建电梯系统应用项目，通过工业机器人智能系统构建真实药品灌装生产线等，这样的教学更容易引起学生的注意和兴趣，从而能在较短的时间内帮助他们储存更多的理论知识和实践经验。

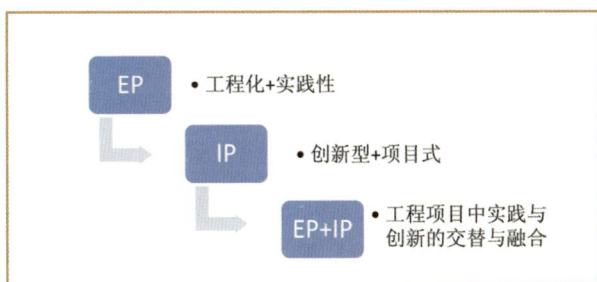

图 8-1　EPIP 教学模式实施阶段

第二阶段（IP）：在这个阶段，学生已经巩固了理论知识和实践内容。因此，要鼓励他们进行个性化创新、学会实践规划（如实现车间自动化），以达到最终实现全过程自动化目标。例如，在葡萄牙学生来天津机电职业技术学院交流访问过程中，葡方学生在中方学生帮助下，利用能力源创新套件，共同创新设计了自动避障智能小车，激发了中葡双方学生的创新创造能力。

第三阶段（EP+IP）：在这个阶段，项目的组成部分非常重要，学生将工程实践创新项目的思想融会贯通，学生被邀请为一个真实工程作完整的项目策划，并且最终付诸实践。这种方法能够开发学生的抽象能力，培养创新思维。例如，已完成课程学习的一位葡萄牙学生，申请在鲁班工坊实习两个月。在实习期间，他利用实训设备设计并最终实现了自动化和人机界面。由于在鲁班工坊实习所获得的经验，他获得了自己人生的第一份工作——西门子自动化程序员（通常西门子公司只雇用有三年以上工作经验的工程师）。

总之，EPIP 与鲁班工坊的结合，能让学生学得更快，让师生们感受到更多的学习乐趣，变得更有创造力和创新能力，以及提高更好地完成项目的能力。

5.EPIP 师资培训

师资培训是鲁班工坊建设重要的基础性工作。只有师资水平达到要求，中国职业技术教育才能实现真正意义上的海外分享。因此，葡萄牙鲁班工坊以 EPIP 为教学模式，以国际化专业教学标准为基本依据，以全国职业院校技能大赛赛项装备为重要载体开展师资培训。[①]

学校采用多样化手段，为葡萄牙鲁班工坊进行师资培训。国内现场培训 1 次，共 3 人次，为期 8 天，培训方案由校企共同制定和实施，将理论学习、实践实训与企业实地考察相结合，为葡萄牙鲁班工坊的顺利运行储备高水平师资及人才。

为了保证师资培训的效果，加快鲁班工坊的建设进度，增加教学受益群体，在国外鲁班工坊现场培训 1 次，为期 20 天，校企共 12 人参与了此次培训，培训外方负责教师和学生达 25 人。

（三）项目推进历程

1. 合作筹备期

2018 年 3 月，教育部部长访问葡萄牙，提出推进中国与葡萄牙职业教育的交流合作。2018 年 6 月 11—12 日，天津机电职业技术学院、天津商务职业学院、天津医学高等专科学校与葡萄牙里斯本理工学院、莱利亚理工学院及塞图巴尔理工学院在津举行首次中葡职业教育研讨会，并签署合作备忘录，中葡双方院校将在专业建设、师资培训以及学生交流等方面展开合作，为葡萄牙鲁班工坊建设奠定了基础，此次研讨会也成为中国与葡萄牙职业教育的"破冰之旅"。

2018 年 7 月 15—19 日，天津机电职业技术学院院长一行三人出访葡萄牙里斯

---

① 参见袁海亮、王振兴、张朝辉：《基于鲁班工坊的工业机器人技术国际化专业建设发展路径初探》，《中国教育技术装备》，2019 年第 10 期。

本理工学院和塞图巴尔理工学院，实地了解两所院校的整体情况，在塞图巴尔理工学院详细考察了机械及电气工程专业实训室，其间出席了中葡职业教育研讨会，并参观了两家合作企业。最终与塞图巴尔理工学院就鲁班工坊建设达成初步意向。①

2. 启动建设期

2018 年 9 月 19 日，在天津市教委领导及兄弟院校的见证下，天津机电职业技术学院与葡萄牙塞图巴尔理工学院正式签订了《葡萄牙鲁班工坊合作协议》，双方最终确定在工业机器人技术和电气自动化技术两个专业展开合作交流。此次签约，开启了中欧职业教育合作的新篇章，同时也意味着天津职业教育在国际化的道路上又前进了一大步。

葡萄牙鲁班工坊在前期准备工作阶段就受到了天津市领导的高度重视。2018 年 9 月 21 日下午，市政府主持召开推进葡萄牙鲁班工坊建设工作协调会，专题研究部署鲁班工坊建设事宜，提出"设备、场地、标准、教材、培训"五到位的要求。

2018 年 11 月，为确保高质量完成天津市领导的"五到位"要求，确保 12 月揭牌启动仪式的圆满完成，天津机电职业技术学院联合企业工程师，组建了一支 12 人的鲁班工坊建设团队，历时 2 周，顺利完成了所有设备的安装与调试工作。

3. 运营发展期

葡萄牙当地时间 2018 年 12 月 5 日，在习近平主席和科斯塔总理的见证下，天津市市长与塞图巴尔市市长共同签署《葡萄牙鲁班工坊建设协议》。葡萄牙鲁班工坊的成功建立，标志着发展中国家中国向发达国家葡萄牙反哺机械电子类职业技术教育，中国职业教育走进了发达国家，走在了世界发展前列。

2019 年 5 月，葡萄牙鲁班工坊自启动运营以来首次派学生来华参赛，由中葡学生组成的葡萄牙鲁班工坊代表队参加了"自动生产线安装与调试"国际邀请赛，最终取得了二等奖的好成绩。

2019 年 10 月，为推进葡萄牙鲁班工坊的建设进程，在由天津机电职业技术学院、塞图巴尔理工学院牵头组建的葡萄牙鲁班工坊校企联盟签约仪式，塞图巴尔市政厅、里斯本大学孔子学院、塞图巴尔半岛工业协会、伟世通 5 家当地国际化企业及 9 家职业学校加入联盟，承诺为学生、教师提供专业发展及跨文化技能交流的机会，并推动和组织双方企业人员互访、学习和交流合作。葡萄牙鲁班工坊校企联盟的成立将进一步推动中葡校企合作。中葡企业将以鲁班工坊为平台，

---

① 参见袁海亮、王振兴、张朝辉：《基于鲁班工坊的工业机器人技术国际化专业建设发展路径初探》，《中国教育技术装备》，2019 年第 10 期。

在企业人员互访、技术交流、项目合作等方面展开更深层次的合作。

四、成效与创新点

（一）建设成效

1. 国际化专业标准与葡方融合，提升国际影响力

葡萄牙鲁班工坊正在逐步实现职教理念、专业标准与葡语国家教学体系的融合。葡萄牙鲁班工坊也为塞图巴尔理工学院的师生提供了多次工业机器人技术专项培训任务。截至目前，葡萄牙鲁班工坊已培训自动化专业专科生 44 人，自动化专业本科生 18 人，已有 10 名本科生在鲁班工坊内完成可编程自动化项目学习和应用。

自运营以来，来自塞尔维亚、巴西、安哥拉、乌克兰、罗马尼亚等国家的教育团组及葡萄牙国内的众多高等院校、工业企业参观了鲁班工坊，累计 200 余人次，来访团组对鲁班工坊的设备及人才培养模式印象深刻。

自运营以来，中外媒体高度关注，天津电视台、《天津日报》等媒体均进行了广泛报道。媒体的高度关注与多方的交流，形成了巨大的国际影响力，为今后鲁班工坊的开展与建设工作奠定了良好的基础。

2. 中国企业职教品牌输出，为当地企业培养技术人才

通过葡萄牙鲁班工坊，建设校企合作，经过技术改造与升级，将国内 5 家品牌教学仪器厂商的 16 台套设备推向葡萄牙院校，服务于鲁班工坊建设，实现国有教育品牌的输出。

自运营以来，塞图巴尔当地航空、造船、汽车等 20 家企业已参观葡萄牙鲁班工坊，企业代表纷纷表示希望加强与学校合作，接收葡萄牙鲁班工坊培养的毕业生。

3. 组建国际化教学团队，提升教学能力

实现师资队伍的国际化提升，是鲁班工坊可持续发展的一个重要因素。为培养具有国际视野和外语教学能力的专业教师，工业机器人专业和电气自动化专业的师资队伍进行了封闭式英语培训，提升了英语的沟通与表达能力，并与葡萄牙共同组建国际化教学团队，共同优化国际教学标准。

课程组织与实施的国际化主要是指师资具备双语能力、采取小班授课与信息化教学手段和方法、教学场地等方面融入国际化因素。另外，还可以通过引进国外教材，改造教学实训场地等办法，更好地开展国际化课程的教学。[①]

---

① 参见袁海亮、王振兴、张朝辉：《基于鲁班工坊的工业机器人技术国际化专业建设发展路径初探》，《中国教育技术装备》，2019 年第 10 期。

4. 技能大赛成果显著，师生交流常态化

截至目前，葡萄牙鲁班工坊共组队参加了两个国际化赛项的比赛，取得了 1 个二等奖和 1 个优秀奖的好成绩。完成师资培训 2 次，近期将实施鲁班工坊研修生项目。

通过国际邀请赛，师生有了更多学习交流的机会，这种形式可以让更多的国家熟悉中国的技术，同时也能够更好地强化两国师生之间的沟通与交流。葡方学生赴中方进行企业实习，中方学生赴葡进行企业实习。建立教师定期交流机制，葡方教师和中方教师进行互访并参加研修和交流。利用鲁班工坊的空中课堂形成固定的交流机制，建立学生定期交流机制，促进中葡双方深入了解国际化职业教育框架与体系。

2019 年 5 月，葡萄牙鲁班工坊自启动运营以来首次派学生来华参赛，由中葡学生共同组成的葡萄牙鲁班工坊代表队参加了"自动生产线安装与调试"国际邀请赛，最终取得了二等奖的好成绩。同时，在天津机电职业技术学院举办的机电一体化项目国际邀请赛中，来自塞图巴尔理工学院的 4 名选手组成两队与来自埃及和非洲等国的 8 个代表队同台竞技，最终获得优秀奖。

为促进天津市职业院校与葡萄牙职业院校在教师培训、学生交换、文化交流等方面开展更加广泛深入的合作，促进中葡职业教育国际交流与合作，2019 年 10 月，天津机电职业技术学院组织由企业专家、骨干教师、优秀学生组成的 12 人团组出席葡萄牙塞图巴尔理工学院的 40 年校庆活动。出访期间与塞图巴尔理工学院教师进行专业建设交流，团组成员与葡方教师在专业设置、教学目标、教材编辑、教学评价等多方面进行交流。

在葡萄牙塞图巴尔理工学院召开的第三届中葡职业教育研讨会上，来华培训的葡方学生与现场来宾分享了参与鲁班工坊项目的心得体会，中葡学生两两一组形成四队，对工业机器人及自动化生产线两套设备的局部进行拆装演示，展示了全国职业技能大赛机电一体化技术与自动线安装与调试技术两个赛项的部分内容，通过技能切磋使中葡双方学生进一步进行了技术交流。

5. 以鲁班工坊为平台，扩大科研成果的研究水平

天津机电职业技术学院作为第二建设单位和其他鲁班工坊建设单位共同申报了教学成果奖，并获得 2018 年天津市一等奖（《"五业联动、同频融合"，智能制造专业群服务先进制造产业的探索与实践》）和国家级一等奖（《开发国际化专业教学标准 创设鲁班工坊 职业教育国际合作的研究与实践》）。

2018 年 7 月，学校获批主持全国教育科学"十三五"规划 2018 年度教育部重点课题《基于"工程实践创新项目"的教学模式研究与实践》1 项，参与《"一带一路"视域下海外鲁班工坊建设的标准化模式研究》课题项目。

（二）创新点

1. 葡萄牙鲁班工坊实现了中国先进制造技术在欧洲的推广

葡萄牙鲁班工坊的建设意义重大，标志着以天津为代表的中国职业教育，在先进制造、人工智能领域所积累的产教融合、校企合作的成果，得到西方先进国家的认可；标志着中国特色职业教育的话语体系、标准体系，经过天津的国家职教示范区建设，已经上升到一个新的高度。

在中葡两国建交 40 周年之际，天津与塞图巴尔共同携手，谱写出一首跨越亚欧大陆的友谊新曲。30 年前，天津学习欧洲，把先进的职教理念和教学模式"照搬"回家。经过多年的发展，作为国家现代职业教育改革创新示范区的天津，已经在现代职业教育教学理念、教学模式、教学内容等方面形成了自己独有的特色。通过鲁班工坊这个平台，将把包括专业标准、课程标准和教学资源在内的天津优秀职业教育成果与葡萄牙共同分享。

2. 葡萄牙鲁班工坊是从"单元"到"生产线"的集成

中葡两国的教育体制不同，职业教育所注重的培养点也是不一样的，葡萄牙学生的特点是基础知识非常牢固，但是动手能力较弱，"单元"的概念根深蒂固，驾驭"生产线"的能力相对较弱；中国职业院校学生的特点是动手能力强，学校在教学培养上，注重"生产线"的关联和联通，在实际的应用中所展现的综合能力比较突出。下面就以"YL-335B 自动线安装与调试设备"为例进行介绍和说明。

YL-335B 自动线安装与调试设备融合了机械工程与电子工程的核心技术，主要包括：机械机构及气动部件的安装；控制线路布线、气动电磁阀及气管安装；可编程控制器（PLC）应用与编程；变频器控制技术应用；运动控制技术应用；机电安装、连接、故障诊断与调试等。

YL-335B 自动线是由安装在铝合金导轨上的 5 个独立单元组成的。各个单元的基本功能如下：

（1）供料单元：供料单元是 YL-335B 中的起始单元，在整个系统中，起着向系统中的其他单元提供原料的作用。具体的功能是：按照需要将放置在料仓中待加工工件（原料）自动地推出到物料台上，以便输送单元的机械手将其抓取，输送到其他单元上。

（2）加工单元：把该单元物料台上的工件（工件由输送单元的抓取机械手装置送来）送到冲压机构下面，完成一次冲压加工动作，然后再送回到物料台上，待输送单元的抓取机械手装置取出。

（3）装配单元：完成将该单元料仓内的金属、黑色或白色小圆柱零件嵌入到已加工的工件中的装配过程。

（4）分拣单元的基本功能：完成将上一单元送来的已加工、装配的工件进行分拣，实现不同属性（颜色、材料等）的工件从不同的料槽分流的功能。

（5）输送单元：该单元通过直线运动传动机构驱动抓取机械手装置到指定单元的物料台上精确定位，并在该物料台上抓取工件，把抓取到的工件输送到指定地点然后放下，实现传送工件的功能。

自动生产线安装与调试、机器人应用技术等设备课程开发基于国家产业结构调整和升级的需要，紧扣了工业化进程的技术方向。配套课程中所含的知识、技术（技能）、素养都要以工程为基础，源自工程、瞄准工程、服务工程。工程是真实世界，就是一个由真实情境、真实问题、真实需求构成的世界。

各单元既可以独立完成自动检测技术实训、气动技术应用实训、可编程控制器编程实训、PLC 网络组建实训、电气控制电路实训、变频器应用实训、步进及伺服电动机驱动和位置控制实训；又可完成机械安装与调试实训、系统维护与故障检测实训等相关实训任务；还可以任意组合实现整条装配线的组装、调试、运维等功能。每一个单元都是独立的教学设备，组合在一起就是一套完整的生产线。教学时可以在单元上实现专项练习，也可以在整套的"生产线"上进行项目制设计与教学。

中国专业课程的设置比较灵活，能够通过多种"单元"组合形成不同的"生产线"，通过 EPIP 教学模式，将中国先进的技术设备、教学模式以及自主研发的专业教材和教学标准融入葡方相关专业的培养体系中，以点带面地影响葡方的专业体系构成。

3. 葡萄牙鲁班工坊是中国向葡语国家宣传职教理念的桥梁

自鲁班工坊揭牌以来，来自塞尔维亚、巴西、安哥拉、乌克兰、罗马尼亚等国家的教育团组及葡萄牙国内的众多高职院校、工业企业参观了鲁班工坊，累计200 余人次，来访团组对鲁班工坊的设备及人才培养模式印象深刻。

巴西圣卡塔琳娜联邦学院和安哥拉南宽扎理工学院领导在参观葡萄牙鲁班工坊后，均通过塞图巴尔理工学院向中方表示，希望复制葡萄牙鲁班工坊的建设模式，期待与中方合作。

葡萄牙各类高中及职业学院：伊内特职业学校、Alcochete 高中、Pedro Alexandrino 高中、阿尔伯费拉高中等院校教师来校参观鲁班工坊，希望借鉴鲁班工坊的教学模式开展教学。

中葡双方将共同加强葡萄牙鲁班工坊的宣传、推广力度，总结凝练葡萄牙鲁班工坊的特点、特色，将葡萄牙鲁班工坊建成欧洲最好的鲁班工坊，建成向葡语国家宣传职教理念的桥梁。

4. 校企共建，以欧洲安全标准建设葡萄牙鲁班工坊

CE 认证标志是一种安全认证标志，是制造商进入欧洲市场的准入证。RoHS 是由欧盟制定的一项强制性标准，主要用于规范电气类产品的材料及工艺标准，也用于材料的有毒有害物质检测，以保护人体健康及生态环境。[1]

葡萄牙鲁班工坊在建设初期，针对葡方院校提出的要求，以欧洲标准进行设计，并结合职业院校教学规律进行开发与制造，紧密衔接世界技能大赛标准，校企共同开发实训设备达到 CE 和 RoHS 国际化认证标准。

五、未来规划

未来，中葡双方将共同致力于葡萄牙鲁班工坊设备及教学资源的网络化，推进课程资源的数字化建设及设备的智能化升级，建立定期沟通交流机制，组建葡萄牙鲁班工坊运营团队，寻求多方资源，探索葡萄牙鲁班工坊持续发展的运行机制。

（一）建章立制，拓展合作模式

建立由双方院校专家与管理人员组成的"葡萄牙鲁班工坊"合作交流委员会，制定专人负责鲁班工坊的运营与管理，制定相关管理制度；建立葡萄牙鲁班工坊组织管理和服务保障机制，保证葡萄牙鲁班工坊长期持续发展；利用海外师生拓展培训基地开展职教论坛、师资培训、资源共建、技能竞赛等国际交流活动；双方院校每年将设置专项资金，用于葡萄牙鲁班工坊的研讨、交流、拓展、合作，形成双方师生互学、互访交流机制。[2]

（二）借助鲁班工坊 4.0 项目，逐步实现葡萄牙鲁班工坊 4.0 的搭建

葡萄牙鲁班工坊 4.0 项目建成后将能够实现为教学实践与企业真正合作及围

---

① 参见王振兴、邵帅、张朝辉：《深化高职院校校企融合的国际化创新模式研究》，《中国教育技术装备》，2019 年第 12 期。

② 参见袁海亮、王振兴、张朝辉：《基于鲁班工坊的工业机器人技术国际化专业建设发展路径初探》，《中国教育技术装备》，2019 年第 10 期。

绕网络系统和物联网进行研究和创新；借助EPIP教学模式，教学设备、"生产流程"和物联网技术的应用，在工业环境中进行创新；教师可以在新的教学方法、设备与工艺设计与仿真、过程监控与自动化等诸多方面进行创新，学生可以享受在实际工业环境中应用新方法的乐趣、测试自动化流程的不同方法、学习设备的维护技能等。

葡萄牙鲁班工坊在校企合作方面可以实现与企业协同创新：通过复制企业生产线的某项工作，为企业培养特定人才；开发/测试特定企业中使用的框架/标准；探索并将操作流程转换为知识体系；上传云端等。所有这些创新都需要应用型的实操环境并与企业相结合，而鲁班工作坊就是实现这一目标的途径。

（三）加大经费保障力度，发挥各方作用

建立健全鲁班工坊经费投入机制。积极拓宽资金渠道，鼓励和吸引海内外企业和其他社会力量对鲁班工坊给予资金支持，加强对鲁班工坊项目中方财政专项资金的检查、审计与绩效评估。

将鲁班工坊建设纳入学校总体发展规划和重点工作，成立鲁班工坊专项组织机构，设立校级"鲁班工坊建设与运行"专项奖励制度，精心组织，周密安排，专人负责。

（四）推进师资研修项目

2019年，塞图巴尔理工学院与天津机电职业技术学院签订了《关于葡萄牙鲁班工坊高级进修生培训协议》，拟于2020年，中方为葡方提供工业机器人技术和电气自动化技术两个专业各四周的师资培训。

（五）借助技能大赛，实现师生定期交流机制

基于在葡萄牙鲁班工坊首次开展的中葡学生交流、展示，教师间的交流研讨、交流的成功经验，中葡双方计划每年互派2至3名教师，进行为期4周的学访活动，并共同研发教学资源；计划在申请到奖学金的前提下，每年互派5至8名学生，为期4至8周，安排在校学习与企业实习。持续推动葡萄牙鲁班工坊在资源开发、人才培养、师资互派、学生交流、校企合作、项目开发等方面与中方进行深入的研究与合作，为中葡职业教育交流、中葡企业的交流与合作搭建平台。

第九章 吉布提鲁班工坊建设与发展报告

第一节 吉布提的社会经济与教育情况概述

一、社会经济情况概述

吉布提共和国（英语：The Republic of Djibouti；法语：La République de Djibouti），简称吉布提。地处非洲东北部亚丁湾西岸，扼红海进入印度洋的要冲曼德海峡，东南部同索马里接壤，北部与厄立特里亚为邻，西部、西南部及南部与埃塞俄比亚毗连，国土面积 2.32 万平方千米。

吉布提全国共分 1 个市和 5 个地区：吉布提市（Djibouti-ville）、塔朱拉地区（Région de Tadjourah）、奥博克地区（Région d'Obock）、阿里萨比赫地区（Région d'Ali-Sabieh）、迪基勒地区（Région de Dikhil）和阿尔塔地区（Région d'Arta）。

吉布提自然资源贫乏，工农业基础薄弱，95% 以上农产品和工业品依靠进口，是世界上最不发达国家之一（第四类艰苦地区）。吉布提的货币为吉布提法郎。交通运输、商业和服务业（主要是港口服务业）在经济中占主导地位，约占国内生产总值的 80%。近年来，吉布提政府积极调整经济政策，争取外援外资，重点发展第三产业，并加紧实施基础设施建设，积极参与地区一体化进程，2013 年，吉布提政府制定 2035 年远景规划，着力发展交通、物流、金融、电讯、旅游、渔业等行业。

吉布提工业约占国内生产总值的 9.2%。主要工业为电力、水利、房屋及公共工程、盐矿开发等，另有一些建筑业以及矿泉水厂、面粉厂等小型工业。农业以畜牧业为主，全国有牧场 23 万公顷，牧民约 10 万人。渔业资源较丰富，但捕捞业仍比较落后，采用手工作业捕鱼。服务业是吉布提国民经济的支柱产业。

港口和铁路运输在国民经济中占重要地位。水运方面，吉布提港是东非重要港口之一，现有四个港区，分别为吉布提老港、多哈雷集装箱码头、多哈雷油码头、多哈雷多功能新港。埃塞俄比亚是东非内陆国家，自 1998 年与厄立特里亚因领土争端交恶后，吉布提港成为埃塞俄比亚唯一的出海口，埃塞俄比亚 90% 以上货物出口依赖吉布提港口，而吉布提港将近 85% 的运输量来源于埃塞俄比亚的航船过境转运。

二、教育情况概述

吉布提当前的教育相对落后，其教育体系借鉴的是法国的教育体系。吉布提独立初期沿袭法国的教育制度和教科书，2000 年教改后教育体系分为基础教育、中等教育和高等教育。学制为小学 5 年、初中 4 年，高中 3 年，对 6 岁—15 岁的青少年实行免费义务教育。除国立学校外，国家允许设立民办中、小学，二者数量之比约为 4：1。2012 年小学入学率为 70%。2012 年全国共有小学 156 所，共有 63612 名学生，1822 名教师；2012 年全国有 30 所公立初中，819 名教师，32549 名学生；全国共有 9 所公立高中，550 名教师，14715 名学生。此外，吉布提还设有私立初、高中共 41 所，两所大学，即吉布提大学和吉布提医学院。至今，吉布提共有 7 所职业技术类高中，其中技术类高中 5 所，职业类高中两所（工商职业学校及阿尔塔旅馆业职业学校），职业类高中共有在校生 2704 人。吉布提目前的教育水平（尤其是职业教育），无法满足亚吉铁路对高技术技能型人才的需要。

第二节 中吉两国经济教育合作情况

一、中吉两国经济合作情况

近年来，中国与吉布提经贸合作关系愈加紧密，相关产业主要分布在港口、铁路、公路、水利等基础设施建设领域。目前，驻吉布提的中资企业主要分为三类：一是基础设施建设类企业，主要参与港口、铁路等基础设施建设；二是信息通信类企业，如华为、中兴等；三是物流类企业，主要为港口及自贸区等相关延伸产业。多哈雷多功能新港、亚吉铁路、盐码头、吉布提自贸区项目、埃塞－吉布提跨境天然气输送液化项目、埃塞－吉布提跨境供水项目、丝路国际银行等由中国融资的基础设施建设项目在吉布提经济发展中占据越来越重要的位置。

2006 年，吉布提与埃塞俄比亚政府决定将此段铁路私有化，交予南非的 COMAZAR 公司管理 25 年。因设备老化，铁路货运量逐年下降，2012 年停运。亚吉铁路是连接埃塞俄比亚首都亚的斯亚贝巴和吉布提首都吉布提市的铁路，是重要的枢纽。该铁路由中国铁建中土集团和中国中铁集团共同承建，是非洲第一条跨国电气化铁路。全长 752.7 千米，设计时速 120 千米，共设置 45 个车站，总投资约 40 亿美元，吉布提境内长 89.7 千米。

全国有公路 3067 千米，其中沥青路 415 公里。连接吉布提和埃塞俄比亚边界的吉布提国家 1 号公路是最重要的运输通道。公路全长 910 千米，吉布提境内约 240 千米。两国货运量的 90% 依靠这条公路。吉布提要发展经济尤其是铁路运输，急需一批铁路运输相关专业技术技能人才，以更好地推动亚吉铁路的发展。

二、中吉两国教育合作情况

中吉在文化、教育、卫生等方面都有着交往与合作。中吉签有文化合作协定。中国自 1986 年起向吉布提提供政府奖学金生名额，截至 2016 年共接受吉布提奖学金生 169 名。2016 年，吉布提在华奖学金生共 81 名。中国自 1981 年起向吉布提派遣医疗队，迄今已派出 18 批，共计 151 人次。有 14 名医疗队员在吉布提工作。2017 年 9 月 17 日，中国援助吉布提基础教育学校项目交接证书签署仪式顺利召开，该项目有助于吉布提基础教育视野的发展。中国援吉布提基础教育学校由中交第一公路工程局有限公司承建，总建筑面积 6169 平方米，于 2016 年 12 月 15 提供服务。2017 年 9 月 10 日，该学校投入使用并迎来了第一批学生。

第三节　项目建设与发展

由天津市人民政府、吉布提教育部、中国土木工程集团有限公司、天津铁道职业技术学院、天津市第一商业学校（以下简称"一商校"）和吉布提工商学校共建的吉布提鲁班工坊，是非洲第一家鲁班工坊，是落实中非合作八大行动中"能力建设"行动迈出的重要一步。凝聚八方力量，建设团队克服了很多难以想象的困难，科学谋划、精心调研、周密部署、砥砺前行，经艰难困苦，终玉汝于成。

一、合作双方学校简介

（一）天津铁道职业技术学院

天津铁道职业技术学院是一所始建于 1951 年的轨道交通类高职院校，自 1953 年就开启了国际化办学历程，先后为越南、泰国、坦桑尼亚、赞比亚等 10 余个国家开展留学生教育、专业人员培训和技术援助，累计培养了 750 余名铁路员工，已成为亚吉铁路、坦赞铁路的技术骨干。与中土集团、亚吉铁路联营体公司、吉布提铁路公司等企业建立了良好的合作关系。随着一条条采用中国标准和中国装备建设的"钢铁巨龙"在非洲大陆蜿蜒前行，本格拉铁路、蒙内铁路、亚吉铁路、拉卡铁路、阿布贾城轨等相继开通运营，急需大批专业的铁路技术技能人才投入自身铁路建设维护之中，这就必须考虑人才"本土化"的问题。学院 2017 年确立了"以鲁班工坊为切入点，建国际品牌，树国内名牌"的发展思路，积极响应"一带一路"倡议，服务中国"走出去"企业，不断拓展与共建国家职业教育合作。在泰国建成境外第一个高铁类技术技能培养中心——泰国"鲁班工坊铁院中心"后，学院开始建设非洲鲁班工坊。

（二）天津市第一商业学校

天津市第一商业学校始建于 1960 年，是中国最早建立的商贸类中等专业学校。作为国家级重点职业学校、首批国家级改革发展示范校，学校同时具有中专、三二分段、中高职衔接系统培养技能型人才项目和继续教育四种办学形式，建有中国一流的财经商贸、商用技术、机电技术、艺术设计四大专业群。学校坚持学历教育与培训教育、现代化与国际化多措并举的发展思路，着力将自身打造成为全国领先、国际引领的中职学校。学校始终坚持以人为本、修德敏行、崇能更新、服务社会的办学理念，秉承慎学慎远之校训，积淀了独特的校园文化和丰硕的办学成果，先后荣获中国教育系统先进集体、中国职业教育先进单位、中国第四届黄炎培职业教育优秀学校、国家中等职业学校德育工作先进集体等荣誉称号。

（三）吉布提工商学校

吉布提工商学校位于吉布提共和国首都吉布提市，由中土集团于 1993 年援建，隶属吉布提国家教育部，是吉布提办学规模最大、质量最优的职业院校。占地 66 亩，开设 40 个专业，在校生 1850 余人。学校拥有建筑供配电、电工、建筑装饰、金属加工、汽车维修、土木工程等 9 个专业教学区域。

二、合作企业介绍

（一）中国土木工程集团有限公司

中国土木工程集团有限公司（CCECC），拥有中国铁路工程施工总承包特级资质，连续多年入选全球最大 250 家国际承包商百强行列。经营领域涵盖工程承包、设计咨询、园区开发建设及运营、房地产开发及物业管理、投资、铁路运营、物流、工业矿业、进出口贸易、酒店旅游等，经营范围遍及亚洲、欧洲、非洲、美洲、大洋洲，截至 2018 年底在 95 个国家和地区设有常驻机构或项目部。20 世纪六七十年代，该公司曾经负责组织、实施著名的坦赞（坦桑尼亚至赞比亚）铁路工程，进入新时代，承建并运营尼日利亚铁路修复改造、亚吉铁路等代表工程。在非洲 54 个国家中，公司有业务开展的国别市场从 2013 年的不到 20 个，逐步拓展为 2019 年的 40 个。目前中土集团已签约的海外轨道交通运营项目有 4 个，合同总额约 10 亿美元，分别是：已在运营的亚吉铁路、尼日利亚阿卡铁路、阿布贾城铁，以及未来将要运营的以色列特拉维夫红线轻轨等。中土集团从单一的工程项目实施，向集规划、投融资、勘察、设计、施工、运营、维护以及科研为一体的一站式服务商转变，即 "1+N" 的经营格局；从做项目，向开发项目、运营项目转变。

（二）新道科技股份有限公司

新道科技股份有限公司成立于 2011 年，是用友集团的重要成员企业，践行 "把企业搬进校园，打造职业梦想社区"。新道科技整合产业资源，搭建协同育人服务体系，通过校企合作共建产业学院，以实践教学、专业共建以及积极探索社会服务、混合所有制等形式进行校企合作、产教融合，培养新商科、新工科及新双创领域的交叉型、复合创新型人才，服务中国教育事业，支持中国产业升级。

三、项目建设情况

（一）发展定位与建设思路

1. 发展定位

鲁班工坊紧紧围绕吉布提经济社会发展和产业结构调整与我国 "一带一路" 建设对接，建立 "政政企校校" 合作模式，以天津职业教育铁道类、商科类专业优质教育资源为支撑，以技术技能人才培养为目标，以铁道工程、铁道交通运营管理、商业贸易和物流等国际化专业教学标准为依据，以工程实践创新项目（EPIP）为教学模式，将中国优质职业教育和中国优质产品技术服务于吉布提经济社会发展和产业结构调整需要，培养当地熟悉中国轨道交通和商科类技术、产品、标准的技术技能人才。

2. 建设思路

吉布提鲁班工坊配合中土集团、振华物流等大型企业 "走出去" 战略，服务于亚吉铁路和吉布提港口经济发展，以平等合作、优质优先、强能重技、产教融合、因地制宜为原则，制定获得吉布提教育部认证的国际化专业教学标准，以 "师资培训先行"及提供必要教学资源为保障，以中国职业院校技能大赛赛项装备为重要载体，开展学历教育和职业培训，为吉布提培养经济社会发展需要的技术技能人才。

（二）重点建设内容

1. 专业建设情况

为服务吉布提经济发展尤其是亚吉铁路及经贸港口经济发展，铁道学院和一商校按照中国高等职业教育标准，根据吉布提经济社会发展需要，结合中土集团等企业岗位用人需求，吉布提鲁班工坊分两期开设了铁道交通运营管理、铁道工程技术、商业贸易和物流4个专业，这4个专业于2019年底全部通过吉布提教育部的审批和认证，纳入吉布提国民教育体系。

所开设的4个国际化专业实行3年学制，主要由受过专业培训的本地教师培养。学生学习采取理论与实践相结合的形式，学生在3年期间按照要求学习有关的专业英语和专业核心课程，并可以在相关的实训基地进行实践。

铁道交通运营管理和铁道工程技术两个专业是在对亚吉铁路的建设运营调研及中土公司用人需求的基础上，根据目前亚吉铁路的实际设备，结合对技术技能人才所需的岗位资格及标准的要求，按照中国高等职业教育标准及就业岗位资格要求、根据《亚吉铁路建设技术标准及规范》《亚吉铁路维护标准及规范》《亚吉铁路岗位资格标准及要求》《中国高等职业教育专业人才培养方案》《中国高等职业教育专业教学标准》以及中国有关建筑工程的技术标准与规范等制定的。

铁道交通运营管理专业面向亚吉铁路运营企业及非洲经济发展，主要培养学生掌握铁路客运工作、货运工作和行车工作等铁道交通运营一线岗位的高素质技术技能人才。通过3年培养，使学生能掌握铁路客运工作、货运工作和行车等工作的专业理论知识和技术技能，具备良好的人际交流和沟通、团队协作和组织协调、职业道德、独立学习和终身学习等综合素质，能够完成铁路运输生产、服务、管理等一线岗位实际工作。

铁道工程技术专业主要培养学生掌握铁路线路、公路、房屋建筑等施工与维护一线岗位的高素质技术技能人才。通过3年培养，使学生能掌握铁路工程施工、测量放样、试验检测以及铁路线路设备养护工作的专业理论知识和技术技能，具备良好的人际交流和沟通、团队协作和组织协调、职业道德、独立学习和终身学习等综合素质，能够完成铁道工程技术施工、维修、管理等一线岗位实际工作。

商业贸易专业主要面向吉布提现代商贸企业，满足当地经济及社会发展需要，培养从事市场推广、客户服务、金融事务、连锁经营等工作的技术技能型人才。通过3年培养，使学生掌握商务英语听说、进出口贸易概论、商贸法律基础、市场营销基础等理论知识，并具备市场策划与分析、商务谈判、国际贸易、门店运营、连锁经营等相关专业技能，强化学生的企业经营、市场开发、营业推广能力，拓宽学生知识领域，全力打造具有创新精神、实践能力、创业能力的适应社会发展需要的新商科应用型专门人才。

物流服务与管理专业主要培养学生掌握现代商贸及物流行业企业需要的高素质劳动者和技术技能人才。通过3年培养，使学生掌握仓储、运输、包装、配送等知识和技术技能，熟练地利用信息技术获取和处理现代物流的相关信息，能够操作物流设备，完成现代仓储及运输管理等物流作业，具备诚实守信、爱岗敬业、精益求精的工匠精神，能够完成物流仓储、运输、配送等岗位作业。

2. 师资培训情况

师资队伍是鲁班工坊得以顺利运行的重要保障。为保障吉布提鲁班工坊的日常教学，铁道学院和一商校遵循"师资培训先行"的原则，采取"走出去、请进来"的方式和"四双五能"的培养形式，首先培养鲁班工坊本土化的师资队伍。一是"走出去、请进来"，即为了保证鲁班工坊的师资队伍，铁道学院与各方协商，创造各种有利条件，保证吉布提鲁班工坊的顺利教学。一方面，选派学院骨干教师到吉布提鲁班工坊开展教学培训，就地培养教师学员；另一方面，邀请一些有条件的教师学员来到中国学习，使其在中国的本土环境中学习中国铁路专业的技术技能，在真实的铁路职业生活体验中学习专业技术技能。二是"四双五能"。所谓"四双"，即"双讲""双练""双测""双证"。"双讲"即"讲专业理论知识、讲实践操作"；"双练"即"练习专业技能，练习教育教学技能"；"双测"即"测试理论知识，测试实际操作技能"；"双证"即"结业证和资格证"。"五能"即提升教师的专业实践能力、教学能力、资源开发能力、信息化应用能力和自我学习提升能力。"四双五能"是针对吉布提国家教师的特点而设计的培养模式，意在培养出吉方所急需的合格专业教师，使其具有专业技术技能，进一步提升教育教学技能，从而使其回国后能够更好地培养吉布提的学生学员。具体培训情况如下：

（1）天津铁道职业技术学院。2018年9—12月，吉布提3名教师来津在铁工和运营2个专业展开为期8周的专业培训，以现场实训为主，选用活页式教材及工作单，运用EPIP教学模式，对铁路基础知识进行全方位学习；2019年3月，铁道学院 2 名铁工和运输专业教师赴吉布提圆满完成工坊专业设施建设及师资培训任务，针对第一学期教学重难点知识进行培训，服务工坊首批学生教学工作；2019 年 6—7 月，2 名吉布提教师来津培训，对铁工和运营 2 个专业核心专业课程进行学习，返回后可胜任第一学年教学任务。2019 年 12 月，铁工和运输专业 2 名专业教师赴吉布提开展 3 周的教师专业技能及教学能力培训。

（2）天津市第一商业学校。2019 年 9—10 月，吉布提工商学校商贸和物流 2 个专业 2 名教师在我校开展为期 4 周的专业培训。培训主要运用 EPIP 教学模式，针对职业教育技术、企业模拟经营、企业全景认知、叉车操作等方面开展；2019 年 11—12 月，我校选派 3 名教师赴吉布提进行为期 1 个月的交流指导，指导吉布提工商学校教师利用我校捐建的实训室开展实训教学，促进吉布提工商学校商贸和物流专业的建设。

3. 课程建设情况

鲁班工坊课程建设以吉布提国家职业资格标准和中国国际化教学标准为依据，以实践创新能力培养为核心，对接企业岗位技能需求，开展课程与职业证书相融合的"双证书"教学改革，采用国家级教学成果特等奖 EPIP 教学模式。在开展 EPIP 教学改革中，以课程为单位，组织教师遴选实际岗位真实项目，开发配套教学资源和教材，开展学生实践应用能力和创新能力培养。经过校企双方或多方合作，已经完成了部分法语教材或讲义的编写，核心课程资源库的建设，为鲁班工坊正常教学提供了保证。

4. 实训基地建设情况

吉布提鲁班工坊建成了非洲最先进的铁道专业教学实训基地和商业专业实训基地。围绕亚吉铁路能力建设需求和线路设备情况，以及商贸和物流专业的实际需求，工坊建有坊内教学区和坊外实训基地。坊内建筑面积 1000 平方米，铁道类专业建有铁道运营沙盘教学区、机车模拟驾驶教学区、铁道模型展示区、EPIP 教学教研区和室外铁道工程教学区 5 个教学区，商科专业建有企业全景感知实训室、企业模拟经营认知实训室、物流仓储模拟实训室、模拟叉车实训室以及叉车操作实训区；坊外实训基地设在亚吉铁路那噶得车站和国际自由贸易区，那噶得车站实训基地占地 150 万平方米，吉布提国际自贸区总规划占地 48.2 平方千米，临近吉布提主要码头。

（三）项目推进历程

1. 合作筹备期

2017 年 4 月，铁道学院提出在吉布提建设鲁班工坊的设想，10 月与中土集团达成共建意向。2018 年 3 月，吉布提鲁班工坊列入天津市政府支持建设项目。2018 年 4 月初，学院与吉布提教育部签署了合作备忘录。2018 年 9 月—2019 年 2 月，铁道学院与中土集团吉布提公司、吉布提国民教育与职业培训部、吉布提工商学校的相关负责人进行了多次协商和沟通，确定工坊揭牌时间、专业建设、师资培训、招生就业、实训场地选择等，加快推进鲁班工坊建设工作。

2019 年 2 月 25 日—3 月 25 日期间，铁道学院和一商校先后派出 20 多人赴吉布提，铁道学院和一商校鲁班工坊建设负责人拜访了中国驻吉布提大使馆经参处参赞、吉布提教育部秘书长，介绍了工坊建设进程，并与中土吉布提公司领导、吉布提工商学校校长进行了多次商谈，就行程安排、设备清关、启动运营人员安排、仪式流程、现场装修等工作广泛交换意见并取得共识。

2. 启动建设期

2019 年 3 月 28 日，吉布提鲁班工坊在吉布提工商学校启动运营。吉布提总统盖莱、总理卡米勒、多位吉政府部长，中国驻吉布提大使、天津市相关领导等中外代表 300 余人出席仪式。中央电视台《新闻联播》等国内外媒体进行了广泛报道。盖莱总统为吉布提鲁班工坊揭牌、致词并现场题词，参观了工坊教学区，体验了机车模拟驾驶和企业全景感知设备操作。

3. 运营发展期

（1）首批学生顺利开学。2019 年 3—5 月，学院对首批学生开展学前辅导；9 月 15 日，工坊首批 24 名学生正式开学；4 名吉布提留学生于 2019 年 10 月入学。

（2）教学资源不断完善。2019 年 12 月—2020 年 3 月，吉布提 4 个国际化专业完成了人才培养方案的编制，各个专业的课程资源建设正在紧锣密鼓地进行中。铁路专业已经编写了 6 门核心课程教材和 5 门实训指导书；商科专业完成 2 本核心课程教材和 6 本培训讲义的编写，为鲁班工坊正常教学提供了保证。

（3）校企合作持续推进。铁道学院、一商校与吉布提工商学校、中土吉布提公司签署了鲁班工坊共建协议；铁道学院与中交一公局东非区域总部、中建港务吉布提公司分别签署合作共建备忘录；一商校与振华物流集团有限公司签署合作共建备忘录。

在吉布提鲁班工坊辐射影响下，北京交通大学选定铁道学院为亚吉铁路员工开展铁路通信信号培训。目前，我院 4 名教师已经在埃塞俄比亚完成了 95 名亚吉铁路员工为期 40 天的培训工作，吸引了中铁建轨道运营有限公司与我院合作共建尼日利亚鲁班工坊。

四、建设成效与创新点

（一）建设成效

1.输出中国职教标准，提升技术技能人才培养水平

在人才培养方面取得了一些成效，确定了合作专业的人才培养目标、岗位工作任务和专业核心能力。

（1）铁道交通运营管理专业。铁道交通运营管理专业主要面向吉布提至亚的斯亚贝巴铁路运营企业，培养掌握铁路客运工作、货运工作和行车工作等铁道交通运营一线岗位的高素质技术技能人才。

岗位能力要求：铁道交通运营管理专业岗位主要包括货运员、货运值班员、客运员、客运值班员、助理值班员和车站值班员等。

知识要求：熟悉与本专业相关的铁路技术作业规章制度、安全操作规程以及文明生产、环境保护等知识；掌握与职业基础技能相适应的铁道概论、铁路线路、机车、车辆、信号与通信设备等专业基础知识；掌握与职业技术技能相适应的铁路客运作业、货运作业和铁路行车工作的专业理论知识；了解最新发布的涉及本专业的行业标准、国家标准和国际标准。

技能要求：能够正确选择和使用铁路线路、机车、车辆、信号与通信设备的能力；具有连结员岗位的调车作业技能；具有车站值班员岗位的接发列车作业技能；具有货运员岗位办理普通和特殊货物承运、装车、卸车、交付等业务的技能；具有车站客运员岗位的旅客进站、出站服务的技能；具有车站售票员岗位的售票作业的技能；具有车站调度员岗位的编制调车作业计划的技能；具有探究学习和终身学习的能力。

素质能力：具备良好职业道德和敬业精神；具备人际交流能力、公共关系处理能力和团队协作精神；具有较强的表达能力、沟通能力、组织实施能力；具有集体意识和社会责任心；具有独立学习能力和决策能力。

专业课程：一是公共基础课程。主要包括《铁道概论》《铁道运输专业术语》《计算机基础》等课程。二是职业基础课程。主要包括《铁路线路与站场设备运用技术》《铁路机车车辆设备运用技术》《铁路信号与通信设备操作技术》等课

程。三是专业核心课程。主要包括《车站调车作业技术》《接发列车作业技术》《普通货物运输作业技术》《车站调度作业技术》《特殊货物运输作业技术》《铁路客运作业技术》及相应的技能训练课程。

（2）铁道工程技术专业。铁道工程技术专业主要面向吉布提至亚的斯亚贝巴铁路运营企业，培养掌握铁路线路、公路、房屋建筑等施工与维护一线岗位的高素质技术技能人才。

知识要求：熟悉与本专业相关的铁路技术作业规章制度、安全操作规程以及文明生产、环境保护等知识；掌握与职业基础技能相适应的铁道概论、工程测量等专业基础知识；掌握与职业技术技能相适应的土木工程维护方面的专业理论知识；掌握与本专业相关的安全、质量、环保等相关知识；熟悉与本专业有关的规章制度，了解铁路、公路、房屋建筑等作业相关知识；了解最新发布的涉及本专业的行业标准、国家标准和国际标准。

技能要求：能够正确选择和使用线路维修设备设施的能力；具有测量工工作岗位的操作技能；具有进行铁路线路几何状态检查的能力；具有操作和使用铁路工程常用小型养路机械的能力；具有利用铁路维修工具进行轨道尺寸修正的能力；具有探究学习和终身学习的能力。

素质能力：具备良好职业道德和敬业精神；具备人际交流能力、公共关系处理能力和团队协作精神；具有较强的表达能力、沟通能力、组织实施能力；具有集体意识和社会责任心；有独立学习能力和决策能力。

专业课程：一是公共基础课。主要包括《铁道概论》《工程专业术语》《计算机应用基础》3门课程。二是职业基础课。主要包括《AutoCAD绘图技术》《线路水准测量技术》《线路方向测量技术》3门课程。三是专业核心课程。《工程材料应用技术》《直线轨道修理》《筑路工程技术》《轨道平面及纵断面设计》《曲线轨道修理》《砌筑工程技术》《道岔轨道修理》《钢轨探伤技术》《抹灰工程基本技术》9门课程。

（3）商业贸易专业。本专业培养掌握商务英语听说、出口贸易概论、商贸法律基础、市场营销基础等理论知识，并具备市场策划与分析、商务谈判、国际贸易、门店运营、连锁经营等相关专业知识的技术技能型人才。

知识要求：具备从事商贸类相关工作所需的英语技能，掌握一定的计算机操作技能，为专业课学习提供良好的保障。

技能要求：掌握国际商务法律基本知识，具备国际货款的收付、争议的预防

与处理，交易的磋商与合同的签订，能运用国际贸易基本理论分析国际贸易一般
现象等能力。

素质能力：具备商务社交礼仪的相关知识和商务接待技能，同时了解简单的
会计基础知识，掌握主要经济业务的核算，并具备良好的心理素质。

专业课程：一是专业基础课程。包括商贸法律基础、市场营销基础、商务谈判、
网络营销、电子商务基础、商品知识9门课程，使学生掌握国际商务法律基本知识，
具备国际货款的收付、争议的预防与处理，交易的磋商与合同的签订，能运用国
际贸易基本理论分析国际贸易一般现象等能力。二是专业核心课程。包括客户关
系管理、推销实务、市场调查与预测、国际贸易实务等5门课程。三是综合实训课程。
包括企业全景感知训练、企业模拟经营认知训练、经营管理岗位实训、客户服务
综合实训4门课程，课程可对接吉布提当地自由贸易区相关工作，对学生进行综
合能力训练。

（4）物流服务与管理专业。培养适应现代商贸及物流行业企业需要，具有良
好的物流专业素质，掌握仓储、运输、包装、配送等知识和技术技能，能够掌握现
代物流作业流程及物流设备操作。本专业毕业生具有高等职业学校大学专科学历。

知识要求：具备基本中文交流能力，具有现代物流行业的基本认知，了解物
流专业的标准用语，掌握物流基本活动内容，为专业课学习提供良好的保障。

技能要求：具备物流货物管理基本技能；具有利用地理信息系统进行合理的
运输路线设计的基本能力。掌握经济全球化时代的商贸企业、物流企业基本运营
模式，胜任吉布提物流企业及相关企业运营及管理岗位，三是国际物流岗位群，
包括进出口贸易实务、物流单证、国际货运代理实务和物流运输与地理4门课程，
培养学生掌握国际货代技术，能够胜任吉布提自贸区国际贸易、转口贸易需要的
国际货代、物流制单员等岗位。

素质能力：具备良好职业道德和敬业精神；具备人际交流能力、公共关系处
理能力和团队协作精神；具有较强的表达能力、沟通能力、组织实施能力；具有
集体意识和社会责任心；有独立学习能力和决策能力。

专业课程：一是职业基础课程。包括商品知识、国际物流法律法规、市场营销、
国际物流学4门课程。通过4门课程的学习，使学生具备物流货物管理基本技能；
具有利用地理信息系统进行合理的运输路线设计的基本能力。二是专业核心课程。
共10门课程，分别面向吉布提物流人才培养的三大岗位群，一是物流仓储岗位群，
包括仓储作业实务、物流EXCEL操作、物流信息技术、叉车操作实务4门课程，

培养学生掌握现代仓储技术，能够胜任吉布提自贸区保税仓库及相关企业仓库管理岗位。二是商贸和物流类企业基层运营和管理岗位群，包括采购与供应链管理、物流成本核算 2 门课程，培养学生掌握经济全球化时代的商贸企业、物流企业基本运营模式，胜任吉布提物流企业及相关企业运营与管理岗位。三是国际物流岗位群，包括进出口贸易实务、物流单证、国际货运代理实务和物流运输与地理 4 门课程，培养学生掌握国际货代技术，能够胜任吉布提自贸区国际贸易、转口贸易需要的国际货代、物流制单员等岗位。三是技能训练课程。包括吉布提物流岗位调研、仓储流程实训、堆码技术实训、物流信息技术实训、仓储优化实训、叉车作业实训、物流成本核算实训、国际货代综合实训等 10 门课程。培养学生上述 3 类岗位群涉及的核心课程、核心技能的综合实践能力。

2. 优化教学资源建设，专业全部获落地国专业认证

作为非洲第一家鲁班工坊，吉布提鲁班工坊的创建得到了吉布提国家政府的高度重视。吉布提总统盖莱在吉布提鲁班工坊启动仪式上的致辞中提到，鲁班工坊将为中吉两国带来双赢，未来的吉布提青年将非常幸福。通过鲁班工坊，对吉布提青年进行铁道类、商贸类专业技术技能人才培养，解决吉布提青年就业问题，鲁班工坊是中国送给吉布提最好的礼物。它填补了吉布提多项空白，即开创了吉布提高等职业教育的新层次，填补了吉布提没有铁道类专业的空白，填补了吉布提没有商科专业实训基地的空白；实现了工坊建成前即得到当地国家专业认证的新突破；开发了国际化人才培养方案、专业教材和教学资源。

铁道工程技术和铁道交通运营管理专业目前已完成了 6 门核心课程培训教材编写，即《线路水准测量》《AutoCAD 绘图技术》《工程材料应用技术》《铁路线路与站场设备运用技术》《铁路信号与通信设备操作技术》《铁路机车车辆设备运用技术》；编写了 5 本实训指导书，即《亚吉铁路铁道运输情况调研》《亚吉铁路工务维修工作调研》《车辆使用技能实训》《信号设备操作实训》《一股到发线轨面水准测量》，全部交付工坊使用，出版工作正在推进中；第二学年 10 套教材及标准也已完成初稿，其他课程资源正在建设之中；针对亚吉铁路岗位需求，2 个专业共建 6 门核心课程课件、微课等教学资源 198 个。

商业贸易、物流服务与管理两个专业依据高职阶段人才培养方案，制定完成全部 42 门核心课程的课程标准；完成核心课程《仓储作业实务》《市场营销基础》中法对照教材编写，另外两门核心课程《物流专业汉语》《推销实务》正在编写；完成 6 本师资培训讲义，即《企业全景感知实训》《企业模拟经营认知实训》《市

场调查与预测》《仓储作业实务》《叉车操作实务》《国际货运代理实务》；其他课程资源建设也已启动，商贸、物流两个专业已制作培训课件 52 个、视频 5 小时、动画 30 个、微课 30 个。

4 个专业已经通过了吉布提国民教育与职业培训部的认证批准，标志着吉布提开启了新的高等职业教育层次。吉布提鲁班工坊采用了中国先进的技术设备、教学模式以及自主研发的专业教材和教学标准，针对非洲学生基础知识和技能操作都相对薄弱的特点，EPIP 可以极大地缩短毕业生进入企业的磨合期，符合当地企业的用人需求。秉承"共研、共建、共享、共用、共赢"的基本理念，鲁班工坊通过学历教育和技能培训相结合的方式，搭建中吉职业教育精诚合作新平台，将中国职业教育国际化专业教学标准和教学资源与合作国分享，开创国际人文交流的新格局，致力于服务"一带一路"建设。

3. 提升实习实训能力，夯实坊内坊外基地建设基础

围绕亚吉铁路能力建设需求和线路设备情况，建有坊内教学区和坊外实训基地。启动后，工坊已接待亚吉铁路 200 余人次的参观、培训和埃塞俄比亚、日本等国代表团的多次访问。

（1）坊内实训基地。四个国际化专业在坊内建筑面积 1000 平方米。铁道类专业建有铁道运营沙盘教学区、机车模拟驾驶教学区、铁道模型展示区、EPIP 教学教研区和室外铁道工程教学区 5 个区域；商科类专业在吉布提鲁班工坊内建成企业全景感知实训室、企业模拟经营认知实训区、物流仓储模拟实训区、模拟叉车实训室和叉车操作实训区 5 个区域。

机车模拟驾驶教学区包含 HXD1C 仿真操作台、仿真 LKJ2000 列控设备以及仿真软件等。模拟驾驶系统采用虚拟现实场景（全三维数字化），逼真的仿真列车操纵及驾驶环境。铁道运营沙盘教学区采用"两站两区间"环形布置，车站线路模拟亚吉铁路起始两端那噶得站和拉布站的设置，能进行单线和复线铁路列车运行控制、车站接发列车和调车等实训教学。铁道模型展示区主要有客车、敞车、平车、罐车、棚车、货车转向架、车辆制动、机车模型，能进行机车车辆结构、部件、安装位置、连接关系及功能等认知学习，能满足职业基础课程教学需要，为后续更加深入的专业学习打下坚实基础。EPIP 教学教研区依托吉布提鲁班工坊，以课程实施过程中教师所面对的各种具体的教育教学问题为研究对象，通过开展教学标准研究、教学方案分析、专家交流研讨及学生专题指导等活动，促进学生全面发展和教师专业进步。铁道工程教学区设置一段与亚吉铁路一致的铁道线路，

能够进行铁路线路施工、检查、养护维修等实训教学；能满足铁路线路工、铁路钢轨探伤工等铁路技术岗位的实训需要。

企业全景感知实训区依托虚拟现实、增强现实、人机交互等技术和感知设备，以主流行业及新兴行业为案例构建的虚拟环境和实践教学内容，通过情境沉浸、多维度视听、可动手交互的学习方式，创设出跨越时间与空间的多感官实践环境。物流仓储模拟实训区主要运用 Stackbuilder 物流软件，可实现 3D 方式模拟托盘货物的堆码结果，即根据不同货物包装规格，模拟各种不同的堆码效果，实现托盘堆码的最优化管理。企业模拟经营认知借助物理沙盘展现企业结构，将复杂、抽象的经营管理理论整合为沙盘模拟企业经营规则，通过分角色扮演和团队模拟对抗的学习模式，按照生产企业运营流程模拟企业运营过程。模拟叉车实训室通过模拟叉车器使学生掌握起步准备、叉运货品、货品上架、货品移库、入库停车的基本规范，掌握物流叉车设备操作的模拟技能，主要用于物流管理专业的学生进行叉车驾驶操作前虚拟学做。

（2）坊外实训基地。铁道专业坊外实训基地设在亚吉铁路那噶得车站。那噶得车站实训基地占地 150 万平方米。那噶得车站是吉布提最大的客货运输站，车站设有亚吉铁路吉布提段的调度中心、机车整备库、客货运站场设备等。实训基地能满足铁道交通运营管理、铁道工程技术等专业教学实习、技能实训、岗前培训等需求。

商科专业坊外实训基地设在吉布提国际自由贸易区。吉布提国际自贸区总规划占地 48.2 平方千米，在吉布提政府的支持合作下，由招商局集团、大连港集团强强联手，积极投入自贸区的开发建设管理和运营。

4. 讲好鲁班工坊故事，扩大中国职业教育国际影响

吉布提鲁班工坊的创建，成为中外文化交流的品牌，引起了强烈的社会反响。中央电视台《新闻联播》《焦点访谈》《朝闻天下》等栏目，新华社、《人民日报》、吉布提国家电视台、《国家报》等 30 余家中外媒体进行了跟踪报道和全方位解读。2019 年 4 月 16 日，外交部向全球推介天津，《活力天津 吸引世界目光》宣传片对吉布提鲁班工坊进行了报道。11 月，吉布提鲁班工坊被中宣部组织的"一带一路"系列活动征集为重点宣传内容之一。

《新闻联播》在对吉布提鲁班工坊的报道中说："为落实中非合作八大行动'能力建设'行动迈出了重要一步，将在中非职业教育合作中发挥示范性作用。"这意味着，鲁班工坊将成为中非文化交流的一个重要品牌。鲁班工坊以中国传统

文化中的班鲁文化为思想基础，中国的班鲁文化主张兼爱非攻，尊重劳动，体现了中国传统文化中"和"的哲学思想。"和"的哲学思想具有独特性，它强调的是一种包容差异的和谐，这在西方哲学中很少被论述。从中国特色的哲学思想出发，鲁班工坊的创建体现了中国职业教育在关照人类和谐共生方面的积极意义。吉布提鲁班工坊的建立，正是我国职教适应非洲经济发展的需求，培养跨国技术技能型人才，使其参与本国经济建设和人类共同治理的重要途径。通过鲁班工坊的服务项目，不仅能够发挥我国职业教育在提升吉布提师生的技术、素养和品质等方面的重要性，还将彰显我国职业教育促进非洲经济发展、关照整个非洲人民和谐共生的价值，促进中非文化更好地交流。

吉布提鲁班工坊作为中吉建交40周年两国友好往来的见证，为落实中非合作八大行动迈出了重要一步。2020年2月9日，习近平主席致电在埃塞俄比亚首都亚的斯亚贝巴举行的非洲联盟第33届首脑会议，向非洲国家和人民表示热烈的祝贺。习近平主席在贺电中特别提到："中非合作论坛北京峰会引领中非友好掀起新热潮，峰会成果推进落实为各领域务实合作注入新动力。""2019年3月，非洲首家'鲁班工坊'在吉布提落成启用，'授人以鱼不如授人以渔'，未来'鲁班工坊'将开至10家，致力于提高非洲青年劳动素质。"习近平主席对吉布提鲁班工坊予以极大的肯定与鞭策。

2020年3月，吉布提国民教育与职业培训部部长穆斯塔法默罕默德迈哈姆德向中国天津市委、市政府致慰问信，表达对天津市人民在疫情期间的关怀，期待以吉布提鲁班工坊为平台，进一步深化合作，巩固和丰富"一带一路"建设成果，推进两国友好关系。

5. 深化国际校企合作，助力"走出去"中国企业

铁道学院和一商校积极服务"一带一路"重点工程——亚吉铁路和吉布提自贸区。铁道学院多次与中土集团洽谈，共同制订建设方案，共同宣传报导，共同商定人才培养方案，共同招生、共同开发课程资源和培养学员。两所学校与中土吉布提公司、中交一公局东非区域总部、中建港务吉布提公司、振华物流集团等分别签署共建协议和合作备忘录，"走出去"中国企业积极参与鲁班工坊建设。

中铁建轨道运营有限公司正与铁道学院洽谈订单培养，2020年已从铁道学院招收3名高职生到亚吉铁路工作。吉布提鲁班工坊采取校企共同招生的模式，企业根据其人员岗位需求及发展趋势实行订单培养。2019年，与中土吉布提有限公司合作完成了首届吉布提鲁班工坊24名高职学生招生工作，分为铁道工程技术、

铁道交通运营管理两个专业。铁道学院与中土吉布提公司通过公函、邮件、电话等多种形式保持密切的沟通联系，就长效对接机制建立、实习实训及学生培养、共建共享教学资源等方面展开深入探讨，推进具体工作，扩大合作成果，目前就2020年招生及培训事项已达成初步共识。一商校先后与吉布提国际自贸区内企业达成合作意向，一商校将为园区内企业开展员工培训、能力提升、技能鉴定等方面的服务。下一步，一商校将与吉布提工商学校以及企业合作招生，为企业培养商贸和物流高职层次专业人才。

（二）创新点

吉布提鲁班工坊揭牌启动，率先建成了非洲最先进的铁道专业教学实训基地，开创了吉布提举办高等职业教育层次的先河，填补了吉布提没有铁道类专业的空白，打造了中非职业教育国际化校企合作新模式，赢得了中外媒体广泛赞誉。

1. 在合作方式方面，打造出中非职业教育国际化校企合作新模式

吉布提鲁班工坊开创了两国政府搭台、双方职业院校合作共建、中国"走出去"企业全程深度参与的"政政企校校"新模式。吉布提鲁班工坊是依托政府间的战略合作，充分发挥其作为人才交流机制的重要作用，配合中国企业和产品"走出去"战略，并依托职业院校校际间的国际合作而创办的。吉布提鲁班工坊与承揽海外大型工程的企业（中国土木工程集团有限公司坦赞分公司）合作，选择在吉布提工商学校创建鲁班工坊，致力于培养本土化的技术技能人才，满足国（境）外企业发展的需要。

2. 在制度建设方面，采取"政企校"共管模式

吉布提鲁班工坊采取"政企校"共管模式。政企校各方以政治效益、经济效益、社会效益、公益效益为纽带，在共商、共建、共享的基础上，进行分工合作。在天津市教委、吉布提教育部的指导下，由天津铁道职业技术学院与合作企业共同开发教学标准、人才培养方案、教材和资源；由铁道学院、一商校负责工坊师资的培养，打造"双师、双语、双能"的师资团队；由铁道学院牵头组织政企校各方共同开展工坊的建设，在广泛调研的基础上，梳理企业岗位核心能力，确立专业人才培养目标，构建工程项目引领的国际化专业课程体系，校企合作开发国际化专业教学标准；由校企双方共同开展招生，由吉布提工商学校为主开展日常运行管理；由中方校企共同建设工程实践基地和评价体系，培养本体化的高技术技能型人才。

3. 在专业建设方面，获得吉布提专业认证

工坊建成后，铁道工程技术、铁道交通运营与管理2个专业获得吉布提教育部的认证，同意中国高等职业教育专科层次在吉布提举办；商贸和物流2个专业也陆续取得吉布提国民教育与职业培训部颁发的商贸和物流2个专业中职、高职层次学历培养确认函，提升了吉布提工商学校学历层次。4个专业填补了吉布提在铁路专业和商科专业上高等职业教育的空白，实现了工坊建成即得到当地国家专业认证的新突破。

五、未来规划

在总结经验、提升内涵建设的基础上，铁道学院和一商校将继续与"走出去"大型国有企业合作，继续发挥鲁班工坊的积极作用，不断输出中国标准，为非洲培养更多的铁路类和商科类专业方面的本土化人才。

（一）加强内涵建设，完善鲁班工坊体制机制

铁道学院和一商校将结合吉布提国家的政治、经济、文化特色和需要，继续加强鲁班工坊的内涵建设，有针对性开展鲁班工坊的项目教学，做好师资培训、教材及教学资源开发与教学标准研究工作；做好天津市教学成果奖重点培育项目《以非洲鲁班工坊为平台，构建国际化校企合作新模式》的课题研究工作；做好国家规划课题《"一带一路"视域下海外鲁班工坊建设的标准模式研究》的研究工作及相关子课题的研究。鲁班工坊的建设是一项长期的合作项目，需要建立相应的管理体制和激励机制，以保证项目的健康发展。为了保证鲁班工坊的健康发展，铁道学院和一商校将积极开展与吉布提工商学校的合作，建立科学的管理体制，以规范鲁班工坊合作方的权利与义务，保证鲁班工坊各方能够持续投入到鲁班工坊的项目教学中，真正发挥出鲁班工坊的作用，促进中国职业教育的国际化，促进中吉人文文化交流。

（二）探索特色发展，深化国际化校企合作

铁道学院和一商校将积极加强与合作企业的深度融合，促进鲁班工坊的专业化教学标准建设，共同研发鲁班工坊课程、教材和资源建设，为鲁班工坊的学历教育和专业培训奠定良好的基础；积极与"走出去"中国企业联系沟通，科学调研吉布提经济发展和本土化人才发展需求，建立一套行之有效的质量评价体系作为支撑，以确保鲁班工坊优质高效地运行。加强和完善鲁班工坊教学质量的评价体系。鲁班工坊的评价体系主要反映了鲁班工坊项目的教育教学质量，应主要从

输入国学校的评价、学员的评价入手，注重国际性与本土性的统一，保证职业教育国际化与本土化的融合，做到因材施教。另外，两所学校还将建立鲁班工坊的信息化管理与服务平台，以促进吉布提鲁班工坊的特色发展。

（三）寻求多方支持，奋力推进可持续性发展

铁道学院和一商校将积极寻求与吉布提政府的支持，进一步健全职业能力评价体系。鲁班工坊作为天津原创、首创并率先主导推动实施的职业教育国际知名品牌，讲好鲁班工坊故事，发挥示范引领作用，让其成为共享职业教育成果的亮丽名片还需各方勠力同心。如将鲁班工坊建设作为建设"双高"评价的重要指标，作为职业院校提升办学能力的主要绩效指标将更行稳致远。

总之，吉布提鲁班工坊开创了两国政府搭台、双方职业院校合作共建、中国"走出去"企业全程深度参与的"政政企校校"新模式。吉布提鲁班工坊建成并成功运营作为中吉建交 40 周年两国友好往来的见证，为落实中非合作八大行动迈出了重要一步。今后，我们将充分发挥吉布提鲁班工坊在中非职业教育合作中的示范引领作用，不断拓展中非铁路国际化人才培养新领域，为"走出去"企业和当地国培养轨道交通技术的本土人才，促进人文交流，服务互联互通，为"一带一路"建设做出更大的贡献。

第三部分
专题报告

第十章 鲁班工坊人才培养发展报告

　　鲁班工坊建设质量是该项目的核心问题，而鲁班工坊建设质量归根结底要看该项目所培养的技术技能人才的质量，所以人才培养是鲁班工坊项目的核心功能。鲁班工坊的最终定位是紧紧围绕合作国家的产业发展和我国"一带一路"建设需求，以国际化专业为载体，将中国优质职业教育和产品技术向合作国输出，培养当地熟悉中国技术、产品、标准的技术技能人才。[1]

　　然而虽然共建"一带一路"国家众多，具备极大发展潜力，可为我国当前经济发展需求提供广阔的外部市场，但是这些国家多为发展中国家，当地教育相对落后，高素质劳动者和技术技能人才十分缺乏，在规模、结构和质量等方面均难以满足合作国家企业发展需求，给各类企业建设和发展造成人才瓶颈。综合分析当地社会、经济、政治、文化、民族等多种因素，只有培养满足企业需求的高素质劳动者和技术技能人才，才能有力促进各类企业在当地的建设与发展。作为培养高素质劳动者和技术技能人才的主力军，中国职业教育在服务国际产能合作、配合中国企业"走出去"上具备得天独厚的优势。[2] 因此，鲁班工坊在海外办学方面承担着职业教育"走出去"的重要责任，通过对外分享我国职业教育先进经验和丰富成果，服务当地国家高素质劳动者和技术技能人才的培养及培训，提升企业海外员工素质，为合作国家经济和产业发展提供智力支持。

---

①　参见吕景泉、杨延、杨荣敏：《鲁班工坊》，中国铁道出版社，2018年。
②　参见李云梅、王妍：《鲁班工坊国际化发展的成效与展望》，《职教发展研究》，2019年第1期。

第一节　鲁班工坊人才培养情况概览

一、鲁班工坊人才培养调查问卷

鲁班工坊人才培养专题报告主要采用问卷法，对已经建成的 8 个鲁班工坊的人才培养状况进行调查。在鲁班工坊人才培养调查问卷设计、发放和回收的过程中，需要关注以下方面：第一，由于人才培养主要涉及教师和学生两个群体，所以研究对象主要包括鲁班工坊学生和国外教学一线教师两个部分，问卷设计也相应分为教师卷和学生卷。第二，考虑到鲁班工坊合作国家的语言交流问题，该问卷分别设置了中文问卷和英文问卷。其中，教师问卷全部为英文；学生英文问卷主要针对英国、印度、印度尼西亚、巴基斯坦、柬埔寨、葡萄牙、吉布提学生，学生中文问卷主要针对泰国和部分柬埔寨学生。第三，结合鲁班工坊建设的跨国地理位置状况和问卷发放的便捷性和可操作性，本次调查主要采用线上问卷平台和线下纸质填写两种方式，最大限度地保障问卷的回收率和有效性。在此基础上，再辅以访谈法，主要对中方鲁班工坊项目管理者、中方培训教师、来华接受培训的鲁班工坊教学一线教师和鲁班工坊学生进行半结构化访谈，总结鲁班工坊人才培养的特点和经验，全面掌握鲁班工坊人才培养现状及问题，进而针对性地提出对策建议，进一步促进天津市以及全国鲁班工坊的高质量发展。

二、鲁班工坊人才培养调查对象基本情况

教师和学生是人才培养工作的两个主要群体，所以调查问卷对象主要包括鲁班工坊教学一线教师和学生两个部分，其基本情况如下：

（一）所调查鲁班工坊教学一线教师的基本情况

在被调查的鲁班工坊教学一线教师中，男性教师占 66.67%，女性教师占 33.33%，男性教师数量是女性教师数量的 2 倍（见图 10-1）。

在被调查的鲁班工坊教学一线教师中，

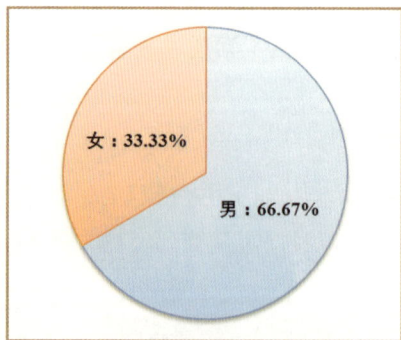

图 10-1　所调查教学一线教师的性别分布情况

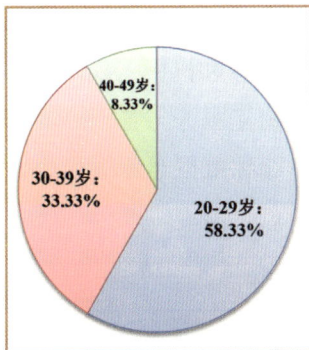

图 10-2　所调查教学一线
教师的年龄分布情况

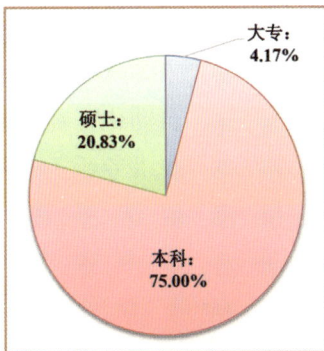

图 10-3　所调查教学一线
教师的学历分布情况

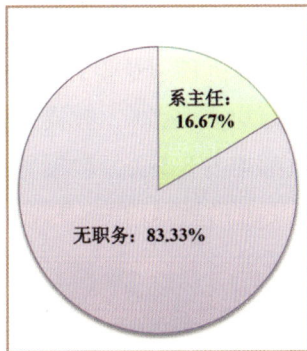

图 10-4　所调查教学一线
教师的职务分布情况

全部为中青年教师。其中，20—29 岁的教学一线教师占 58.33%，30—39 岁的教学一线教师占 33.33%，40—49 岁的教学一线教师占 8.33%（见图 10-2）。

在被调查的鲁班工坊教学一线教师中，大部分为本科及以上学历。其中，大专学历占 4.17%，本科学历占 75%，硕士学历占 20.83%（见图 10-3）。

在被调查的鲁班工坊教学一线教师中，大部分教师为专职教师，不担任学校职务，只有少部分教师在教学一线活动的同时，还担任系主任职务。具体而言，83.33% 的教学一线教师无职务，16.67% 的教学一线教师担任系主任的职务（见图 10-4）。

在被调查的鲁班工坊教学一线教师中，均已接受过鲁班工坊项目的教师培训，只是培训地点和培训教师不同。其中，在中国接受培训的教师占 12.5%，在本国接受培训的教师占 87.7%，并且在本国接受培训的教师中，有 70.83% 的培训教师为中国教师，另有 16.67% 的培训教师为本国教师（见图 10-5）。

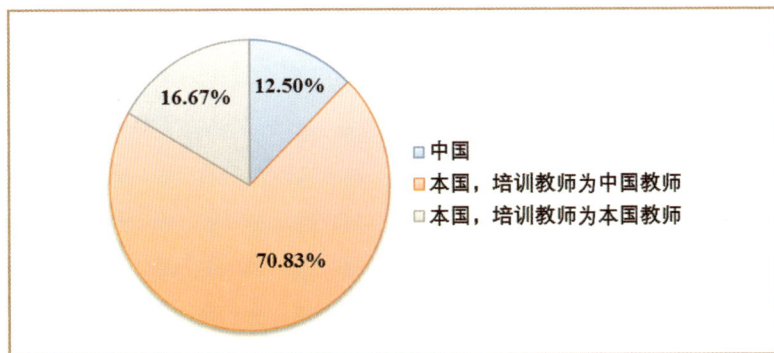

图 10-5　所调查教学一线教师的教师培训情况

在被调查的鲁班工坊教学一线教师中，所教授专业分布较为广泛。其中，教授计算机科学专业的教师占 20.83%，教授商务专业、电信专业和机械工程专业的教师均占 12.5%，教授机电工程专业、自动化工程专业和物流服务与管理专业的教师均占 8.33%，教授贸易专业、电控技术专业、电子专业和数控车床编程与操作专业的教师均占 4.17%（见图 10-6）。

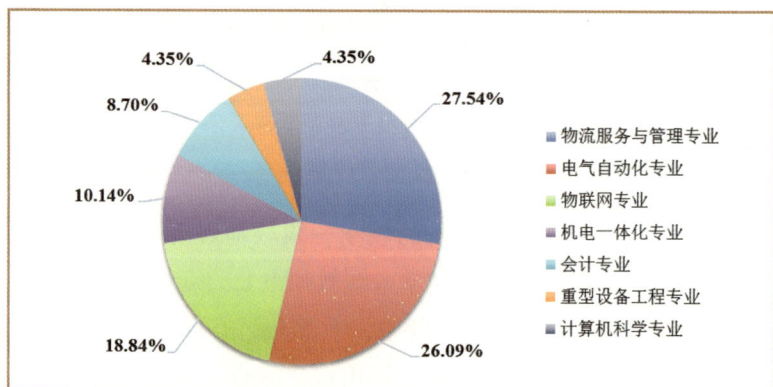

图 10-6　所调查教学一线教师的教授专业分布情况

（二）所调查鲁班工坊学生的基本情况

在被调查的鲁班工坊学生中，男性学生占 85.51%，女性学生占 14.49%，男性学生数量约为女性学生数量的 6 倍（见图 10-7）。

在被调查的鲁班工坊学生中，大部分为大专及以上学历。其中，中专学历占 5.8%，大专学历占 59.42%，本科学历占 34.78%（见图 10-8）。

在被调查的鲁班工坊学生中，年级分布相对均匀。其中，一年级学生占 43.48%，二年级学生占 31.88%，三年级学生占 24.64%（见图 10-9）。

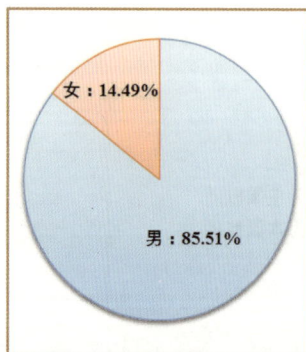

图 10-7　所调查鲁班工坊学生的性别分布情况

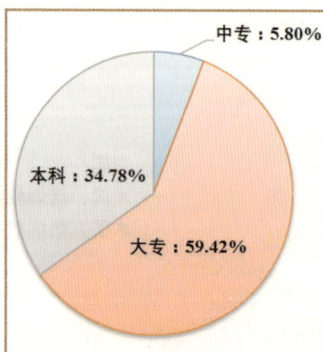

图 10-8　所调查鲁班工坊学生的学历分布情况

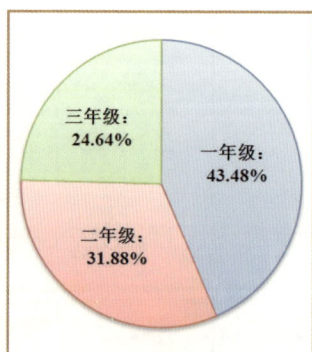

图 10-9　所调查鲁班工坊学生的年级分布情况

在被调查的鲁班工坊学生中，所学专业分布较为广泛。其中，物流服务与管理专业学生占 27.54%，电气自动化专业学生占 26.09%，物联网专业学生占 18.84%，机电一体化专业学生占 10.14%，会计专业学生占 8.7%，重型设备工程专业和计算机科学专业学生均占 4.35%（见图 10-10）。

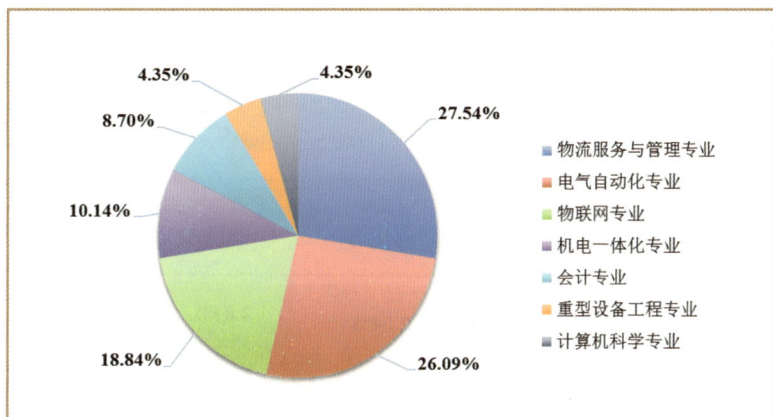

图 10-10　所调查鲁班工坊学生的专业分布情况

鲁班工坊学生主要包括学历教育和非学历教育。当前，8 个已建鲁班工坊的来华留学生规模 236 人，本土招生规模 397 人，学生学历教育规模达 633 人；本土企业职业培训规模 250 人次，中资企业 20 人次，其他培训 5243 人次，学生职业培训规模高达 5513 人次。在被调查的鲁班工坊学生中，专门针对短期非学历学生进行了调查，接受培训次数 1 次的学生占 36.17%，接受培训次数 2 次的学生占 6.38%，接受培训次数 3 次的学生占 12.77%，接受培训次数 4 次及以上的学生占 12.77%（见图 10-11）。

在被调查的鲁班工坊短期非学历学生中，对于是否有意愿到中国职业院校接受培训，48.98% 的学生认为该说法非常符合，28.57% 的学生认为该说法比较符合，22.45% 的学生不能确定（见

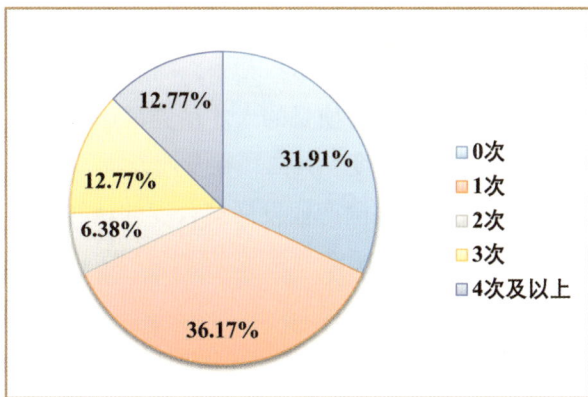

图 10-11　所调查鲁班工坊学生的培训次数情况

图 10-12）。

在被调查的鲁班工坊短期非学历学生中，对于是中国职业院校的培训满意程度，53.06% 的学生表示非常满意，24.49% 的学生表示比较满意，18.37% 的学生表示不能确定（见图 10-13）。

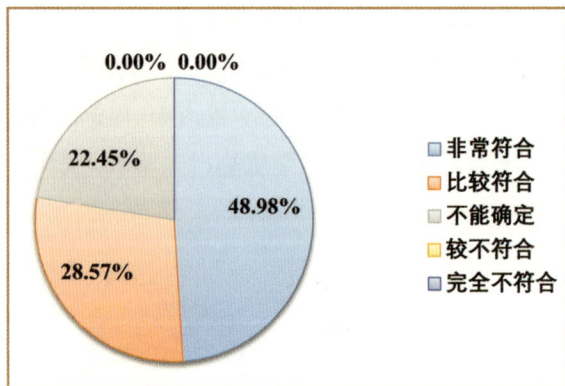

图 10-12　所调查鲁班工坊学生的培训意愿情况

三、鲁班工坊人才培养调查结果整体情况

总体而言，经过四年的稳步发展，鲁班工坊项目建设实际成效明显，人才培养质量较高，鲁班工坊教学一线教师和学生均对鲁班工坊的满意度很高，并对鲁班工坊建设中的人才培养目标、人才培养内容、人才培养方式等各项内容均给予积极评价。

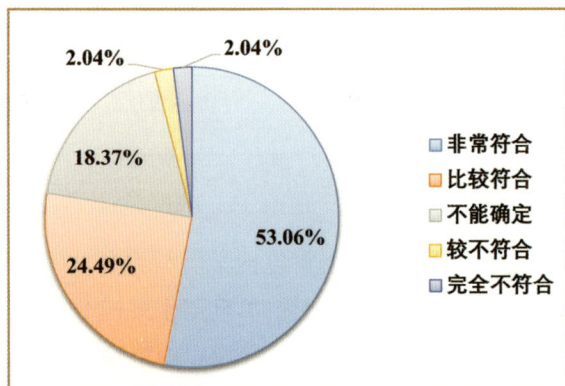

图 10-13　所调查鲁班工坊学生的培训满意度情况

一方面，鲁班工坊教学一线教师对鲁班工坊项目的总体满意度也表现出了积极的正向评价。调查显示：其一，高达 91.67% 的教学一线教师和 95.83% 教学一线教师对于鲁班工坊项目的人才培养目标能够满足社会的人才需求和学生的发展需求方面持肯定态度。其二，在专业设置方面，91.67% 的教学一线教师对于鲁班工坊专业设置与该国产业发展契合度的认知程度较高，87.5% 的教学一线教师认为鲁班工坊项目中所选专业是本学校（院）的优势专业，91.67% 的教学一线教师认为鲁班工坊项目中的专业设置可以满足学生职业需求。其三，在教学内容方面，87.5% 教学一线教师认为鲁班工坊项目的课程内容设置优于我国原来的内容设置，能更好地满足学生发展需求；87.5% 的教学一线教师对 EPIP 教学方式的教学效果给予积极评价。

另一方面，鲁班工坊学生对鲁班工坊项目的总体满意度很高。调查显示：其一，鲁班工坊学生对于理论课程和实践课程设置满意度较高，其中，97.1%的学生对当前学习的理论课程设置满意，92.75%的学生认为当前学习的理论课程能帮助自己适应未来的工作要求；88.4%的学生对当前学习的实践课程设置满意，92.75%的学生认为当前学习的实践课程能帮助自己适应未来的工作要求。其二，鲁班工坊学生对于EPIP教学方式的满意度较高，52.17%的学生对鲁班工坊项目的教学方式十分满意，36.13%的学生对鲁班工坊项目的教学方式较为满意，两者之和占到了全部调查学生人数的88.4%。其三，在教学资源方面，82.61%的学生认为鲁班工坊项目的人才培养资源比我国的人才培养资源更加丰富。其四，在未来升学和就业方面，鲁班工坊学生均表现出了对于中国的向往，在有升学意愿的学生中，66.67%的学生想去中国继续上学；在有就业意愿的学生中，52.17%的学生想去中资企业就业。

综上所述，经过四年的稳步发展，鲁班工坊始终紧紧围绕合作国家的产业发展和我国"一带一路"建设需求，将中国优质职业教育向合作国家输出，服务当地国家高素质劳动者和技术技能人才的培养和培训，为当地培养了一批熟悉中国技术、产品、标准的高素质劳动者和技术技能人才，整体性提升了企业海外员工素质，为合作国家经济和产业发展提供了重要智力支持。本章第二节到第五节将详细探索鲁班工坊人才培养目标、专业设置、教育教学和就业质量情况。

第二节　鲁班工坊人才培养目标情况

人才培养目标在整个鲁班工坊建设和发展过程中起着重要的指导作用，是鲁班工坊人才培养理论和实践活动的出发点，也是检验鲁班工坊建设和发展质量的重要依据。鲁班工坊培养的是面向生产、服务和管理第一线的高素质劳动者和技术技能人才，这一目标是以中国和合作国家的国家政策方针为基本出发点，以两国社会、经济、文化发展需求为导向，以鲁班工坊学生个体发展需要为依据而进行的综合设置。

一、鲁班工坊人才培养目标设置现状

在教师调查中，鲁班工坊教师对于人才培养目标的了解程度较高，其中，62.5%的教学一线教师十分清楚鲁班工坊人才培养目标，33.33%的教学一线教师

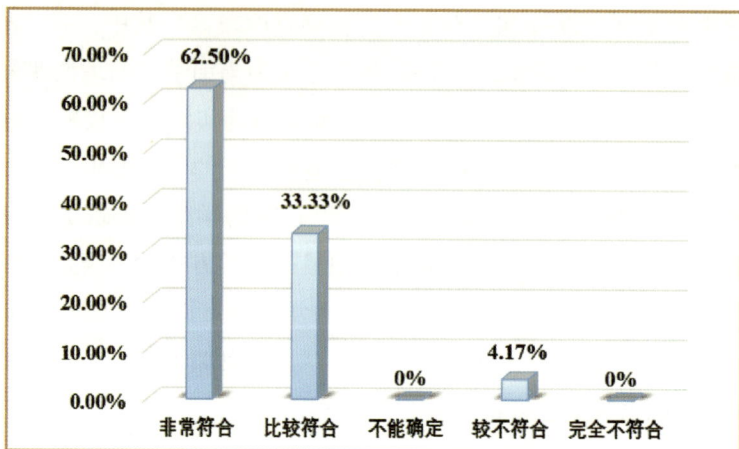

图 10-14 教学一线教师对于鲁班工坊人才培养目标了解情况

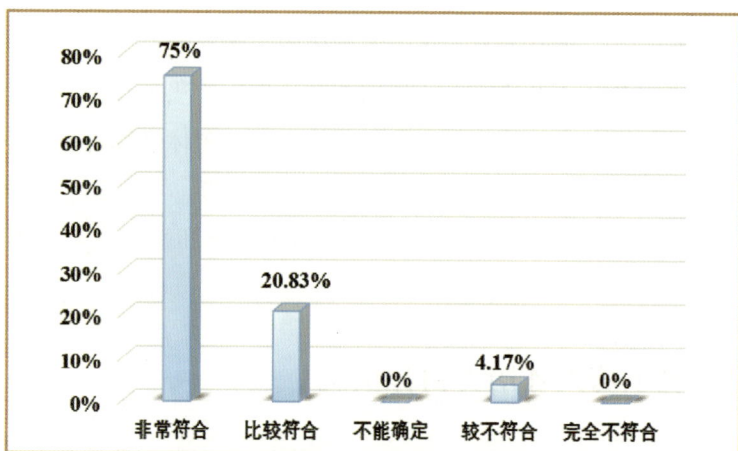

图 10-15 教学一线教师对于鲁班工坊人才培养目标能够满
足学生的发展需求情况

较为清楚鲁班工坊人才培养目标，两者之和高达 95.83%（见图 10-14）。

教学一线教师对于鲁班工坊项目的人才培养目标能够满足学生的发展需求持肯定态度，其中 75% 的教学一线教师认为鲁班工坊项目的人才培养目标能够很好满足学生的发展需求，20.83% 的教学一线教师认为鲁班工坊项目的人才培养目标能够较好满足学生的发展需求，两者之和占到了全部调查教师人数的 95.83%（见图 10-15）。

教学一线教师对于鲁班工坊项目的人才培养目标能够满足社会的人才需求持

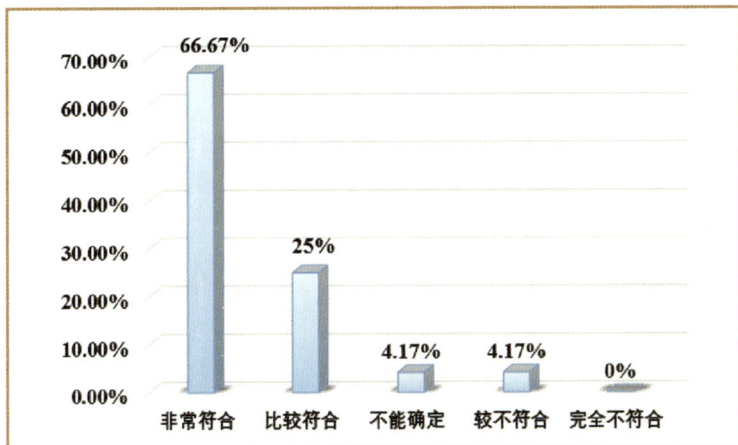

图 10 -16　教学一线教师对于鲁班工坊人才培养目标能够满
足社会的人才需求情况

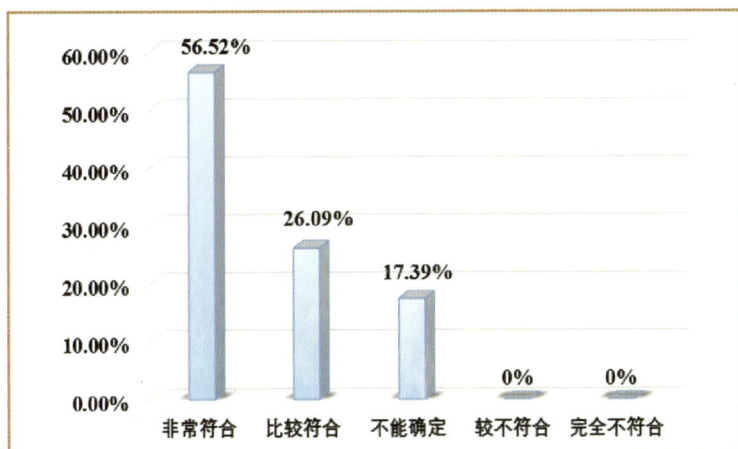

图 10 -17　鲁班工坊学生对于本专业人才培养目标的了解情况

积极态度，其中 66.67% 的教学一线教师认为鲁班工坊项目的人才培养目标能够很好满足社会的人才需求，25% 的教学一线教师认为鲁班工坊项目的人才培养目标能够较好满足社会的人才需求，两者之和占到了全部调查教师人数的 91.67%（见图 10-16）。

在学生调查中，鲁班工坊学生对于本专业人才培养目标的了解程度较高，其中，56.52% 的学生认为非常了解本专业人才培养目标，26.09% 的学生较为了解本专业人才培养目标，两者之和占到了全部调查学生人数的 82.61%（见图 10-17）。

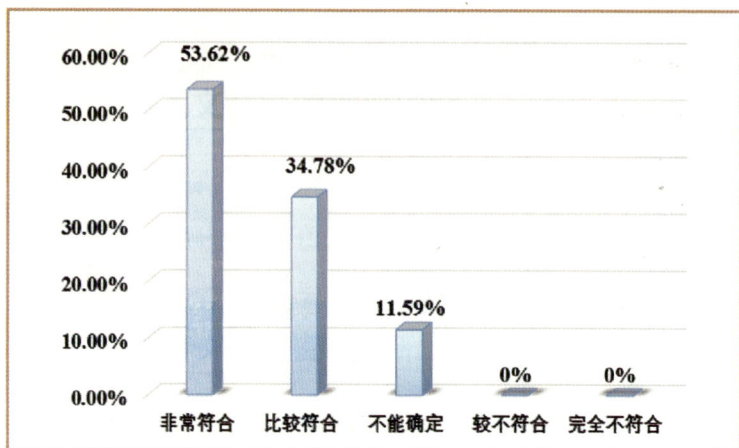

图 10-18　鲁班工坊学生对于本专业的人才培养目标设置科
学合理情况

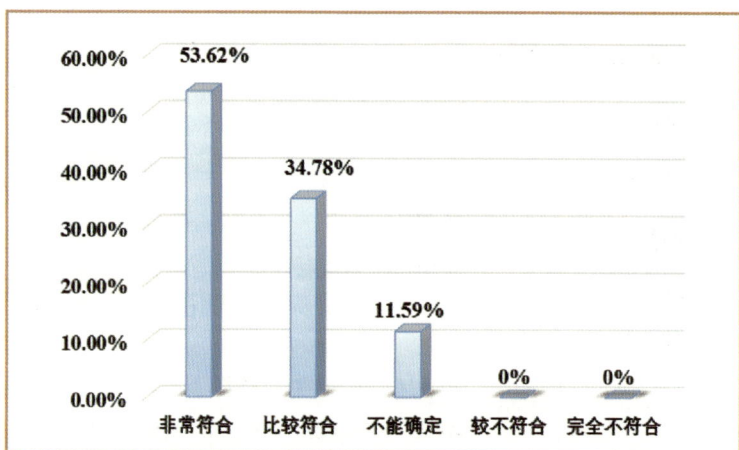

图 10-19　鲁班工坊学生对于本专业的人才培养目标设置科
学合理情况

　　鲁班工坊学生对于本专业的人才培养目标与社会人才需求相符合情况较为乐观，其中，认为本专业的人才培养目标与社会人才需求完全相符合的比例为43.48%，较为符合的比例为42.03%，两者之和占到全部调查学生人数的85.51%（见图 10-18）。

　　鲁班工坊学生对本专业的人才培养目标设置科学合理情况持正面态度，其中，认为科学合理的比例为 53.62%，认为较为科学合理的为 34.78%，两者之和占到了全部调查学生人数的 88.4%（见图 10-19）。

二、鲁班工坊人才培养目标优化路径

（一）进一步提升鲁班工坊人才培养目标的复杂性

鲁班工坊是职业教育国际化发展新模式，是进一步探索创建职业教育国际合作交流的新窗口。鲁班工坊国际合作的加深必然带来人才培养目标复杂性程度的提升。在实际鲁班工坊建设和发展过程中，合作国家政治、经济、社会、文化发展的特殊性、不同专业的多样性以及生源的个性化等因素，共同决定了鲁班工坊人才培养的复杂性，这种复杂性对鲁班工坊人才培养目标提出了更高的要求，要求鲁班工坊人才培养目标要充分考虑上述复杂因素，将复杂性作为鲁班工坊人才培养目标设置的重要内容。所以在鲁班工坊人才培养目标设置过程中，可以从宏观、中观和微观三个方面进行深入思考：其一，充分考虑中国与合作国家的工作现状与未来发展需求，以及合作国家在政治、经济、文化、社会、环境等方面的实际情况；其二，充分考虑合作国家的产业转型升级趋势、教育制度和体系、劳动力市场情况等中观实际情况；其三，充分考虑项目建设备方面的教育教学资源情况，尤其是合作国家的师资建设、硬件设备、基准教学条件和水平等微观实际情况等。

（二）基于经济社会需求和学生发展需求动态设置鲁班工坊人才培养目标

在鲁班工坊建设和发展过程中，设置既适应经济社会发展要求又满足个体成长需要的人才培养目标，是促进高素质劳动者和技术技能人才可持续发展、提升鲁班工坊人才培养质量的重要途径。经济社会发展促进了职业加速变迁，为了保持与社会职业发展人才需求的一致性，鲁班工坊人才培养目标难以处于稳定状态。鲁班工坊建设和发展将随着职业变迁而不断动态调整，其人才培养目标也应该相应呈现出动态化特点，即随着职业变迁而不断调整其人才培养目标。因此，在鲁班工坊建设和发展过程中，应该确立人才培养目标设置的需求导向观，并以此作为鲁班工坊人才培养目标设置的重要基础，建立以需求为导向的人才培养目标调整机制。其中，合作国家产业转型升级的人才需求和鲁班工坊学生的职业发展需求应该成为鲁班工坊人才培养目标设置的主要导向。在设置人才培养目标时应该将学生个人发展与满足社会需求相联系，使学生在运用必备品格和关键能力适应社会的同时，获得自身的可持续发展。

第一，由于职业教育对经济发展的促进作用主要是通过满足产业发展的人才需求来实现的，具有鲜明的市场导向性特点，所以应该深入了解合作国家经济和产业发展需求。其一，定期搜集不同行业和岗位的需求信息，分析其人才需求的动态变化规律，基于行业和岗位发展的动态变化趋势构建人才需求数据库，监测并提取产业需求的宏观变化关键词，将核心需求及时纳入当前鲁班工坊人才培养目标，并在鲁班工坊人才培养目标中作出相应调整，为这些人才需求设置相应的人才培养目标动态调整机制。其二，及时捕捉新出现的行业和岗位，分析其人才需求的新增长点，将新的人才需求及时纳入鲁班工坊人才培养目标，为这些人才需求设置相应的人才培养目标进入机制。

第二，鲁班工坊项目在紧紧把握职业变迁的动态性特点及其变化趋势的同时，还要从鲁班工坊学生职业生涯可持续发展角度，在鲁班工坊项目实施过程中，为每一位学生建立职业需求电子档案袋，主要在入学前、每学期末、开设就业指导后、刚入职后、入职半年后、入职三年后等关键节点对学生职业需求进行动态跟踪评价，并将该需求进行整合性分析，进而基于学生的职业需求动态调整鲁班工坊人才培养目标。

第三节 鲁班工坊专业设置情况

专业设置是鲁班工坊建设的重要载体。鲁班工坊开设的专业均是合作国家产业发展亟须的专业，与合作国家产业发展实现了协调互动发展，为当地企业培养亟须的高素质劳动者和技术技能人才，为合作国家发展提供智力支持。

一、鲁班工坊专业设置现状

随着鲁班工坊在共建"一带一路"国家的分布正式建立，有力地促进了多国职业教育的人才培养规模、人才培养结构与人才培养质量。8个已建鲁班工坊与海外职业院校成功开设23个国际化专业，为合作国家培养了规模化的掌握中国技术的国际型职业技术技能人才，也为合作国家本土企业和中资企业发展提供了重要智力支持。

在教师调查中，教学一线教师对于鲁班工坊专业设置与该国产业发展契合度的认知程度较高，其中，66.67%的教学一线教师认为鲁班工坊项目中所选专业是我国产业发展亟须的专业，25%的教学一线教师认为鲁班工坊项目中所选专业是我国产业发展较为亟须的专业。有少部分教学一线教师对于鲁班工坊专业设置与产业发展契合度认识较为模糊，其中，4.17%的教学一线教师不清楚鲁班工坊项目中所选专业是否为该国产业发展亟须的专业，还有4.17%的教学一线教师认为

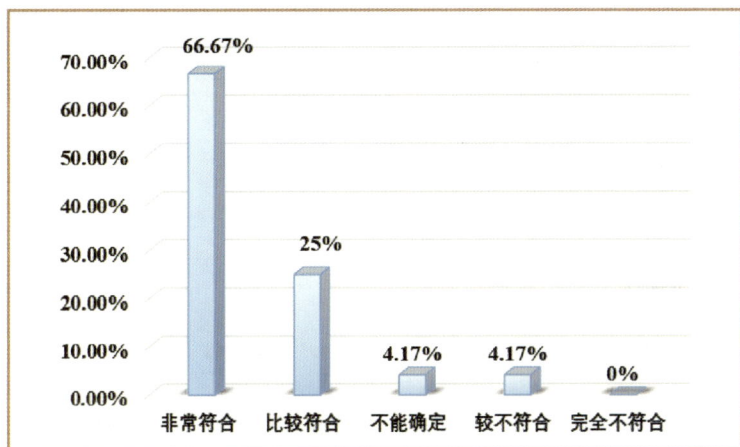

图 10-20 教学一线教师对于鲁班工坊专业设置是否为该国产业
发展亟需专业的认知情况

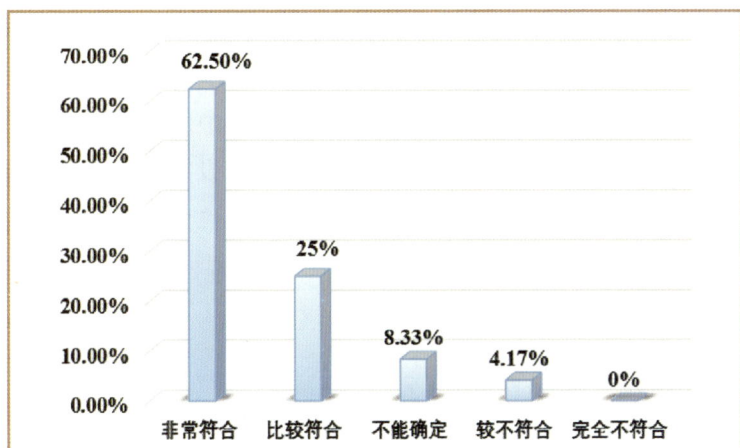

图 10-21 教学一线教师对于鲁班工坊专业设置是否为本校(院)
优势专业的认知情况

鲁班工坊项目中所选专业并不是该国产业发展亟须的专业（见图 10-20）。

教学一线教师对于鲁班工坊专业设置是否为本校（院）优势专业的认知程度较高，其中，62.5% 的教学一线教师认为鲁班工坊项目中所选专业是本学校（院）的优势专业，25% 的教学一线教师认为"'鲁班工坊'项目中所选专业是我们学校（院）的优势专业"比较符合，有 8.33% 的教学一线教师持中立态度，不确定鲁班工坊项目中所选专业是否为本学校（院）的优势专业，另有 4.17% 的教学一线教师认为鲁班工坊项目中所选专业并不是本学校（院）的优势专业（见图 10-21）。

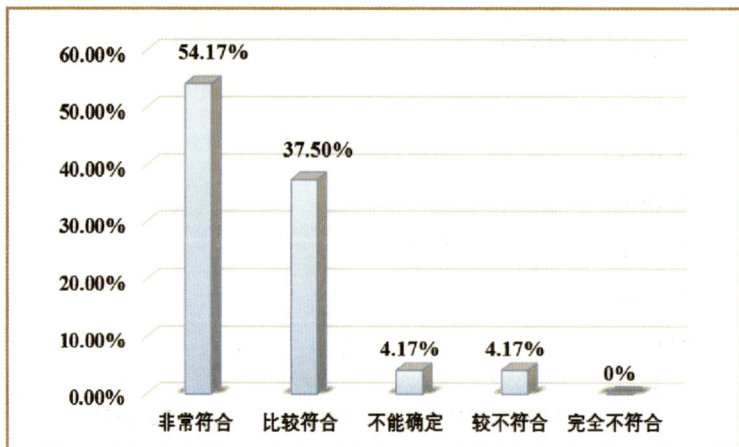

图 10-22　教学一线教师对于鲁班工坊专业设置是否能够满
足职业需求的认知情况

教学一线教师对于鲁班工坊项目中的专业设置能够满足职业需求持较为积极的态度，其中，54.17% 的教学一线教师认为鲁班工坊项目中的专业设置能够满足职业需求，37.5% 的教学一线教师认为鲁班工坊项目中的专业设置能够较为满足职业需求。有少部分教学一线教师对于鲁班工坊专业设置与职业需求匹配程度的认知较为模糊，其中，4.17% 的教学一线教师不确定鲁班工坊项目中的专业设置是否能够满足职业需求，还有 4.17% 的教学一线教师认为鲁班工坊项目中的专业设置不能很好满足职业需求，见图 10-22。

二、鲁班工坊专业设置原则

（一）鲁班工坊专业设置需要对接该国产业发展需求

鲁班工坊合作国家产业结构反映了该国各种生产资源在空间上的配置及其横向经济联系，产业结构决定了人才需求结构，只有当合作国家产业结构和人才培养结构协调发展时，鲁班工坊才能最大限度地服务合作国家产业转型升级。鲁班工坊项目做好专业发展规划，优化专业结构和资源配置，根据产业结构设置专业，对服务国家经济社会发展和区域产业转型升级有着重要意义。产业结构是专业设置的前提。职业教育是与经济联系最密切的教育类型，其价值实现是以满足经济社会发展人才需求为基本衡量标准，其专业设置必须以产业结构为依据。职业教育培养具有区域特色的高素质劳动者和技术技能人才，满足产业发展的人才需求，既是发挥自身时代价值的途径，也是提升自身社会认可度和吸引力的关键。

（二）鲁班工坊专业设置需要以两国学校（院）优势专业为基础

学校（院）的优势专业集中了大部分专业教学资源，具有较好的师资建设和硬件设备基础，对于鲁班工坊专业设置具有较好的基础性作用。但是由于两国政治、经济、社会、文化等不同，合作国家学校（院）的专业设置与我国的专业设置可能存在无法直接对接的情况，这就需要以两国学校（院）优势专业为基础。

（三）鲁班工坊专业设置需要满足学生未来职业发展需求

鲁班工坊专业设置既要满足合作国家经济社会发展的人才需要，也要满足学生未来职业发展需求，即鲁班工坊专业设置应该将合作国家的经济社会人才需求与学生职业生涯发展需求相整合，使合作国家的经济社会人才需求与学生职业生涯发展需求相一致。这样可以在满足学生学习成长和就业发展需要的同时，保证学生学习内容对未来就业和职业发展起到有效支持。尤其是在大数据、物联网、人工智能、5G等新一代信息技术的影响下，技术技能人才在劳动力市场面临被职业替代的风险，鲁班工坊专业设置应该超前预判学生未来就业和创业的职业发展需求，为规避职业风险作好准备。

第四节　鲁班工坊教学组织与实施

教学是鲁班工坊人才培养的核心问题。鲁班工坊教学特点、教学目标、教学内容、教学方式、教学资源以及课程设置情况是教学过程中需要集中探索的问题。其中，工程实践创新项目教学模式（EPIP）是鲁班工坊教学的关键内容，EPIP是我国吸收了德国、美国等国家先进的职业教育理念和方法，结合中国实际情境，以工程项目为导引，以实践应用为导向，以创新能力培养为目标，以项目实践为统领的应用型高素质劳动者和技术技能人才培养新途径，鲁班工坊的教学全过程均是围绕EPIP进行开展并不断发展的。

一、鲁班工坊教学特点

鲁班工坊人才培养是系统化的，在教学领域集中体现为教学模式、教学标准、教学装备与教学资源的整体建设，主要包括4个方面的教学特点。[①]

---

① 参见杨延：《鲁班工坊建设的动因、内涵与特征分析》，《中国职业技术教育》，2019年第28期。

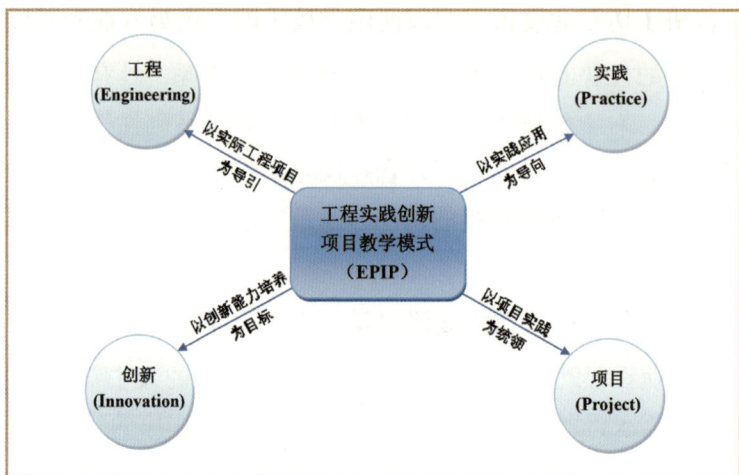

图 10-23　鲁班工坊工程实践创新项目教学模式（EPIP）示例图

（一）教学模式的创新化

EPIP 是鲁班工坊教学中最为关键和最具创新的内容，是天津国家职业教育改革创新示范区在借鉴发达国家经验的基础上创建的教学模式，具有明显的中国特色以及基于中国特色职业教育教学的创新性。这一教学模式是遵循职业教育的规律，以实际工程项目为导引，以实践应用为导向，以创新能力培养为目标，以项目实践为统领而创建的。EPIP 强调职业教育的教学过程必须是基于学生综合职业能力的发展，将理论教学与实践教学融合为一体，创设工作的情景氛围，借助典型的工作项目，使学生能够在完成经过系统设计的、完整的、真实的工程项目过程中，形成与发展学生的综合职业能力与创新能力（见图 10-23）。

在鲁班工坊的教学过程中，学生的学习过程可以被分成 6 个步骤：收集信息、制定计划、确立实施方案、具体实施、成果检查与总结评估，这 6 个步骤既是 EPIP 的教学步骤也是实际工作的步骤，借助完整的、真实的工作过程来训练学生，帮助其更好地理解实际的工作方式、提高综合职业素养、形成自觉行为。因此，在教学设计上，强调以专业核心技术或者技能为基础，确立职业教育各个阶段的课程的知识、技能与价值观，整体构建专业课程体系，实现核心技术教学与课程设置、教学环境设计、学生校内外实习实训、职业资格考试 4 个对接。在教学组织与实施上，借助教育的软硬件技术，为学生营造真实的或接近真实的工程环境，通过从简单到复杂，从单项到综合的工程项目，帮助其形成工程思维与工程素养，提升学生发现问题、分析问题、解决问题的能力。

（二）教学标准的国际化

鲁班工坊的教学标准具有明显的国际化特点，其国际化教学标准是以天津市承担教育部借鉴国外先进经验开展职业教育部分专业教学标准开发试点工作成果为基础，按照对等原则，遵循中外双方的共同要求，由双方的专业教师结合本土国家的行业发展水平、学校专业教育水平合作开发建设的，强调与国际型企业的需求标准相匹配，与国际职业资格证书要求相对接，注重将国际先进的工艺流程、技术与服务标准等与本土的专业教育内容、职业资格证书标准相互融合，实现国际化综合要素深度融入专业教育教学的全过程。

目前，在已经建成的 8 个鲁班工坊中已经开设了 23 个国际化专业。这些专业正逐步得到合作国家的教育主管部门认证，进入合作国的国家职业教育体系，成为国家职业教育学历教育和职业培训专业教育标准。例如，泰国鲁班工坊开发的机电一体化专业标准，其专业教学标准是根据泰国经济建设的实际需要和我国"一带一路"倡议的需要，由天津渤海职业技术学院与泰国大城技术学院联合开发的。该标准融合了计算机应用、机电一体化、自动化控制的相关专业知识与技能，教学目标定位为培养能够从事机电设备（数控设备、自动化生产线等）的安装调试、操作运行、维护维修、技术改造等生产一线工作，熟悉中国机电工艺技术、标准和产品的泰国本土化技术技能人才。其核心的技术技能要求包括：掌握机械设备状态检测与故障诊断和机电设备管理；具有计算机辅助设计与测绘、计算机辅助制造能力；具有良好沟通能力、团队协作意识以及自主创新能力等。2017 年 8 月，机电一体化国际专业通过了泰国职业教育委员会的审核答辩，纳入了泰国国家学历职业教育体系，成为泰国职业院校专业教育的教学标准。

（三）教学资源的整合优化

鲁班工坊教学资源的建设是全部资源的整合优化，既有纸质教材，也有训练装备，还有多媒体课件以及专题教学网站等，具体包括三个方面。

第一，教学资源开发嵌入 EPIP。以工程实践创新项目教学模式为基准，围绕 EPIP 的实施与应用，以工程项目为主线，采取项目驱动、任务引领的方式编写，内容设计从单项技术到综合技术，逐步增加项目任务的技术难度和技术综合水平，每个项目的设计遵循真实工作的组织流程，包含任务提出、信息咨询、工作步骤制订、材料准备清单、工艺流程、项目评价以及项目拓展等诸多方面，使学生在完成工程项目的过程中逐渐形成综合职业能力，同时借助拓展项目的设计，要求学生以小组为单位完成创新项目的设计与实施，促进学生创新意识与创新能力的形成。

第二，教学资源开发双语化。鲁班工坊的实施效果受语言因素的影响很大，因此鲁班工坊的课程标准、教材开发均采用双语形式，以中文和合作国家的语言来编写。双语课程资源的开发不仅是为了国际化专业的专业知识、专业技能的有效传递，也是为提高海外学生的跨文化交往能力，通过将语言文化的学习与职业技术技能的学习紧密联系起来，使海外学生在学习中国先进的、系统的职业技术技能的同时，加强对中国文化的认同，更好地理解中国与本国之间的文化差异，培养真正了解中国技术、认同中国文化的，具有跨文化交往能力和综合职业能力的高素质技术技能人才。

第三，教学资源形式多样化。为更好地提高职业院校学生的学习兴趣与对教学内容的准确理解，教学资源的编写采用图文并茂的形式，通过丰富的图表、形象的图片等方式对各个技术要点进行清晰描述，使学生可以直观地了解各种设备运行、工艺流程，从而激发学生的学习兴趣。

第四，教学资源的信息化和网络化。为保证海外鲁班工坊的教学质量，实现与中国国内专业教学的同质化，建立空中课堂是每一个鲁班工坊基础建设的必要条件，其目的是借助"互联网+"将中国专业教育的教学标准准确地在海外实施，为此鲁班工坊的建设学校开发了大量的多媒体课件，以满足空中课堂的教学需求。例如，英国鲁班工坊以津菜烹饪专业的制作技术为基础，对照英国的餐饮专业要求，将中餐热菜制作、盘饰及冷素制作、面点制作、津派面塑、中餐饮食礼仪文化 5 个模块的教学内容制作成视频课件，形成 850 个小时的学习资源，中餐制作的各个环节、技术要领等内容以视频的方式准确地呈现出来，有效地保障了英国的专业教育的教学水平。

二、鲁班工坊教学现状

（一）教学目标

在教师调查中，在教学目标方面，教学一线教师对于完成鲁班工坊教学目标的评价较高。其中，75% 的教学一线教师认为自己很好地完成了教育教学目标，16.17% 的教学一线教师认为自己较好地完成了教育教学目标，两者之和占到了全部调查教师人数的 91.17%（见图 10-24）。

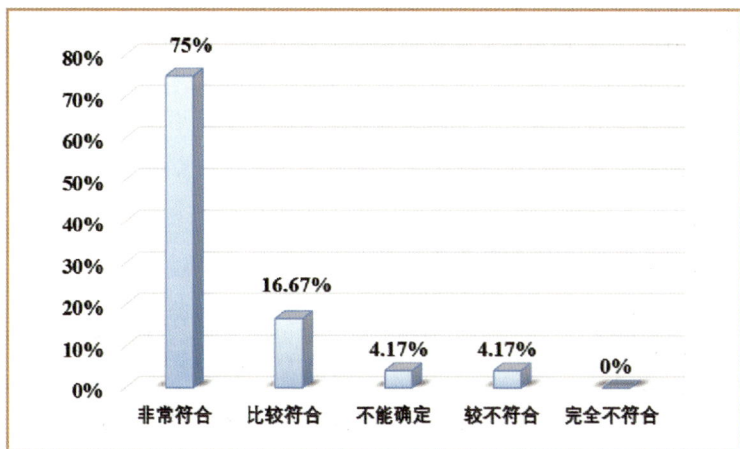

图 10-24　教学一线教师认为自己很好地完成了教育教学目标的情况

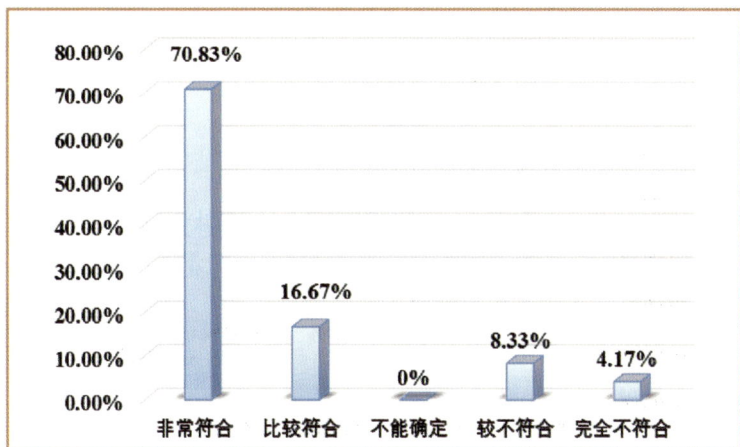

图 10-25　教学一线教师认为鲁班工坊课程内容设置更加科学合理的情况

（二）教学内容

在教学内容方面，教学一线教师对于鲁班工坊项目的课程内容设置优于我国原来的内容设置，能更好地满足学生发展需求的评价较高。其中，70.83%的教学一线教师认为非常符合，16.67%的教学一线教师认为比较符合，两者之和占到了全部调查教师人数的87.5%（见图10-25）。

对于会将中国教师对自身培训的内容全部传授给学生的评价中，70.83%的教学一线教师认为非常符合，16.67%的教学一线教师认为比较符合，4.17%的

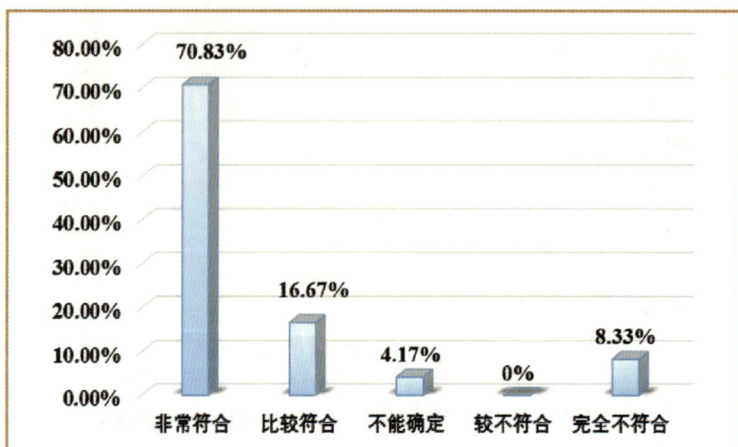

图 10-26　教学一线教师认为自己会将培训内容全部传授给学生
的情况

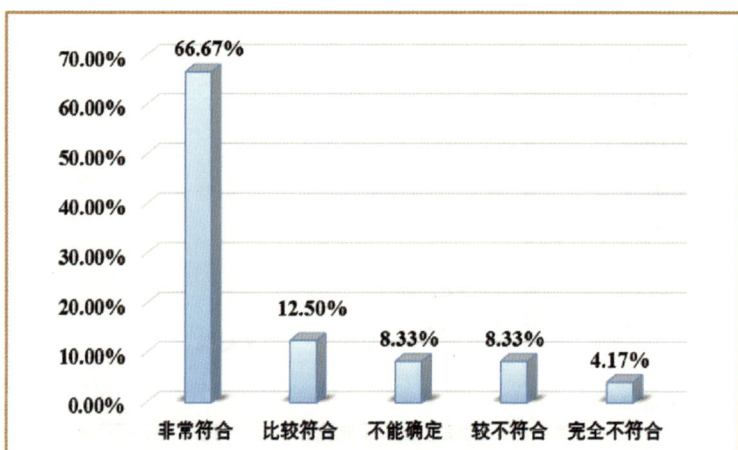

图 10-27　教学一线教师认为自己会将培训内容进行整合后再传
授给学生的情况

教学一线教师不能确定，另有 8.33% 的教学一线教师认为完全不符合（见图
10-26）。

对于会将中国教师对自己培训的内容进行整合后再传授给学生的评价中，
66.67% 的教学一线教师认为非常符合，12.5% 的教学一线教师认为比较符合，8.33%
的教学一线教师不能确定，另有 8.33% 的教学一线教师认为较不符合， 4.17% 的
教学一线教师认为完全不符合（见图 10-27）。

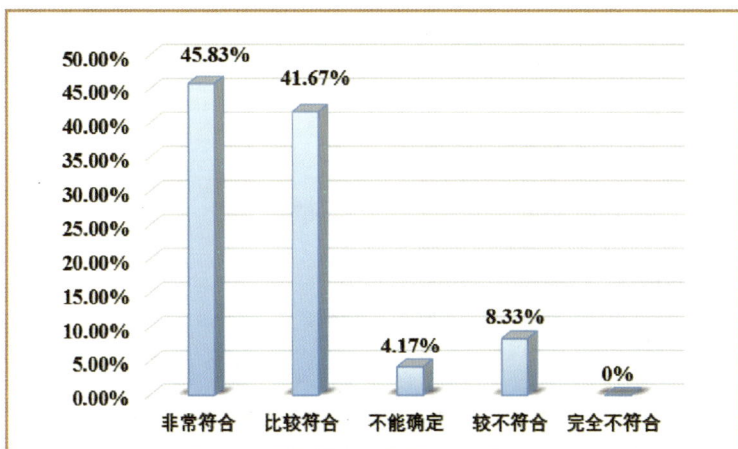

图 10-28 教学一线教师认为自己能够熟练地将 EPIP 应用到教学的情况

图 10-29 教学一线教师认为 EPIP 的教学效果很好的评价情况

（三）教学方式

在教学方式方面，教学一线教师对于能够熟练地将 EPIP 应用到教学中的评价较高。其中，45.83% 的教学一线教师认为非常符合，41.67% 的教学一线教师认为比较符合，两者之和占到了全部调查教师人数的 87.5%（见图 10-28）。

教学一线教师对于 EPIP 的教学效果的评价较高。其中，66.67% 的教学一线教师认为 EPIP 的教学效果很好，20.83% 的教学一线教师认为 EPIP 的教学效果较好，两者之和占到了全部调查教师人数的 87.5%（见图 10-29）。

在教学方式方面，本研究也针对鲁班工坊学生对于 EPIP 教学方式的满意度进

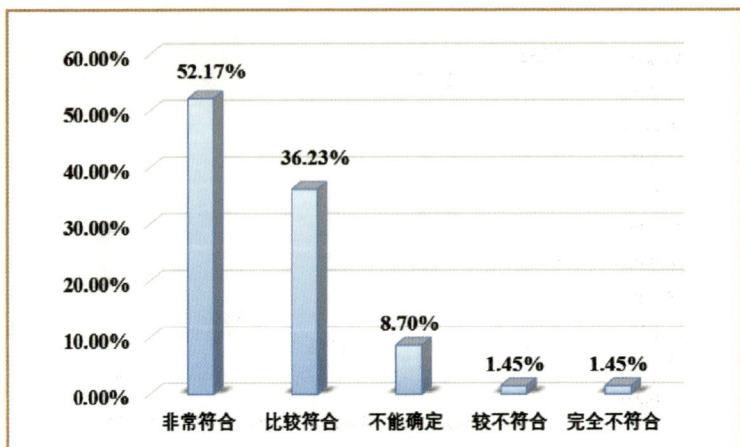

图 10-30　学生对鲁班工坊项目的教学方式十分满意的评价情况

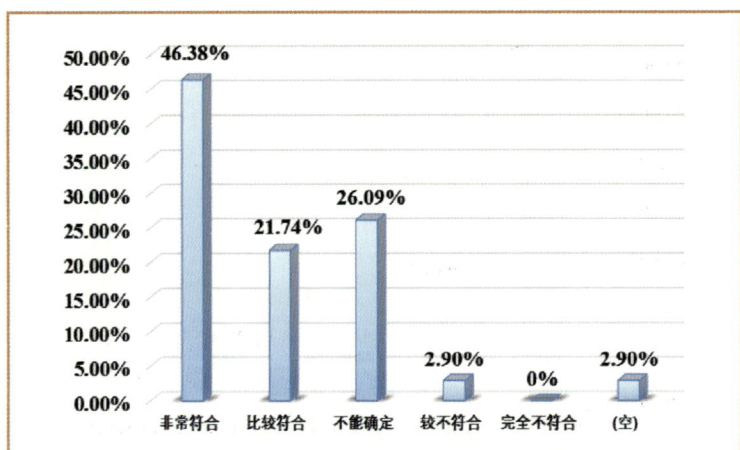

图 10-31　有中国学习经历的学生对两国教学方式的教学效果
的评价情况

行了调查。调查数据显示，52.17% 的学生对鲁班工坊项目的教学方式十分满意，36.13% 的学生对鲁班工坊项目的教学方式较为满意，两者之和占到了全部调查学生人数的 88.4%（见图 10-30）。

在上述对鲁班工坊学生对于 EPIP 的满意度进行调查的基础上，本研究还对有中国学习经历的学生进行了专题调查，让其比较两国教学方式的教学效果情况。调查数据显示，在对中国教师的教学方式比国内教师的教学方式更有效的评价中，46.38% 的学生认为非常符合，21.74% 的学生认为比较符合，26.09% 的学生认为不能确定，另有 2.9% 的学生认为较不符合（见图 10-31）。

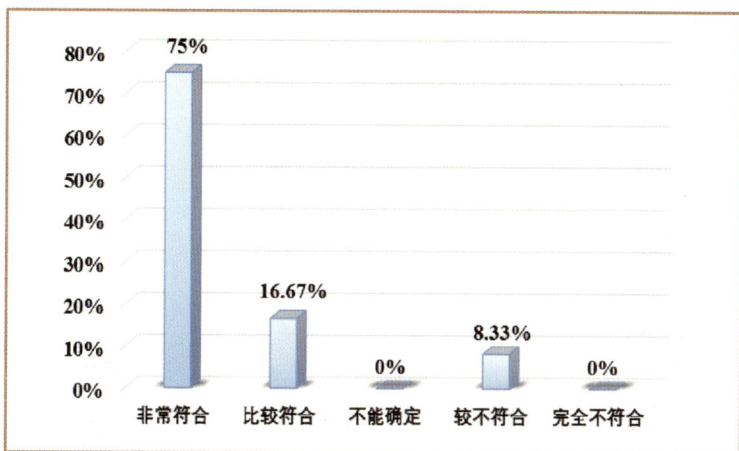

图 10-32 教学一线教师认为自己能够熟练运用信息化资源进行授课的情况

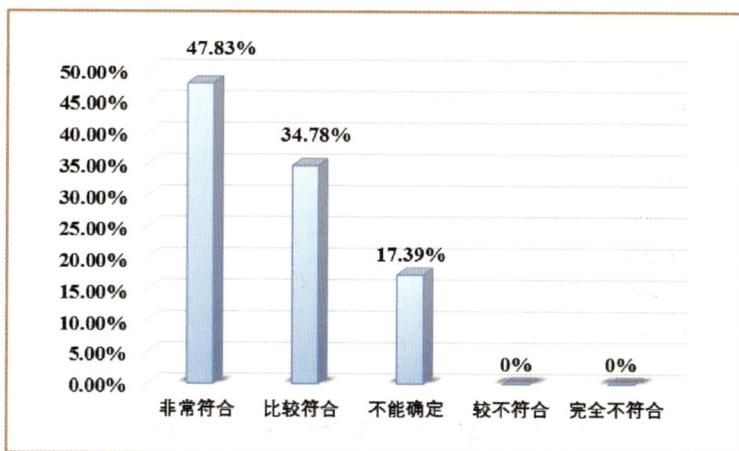

图 10-33 鲁班工坊学生对"鲁班工坊项目资源更加丰富"的判断情况

（四）教学资源

在教学资源方面，教学一线教师对于自己能够熟练运用鲁班工坊项目的信息化资源进行授课的评价较高，其中，75% 的教学一线教师认为非常符合，16.67% 的教学一线教师认为比较符合，两者之和占到了全部调查教师人数的 91.67%（见图 10-32）。

鲁班工坊学生对于鲁班工坊项目的人才培养资源比我国的人才培养资源更加丰富的评价也十分积极。其中，47.83% 的鲁班工坊学生认为非常符合，34.78% 的鲁班工坊学生认为比较符合，两者之和占到了全部调查学生人数的 82.61%（见图 10-33）。

在硬件设施配置方面，鲁班工坊学生对于鲁班工坊教学硬件设施能够很好地

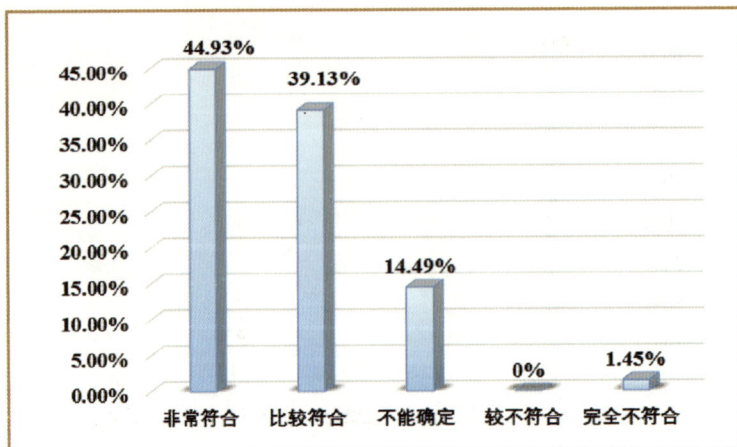

图 10-34　鲁班工坊学生对"教学硬件设施能够很好地满足学习需求"的判断情况

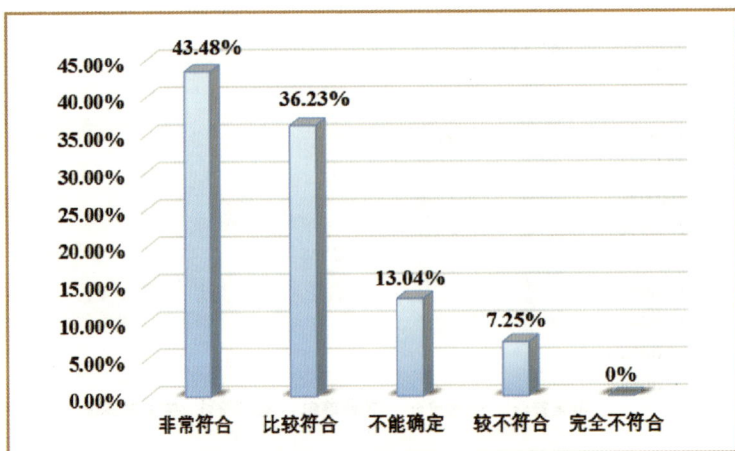

图 10-35　鲁班工坊学生对"教学氛围十分满意"的判断情况

满足学习需求的评价较高。其中，44.93% 的鲁班工坊学生认为非常符合，39.13% 的鲁班工坊学生认为比较符合，两者之和占到了全部调查学生人数的 84.06%（见图 10-34）。

在教学氛围方面，鲁班工坊学生对于鲁班工坊教学氛围十分满意给予了正向评价。其中，43.48% 的鲁班工坊学生认为非常符合，36.23% 的鲁班工坊学生认为比较符合，两者之和占到了全部调查学生人数的 79.71%（见图 10-35）。

在师资水平方面，鲁班工坊学生对于鲁班工坊当前授课教师的教学水平很高给予了积极评价，其中，46.38% 的鲁班工坊学生认为非常符合，39.13% 的鲁班工坊学

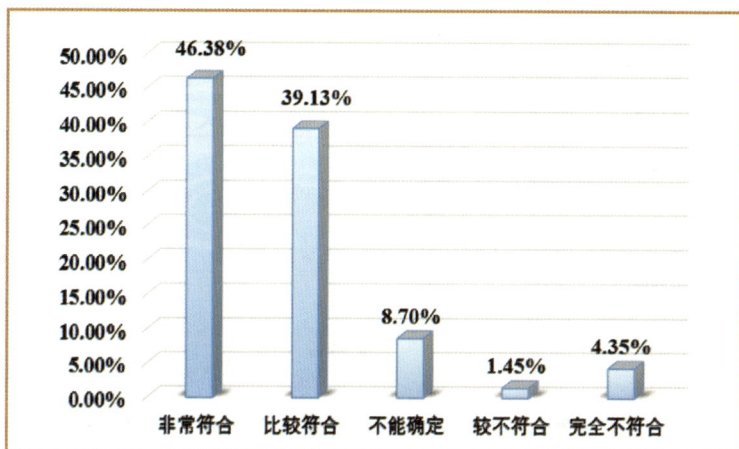

图 10-36 鲁班工坊学生对"授课教师的教学水平很高"的判断情况

图 10-37 鲁班工坊学生对当前学习的理论课程设置十分满意
的评价情况

生认为比较符合，两者之和占到了全部调查学生人数的 85.51%（见图 10-36）。

（五）课程设置

在学生调查中，主要是围绕鲁班工坊学生对课程设置的满意情况进行调查。由于课程设置主要包括理论课程和实践课程，所以问卷主要就理论课程和实践课程的课时量、难易程度等方面进行了调查。

1. 理论课程

整体而言，鲁班工坊学生对于理论课程设置满意度较高。其中，52.17% 的学生对当前学习的理论课程设置十分满意，44.93% 的学生对当前学习的理论课程设

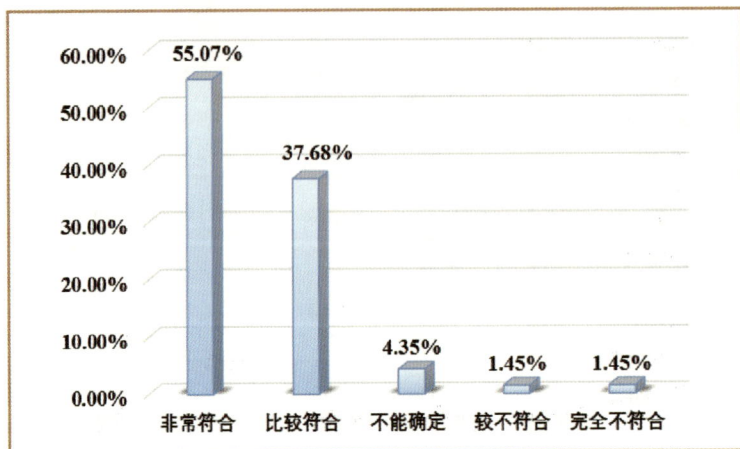

图 10-38　鲁班工坊学生认为理论课程能帮助自己适应未来的
工作要求的情况

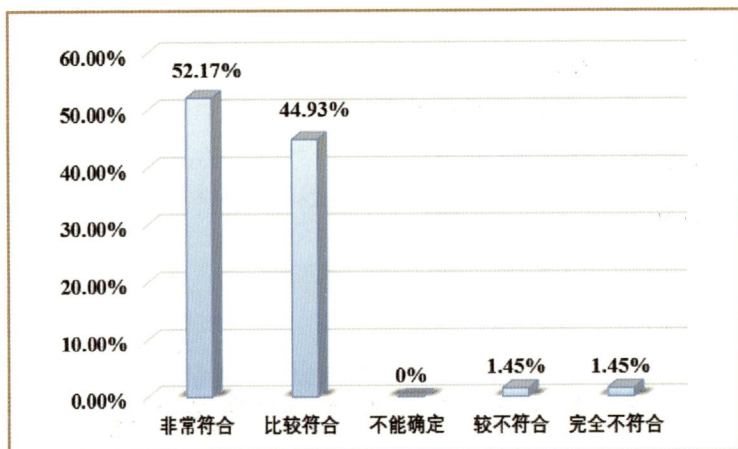

图 10-39　有中国学习经历的鲁班工坊学生对两国理论课程内
容量的评价情况

置较为满意，两者之和高达 97.1%（见图 10-37）。

　　鲁班工坊学生对于当前学习的理论课程能帮助自己适应未来的工作要求的评价较高，其中，55.07% 的学生认为非常符合，37.68% 的学生认为比较符合，两者之和高达 92.75%（见图 10-38）。

　　在上述鲁班工坊学生对理论课程设置满意度进行总体调查的基础上，本研究还对有中国学习经历的学生进行了专题调查，让其比较两国理论课程内容的学习量和学习难易程度。调查数据显示，在对中国学习的理论课程内容比在国内学习的理论课程内容多的评价中，59.42% 的学生认为非常符合，20.29% 的学生认为比较符合，11.59% 的学生认为不能确定，另有 4.35% 的学生认为较不符合，（见图 10-39）。

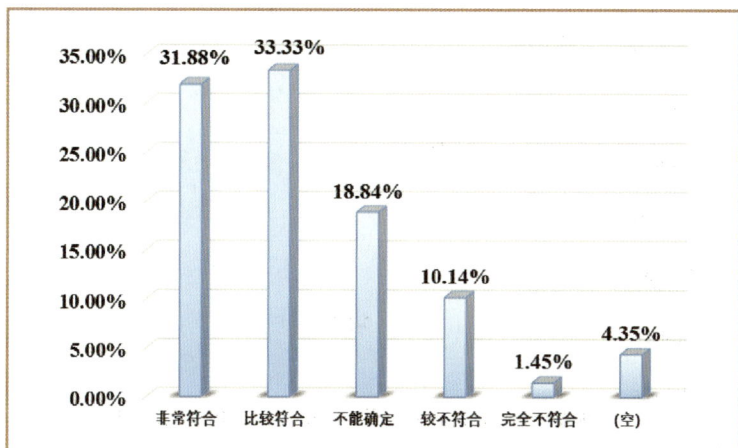

图 10-40 有中国学习经历的鲁班工坊学生对两国理论课程内容难
易的评价情况

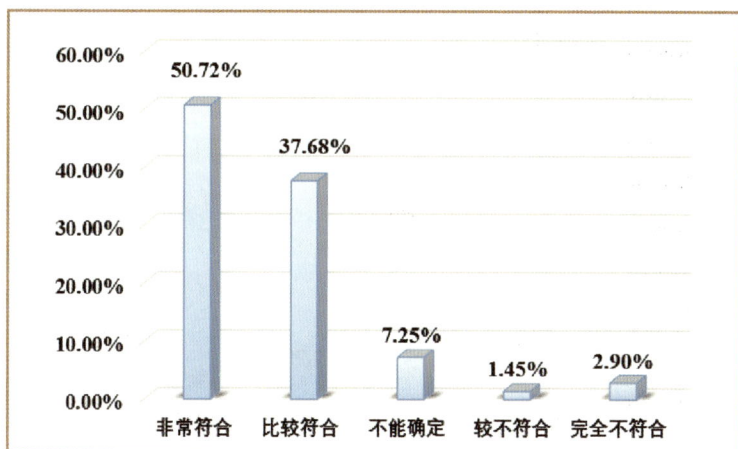

图 10-41 鲁班工坊学生对当前学习的实践课程设置十分满意
的评价情况

在对中国学习的理论课程内容比在国内学习的理论课程内容难的评价中，
31.88% 的学生认为非常符合，33.33% 的学生认为比较符合，18.84% 的学生认为
不能确定，另有 10.14% 的学生认为较不符合，1.45% 的学生认为完全不符合，（见
图 10-40）。

2. 实践课程

整体而言，鲁班工坊学生对于实践课程设置满意度较高。其中，50.72% 的学
生对当前学习的实践课程设置十分满意，37.68% 的学生对当前学习的实践课程设
置较为满意，两者之和占到了全部调查学生人数的 88.4%（见图 10-41）。

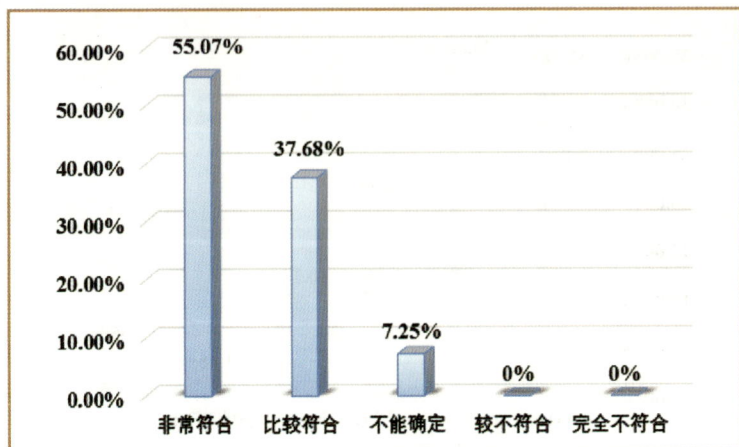

图 10-42　鲁班工坊学生认为实践课程能帮助自己适应未来的
工作要求的情况

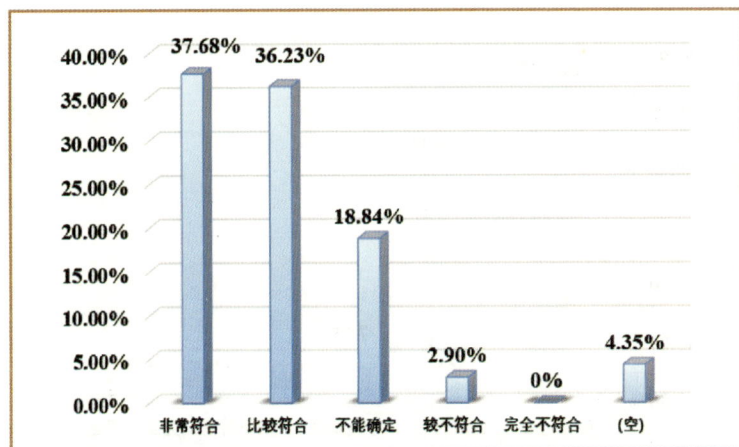

图 10-43　有中国学习经历的鲁班工坊学生对两国实践课程内
容量的评价情况

　　鲁班工坊学生对于当前学习的实践课程能帮助我适应未来的工作要求的评价较高。其中，55.07% 的学生认为非常符合，37.68% 的学生认为比较符合，两者之和高达 92.75%（见图 10-42）。

　　在上述鲁班工坊学生对实践课程设置满意度进行总体调查的基础上，本研究还对有中国学习经历的学生进行了专题调查，让其比较两国实践课程内容的学习量和学习难易程度。调查数据显示，在对中国学习的实践课程内容比在国内学习的实践课程内容多的评价中，37.68% 的学生认为非常符合，36.23% 的学生认为比较符合，18.84% 的学生认为不能确定，另有 2.9% 的学生认为较不符合（见图 10-43）。

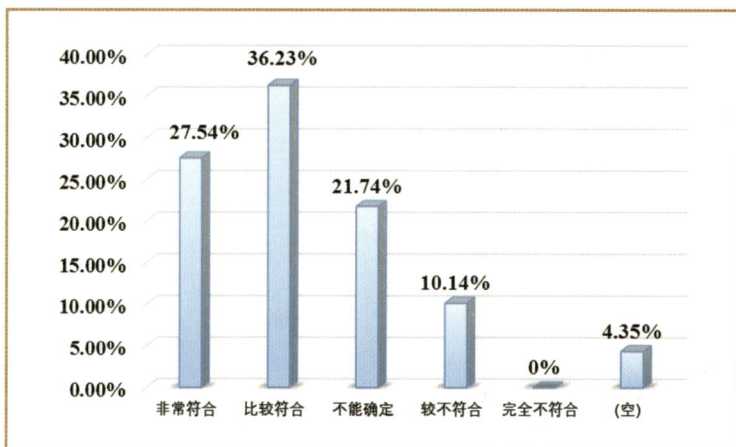

图 10-44　有中国学习经历的鲁班工坊学生对两国时间课程内
容难易的评价

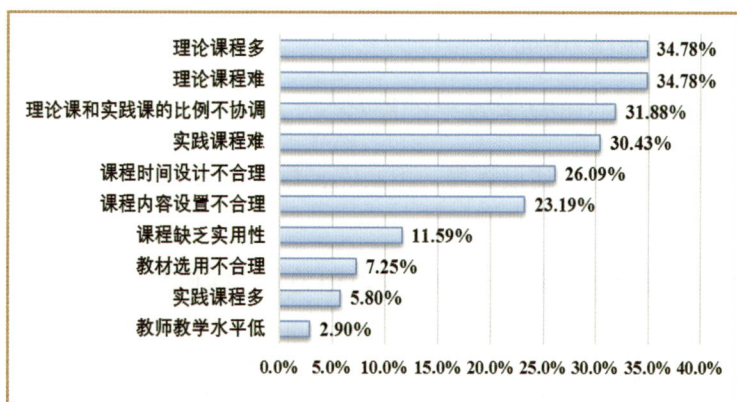

图 10-45　鲁班工坊学生对于课程设置不满意的原因情况

在对中国学习的实践课程内容比在国内学习的实践课程内容难的评价中，27.54% 的学生认为非常符合，36.23% 的学生认为比较符合，21.74% 的学生认为不能确定，另有 10.14% 的学生认为较不符合（见图 10-44）。

此外，还针对鲁班工坊学生的课程设置不满意原因进行了调查，调查数据发现，"理论课程多"（34.78%）、"理论课程难"（34.78%）和"理论课和实践课的比例不协调"（31.88%）是鲁班工坊学生对于课程设置不满意的三大原因（见图 10-45）。

在此基础上，本研究还对有企业参与人才培养经历的学生进行了专题调查，探索鲁班工坊学生对企业实习实训效果的满意程度。调查数据显示，39.13% 的鲁

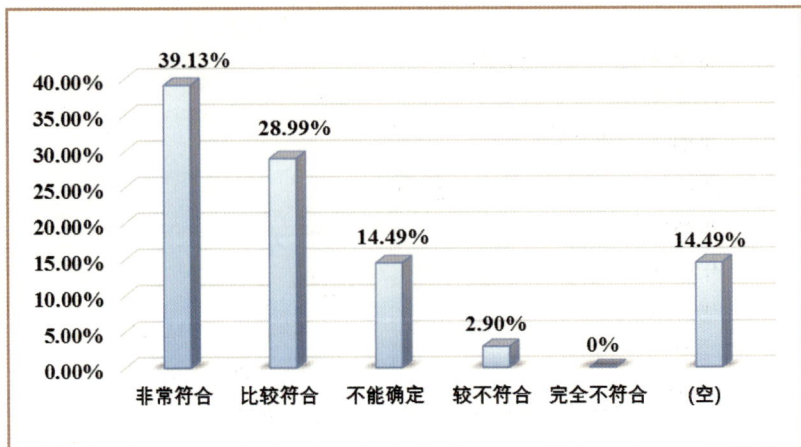

图 10-46　鲁班工坊学生对企业实习实训效果的满意程度情况

班工坊学生对企业实习实训效果十分满意，28.99% 的鲁班工坊学生对企业实习实训效果比较满意（见图 10-46）。

三、提高鲁班工坊教学效果的路径

设计并制定鲁班工坊建设章程，不断完善鲁班工坊工作机制，可以有效提升教学质量。

（一）以师资建设为核心，建立利益相关者协同机制

要打造鲁班工坊的品牌，积极发挥我国职业教育在海外的影响力，关键是全方位提升其办学水平和教学质量，这就要协同整合鲁班工坊项目相关者的利益诉求。提升教学质量的核心在于师资建设，鲁班工坊教学一线教师是提升教学质量的重要部分，通过直接参与教学过程来影响教学质量。因此，提高鲁班工坊教学效果的重要途径之一，就是要高标准遴选教师，准确获取教师教学需求，提高教师培训质量。

加强中外教师交流频率，及时、准确地掌握教学一线教师教学需求，提高教师培训质量。当前，中外教师交流主要是通过中方教师为外方教师培训实现，内容主要以专业课程内容为主。在此基础上，应该进一步加强中外教师交流频率，为双方教师提供更多交流机会和途径，让双方教师深入了解合作国家的教育需求和学生需求，及时掌握培训教师的培训需求和发展需求，有针对性地提供培训供给，进而提升教师培训质量。

（二）联合多方力量，建设高水平教学实训基地

为全面培养鲁班工坊学生的实践动手能力和综合素养，应加强实训环节的教学，设置"教—学—做"为一体的教学实训区域，切实提升学生的职业技能。建设高水平的教学实训基地是解决应用型人才培养的关键措施。第一，充分调动社会力量参与，开拓多渠道筹集建设经费。第二，仅靠两国校内的实训基地难以很好满足鲁班工坊学生专业发展的实际需求，可以与第三校或者校外企业合作建设校外实训基地，帮助学生快速适应从学校到岗位的过渡。

（三）加强教学过程监管力度，构建柔性化教学质量评价体系

鲁班工坊项目建设是一个长期过程，整体建设和发展质量很大程度上取决于学生教育教学过程的质量。当前，主要面临以下困境：

其一，受到文化和地域的限制，中国教师难以长期在国外亲自监测教学质量，物理距离远、文化差异大等成为阻碍鲁班工坊教学过程质量监测的主要因素。

其二，部分合作国家的信息技术发展水平和资源供给能力与我国差距较大，跨国建立教学过程监测信息技术平台的物理和技术条件尚不具备。当前，已经建立鲁班工坊合作关系共建的"一带一路"国家大部分为发展中国家，其信息技术发展水平和资源供给能力较为薄弱，数字资源匮乏，仍然面临物理接入方面的第一道"数字鸿沟"，想要在两国之间建立教学过程监测信息技术平台的难度很大。

其三，合作国家的经济、社会、文化差异非常大，设计统一的教学质量评价标准并不科学，但是针对不同合作国家设计出个性化的鲁班工坊教学质量评价标准和评价体系的难度非常大。因此，鲁班工坊的建设与发展，要加强教学过程监管力度，构建相应的教学质量评价指标体系，定期开展对海外鲁班工坊建设情况和人才培养状况的评价工作，以确保其优质高效运行。[1]

针对上述困境，可以从以下三个方面进行突破：

第一，深度实施 EPIP 教学模式，对鲁班工坊运行管理、教学质量等情况进行科学评估，促进教学成果转化及交流。[2]

第二，从宏观、中观和微观三个层面设立构建柔性化教学质量评价体系，其中宏观层面包括合作国家的政治、经济、文化、社会、环境等实际情况，中观层面包括合作国家的产业发展、就业情况、教育制度和体系情况等实际情况，微观

---

[1] 参见吕景泉：《服务"一带一路"，职业教育的新作为——鲁班工坊》，《天津职业院校联合学报》，2018 年第 20 期。

[2] 参见李名梁、贺珍珍：《鲁班工坊研究：内涵与发展路径》，《中国职业技术教育》，2019 年第 12 期。

层面包括合作国家的师资建设、硬件设备、基准教学条件和水平等实际情况。统筹将上述因素纳入到鲁班工坊教学质量评价过程中，构建满足国家、企业、院校和个人等多层次多方面需求的个性化鲁班工坊教学质量评价标准和评价体系。

第五节 鲁班工坊毕业生就业质量情况

就业质量是检验鲁班工坊建设和发展质量的重要内容，因此需要深入了解鲁班工坊毕业生流向和就业趋势，把握其就业现状，剖析就业质量存在的主要问题，进而提出提升鲁班工坊毕业生就业质量的对策。

一、鲁班工坊毕业生流向和就业趋势

整体而言，鲁班工坊项目在当地受欢迎程度较高。通过对鲁班工坊教学一线教师的调查显示，在对鲁班工坊项目在当地很受欢迎的评价中，58.33% 的教学一线教师认为非常符合，16.67% 的教学一线教师认为比较符合，两者之和占到全部被调查教师总数的 75%（见图 10-47）。

由于鲁班工坊专业设置和课程设置均融合了中国和合作国家的专业资源和课程资源，不论是在学习内容还是在学习难度上均有所提升，所以对鲁班工坊毕业

图 10-47 教学一线教师认为鲁班工坊项目在当地受欢迎程度的情况

图 10-48　鲁班工坊学生对"能够顺利毕业很难，我感到很大
压力"的判断情况

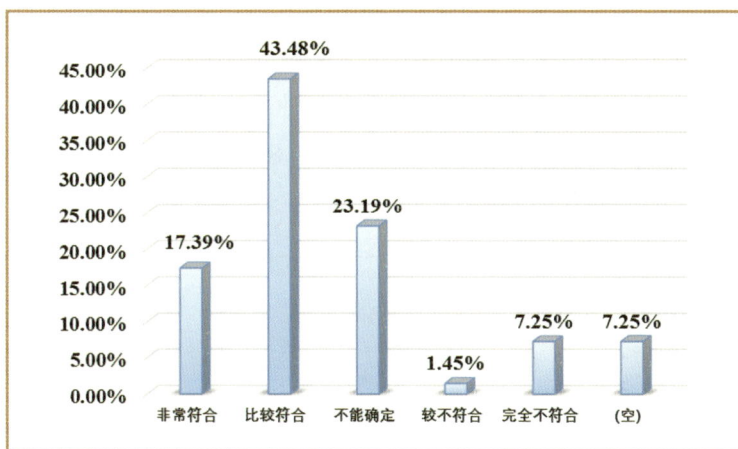

图 10-49　鲁班工坊学生对"在中国能够顺利毕业更加困难"
的判断情况

生提出了挑战。调查数据显示，对于"能够顺利毕业很难，我感到很大压力"的判断，有 23.19% 的学生认为能够在鲁班工坊顺利毕业很难，在学习过程中感到很大压力，有 31.88% 的学生认为毕业较难，压力较大（见图 10-48）。

通过调查有中国学习经历鲁班工坊学生显示，60.87% 的鲁班工坊学生认为与本国学习毕业要求相比，在中国能够顺利毕业更加困难（见图 10-49）。

对于影响毕业的主要困难，学生认为"课程内容太多，无法全部掌握"（82.61%），"课程内容太难，难以完全掌握"（81.16%）和"教学资源短缺，学习效果不理想"

图 10-50　鲁班工坊学生认为影响毕业的主要困难情况

（72.46%）是最主要的三个困难（见图 10-50）。

虽然大部分鲁班工坊学生在学习过程中感到学习和毕业压力，但却认为当前的毕业标准有助于自身未来找到理想工作（见图 10-51）。

鲁班工坊毕业生流向主要有就业和升学两种主流趋势。职业教育的重要目标之一就是帮助学生实现高质量就业，调查显示，82.61% 的学生认为应该将能否找

图 10-51　鲁班工坊学生对"当前的毕业标准有助于找到理想工作"的判断情况

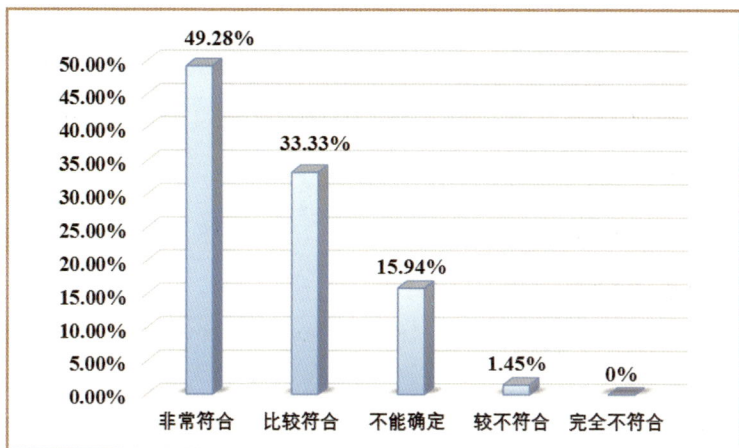

图 10-52　鲁班工坊学生对"将找到满意工作当作学习效果评价标准"的判断情况

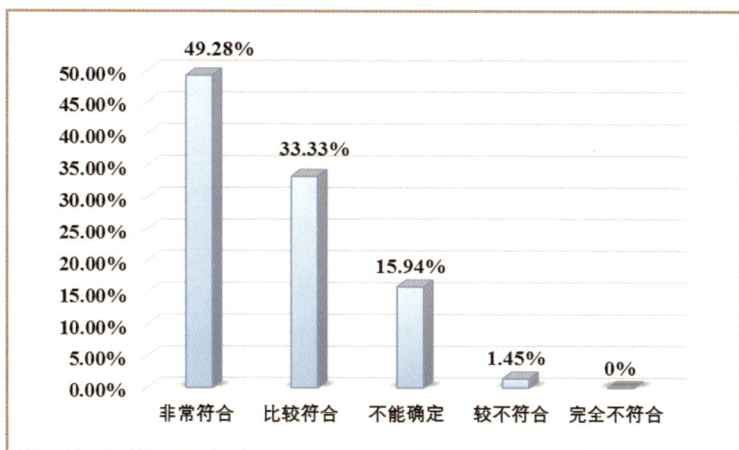

图 10-53　鲁班工坊学生未来就业的预期情况

到满意工作当作主要的学习效果评价标准（见图 10-52）。

　　鲁班工坊学生对于未来的就业预期，52.17% 的学生想去中资企业就业，49.28% 的学生想去本国企业就业，30.43% 的学生想去合资企业就业（见图 10-53）。

　　鲁班工坊学生的升学意愿也表现出了对中国的向往。调查数据显示，在有升学意愿的学生中，66.67% 的学生想去中国继续上学，43.48% 的学生想在本国继续

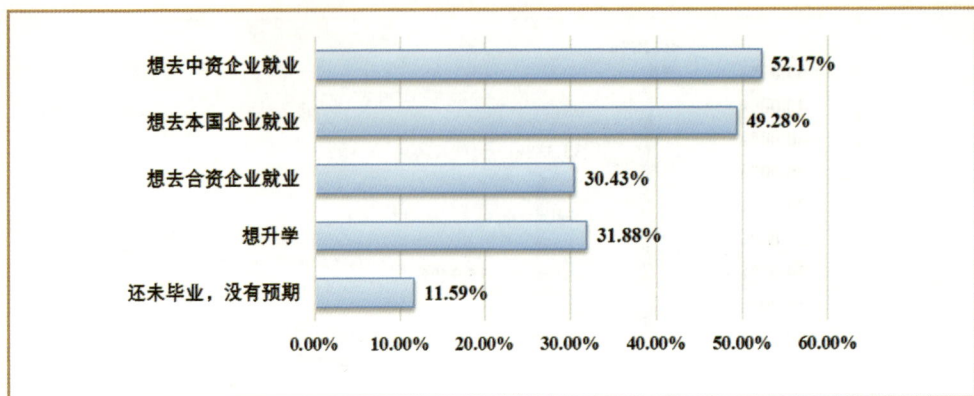

图 10-54　鲁班工坊学生升学意愿情况

上学（见图 10-54）。

二、鲁班工坊毕业生就业现状

2016 年，泰国鲁班工坊作为首个鲁班工坊项目开始招生，并于 2019 年迎来第一届毕业生。调查数据显示，对于鲁班工坊学生的就业前景，75% 的教学一线教师了解到鲁班工坊学生就业前景很好，8.33% 的教学一线教师了解到鲁班工坊学生就业前景较好，两者之和占到了全部调查教师人数的 83.33%。此外，有 4.17% 的教学一线教师不确定鲁班工坊学生的就业前景，另有 12.5% 的教学一线教师认为鲁班工坊学生的就业前景不容乐观（见图 10-55）。

对于鲁班工坊毕业生就业岗位与专业对口情况，66.67% 的教学一线教师发现鲁班工坊毕业生的就业岗位与专业对口率很高，20.83% 的教学一线教师发现鲁班

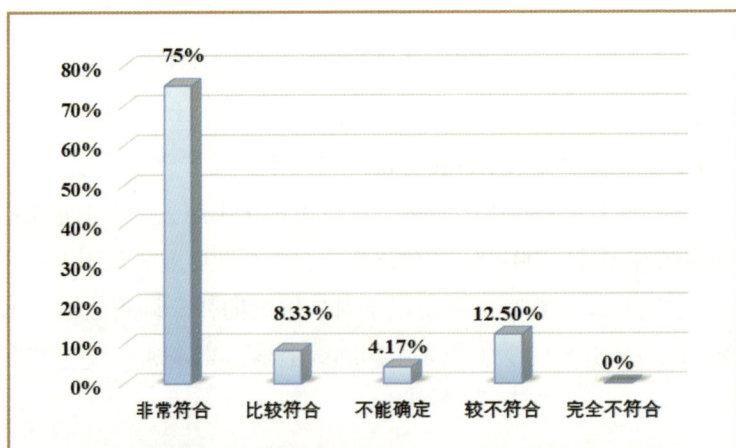

图 10-55　教学一线教师了解到鲁班工坊学生就业前景情况

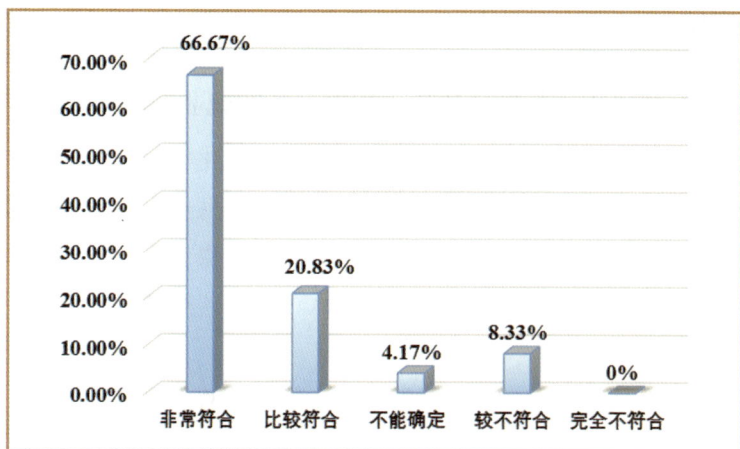

图 10-56　教学一线教师了解到鲁班工坊毕业生就业岗位与
专业对口情况

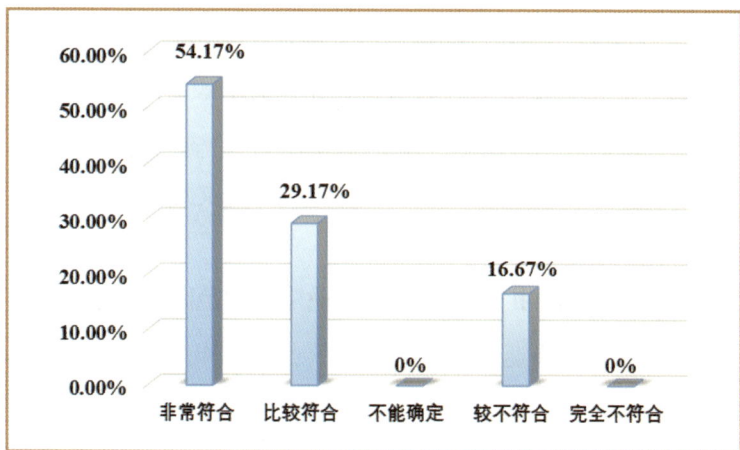

图 10-57　教学一线教师了解到鲁班工坊毕业生工作满意度情况

工坊毕业生的就业岗位与专业对口率较高，两者之和占到了全部调查教师人数的
87.5%。此外，另有 4.17% 的教学一线教师不了解鲁班工坊毕业生就业岗位与专业
对口情况，还有 8.33% 的教学一线教师认为鲁班工坊毕业生就业岗位与专业对口
率较低（见图 10-56）。

对于鲁班工坊毕业生的工作满意度情况，54.17% 的教学一线教师发现鲁班工
坊学生对自己工作的满意度很高，29.17% 的鲁班工坊学生对自己工作的满意度较
高，两者之和占到了全部调查教师人数的 83.34%；另有 16.67% 的教学一线教师
认为鲁班工坊毕业生的工作满意度较低（见图 10-57）。

三、提升鲁班工坊毕业生就业质量的途径

（一）提升鲁班工坊学历学位认可程度，拓宽就业空间

在教育全球化背景下，职业教育就业市场的国际化程度也在不断加深。实践证明，学历和学位的国际认可程度会直接影响学生的就业机会，其接受和认可程度越高，学生的国际就业竞争优势越明显，就业质量也会相应提升。因此，需要进一步提升鲁班工坊国际化专业的学历学位认可程度，拓宽鲁班工坊毕业生就业空间。

第一，参与学历学位认证认可的国际组织包括欧洲理事会（The Council of Europe）、欧盟（EU）和联合国教育、科学及文化组织（UNESCO），为实现鲁班工坊学生学历学位在更广阔范围得到认可，我国也要积极与国际组织沟通，参与建立国际学历学位认证和认可机制，保护鲁班工坊学生的合法权益，扩大鲁班工坊学生就业机会。

第二，截至 2015 年底，与中国签署了学历学位互认协议的国家和地区达到了40 多个，基于此，我国应该进一步努力提高和其他国家地区签订学历学位互认协议数量，使鲁班工坊毕业生学历学位在更多国家地区得到认可。

第三，主导构建"'一带一路'国家职业教育学历、文凭与学位相互承认公约"，为就业质量提供根本保证。

（二）联合多国媒体，扩大鲁班工坊毕业生就业范围，大幅度提高就业机会

随着现代信息技术的飞速发展，毕业生就业形式和范围发生了很大变化。应该充分利用中国和"一带一路"合作国家的媒体平台，提高鲁班工坊毕业生的就业质量。

第一，我国与合作国家针对鲁班工坊毕业生建立就业的融媒体、新媒体平台，充分发挥主流媒体的引领与带头作用，扩大鲁班工坊毕业生的就业搜寻范围，为鲁班工坊毕业生就业提供更多就业机会选择。

第二，利用大数据技术、移动互联网、5G 等新一代信息技术为鲁班工坊毕业生搭建就业需求数据库，为鲁班工坊毕业生提供有针对性的就业岗位，提高鲁班工坊毕业生就业满意度。

第三，为鲁班工坊毕业生提供更多到中国企业就业的机会。在问卷调查中，鲁班工坊学生的就业预期选择表现出了对中国的向往。其中，52.17% 的学生想去中资企业就业，位列第一。因此，我国和合作国家应该继续发挥主流媒体的舆论

导向作用，在使鲁班工坊学生深入了解中国的基础上，为其提供更多中国企业就业信息，提高鲁班工坊学生来华就业机会。

（三）搭建就业动态追踪体系，为鲁班工坊学生提供全过程就业跟踪评价

完善的就业动态追踪体系是提升鲁班工坊学生就业质量的重要保障，应该结合合作国家的经济社会需求和学生职业生涯发展需求，对鲁班工坊学生提供全过程就业跟踪评价。对毕业生入职一周、入职半年、入职三年、入职五年、入职十年等关键节点进行跟踪评价，随时为鲁班工坊毕业生提供有针对性的职业生涯发展规划指导，切实有效提升鲁班工坊毕业生的就业质量。

（四）合理嵌入创新创业教育课程与活动，促进就业质量提升

创新创业教育具有显著的就业质量效应，[1] 具备创新创业能力可以帮助学生实现从被动就业向主动就业和主动创新创业转变。鲁班工坊双方职业院校可以根据合作国家学生的发展特点，在人才培养方案中合理嵌入创新创业教育课程与活动，以创新创业能力提升促进鲁班工坊学生就业质量提升。

第一，设置创新创业课程，运用多类型创新创业的典型案例，让鲁班工坊学生了解并掌握以自己国家为核心的多国产业发展特点、前沿和趋势，引导学生认识创新创业规律、发现创新创业机遇、识别并规避创新创业风险，进而提升创新创业能力。

第二，充分挖掘鲁班工坊学生的自身优势，结合两国最新创新创业情况，鼓励、引导、指导鲁班工坊学生积极参与创新创业大赛，培养学生跨国创新创业意识，[2]进而提升学生的创新创业能力。同时，应该关注大赛的育人效果，在鼓励更多专业背景、更多就业取向的学生广泛参与创新创业大赛的基础上，重点关注在竞赛中脱颖而出的、有创新创业意愿和企业家精神的鲁班工坊学生，为其提供一定的创新创业支持，帮助学生在创新创业实践中实现自身职业生涯的可持续发展。

---

① 参见林健、田远：《创业教育的就业质量效应实证研究：基于创业竞赛的视角》，《国家教育行政学院学报》，2019 年第 10 期。

② 参见姜庆华、郭长龙、梁阳等：《高职院校东南亚留学生就业指导现状与就业能力提升路径研究——以江苏省为例》，《职业技术教育》，2019 年第 2 期。

第十一章 / 鲁班工坊与国际产能融合发展报告

"一带一路"国际产能合作是优化我国产业结构、促进经济提质升级的重要手段。为了助推我国装备、技术、标准和服务更高水平、更高质量地"走出去"，2015 年 5 月 16 日，国务院出台《国务院关于推进国际产能和装备制造合作的指导意见》，为推进国际产能和装备制造合作，实现我国经济提质增效给出指导性意见。2016 年，教育部牵头制定了《推进共建"一带一路"教育行动》（以下简称《教育行动》）。该文件作为国家《推动共建丝绸之路经济带和 21 世纪海上丝绸之路的愿景与行动》在教育领域的落实方案，为教育领域推进"一带一路"国际产能合作建设提供了支撑。《教育行动》中明确提出："鼓励中国优质职业教育配合高铁、电信运营等行业企业走出去，探索开展多种形式的境外合作办学，合作设立职业院校、培训中心，合作开发教学资源和项目，开展多层次职业教育和培训，培养当地急需的各类'一带一路'建设者。"

天津市地处"一带一路"交汇点，占据重要的区位优势，深刻认识到推进"一带一路"建设的重大意义。2016 年，天津市率先发布了《天津市参与丝绸之路经济带和 21 世纪海上丝绸之路建设实施方案》，后又出台《天津市"一带一路"科技创新合作行动计划》，在全国率先设立"一带一路"科技创新合作专项。为积极贯彻落实《教育行动》重要精神，天津市充分依托自身在职业技术教育领域的突出优势，在共建"一带一路"国家搭建鲁班工坊平台，把优秀职业教育成果输出国门与世界各国分享，服务国际产能合作，通过传播中国先进职业教育理念、促进合作国家技术技能人才培养，在职业教育交流与合作中有效带动我国装备、技术、标准和服务"走出去"。

2016 年首个鲁班工坊在泰国大城落成，是我国职业教育服务"一带一路"国际产能合作的开端。此后，英国、印度、印度尼西亚、巴基斯坦、柬埔寨、葡萄牙、吉布提等鲁班工坊陆续建成。在 2018 年中非合作论坛上，国家主席习近平发表重要讲话，宣布将在非洲建立 10 个鲁班工坊，向非洲青年提供职业技能培训。自此，鲁班工坊建设进入了更高层次、更广范围的服务"一带一路"国际产能合作的阶段。

第一节　"一带一路"国际产能合作发展与鲁班工坊建设

一、"一带一路"国际产能合作的背景与基本内涵

2014 年 12 月，李克强总理在出访哈萨克斯坦期间提出了"国际产能合作"的概念，并就装备技术、钢铁等领域加强产能合作与哈萨克斯坦达成重要共识，中哈双方签署了总价值 180 亿美元的产能合作协议，这被视为我国推进国际产能合作的开端。2015 年 4 月 3 日，李克强总理主持召开中国装备走出去和推进国际产能合作座谈会并发表重要讲话。他指出："我国经济发展进入新常态，面临许多新的机遇和挑战，要实现中高速增长、迈向中高端水平，对外开放必须要上新水平。要在努力推动外贸转型、有效利用外资的基础上，加快中国装备"走出去"和推进国际产能合作，这是实现我国经济提质增效升级的重要举措，有利于培育对外开放新优势，推动形成优进优出开放型经济新格局，使中国经济与世界经济在更高层次上深度融合。"[1] 此后，"国际产能合作"的概念逐渐被世界广泛认知，获得越来越多国家的认可与参与。

国际产能合作中的"产能"指的是生产能力，即在一定生产周期内，企业参与生产的全部固定资产，在既定生产技术条件下，能够生产的有效产品数量或是能够处理的原材料数量。因而国际产能合作是一国基于其现有生产要素（包括劳动、资本、技术和资源等）的现状和特点，将自身拥有的优势产能与优质资源输出到国际市场，合理配置资源，实现与合作国之间在基础设施、园区开发、产业发展、制造技术、管理经验等领域的分工与协作，发挥各方的比较优势，推动基础设施共建和产业结构升级，实现优势互补、互惠共赢的新型经济合作方式。[2] 因此，国际产能合作的核心不仅仅是产品输出，还包括将产业整体输出到合作国家，同时帮助合作国建立更加完整的工业体系、制造能力。

依据合作对象划分，我国开展的国际产能合作有两种：一是在与发展中国家

---

① 参见李克强：《用中国装备和国际产能合作结缘世界推动形成优进优出开放型经济新格局》，http://www.gov.cn/guowuyuan/2015-04/03/content_2842768.htm。

② 参见吴福象：《中国推进国际产能合作的原则与实践方向》，《国家治理》，2018 年第 10 期。

进行国际产能合作的过程中，我国企业能够依据合作国经济社会发展的状况和需求，转移优势产能，开展技术输出，借助对接我国先进的基础设施条件、装备制造产业实现中国产品、技术"走出去"。同时，共建"一带一路"的许多发展中国家还处于国际产业链中下游，国际产能合作能够加快合作国相关产业嵌入全球产业链的进程，借助全球产业链的国际布局结构，实现本国资源的优化配置。二是在与发达国家开展国际产能合作中，中国可以以直接投资或跨国产业合作的形式进入国际市场，通过吸收发达国家先进技术，对接先进技术标准，可以促进国内产业技术进步与升级转型，以提升我国产业在全球价值链中的地位，实现中国产业从价值链中低端逐步上升至中高端的阶段式跨越。①

由于我国总体上已经步入工业化后期，铁路、电力、汽车、通信、工程机械、航空航天等行业积聚了大量优势产能和优势资源。在与共建"一带一路"国家的国际产能合作中，各国都有自己的比较优势，我国具有较为成熟的产业体系和优势产能资源，合作国家可以为我国企业提供巨大的市场，共建"一带一路"国家与我国在经济社会发展上具备优势互补的条件，这是我国与共建"一带一路"国家成功开展国际产能合作的基础，既有利于我国企业走出去，创造经济效益，提升大国形象，又有利于国家间互联互通，实现共同发展繁荣，促进世界经济发展。

二、"一带一路"国际产能合作的主要领域及迫切需求

2015 年 5 月 16 日，国务院出台《国务院关于推进国际产能和装备制造合作的指导意见》（以下简称《指导意见》）。《指导意见》中提出要抓住有利时机，推动国际产能和装备制造合作，实现我国经济提质增效升级。在坚持企业主导、政府推动，坚持突出重点、有序推进，坚持注重实效、互利共赢，坚持积极稳妥、防控风险的基本原则上，推动我国装备、技术和服务"走出去"，促进国内经济发展和产业转型升级。在政府引导、推动和政策的大力支持下，提高中国企业"走出去"的能力和水平，大力推进国际产能和装备制造合作。将钢铁、有色、建材、铁路、电力、化工、轻纺、汽车、通信、工程机械、航空航天、船舶和海洋工程等作为重点行业，分类实施，有序推进。② 这是在"一带一路"倡议背景下，我国政府首次以官方文件的形式提出的新时期新型国际经济合作方式，标志着我国

① 参见陈凯旋：《一带一路背景下我国国际产能合作效率及其影响因素研究》，山东大学 2019 年硕士毕业论文。

② 参见《国务院关于推进国际产能和装备制造合作的指导意见》（国发〔2015〕30 号），http://www.gov.cn/zhengce/content/2015-05/16/content_9771.htm。

开展国际产能合作的基本路线已然形成。

多年来，"一带一路"倡议取得了巨大成就，根据中华人民共和国商务部发布的统计数据，到 2018 年，中国对外直接投资达 1430.4 亿美元，覆盖全球 188 个国家和地区，对外直接投资流量和存量稳居世界第三，成为全球第二大对外投资国。中国在共建"一带一路"国家设立的境外企业超过 1 万家，全球 80% 以上的国家和都有中国的投资。2019 年，我国企业对共建"一带一路"56 个国家非金融类直接投资 150.4 亿美元，主要投向新加坡、越南、老挝、印尼、巴基斯坦、泰国、马来西亚、阿联酋、柬埔寨和哈萨克斯坦等国家。2020 年 1 月至 6 月，中国企业对共建"一带一路"54 个国家非金融类直接投资达 571 亿元人民币，主要投向新加坡、印尼、老挝、柬埔寨、越南、马来西亚、泰国、哈萨克斯坦和阿联酋等国家。

随着国际产能合作规模的日益扩大，我国许多企业到海外投资建厂，管理运营人员的成本消耗迅速增加，企业对于国际化技术技能人才需求与日俱增。由于许多合作国经济和教育发展相对滞后，当地国家教育体系不完善、不配套，短时间内无法提供我国企业需要的技术技能人才，而从国内输出所需人才的成本较高，这种状况制约着海外企业在当地的运营和发展。鲁班工坊致力于优质职业技术教育与人力资源开发，有效地缓解了海外企业本土化技术技能人才紧缺问题。

三　"一带一路"国际产能合作与鲁班工坊的紧密关系

鲁班工坊作为天津市首创并主导的职业教育国际化发展的一种新模式，是"国家现代职业教育改革创新示范区"建设的突出成果，是新时期我国职业教育国际化发展新模式的探索与尝试，是为服务国家"一带一路"建设与国际产能合作需要而创设的国际化交流合作项目。[①] 鲁班工坊是服务国家"一带一路"国际产能合作和配合中国企业"走出去"的积极探索，通过开发国际化教学标准和教学资源，实施工程实践创新项目教学模式，吸收海外优质师资来华培训交流，加强与海外中资企业的校企合作，开展深度产教融合等方式，培养和培训拥有国际视野、了解国际规则的本土化技术技能人才。鲁班工坊加强了我国与海外政府、企业、院校之间的国际交流与合作，为提升我国国际产能合作影响力提供了更多的发展机遇，是新时期助力国际产能合作发展的重要途径。

国际产能合作可以实现全球范围内资源要素的优化配置。共建"一带一路"

---

① 参见杨延：《鲁班工坊建设的动因、内涵与特征分析》，《中国职业技术教育》，2019 年第 28 期。

国家与我国有很大的产业互补特征，进行国际产能合作成为有利于我国提升经济开放程度，又有利于促进我国企业、技术、知识、优秀资源实现"走出去"的优先途径，为中国发展进步提供了更多发展机会，提升了全球整体经济的发展。职业教育国际化、教育资源的海外输出作为技术技能人才培养和培训的重要途径，成为"一带一路"倡议实施、满足大量技术技能人才需求的重要来源。从建设模式上看，鲁班工坊具有明显的"校企同行"特点，高职院校在政府教育主管部门的引导下实施职业教育海外输出实践，同时与企业一同"走出去"，不仅仅把我国职业教育实施标准、人才培养方案进行有效输出，也把中国企业生产的制造装备、教学仪器、高科技产品等一起输出海外，为协同"走出去"企业开拓共建"一带一路"国家市场。国际产能合作扩大了中国职业教育在全球职业教育领域的影响力，同时对于合作国家来说，有助于合作国家的经济发展。

第二节　鲁班工坊服务"一带一路"国际产能合作的三个层面

"一带一路"国际产能合作不仅包括产能和资本的跨国流动合作，也包括人员、技术流动的跨国合作，还包括共建项目的跨国合作。[1] 国际产能合作从内涵来看可以分为三个层面：宏观层面（国家层面）、中观层面（产业层面）和微观层面（企业层面）。[2] 不同层面的国际产能合作对鲁班工坊建设发展提出了不同的对接需求。

一、鲁班工坊服务于宏观层面的国际产能合作

当今世界正发生复杂深刻的变化，世界经济正在缓慢复苏，国际投资贸易格局和多边投资贸易规则正经历着新的调整，各国发展问题依然严峻。我国提倡开展"一带一路"国际产能合作是顺应世界多极化、经济全球化、文化多样化、社会信息化潮流的重要举措，推动了沿线各国实现经济政策协调，符合国际社会的根本利益。

"一带一路"国际产能合作连接了亚欧非大陆及附近海洋的国家和地区，加强建立沿线国家互联互通的合作关系，构建全方位、多层次、复合型的国际合作平台，通过发掘潜在市场、促进投资消费、创造就业和需求、密切人文交流等方式推动沿线各国的全面对接与耦合，它的范畴已超越传统的、单一的国际分工模式，

① 参见吴福象：《中国推进国际产能合作的原则与实践方向》，《国家治理》，2018 年第 10 期。
② 参见安宇宏：《国际产能合作》，《宏观经济管理》，2015 年第 10 期。

而是包含产品分工、消费市场、生产要素、管理制度、技术标准等多领域的跨国合作。共建"一带一路"国家国土面积约占世界总面积的 1/4，国内生产总值总和占到世界经济总量的 1/3，但沿线各个国家的经济基础差异较大，在产业体系、科技水平及高素质劳动力资源等方面与我国具有较好的互补性，是有效促进我国经济保持中高速增长，推动新一轮高水平对外开放的有效途径，也是我国能够与共建"一带一路"国家成功进行国际产能合作的基础。同时，"一带一路"国际产能合作秉持"合作共赢""开放包容"等中华民族优秀传统价值观，致力于促进合作国家的共同发展，集中体现了我们共建人类命运共同体的宏伟愿景。

鲁班工坊是以"国家现代职业教育改革创新示范区"的建设成果为总体支撑，以平等合作、优质优先、强能重技、产教融合、因地制宜为建设原则，以工程实践创新项目为教学模式，以教育部主导开发的国际化专业教学标准为基本依据，以全国职业院校技能大赛优质赛项装备为主要载体，以"师资培训先行"及教材教学资源为必要保障，在境外创建的实施学历教育和技术培训的合作机构。鲁班工坊的核心目标是，培养适应合作国经济社会发展急需的高素质技术技能人才。[①]

鲁班工坊的重要使命就是紧紧围绕国家发展战略，为"一带一路"国际产能合作服务，对接合作国家的经济社会发展需求，将中国优质职业教育资源、优质产品技术输出给合作国，培养熟悉中国技术、产品、标准的本土化高素质技术技能人才。鲁班工坊的建设秉持平等合作、开放包容、互学互鉴、互利共赢的精神，通过共研、共建、共享、共用、共赢的"五共"机制，将具有中国特色、世界水平的教学模式、专业标准、技术装备及教学方案等优质职业教育资源推行到国际交流合作平台。从宏观层面看，鲁班工坊的建设构建了一个让世界信服的中国优质职业技术教育国际品牌，推动了更广泛领域的"一带一路"国际产能合作，是共建新时代人类命运共同体的具体体现。

二、鲁班工坊服务于中观层面的国际产能合作

鲁班工坊的建设定位是要服务合作国的经济社会发展，服务我国企业产能输出及服务输入，服务天津市职业教育走向国际化，服务广大职业院校师资和专业建设，进而推动职业教育国际交流，提升职业教育发展的内涵质量，助力国家经济发展。[②]

① 参见吕景泉：《鲁班工坊核心要义——中国职业教育的国际品牌》，天津人民出版社，2019 年。
② 参见吕景泉、杨延等：《鲁班工坊——职业教育国际化发展新支点》，《中国职业技术教育》，2017年第 1 期。

从中观层面看，国际产能合作的核心是产业输出，《指导意见》中明确将钢铁、有色、建材、铁路、电力、化工、轻纺、汽车、通信、工程机械、航空航天、船舶和海洋工程等作为国际产能合作的重点行业，分类实施，有序推进。中观层面的国际产能合作主要体现在三个方面：第一，产业标准对接国际标准。通过国际产能合作，加快中国标准与区域标准、国际标准的互认，将中国标准逐步推广到世界。第二，人才培育对接国际标准。包括自有的复合型跨国人才培养，以及产业出口国本土技术人才的培养培训。第三，市场信息获取对接国际标准。有效获取相关产业的国际市场信息，既包括核心的产品供求及技术信息，也包括外围的税务、投资、会计和法律等规则。[①]

共建"一带一路"国家大多为发展中国家和新兴经济体，其产业发展处于全球产业链和价值链的中低端，产业竞争力较弱，制造业技术水平相对较低，劳动密集型产业的技术含量业也较低，优秀技术技能人才缺乏，这些都制约着沿线国家的产业发展。因此，鲁班工坊作为一种新型的国际性职业教育与职业培训机构，为当地经济发展培养优秀的产业人才，促进当地国家经济、教育发展的同时，有助于我国企业产品、技术、标准和装备输出及海外市场拓展，提升了我国企业在国际上的竞争力，已经成为助力"一带一路"国际产能合作的重要途径。

三、鲁班工坊服务于企业层面的国际产能合作

在 2015 年中国装备走出去和推进国际产能合作座谈会上，李克强总理指出："要使中国装备走得出、国际产能合作能共赢，关键是要完善政府推动、企业主导、商业运作的合作机制；以企业为主导，依照商业原则，灵活运用境外经贸园区、工程总承包、第三方合作等多种模式，做好国内产能与国外市场的对接，更好契合不同地区尤其是'一带一路'沿线国家的需求；突出大企业和中小企业优势互补、协同推进，构建全产业链战略联盟，依靠整体优势增强国际市场开拓能力。"[②]无论是大型企业还是中小企业，都是现代产业体系的基本构成要素，是国际产能合作的微观主体和市场执行者，在"走出去"的过程中扮演着上下游、供产销的不同角色，是国际产能合作中不可或缺的重要组成部分。

天津职业教育历经多年探索，构建了一个根植于产业发展，服务行业、企业

---

① 参见蓝洁、唐锡海：《"一带一路"倡议下职业教育服务国际产能合作的行动与展望》，《中国职业技术教育》，2018 年第 6 期。

② 参见《用中国装备和国际产能合作结缘世界推动形成优进优出开放型经济新格局》，http://paper.ce.cn/jjrb/html/2015-04/04/content_236147.htm。

需求，对接职业岗位，落地于专业建设的产业、行业、企业、职业和专业"五业联动"职业教育办学新模式，形成了"政、行、企、校、研"五方携手职教发展的新机制，为鲁班工坊建设与发展提供了强大的内生动力。鲁班工坊建设的重要模式之一便是依托中国企业和产品走出去。可见，服务国际产能合作和中国企业走出去，培养高素质国际化技术技能人才成为鲁班工坊的重要任务之一。

第三节　鲁班工坊助力"一带一路"国际产能合作的布局

一、鲁班工坊建设对接国际产能合作的区域布局

国际产能合作是在全球范围内与各合作国在产业链上的取长补短，建立更加科学高效的生产网络，是我国优势产能海外输出的有效途径，推动着我国产业的全球布局。国家发展和改革委员会在 2016 年指出，中国国际产能合作正加速形成"一轴两翼"的布局，该布局以中国周边重点国家为"主轴"，以非洲、中东和中东欧重点国家为"西翼"，以拉美重点国家为"东翼"。在"一轴两翼"的布局下，优势产能在海外布局的合理规划离不开相关系统的支持和服务，鲁班工坊的建设不但能够为我国"一带一路"国际产能合作提供了良好的拓展平台，更好地契合海外市场的需求，而且可以辅助中国企业在国际市场的开拓能力，加快中国企业"走出去"的步伐。

中国与共建"一带一路"国家积极规划和推进中巴、孟中印缅、中蒙俄、新亚欧大陆桥、中国—中亚—西亚、中国—中南半岛等国际经济走廊，涉及多个领域，通过互联互通、产业合作，协同发展，拓宽了中国的发展空间，促进各国互利共赢。中国与俄罗斯、巴基斯坦、印度尼西亚、马来西亚、泰国、老挝、缅甸等国家经济上具有较强的互补性，有利于快速推进产能合作，促进国际产能合作理念在周边国家落地生根。中国与西亚、非洲地区地缘经济相关性相对较弱，但双边经济贸易发展规模和速度增长迅速，彼此已成为对方重要的贸易合作对象。中国已将埃塞俄比亚打造成为中非产能合作示范承接地，聚焦肯尼亚、坦桑尼亚、埃及、南非等重点国家，共建铁路、公路、航空"三大网络"，推动装备和产能集群式走出去。同时，中国着力将国内优势产能、欧洲发达国家关键技术、第三国发展需求相结合，开展第三方市场合作，实现三方共赢，推动中国装备和产能进入欧

洲市场。^①

由此，我国开展国际产能合作的主要范围依据地理位置的相对重要性，可以分为三个区域。第一，是核心区域，覆盖我国周边的重点国家，是我国开展国际产能合作优先选择的国家，主要包括俄罗斯、巴基斯坦、缅甸、越南、柬埔寨、老挝、泰国、哈萨克斯坦等周边经济体。核心区域国家与我国经济往来频繁，产能合作比较密集，目前已建成泰国、柬埔寨、巴基斯坦等鲁班工坊，运营服务范围基本全覆盖国际产能合作的核心区域。第二，沿线重点区域，覆盖中亚、中东欧、南亚、西亚、北非等参与建设"一带一路"国家，是我国开展国际产能合作的重点对象，主要包括以蒙古、土库曼斯坦、乌兹别克斯坦、伊朗、土耳其、乌克兰、白俄罗斯、波兰、捷克、塞尔维亚、马来西亚、印度尼西亚、新加坡、印度、斯里兰卡、阿联酋、埃及等为主要支点的国家。沿线重点区域已有印度、印度尼西亚、英国、葡萄牙等鲁班工坊，建设规模已经遍及亚、欧、非三大洲，在合作国当地经济社会发展中发挥重要作用，同时也辐射到周边区域，为周边国家经济、社会、人文交流提供更多的机遇。第三，是拓展区域，覆盖"一带一路"沿线以外的国家和地区，是我国开展国际产能合作的拓展延伸对象。主要包括以西欧和非洲部分片区、美洲和拉美片区、日韩和澳洲片区为主体的板块型经济片区。^② 拓展区域目前已规划的范围主要是非洲，已建成吉布提、肯尼亚、南非和马里鲁班工坊，后续筹备的鲁班工坊建设正在稳步推进中。

鲁班工坊是中国职业教育的重要载体：一方面，与世界分享着中国的职业教育、职业技术和职业文化，搭建了中外人文交流的新桥梁；另一方面，通过培养国际技术技能人才服务于国际产能合作，服务于共建"一带一路"国家的社会经济发展，有助于中国优势产能与世界其他地区产能的有效结合，实现产业升级与优化，推动世界经济社会持续发展。^③ 可以说探索优质职业教育走出去、服务"一带一路"国际产能合作及培养合作国经济社会发展急需的高素质技术技能人才，是鲁班工坊的发展定位。因此，各鲁班工坊依据国际产能合作地理位置的相对重要性，结合各个国家经济发展的需要与我国优势产能的互补性，在平等合作、优质优先、产教融合、因地制宜的原则上，选择合适的国家、城市、合作院校、专业建设而成。

在产业结构不断调整和升级中，配置职业教育资源和要素，发挥职业教育在

---

① 参见《2015 年国际产能合作实现"两快两增"》，https://www.ndrc.gov.cn/xwdt/xwfb/201602/t20160214_955410.html。

② 参见吴润生：《开展国际产能合作的模式内涵和总体思路》，《中国经济时报》，2016 年。

③ 参见杨荣敏：《鲁班工坊建设实践的考量与展望》，《职业教育研究》，2020 年第 6 期。

产业、行业、企业、职业与专业等要素协同发展中的作用，开设当地经济社会发展所需专业，因地制宜培养优质技术技能人才，参与校企合作，推进产教融合，"以点带面、辐射周边"，助推构建由中国主导的世界产业发展新雁群模式。鲁班工坊正以"一带一路"倡议为契机，沿着"一轴两翼"布局的发展需求对接国际产能合作。目前，鲁班工坊在主轴区域建设布局基本成形，运营发展步入正轨，"头雁作用"发挥已初见成效，建设项目推进已由核心区域延伸至"西翼"的中东、欧洲和非洲国家，未来还会拓展至"东翼"的拉美日韩等重点国家。

（二）鲁班工坊建设对接国际产能合作的专业分布

2016年4月，中共中央办公厅、国务院办公厅印发《关于做好新时期教育对外开放工作的若干意见》（以下简称《若干意见》），对新时期教育对外开放工作进行了重点部署，明确"实施'一带一路'教育行动，促进沿线国家教育合作。加强教育互联互通、人才培养培训等工作，对接沿线各国发展需要，倡议沿线各国共同行动，实现合作共赢。"[①]2016年8月教育部印发《推进共建"一带一路"教育行动的》（以下简称《教育行动》），切实贯彻落实了《若干意见》重要精神，提出"要鼓励优质职业教育配合高铁、电信运营等行业企业走出去，探索开展多种形式的境外合作办学，合作设立职业院校、培训中心，合作开发教学资源和项目，开展多层次职业教育和培训，培养当地急需的各类'一带一路'建设者。"[②]

在《若干意见》和《教育行动》的指引下，中国优质职业教育走出国门，将优质的职业教育资源和产品技术输送到海外国家，为当地企业培养熟悉中国产品、技术、标准的本土化高素质技术技能人才。从鲁班工坊的专业分布情况来看，鲁班工坊的建设与我国"一带一路"国际产能合作发展，以及合作国经济社会发展需求密不可分。（见表11-1）

---

① 参见《关于做好新时期教育对外开放工作的若干意见》，http://www.gov.cn/home/2016-04/29/content_5069311.htm。

② 参见《教育部关于印发〈推进共建"一带一路"教育行动〉的通知》，http://www.moe.gov.cn/srcsite/A20/s7068/201608/t20160811_274679.html。

表11-1　鲁班工坊主要专业分布情况及重要意义

运营时间	工坊名称	设置专业	重要意义
2016.3	泰国鲁班工坊及泰国鲁班工坊"铁院中心"	机电一体化、数控机床技术、物联网应用技术、新能源汽车技术（高铁）动车组检修技术、（高铁）铁道信号自动控制	全球首个鲁班工坊，标志着中国职业教育教学理念、教学标准、教学内容走向国际。开启"一坊两中心"建设模式，建成第一个海外高铁类技术技能人才培养中心
2017.5	英国鲁班工坊	中餐烹饪技术	欧洲首个鲁班工坊，促进中国餐饮业向国际市场发展，提高中餐服务业国际化水准。
2017.12	印度鲁班工坊	光伏发电技术与应用、数控设备应用与维护、机械设计与制造（3D制作）、工业机器人技术	亚洲"金砖五国"建立的首个鲁班工坊，缓解了在印中资企业用人的燃眉之急，改善了印度学校毕业生的就业状况。
2017.12	印度尼西亚鲁班工坊	汽车智能维修、新能源汽车	与东盟十国最大经济体在职业教育领域重要合作的成果。
2018.7	巴基斯坦鲁班工坊	电气自动化、机电一体化	亚洲"中巴经济走廊"建设重要成果之一，中国与巴基斯坦在职业教育领域的一次深度合作。
2018.10	柬埔寨鲁班工坊	机电一体化技术、通信技术	亚洲"澜湄合作"的重要成果之一，服务范围辐射到周边澜湄五国，具有极大影响力。
2018.12	葡萄牙鲁班工坊	工业机器人技术、电气自动化技术	欧洲第二个鲁班工坊，标志着中国职业教育在先进制造、人工智能等领域的成果得到西方先进国家的认可。
2019.3	吉布提鲁班工坊	铁道交通运营管理、铁道工程技术、商贸、物流	非洲首个鲁班工坊。为吉布提开创了高等职业教育层次，为亚吉铁路培养大批专业铁路技能人才，为非洲规模最大、最先进的自贸区培养大批商贸物流人才。

（一）以智能制造、汽车为主的装备制造业

2015 年 3 月，国务院发布了《中国制造 2025》，其中明确提出加快发展装备制造业及，提升智能制造装备和产品质量。装备制造业是我国国际产能合作中的重要环节，以智能制造和新能源汽车为代表的新兴产业在国际产能合作中占据重要位置。因此，鲁班工坊建设选择与中国在经济上有较强互补性的国家，分别在泰国、印度和印度尼西亚等国的鲁班工坊开设了智能制造及新能源汽车专业。

泰国鲁班工坊是我国首个海外鲁班工坊，也是我国"一带一路"建设的重要节点。泰国是东南亚共建"一带一路"重要国家，连接东盟 6 亿多人口的市场，是东盟物流、贸易、金融中心，也是中国与东盟的天然桥梁。随着中泰两国双边贸易的深入，中国已经成为泰国最大的贸易伙伴，是泰国最大的进口来源地和最大出口市场。农业、旅游业及相关服务业是支持泰国的主要产业，但随着泰国工业化进程的加快，以及一系列税收优惠政策的实施，制造业成为发展最快的产业，并成为当地第一大支柱产业。

泰国大城府位于泰国中部，汽车产业聚集程度高，被称为东南亚的汽车工厂，在"一带一路"倡议的带动下，当地已有 100 多家中资企业投资建厂，建立了工业唐人街。泰国鲁班工坊建成之后，展示的新能源车激发了当地政府对新能源汽车的强烈兴趣，由于泰国鲁班工坊二期新增的新能源汽车国际专业教学标准和实训标准都是由天津圣纳科技有限公司和渤海职业技术学院共同开发完成的，最终促使天津圣纳科技有限公司成为泰国大城的新能源汽车改造制定商。随着中国制造、中国技术和中国标准成为越来越多泰国企业的选择，企业装备快速更新急需在本土培养掌握新技术的职业技术工人。

（二）以高铁为主的大型基础设施建设领域

我国的高铁项目已具备较成熟的技术体系，是在国际高端制造业领域具有显著优势的产业。"一带一路"倡议提出以来，我国高铁发展迎来了国际化发展的重要机遇，获得越来越多国家的青睐，建设规模迅速增长，覆盖版图不断延伸，遍布至亚太地区。作为"一带一路"国际产能合作的重要项目之一，我国正致力于打造"高铁经济带"，积极推行和发展我国的高铁标准，同时为沿线国家带去资金、人才、技术等多种资源。我国高铁产业已成功推向沿线国家，例如，我国与印度尼西亚合作建设的雅万高铁、与泰国合作建设的中泰铁路、在非洲吉布提建设的亚吉铁路等项目，都成为我国与共建"一带一路"国家基础设施建设合作

的典型代表。

2018 年 7 月 20 日，天津铁道职业技术学院建立的"铁院中心"正式落户大城学院鲁班工坊。铁院中心拥有中国高速列车 CRH380B 教学区、空中课堂教学区、中国列车运行控制系统 CTCS 教学区、技能大赛及设备研发区，以及高铁运营（沙盘）教学区。铁院中心直接服务中泰铁路建设项目，是根据泰国发展高铁的需求，将国内高铁技术发展带到海外，是我国在海外的第一个高铁类技术技能培养中心，致力于培养熟悉高铁技术、产品、标准的国际型技术技能人才，通过开展学历教育与培训、技能大赛与设备研发、师资培养与交流，在促进泰国及东南亚各国家高铁技术及产业发展方面产生积极的影响。泰国鲁班工坊为泰国职业院校带去了先进的教育理念，专业的教学标准、教学装备、教育模式，更是在国际产能合作领域为两国企业创造新的合作机会。

2019 年 3 月 28 日，由天津市人民政府、吉布提教育部、天津铁道职业技术学院、天津市第一商业学校、吉布提工商学校、中国土木工程集团优先共同建设的吉布提鲁班工坊启动运营。吉布提鲁班工坊是天津市落实习近平主席提出的中非合作"八大行动"中非洲鲁班工坊建设任务的重大成果，是中国在非洲建设的第一家鲁班工坊。吉布提鲁班工坊直接服务"一带一路"重大项目"亚吉铁路"和工业园区建设，开创了吉布提举办高等职业教育的先河，开设铁道工程技术、铁道交通运营与管理、商贸、物流 4 个专业，建有 7 个室内教学区、2 个室外教学区，并在那嘎达车站建有坊外实训基地。①

亚吉铁路全长 752.7 千米，是非洲大陆距离最长的跨国电气化铁路，也是中国企业在非洲建设的第一条集投融资、设计、施工、监理、装备材料和运营为一体的全产业链"走出去"的跨国电气化铁路。亚吉铁路运营 6 年后，整条铁路的运营和维护将由当地接管，因此亚吉铁路急需大批本土化的铁路技术技能人才。吉布提鲁班工坊的建立能够为当地经济社会发展培养大批本土化的技术技能人才，尤其可以解决亚吉铁路长期维护的人才需求，中资企业可以直接招收铁道类专业毕业生。同时，距离吉布提港不到 3 千米处，非洲规模最大、最先进的自贸区即将建成，依据吉布提"2035 愿景"计划，吉布提将打造商业中心和物流中心，商贸物流类技术技能人才较为紧缺。吉布提鲁班工坊建有物流商贸实训区，企业全景感知实训、物流仓储模拟实训和企业模拟经营认知实训，为打造世界现代化的物流和商贸园区培养和输送掌握先进物流技术的技能人才。吉布提鲁班工坊的建

---

① 参见吕景泉：《鲁班工坊核心要义——中国职业教育的国际品牌》，天津人民出版社，2019 年。

成将帮助"走出去"的中国企业培养熟悉中国技术、产品、工艺和标准的本土技术技能人才，大大节约当地中资企业在用工和人才培训上的成本，也为非洲青年提供了新的就业与发展机遇，助力中国企业在"走出去"的道路上更加顺畅。①

（三）以推广"中国制造"标准化应用为主的特色制造业领域

我国是"一带一路"沿线制造工艺水平较为领先的国家，由于"一带一路"国际产能合作尚未建立起科学统一的制造业技术标准体系，导致制造业合作面临一定的摩擦，因此我国正致力于推进"中国制造"向"中国标准"转变。《标准联通"一带一路"行动计划（2015—2017）》的颁布实施，标志着中国标准专项工作已经深入开展，在高铁、电力、生物、中医药和茶叶等制造领域、基础设施领域和传统产业领域的国际产能中应用中国标准。目前我国还在持续深化"一带一路"国际产能合作的标准化工作，使中国标准走向国际，成为国际公认的标准。②例如，泰国鲁班工坊和葡萄牙鲁班工坊对"中国制造"标准化应用的成功引入说明，我国在先进制造、人工智能等领域积累的产教融合、校企合作突出成果得到了合作国积极的肯定与认可。

2018 年 12 月，天津机电职业技术学院与葡萄牙塞图巴尔理工学院合作共建葡萄牙鲁班工坊揭牌启动运营，首期合作专业为工业机器人技术和电气自动化技术 2 个专业。葡萄牙鲁班工坊使用了中国先进技术设备、教学模式、自主研发的专业教材和教学标准，配备的设备有能力源创新课程套件、现代电气控制系统、自动化生产线安装与调试装备、工业机器人与智能视觉系统、药品罐装生产线，是所有海外鲁班工坊中配备技术级别最高的装备，也是与现代先进制造与人工只能技术最贴近、衔接最紧密的装备。这些装备中有全国职业院校技能大赛的优质装备，甚至是世界技能大赛训练装备，都源于典型的实际生产装备。葡萄牙鲁班工坊为正在实施"工业 4.0"的葡萄牙培养了更多高素质技术技能人才。③

天津渤海化工集团有限责任公司所属"七二九"乒乓球体育器材公司通过鲁班工坊走出国门，将国球装备整体输出到泰国，成为泰国的国赛用品，并在泰国鲁班工坊建成集文化体验、产品展示销售、技术研发实践、运动训练比赛为一体的创意文化体验中心；东方亨瑞科技发展有限公司承接了鲁班工坊的空中课堂项目，并注册了国际品牌 MAXHUB,已经进入泰国市场；圣纳科技、启诚伟业等公

---

① 参见吕景泉：《鲁班工坊核心要义——中国职业教育的国际品牌》，天津人民出版社，2019 年。
② 参见刘建设：《一带一路国际产能合作问题研究》，中国社会科学院大学 2019 年博士毕业论文。
③ 参见吕景泉：《鲁班工坊核心要义——中国职业教育的国际品牌》，天津人民出版社，2019 年。

司与泰国、越南职业院校签订科技服务、工程实践创新项目等多项合作协议。鲁班工坊促进了中国企业产品、服务、标准的输出，为中国企业走向世界舞台提供了良好平台，提升了中国企业的国际竞争力。[①]

（四）以电气自动化、机电一体化应用为主的能源开发领域

巴基斯坦鲁班工坊与柬埔寨鲁班工坊是依托我国与合作国政府间经济合作框架建立的。长期以来，我国与巴基斯坦及"澜湄五国"一直保持密切的经贸合作关系，随着经济合作深入开展，合作领域越来越广泛，涉及工业、农业、能源、交通等领域，鲁班工坊为当地培养了急需的复合型技术技能人才。

2018年7月，天津现代职业技术学院与巴基斯坦旁遮普省技术教育与职业培训局合作共建了鲁班工坊，这是"中巴经济走廊"建设的重要成果。一期开设电气自动化和机电一体化2个专业，与当地8家企业签订了产教协同育人合作协议。

巴基斯坦鲁班工坊体现了"因地制宜"的原则，拉合尔是联通"中巴经济走廊"的结合点，中国在巴基斯坦70%的水电项目、IT项目、基础设施和援建项目都在旁遮普省。由于巴基斯坦电力能源短缺，中国设备"走出去"后急需大量设备维护方面的专业技术人员，因此巴基斯坦鲁班工坊的主要培训内容就是电力技术，为当地企业培养输送相关人才。巴基斯坦鲁班工坊已经与8家中资企业和当地大企业签订了产教协同育人联盟战略合作协议，将8家企业作为鲁班工坊的实训工厂，鲁班工坊将为这些企业培养技术技能人才。

柬埔寨是"澜湄合作"的重要成员国，作为一个传统农业国家，其工业基础相对薄弱，随着"一带一路"建设进程不断走深走实，中国与柬埔寨国际产能合作关系更加紧密，中国在农业、能源、交通和基础建设等领域实现高效对接，中国已经成为柬埔寨第一大外资来源国，与柬埔寨在基础设施、农业、工业、文化、金融、环保、科技等多方面进行经验技术交流。2018年10月28日，柬埔寨鲁班工坊正式启动运营，设机械加工技术、机电一体化技术和通信技术3个专业和18个实训基地，拥有6800多平方米的先进实训中心。3个专业都是当地经济发展最急需的专业，18间实训室里1600多台（套）装备全部是最先进的中国制造，配套引进的还有中国职业教育的实训教材、教学理念和技术等级标准，这些资源已经全部投入教学培训，面向柬埔寨社会民众、企业员工和大学生开展数控加工、电工、液压气动、物联网、通信网络管理等专业技术技能培训。柬埔寨鲁班工坊作为"澜湄合作"的重要成果之一，为建立澜湄国家命运共同体，构建共赢、共商、共建、

---

① 参见吕景泉：《鲁班工坊核心要义——中国职业教育的国际品牌》，天津人民出版社，2019年。

共享的国际关系发挥了重要作用。

（五）以传播中华传统文化为主的特色专业

中华传统文化是中华民族的瑰宝，鲁班工坊通过将优质职业技术教育输出到海外的方式来传播中华传统文化，加深了中国与其他国家之间的理解和沟通，为中华传统文化弘扬海内外做出积极的贡献。英国鲁班工坊设置中餐烹饪技术专业就属于这一类型。

英国作为"一带一路"倡议的重要参与方，拥有发达成熟的国际金融、法律、咨询等专业服务业，以及世界一流的科技研发与创新平台，各种优势资源丰富。中英贸易结构互补性强，目前英国稳居中国在欧盟内第二大贸易伙伴的地位，中国是英国除欧盟外第二大贸易伙伴。同时，英国职业教育与学科教育、各级学位教育的地位并驾齐驱，职业教育培养的人才在就业上优势鲜明，英国政府每年对职业教育的投入超过600亿英镑，中国与英国在职业教育领域有较大的合作空间。欧洲是全球最大的餐饮消费市场，人均餐饮消费水平处于全球领先地位，异域餐饮在英国十分受欢迎，据全球领先市场研究咨询公司英敏特研究发现，在英国76%的异国餐厅或餐饮服务的消费者曾光临当地中国餐厅或外带餐馆，78%的英国人在家里食用过中国菜，而其中有12%的人一周内至少食用一次中国菜，这说明中餐餐饮业在英国具有较大的潜在市场。

2017年5月，天津经济贸易学校（天津经贸学校）和英国奇切斯特学院共建的鲁班工坊正式运营，这是我国海外第二个鲁班工坊，也是在欧洲建立的首个鲁班工坊。2017年8月，经过英国Qualifi职业资格颁证机构核准颁证，被纳入英国国家普通和职业学历框架，定名为英国中餐烹饪艺术（鲁班）三级学历。2019年1月31日，英国首相特蕾莎·梅在伦敦唐宁街10号首相府举办了中国春节招待会，英国鲁班工坊中餐烹饪艺术课程的师生受邀为英国首相及来宾制作了精美的菜肴，不仅获得一致好评，更是迅速提升鲁班工坊在英国的影响力，许多高校与鲁班工坊联系，商议开设培训和课程有关事宜。与此同时，英国鲁班工坊得到了天津食品集团的支持，成功推动利民调料、王朝红酒等民族品牌餐饮文化相关衍生品走向英国市场。[①]

随着泰国、英国、印度、印度尼西亚、巴基斯坦、柬埔寨、葡萄牙、吉布提鲁班工坊相继建立，天津职业教育国际化脚步逐渐加快，已经建立起从中等职业学校到高等职业学校再到本科院校，从技术技能培训到学历教育全覆盖的职业教

① 参见杨延：《鲁班工坊建设的动因、内涵与特征分析》，《中国职业技术教育》，2019年第28期。

育输出体系。更重要的是，所有鲁班工坊的建设都是为了服务于"一带一路"国际产能合作和中国企业"走出去"的发展目标，通过职业培训、学历教育等方式为合作国培养本土化技术技能人才，促进了中国企业技术、装备、服务和产品的输出，为中国企业在国际市场开疆拓土，提升中国企业的国际竞争力。

第四节 "一带一路"国际产能合作下鲁班工坊面临的困难与问题

一、复杂的国际环境为鲁班工坊建设发展带来不确定性

"一带一路"国际产能合作发展 6 年多来，取得了丰硕的成果，但也存在着问题与困难：随着"走出去"战略步伐加快，我国对外投资合作规模日益扩大，国际经贸往来日益频繁，合作国日益增多，国际产能合作面临的国际环境愈加复杂。截至 2019 年底，中国已经同 138 个国家和 30 个国际组织签署 200 份共建"一带一路"合作文件。[①] 同时，我国还与日本、西班牙、荷兰和比利时 4 个国家签署了第三方市场的合作协议。第三方市场合作既是政府之间的合作，也是国际化市场的合作，大力拓展第三方市场合作将会是今后国际产能合作的重要领域。在这些合作协议中，我国与沿线合作国各自承担相应的权利和义务，实现利益共享和责任共担。[②]

由于我国在海外合作的国家有发达国家，也有发展中国家，两国政治、经济发展不平衡，产业竞争力不同，资源利用率不同，当地国家的产业规章制度、法律法规、投资体系、产能技术标准等与我国存在较大差异，国际产能合作所处的环境较国内更为特殊和复杂，合作效果差别较为明显。

二、我国企业"走出去"的平台建设及能力发展还不完善

从我国国内市场发展情况看，围绕国际产能合作展开的贸易、投资、金融和文化沟通平台还没有完全建立起来。从国际市场大环境看，"一带一路"国际产能合作平台建设尚处在初级阶段，合作组织、经贸园区和金融体系等国际产能合作平台都没有得到有效整合，技术、资本和管理等要素资源还无法实现充分流动。更重要的是，企业是国际产能合作的主体，没有完善的国际产能合作平台作为依托，

---

① 参见刘建设：《一带一路国际产能合作问题研究》，中国社会科学院大学 2019 年博士毕业论文。
② 参见拉希德·阿利莫夫：《中非共谱"一带一路"合作新篇章》，http://world.people.com.cn/n1/2020/0405/c1002-31662381.html。

容易导致企业对参与"一带一路"国际产能合作的规划不清晰，缺乏应对突发状况的充分准备，一旦遇到合作问题则很难获得有效的沟通和解决方法。[①]

随着"一带一路"国际产能合作不断深入推进，中国企业"走出去"进入国际合作领域的要求已经不仅仅停留在基础设施、公用设施、社会公共服务设施等硬件基础建设上，而是要在国际化合作过程中不断推进政策、规则、标准、产品、服务等国际化水平的软件建设上，遵循国际化商业规则和技术标准将是国际产能合作的基本准则。"走出去"的企业除了要面临安全、法律、金融、环境等风险，还要面对由于语言、文化差异等造成的沟通障碍，而目前中国企业在这些方面还存在不足，非常缺乏了解中国装备、产品，熟悉国际化技术、标准的本土化高素质技术技能人才。

鲁班工坊建设作为服务"一带一路"国际产能合作的重要助力，如何对接企业、行业"走出去"需求，为其创造、整合国际产能合作平台和资源，是新时期鲁班工坊建设面临的一大挑战。

三、鲁班工坊建设维护资金来源渠道单一

鲁班工坊建设资金主要来自四个方面：一是由天津市政府专项资金支持，二是由共建合作企业以捐赠生产实训设备的形式给予支持，三是由承接任务的中方学校自行筹资，四是外方院校提供实训场地。目前，鲁班工坊的建设资金来源主要由中方承担，主要用于教学设备购置、教学资源开发、外方师资培训、国内教师海外费用、办公用品购置等。共建"一带一路"国家经济发展水平普遍较低，建设资金来源相对比较局限，外方政府、院校、企业的资金支持非常少。随着鲁班工坊建设规模不断扩展，未来建设资金和运营维护费用会逐渐增加，现有的资金供给渠道必然无法满足鲁班工坊的发展需求，如果不能获得持续、多元的资金支持，且无法产生自我供给的内生资金来源，势必无法维持鲁班工坊的持续发展。[②]

第五节　鲁班工坊未来建设发展的建议对策

"一带一路"国际产能合作在当前和今后一段时期内仍然是我国实施对外开放经济发展的重要途径，截至 2019 年 10 月，我国已建成鲁班工坊 8 个，其中在亚洲揭牌的鲁班工坊 5 个，欧洲揭牌的鲁班工坊 2 个，非洲揭牌的鲁班工坊 1 个，

---

① 参见刘建设：《一带一路国际产能合作问题研究》，中国社会科学院大学 2019 年博士毕业论文。

② 参见李云梅、王妍：《职业教育鲁班工坊国际化发展的成效与展望》，《职教发展研究》，2019 年第 1 期。

还有10余个鲁班工坊正在筹建中。中国的鲁班工坊已在亚洲、欧洲、非洲扎根落地，今后鲁班工坊的建设规模还会继续向全世界拓展，面对"一带一路"国际产能合作持续深化，未来鲁班工坊建设应从注重"谋篇布局"的外延式发展逐渐向注重"品质提升"的内涵式发展转变。

一、明确制度标准，增强规避化解国际风险的能力

由于鲁班工坊建设运营的国际环境复杂，对接国际产能合作将面临许多不确定的风险，需要在制度上有配套的政策支持。天津市在2018年出台了《推进本市职业院校在海外设立鲁班工坊试点方案》，成立了鲁班工坊推进工作领导小组，为海外鲁班工坊建设提供政策支持。2019年，天津市出台了《天津市鲁班工坊研究与推广中心建设方案》，为鲁班工坊可持续发展提供决策、监督及保障服务。紧接着，天津市又出台了《天津职业教育鲁班工坊建设项目和资金管理办法》，规范和加强了鲁班工坊项目建设和资金管理，为鲁班工坊高质量发展提供制度保障。

今后，为更好地配合"一带一路"国际产能合作，应尽快明确和制定鲁班工坊的建设标准，包括明确合作共建双方的权利和义务，构建规范化服务、过程化管理、制度化监控的质量保障体系，既满足合作国家的经济社会发展需要，同时兼顾维护和保障我国建设项目的利益，避免过度迎合合作国需求而导致我国建设项目利益受损；要完善鲁班工坊在境外安全风险的评估机制、监测预警机制、应急处理机制，加强对鲁班工坊建设过程中规避化解安全风险的培训，提升鲁班工坊应对复杂国际环境的能力；在对接服务拓展第三方市场时，要对第三方市场涉及的法律、环保、金融、环境、劳工等诸多不确定因素进行充分预估和研判，对合作国家经济发展需求进行充分调研，注重鲁班工坊应用型技术技能人才培养的目标定位，尽可能克服诸多风险。

二、深化校企合作和产教融合，实现校企同行"走出去"

鲁班工坊的发展是"一带一路"国际产能合作的产物，是与企业一同"走出去"，主动服务沿线国家，培养本土化技术技能人才的职业教育国际化载体，已有鲁班工坊建设项目都具有"校企同行"的特点，即通过深度校企合作、产教融合，与企业联手"走出去"或者与海外中资企业建立联盟的形式实现"走出去"。今后，鲁班工坊建设还要继续健全校企合作、产教融合的体制机制，充分发挥国内外企业，尤其是合作国行业企业的重要作用，促进人才培养和产业需求相结合，培养合作国经济发展需要的技术技能人才，充分发挥天津职业教育实施产业、行业、企业、

职业、专业"五业联动"的优势，将产教融合作为促进合作国经济社会发展的重要举措，贯穿于技术技能人才开发全过程，校企协同，合作育人，发挥政、行、企、校、研"五方携手"作用，高质量深入开展校企合作，促进产教融合机制，继续完善工程实践创新项目教学模式，开发高水平国际化课程、教材，选派优秀教师，输出优质职业教育资源，促进与合作国家人文交流，因地制宜采取"跟着企业走出去"和"带着企业走出去"的模式，助力中国装备、产品、技术和服务走向国际，为中国企业开拓国际市场。

三、完善鲁班工坊服务功能，促进新技术、新功能开发

面对国际市场多元化，生产技术不断进步，产品结构不断优化，许多新兴产业异军突起。第五代移动通信技术（5G）、区块链技术等在国际产能合作中的应用越来越广泛，围绕"一带一路"国际产能合作领域不断升级的需求，鲁班工坊对接行业企业需求更需具有创新性和前瞻性。鲁班工坊建设应及时了解国际市场发展需求，逐步扩大国际化专业开发，在专业教育中突出先进专业技术、工艺的传授，开展技术研发为中资企业和当地经济发展培养和培训了解国际最新标准、掌握国际最新工艺的技术技能人才，为企业技术更迭提供动力，提升中国企业的国际竞争力。

为促进鲁班工坊与企业联合"走出去"创造更广阔平台，以及深化海外校企合作、产教融合的开展，未来鲁班工坊应进行企业投资风险评估与预测，对合作国的政治、经济、社会发展形势进行即时评估与预测，以为当地企业国际产能合作决策提供依据，为企业国际产能合作环境评估、风险预测、政策咨询、合作洽谈、校企合作、产教融合等提供服务和咨询，提升鲁班工坊生产技术创新，推进国际产能合作发展，优化海外当地国际产能合作架构和效率，使鲁班工坊成为中国企业在海外发展的可靠智库资源。

第十二章 鲁班工坊建设模式及发展路径

第一节 鲁班工坊建设定位和发展思路

一、鲁班工坊建设定位

职业教育中外合作办学随着教育体制改革和办学模式创新而逐渐发展起来。鲁班工坊改变了过去以引进为主的职业教育中外合作办学模式，中国职业教育首次走出国门与外国职业院校合作在海外办学。

鲁班工坊是职业教育中外合作办学的创新形式，鲁班工坊以中外双方共同制定认可的国际化专业教学标准为依据，以国家级优秀教学成果 EPIP 工程实践创新项目为教学模式，以全国职业院校技能大赛所用的优秀教学装备为基础，以校企合作开发、四位一体的立体化教学资源为内容，以海外职业院校本土师资系统化标准化培养培训为根本，以规范化制度化的监管机制保障鲁班工坊的可持续发展。[①]

鲁班工坊是一种创新型职业教育国际服务项目。鲁班工坊是落实习近平主席提出的共建"一带一路"倡议，用中国优秀职业教育行动方案与世界分享的成果。鲁班工坊服务国际产能合作，服务于中国职业教育高质量发展，服务于企业转型升级，最终服务于构建人类命运共同体。

鲁班工坊是天津职业教育国际化发展的重大成果，也是天津市原创并率先推动实施的职业教育国际合作的品牌项目。天津市是首个国家职业教育改革试验区，是全国唯一的职业教育改革创新示范区，是国家现代职业教育改革创新示范区。随着职业教育改革的不断深入，天津形成了让世界信服的产教融合、服务发展的职业教育整体解决方案。鲁班工坊是将以天津为代表的中国优质职业教育的教学模式、专业标准、技术装备、教学方案与世界分享的实体化平台。

---

① 参见吕景泉主编：《鲁班工坊》，中国铁道出版社，2018 年。

鲁班工坊的核心目标是培养适应合作国经济社会发展急需的高素质技术技能人才。鲁班工坊紧紧围绕所在国经济社会发展对技术技能人才的需求设置专业、开发课程资源,采用符合天津职业教育模式、契合当地经济社会发展的方式为合作国培养人才。

二、鲁班工坊发展思路

(一)鲁班工坊服务于当地经济社会发展和区域产业发展政策

不同国家、不同地区,政治、经济、文化和社会的发展程度不同,对技术技能人才重视程度不同,职业教育的发展水平也不同,这就要求在建设鲁班工坊的过程中,充分考虑当地的经济发展水平和政府的区域经济政策。只有在契合合作国经济社会发展对人才需求的基础上,鲁班工坊建设才能取得成功。到 2019 年10 月,先后建成的 8 所鲁班工坊基本都遵循了这一原则。鲁班工坊专业设置与各国经济政策和区域合作计划详见表 12-1。

表 12-1 鲁班工坊项目所在国经济政策和区域合作计划

项目	各国经济政策和区域合作计划
泰国鲁班工坊	"一带一路"倡议 +泰国 4.0 经贸合作 +泰国东部经济走廊建设规划 +中泰铁路建设项目
英国鲁班工坊	"一带一路"倡议 +中英全方位经济合作伙伴
印度鲁班工坊	"一带一路"倡议 +金砖国家合作机制
印度尼西亚鲁班工坊	"一带一路"倡议 + "21 世纪海上丝绸之路"倡议 +印尼全球海洋支点战略
巴基斯坦鲁班工坊	"一带一路"倡议 +中巴经济走廊
柬埔寨鲁班工坊	"一带一路"倡议 +澜湄合作
葡萄牙鲁班工坊	"一带一路"倡议 +中葡投资计划
吉布提鲁班工坊	"一带一路"倡议 +中非合作八大行动 +亚吉铁路·工业园区建设

鲁班工坊服务于习近平主席提出的"一带一路"倡议。从项目所在位置来看，8 所鲁班工坊都坐落在"海上丝绸之路"沿线，项目所在国跟我国有广泛的经济贸易联系，"一带一路"沿线有大量中资企业开展生产经营活动。项目所在国政府都在大力发展经济，制定了符合本国国情的发展战略和规划。鲁班工坊建设项目符合双方政府发展经济的战略规划和区域合作计划，鲁班工坊专业设置、课程规划、培养目标等各方面完全契合了合作国政府制定的发展战略和目标。

2018 年 7 月，天津现代职业技术学院在巴基斯坦旁遮普省技术教育与职业培训局设立鲁班工坊，这是中巴经济走廊建设的重要成果。巴基斯坦鲁班工坊定位于服务"中巴经济走廊"高素质本土化技术技能人才的培养。中巴经济走廊全长 3000 千米，是一条包括公路、铁路、油气和光缆通道在内的贸易走廊，也是"一带一路"的重要组成部分。中巴经济走廊可以加强中国和巴基斯坦之间交通、能源、海洋等领域的交流与合作，促进两国共同发展。中国在巴基斯坦 70% 的水电项目、基础设施建设项目和援建项目都在旁遮普省，建在旁遮普省的鲁班工坊适应了中巴经济走廊建设规划。巴基斯坦鲁班工坊的专业设置、课程标准、实训设备、师资配备和人才培养体系，适应了当地的产业需求。巴基斯坦国内电力能源极为短缺，以电力技术为主的职业教育成为巴基斯坦鲁班工坊的重要培训内容。巴基斯坦鲁班工坊成立了由海尔—鲁巴经济区、中国能源建设集团、巴基斯坦国家级汽车零部件制造商协会等 11 家中资、巴资企业构成的产教协同育人联盟。这些企业可以作为鲁班工坊的实训工厂，而鲁班工坊可以为他们培养技术技能人才。巴基斯坦鲁班工坊现已完成 2 期 12 个月共 50 名巴基斯坦高中以上学历的技术青年的培训，服务于巴基斯坦产教协同育人联盟。巴基斯坦鲁班工坊与中国北方工业集团承建的巴基斯坦拉合尔橙线轨道项目确认了学生顶岗实习的岗位和标准，鲁班工坊毕业班学生已走上专业翻译和设备维护的实习岗位。

作为长期与中国保持友好关系的东盟各国，正改变过去以农业为主的产业格局。柬埔寨正大力发展基础设施、能源、房地产、旅游、工矿业等产业。目前在柬埔寨的中资企业超过千家，累计协议投资额超过百亿美元，中国现为柬埔寨最大投资国，投资项目分布于基础设施、工程建设、能源电力、信息技术、文化旅游等领域。随着"一带一路"倡议的发出，中国和东盟各国在各方面展开积极合作。在产业需求和政府政策的引导下，在教育领域，中国和澜湄五国合作成立了澜湄职业教育培训中心暨柬埔寨鲁班工坊。开设的两个专业为机电一体化和通信技术，而这两个专业正是柬埔寨职业教育亟须建设的专业。

（二）鲁班工坊服务于中国企业走出去，服务于国际产能合作

　　鲁班工坊的建立要服务于海外中国企业或中外合资企业。大量人才的培养，人力资源源源不断的供给，才能保证中国企业在国外的大力发展。8 个鲁班工坊在建立的过程中，充分遵循了这一原则，在专业设置、合作院校选择等方面充分考虑到了中资企业的需求。

　　改革开放以来，外国企业在中国不断投资设厂，而我国企业在发展壮大后也远赴海外，开展生产经营活动。非洲长期以来是中国投资的一个主要目的地。过去 10 年，中非经贸合作显著增强，中国企业在制造业、基础设施和工程等领域表现出了卓越的领导力，中国连续 10 年成为非洲最大的贸易伙伴。截至 2018 年底，中国在非洲设立了 3700 多家公司，直接投资总额超过 460 亿美元，中国企业完成的合同交易额达到 5172.6 亿美元。中国提出了"中非合作八大行动"倡议，并承诺投资 600 亿美元支持该倡议的实施，计划投资领域涵盖工业发展、基础设施、贸易和绿色发展等领域，这意味着中国公司或企业在非洲将迎来更大的发展，对人才的需求也将量多质高。而与之相对应的却是非洲整体教育水平落后，职业教育不发展，劳动适龄人口受教育水平低。鲁班工坊在非洲的设立，能够在一定程度上满足当地中国企业对人才的需求。

　　非洲第一个鲁班工坊——吉布提鲁班工坊于 2019 年 3 月 28 日揭牌。吉布提鲁班工坊开设了铁道工程技术、铁道交通运营与管理、商贸、物流 4 个专业。吉布提鲁班工坊直接服务"一带一路"重大项目亚吉铁路和工业园区建设。亚吉铁路全长 751.7 千米，是非洲大陆距离最长的跨国电气化铁路，也是中国企业在非洲建设的第一条集投融资、设计施工、监理、装备材料和运营为一体的跨国电气化铁路。中土集团是亚吉铁路的建设方和运营方。在运营初期，当地员工 275 人，而在 6 年后，亚吉铁路将完全由当地人运营和维护，亚吉铁路所急需的专业铁路技术人才，吉布提鲁班工坊可以培养，这样中土公司的项目才能更好地在当地运行。有了人才的支撑，中国企业在走出去的过程中，才能更好更快地发展。吉布提还将打造商业中心和物流中心，因此商贸物流类技术技能人才成为吉布提紧缺的人才。吉布提鲁班工坊开设的商贸物流专业，也正好满足了这一需求。这些都说明吉布提鲁班工坊既满足于中国企业走出去，又服务于当地产业经济发展。

　　英国鲁班工坊也服务于中国企业走出去。2018 年 11 月天津食品集团代表团出访英国利物浦市，利物浦市政府表示支持当地有实力的企业与天津食品集团合作，共同推进鲁班工坊项目并将英国鲁班工坊项目列入利物浦与天津友好城市协议。2019年4月，诺丁汉市政府代表访津，表示大力支持英国鲁班工坊建设，并就英国诺丁汉市与食品集团产业的合作事宜进行探讨。2019年8月，鲁班餐厅代表访津，与天津利达粮油有限公司的食品研发团队，就"利达包"的生产制作、技术培训、口味改良等方面进行研讨。在英国鲁班工坊的辐射影响下，天津企业装备和产品不断走出去，现已将利民调料、王朝红酒等产品列入英国鲁班工坊标配，成功将"利达包"引入英国市场，并受到大众的广泛欢迎。

（三）鲁班工坊服务于中国优质职业教育和中国优质产品技术输出，传播中国先进职业教育理念

鲁班工坊是在教育部指导下，天津市首创并率先主导推动实施的职业教育国际品牌，它紧紧围绕所在国家的产业和我国"一带一路"建设的对接需求，以天津国家现代职业教育改革创新示范区优质资源为支撑，以已建立院校合作基础上的技术技能人才培养项目机构为载体，以天津研发的国际化专业教学标准为依据，以工程实践创新项目为教学模式，将中国优质职业教育和中国优质产品技术向合作国输出，培养当地熟悉中国技术产品标准的技术技能人才。[①]

改革开放40多年来，在经济快速发展的过程中，我国的教育事业也取得了长足的发展，职业教育作为教育事业的重要组成部分也一同成长。在培养大批掌握先进理念和技术人员、工人的同时，我国的职业教育，尤其是高等职业教育，逐渐形成了一整套适合我国国情的教育理念、实训设备、教学标准、专业标准、课程体系。在提炼总结的基础上，具有中国特色的职业教育新模式产生。天津作为首个国家职业教育改革创新实验区，构建起具有中国特色、世界水平的职业教育模式、标准、装备、方案。在职业教育走出国门的情况下，鲁班工坊诞生了。

鲁班工坊服务于先进中国职业教育理念、教学标准、课程体系等的输出。2013年天津市承担了教育部50个国际化专业教学标准的开发任务，天津渤海职业技术学院承担其中6个国际化教学标准建设任务，在国际合作交流及办学方面取得了初步成果。天津渤海职业技术学院正是第一所鲁班工坊创建校中的中方职业院校。天津圣纳科技有限公司研发的新能源汽车成为鲁班工坊输出设备的标准配置，该企业成为泰国大城新能源汽车改造指定商。东方亨瑞科技有限公司承接了空中课堂项目，目前该公司提交交互智能平板注册了国际品牌MAXHUB，已经进入泰国市场，"729"创意文化体验中心也入驻泰国鲁班工坊。

① 参见吕景泉：《鲁班工坊核心要义—中国职业教育的国际品牌》，天津人民出版社，2019年。

第二节　鲁班工坊建设模式及分析比较

一、鲁班工坊建设模式

（一）鲁班工坊建设主体

海外鲁班工坊的设立，坚持平等合作、优质优先、强能重技、产教融合、因地制宜五大原则，鲁班工坊的各建设主体要充分遵循这五项原则。作为主要承建方的职业院校（技术大学），要按照政府顶层设计要求、企业实际需求，对鲁班工坊的建设综合考量，在专业设置、实训基地搭建、课程标准制定等方面满足鲁班工坊的建设初衷和市场需求。合作院校、企业和政府在鲁班工坊的建设中，承担不同的角色。

1. 合作院校

作为主要建设者，合作院校为鲁班工坊的建设提供场地、实训设备，设置专业，制定课程标准，开展师资培训和教学等活动。办学目标受学校专业优势、市场和政策的影响。

中方院校职责：中方院校提供的资源较多：一是提供中国企业生产的先进实训设备，负责实训设备的采购、运输和安装调试。二是负责制定符合当地劳动力资源培养的专业标准和课程体系；发挥学校优势，开展国际专业教学资源开发建设；根据专业标准设计课程模块，根据课程模块与合作校合作编写多语种教材和课件。三是开展系统化标准化国际师资培训，提高外方师资的理论和实操水平。四是对鲁班工坊的日常运营和办学质量进行评估和考核。五是提供既注重理论又能极大提高受教育者实际操作能力的实践创新项目教学模式。实践创新项目教学模式是以实际工程项目为导引，以实践应用为导向，培养学生科学探索能力和问题解决能力的新型教学模式。中方院校是鲁班工坊建设的灵魂。

外方院校职责：外方院校主要工作分两项：一是提供场地，保证教学工作的开展。根据专业设置、招生情况及学校的实际情况，场地有大有小，有的是独立建筑，有的是一个整体建筑的一部分。场地最大的是柬埔寨鲁班工坊，建筑面积6814平方米，而场地最小的是印度尼西亚鲁班工坊，面积有300平方米。二是负责当地鲁班工坊的日常运转，比如安排实训中心的日常使用和维护，课程的组织开展，日常教学工作，等等。

　　8所鲁班工坊尽管建立时间不同，运营时间长短各异，但无一例外的是，中方院校为鲁班工坊的建设都付出了巨大的努力。每一所鲁班工坊的参建中方院校都为鲁班工坊提供了数量不等的教学实训设备，对外方院校教师进行了数轮多人次总课时数不等的培训。在鲁班工坊参建中方院校的努力下，课程和教材开发无论在质上还是在量上都保证了鲁班工坊高质量教学活动的开展。其中中德应用技术大学为柬埔寨鲁班工坊提供教学实训设备1613台（套），这些设备可以提供实习工位432个，对外方院校教师的培训总课时达到了12960小时，课程开发总数19个，提供了19个板块的校本教材和19个板块的信息化教学资源。天津渤海职业技术学院为泰国鲁班工坊提供教学实训设备37台（套），这些设备可以提供实习工位152个，对外方院校教师的培训总课时达到了3600小时，提供了4个板块的校本教材和4个板块的信息化教学资源。天津现代职业技术学院为巴基斯坦鲁班工坊提供教学实训设备37台（套），这些设备可以提供实习工位152个，提供了4个板块的校本教材和4个板块的微课。天津铁道职业技术学院为泰国鲁班工坊开发课程达到了8个。天津市东丽区职业教育中心学校为印度尼西亚鲁班工坊开发了发动机机械系统软件、二维码实训手册、无人机组装与调试等教材。天津轻工职业技术学院和天津机电职业技术学院为印度鲁班工坊提供了双语录像12个（360分钟），1个国家级教学资源库和微课20个（时长100分钟），同时公开出版教材2本。天津经济贸易学校为英国鲁班工坊提供了5本校本教材、200个视频和12个动画片。8个鲁班工坊中方院校共提供教学实训设备1806台（套），开发课程总数59个，师资培训总课时达到了31350小时。

2. 企业

　　作为鲁班工坊培养学生的接收单位，企业会积极参与鲁班工坊的建设，在资金投入、专业设置、课程标准制定、实训基地提供各方面承担与学校完全不一样的角色。中资企业和当地企业以不同的方式参与到鲁班工坊的建设中来。印度鲁班工坊与中国中天科技印度有限公司等5家大型在印中资企业签订了订单培养协议，培养中资企业急需人才。印度鲁班工坊还聘请了两位印度中资企业领导作为客座教授，参与鲁班工坊建设，以提高人才培养质量。天津鹏顺隆科技发展有限公司参与了印度尼西亚鲁班工坊"汽车运用与维修"专业双语教材的编写工作。印尼鲁班工坊还计划与中资企业五菱汽车合作，针对合作方式、场地、设施设备、员工需求、培训内容等方面开展深层次对接。大陆集团、好利安制药公司、伟世通、Introsys、Lauak参与了葡萄牙鲁班联盟的建设。

在已建成的 8 个鲁班工坊中，参建的中外职业学院数量不等，企业的参与度也各不相同。具体情况见表 12-2。

表 12-2　参与鲁班工坊建设企业

序号	中资企业	外资企业
1	天津启程伟业科技发展有限公司	International Academy of Chinese Culinary Arts
2	天津圣纳科技有限公司	Marriott Hotel
3	亚龙科技集团有限公司	Lecesister City Foodball Club Academy House
4	北京新大陆时代教育科技有限公司	东南亚电信
5	天津骥腾科技有限公司	柬埔寨黄金米业有限公司
6	天津东方中原科技发展有限公司	大陆集团（Continental)
7	天津利达粮油有限公司	Hovione FarmaCiência 股份公司
8	天津市盛龙宏业厨房设备有限公司	塞图巴尔半岛工业协会
9	中国中天科技印度有限公司	INTROSYS（机器人系统集成）股份公司
10	中国中材国际工程股份有限公司	塞图巴尔 LAUAK 飞机结构有限公司
11	中国天津市天锻压力机有限公司	伟世通帕尔梅拉工厂
12	中国巨轮（印度）私人有限公司	
13	中国昇龙生物科技（印度）有限公司	
14	天津畅洋工鹏顺隆科技有限公司	
15	优联发展集团有限公司	
16	华为（柬埔寨）分公司	
17	宜科(天津)电子有限公司	
18	中国土木工程集团有限公司	

3. 政府或区域组织

政府作为政策的设计者和鲁班工坊项目的推动者，决定了鲁班工坊的办学方向，影响鲁班工坊的选址、资金投入、发展规模等方方面面，虽不是鲁班工坊直接参建方，但政府对鲁班工坊的建设影响巨大。泰国鲁班工坊得到泰国政府的大力支持和充分认可。泰国政府向天津渤海职业技术学院颁发了"诗琳通公主奖"，向泰国大城技术学院颁发了泰国政府最高奖"国王奖"。

（二）鲁班工坊建设模式

鲁班工坊是中外合作办学的创新模式。随着中国职业教育的发展，中国特色的职业教育如何走出去成为焦点，鲁班工坊是中国特色职业教育走出国门的有益尝试。

鲁班工坊的建设主体有学校、企业和政府。在鲁班工坊建设的过程中，各个主体的意愿不同，所做的贡献也不同。经过一段时间的发展，根据合作过程中承担的责任和相互协同关系，鲁班工坊的建设模式分为三类。

2018 年 3 月 26 日天津市人民政府办公厅转发了《天津市教委关于推进我市职业院校在海外设立鲁班工坊试点方案》。2018 年 5 月 21 日，天津市教委对该方案进行了政策解读，把鲁班工坊的建设模式归结为三种：一是依托政府合作，建设鲁班工坊。中外职业院校结合国家外交和地方政府间合作的战略规划，融入对外人文交流机制，共同建设鲁班工坊。二是依托校际合作建设鲁班工坊；三是依托校企合作建设鲁班工坊。职业院校与承揽海外工程的企业，或在国外办厂、收购的企业合作，在国外的适宜职业院校或机构共同建设鲁班工坊。[①]

这三种鲁班工坊建设模式，我们将之分别称为政校企鲁班工坊建设模式、校校鲁班工坊建设模式、校企合作鲁班工坊建设模式。鲁班工坊建设立足于天津职业教育办学优势，借助产业、行业、企业、职业、专业"五业联动"职业教育发展，发挥政府、行业企业、学校、协会、科研机构等的作用，加强产教融合、校企合作，力求建设一个高标准品牌化的实施项目。

1. 政校企鲁班工坊建设模式

政校企鲁班工坊建设模式是国家战略合作的成果，是区域经济合作发展的结果，此类鲁班工坊建设纳入了国家外交和政府间合作的战略规划，可以说没有政府合作和规划，政校企鲁班工坊建设模式将不会出现。因此，政府的推动和规划

---

① 参见《〈关于推进我市职业院校在海外设立鲁班工坊试点方案〉政策解读》，http://www.tj.gov.cn/zw/zcjd/201808/t20180830_3630691.html。

是政校企鲁班工坊建设的决定性力量,学校和企业是落实政府政策的具体执行者。柬埔寨鲁班工坊是此类建设模式的典型代表。

柬埔寨鲁班工坊的建设过程,完美验证了柬埔寨鲁班工坊是政校企建设模式。柬埔寨鲁班工坊是中国和东盟各国政府努力推动经济持续发展与中国"一带一路"倡议相结合的结果,也是在构建人类命运共同体的宗旨下,加强澜湄所有国家友好合作,推动经济发展的结果。

（1）政府间提出合作

2016年3月23日,在海南三亚举办的澜沧江—湄公河合作首次领导人会议上,李克强总理提出,中国和澜湄五国要加强在基础设施、工程机械、电力、建材、通讯等领域的合作。对于澜湄未来的合作,李克强总理提出了四点建议并且强调:中国和澜湄五国要构筑人文交流桥梁,以心相交,方成久远。中国和湄公河国家地理相近,文化相通,人民相亲……中国愿同湄公河国家在教育、科技、文化、旅游、青年等领域开展形式多样的人文交流,增进信任和友谊,加强人力资源培训工作,未来3年将提供1.8万人年政府奖学金和5000名来华培训,并愿探讨在湄公河国家设立职业教育培训中心。此外,中方建议设立澜湄流域综合执法安全合作中心,开展联合执法人员培训等活动,为澜湄国家发展和人民幸福生,营造和平安宁的环境。这是中方首次提出和澜湄国家探讨建设职业教育培训中心。

对于中方的建议,澜湄国家很快给出了回应。在2016年3月23日发表的澜沧江—湄公河合作首次领导人三亚宣言—《打造面向和平与繁荣的澜湄国家命运共同体》中确认,鼓励中国的"一带一路"倡议与澜湄合作活动和项目及包括东盟互联互通总体规划在内的湄公河国家相关发展规划之间的对接。推进重点基础设施项目,加快电力网络、电信和互联网建设。在拓展工程、建材、支撑产业、机械设备、可再生能源等领域产能合作,提升科技合作和经验分享,深化人力资源开发、教育改革、职业培训合作和教育主管部门及大学间交流,这些为鲁班工坊的建设提供了可能,而且对可能的专业设置提供了方向。

（2）落实政府倡议

2018年1月10日在金边举办的澜沧江—湄公河合作第二次领导人会议上,李克强总理提出中国和澜湄五国应提升人力资源合作,中方倡议成立澜湄合作教育联合工作组,做好教育合作的顶层设计,鼓励高校间开展联合培养项目,探索建立学分互认制度,推进职业院校合作,支持在湄公河国家设立澜湄职业教育中心。

2018年2月1日,《澜沧江—湄公河合作5年行动计划（2018—2022）》发布，提出中国和澜湄五国要在全领域加强合作。在教育合作方面提出三点：一是在中国东盟教育交流周期间举办活动，加强澜湄国家合作；二是加强职业教育培训，支持中国设立澜湄职业教育基地，在湄公河国家设立澜湄职业教育培训中心；三是推动澜湄国家高校合作，鼓励高校间开展联合培养、联合研究和学术交流，探索建立学分互认互换制度。在资金方面，提出要用好中方设立的澜湄合作专项基金，鼓励各国加大资金资源投入，积极争取亚洲基础设施投资银行、丝路基金、亚洲开发银行等金融机构支持，发挥市场资源作用，打造立体化、全方位的金融支撑体系。这些措施在一定程度上保证了鲁班工坊建设资金的部分需求。

（3）柬埔寨鲁班工坊建立

经过两年的讨论，澜湄职业教育培训中心项目确定。项目由外交部、教育部、天津市人民政府落实，而天津市人民政府确定天津中德应用技术大学负责项目建设任务，同时天津中德应用技术大学负责柬埔寨鲁班工坊建设，与澜湄职业教育培训中心共研、共建、共享、共用、共赢。2016 年 9 月 18 日，中德应用技术大学有关人员赴柬埔寨，就柬方支持政策、项目合作模式、合作院校选定、办学方式、专业设置进行调研，并就柬埔寨经济产业发展情况、人力资源情况、当地职业教育与培训情况、驻柬中资企业的人力资源需求进行了解。

随后天津市人民政府办公厅转发了《市教委关于推进我市职业院校在海外设立鲁班工坊试点方案的通知》（津政办函〔2018〕16 号），支持中德应用技术大学借助澜湄职业培训中心项目在柬埔寨国立理工大学建立鲁班工坊。2018 年 10 月 28 日，澜湄职业教育培训中心暨柬埔寨鲁班工坊揭牌，这标志着柬埔寨鲁班工坊正式建成。

柬埔寨鲁班工坊的建立过程，生动展示了在政校企鲁班工坊建设模式中，政府是推动这一建设模式的主导力量，其决定了鲁班工坊的建立，而且在一定程度上影响了合作校的选择、专业的设置、投入资金、建设规模，等等。

2. 校校鲁班工坊建设模式

在开展中外合作办学、合作交流的基础上，选择国外优质教育资源，中方职业院校与外方职业院校合作举办鲁班工坊。此建设模式的中坚力量是中外合作办学的院校，鲁班工坊的办学方向、专业设置、课程标准基本由合作校双方设定，政府和企业相对来说参与较少。泰国鲁班工坊就是采用此种建设模式。

泰国鲁班工坊的建设过程可清晰地反映出泰国鲁班工坊是校校合作鲁班工坊建设模式。泰国是东南亚"一带一路"沿线的重要节点国家，是东盟的物流贸易和金融中心。泰国是一个新兴的经济体和一个新型的工业化国家，中国是泰国最大的贸易伙伴，泰国提出的未来 10 大重点发展产业中，有 6 个都是中国鼓励产能输出的行业。泰国大城府现有 4000 多家的现代化工厂，主要以汽车制造业和电子信息产业为主，在"一带一路"倡议推动下，现有 100 多家中资企业在大城府投资设厂。整体来讲，泰国在东南亚发展排名靠前，实行自由经济政策，阿里、京东、苏宁等布局泰国市场，华为、OPPO、VIVO 等通讯企业也落户泰国。

天津与东盟开展合作有着现实基础，与东盟国家的职业教育合作也有 10 多年的历史，与新加坡、泰国、马来西亚广泛开展了师资培训、学术研讨、职教论坛、学生互派等交流活动。泰国经济转型发展和中国企业的大力进驻，对高技术、有实际操作能力的劳动力提出了需求，而泰国的职业教育以书面教学为主，很少有实践教学，导致学生的实际操作能力严重欠缺。泰国职业教育由于历史和现实的原因，无法改变这一切，迫切需要引进先进的职业教育模式。天津职业教育经过 10 年试验区和示范区建设，优势专业和特色专业众多，在天津职业教育走出去的过程中，作为"一带一路"沿线距中国较近国家，泰国与天津的职业教育合作顺里成章。

2014 年 9 月，天津市教委组织天津 11 所高职院校与泰国 11 所职业院校进行了交流，各学校建立了初步联系，对彼此的诉求有了一定的了解。2014 年 12 月，泰国大城技术学院来天津渤海职业技术学院交流访问，参观了实训基地，特别是对工程实践创新项目之一 —— 电老鼠走迷宫项目产生了浓厚兴趣，双方就合作办学签署协议。2015 年 9 月 16 日，天津市高职院校 2015 年泰国奖学金留学生项目中，来自泰国大城技术学院的孙伟、来自巴吞他尼技术学院的文成业获得全额奖学金，到天津渤海职业技术学院进修电子专业。2015 年 9 月，天津渤海职业技术学院和泰国大城技术学院共同参加了中国—东盟职业教育论坛。2015 年 11 月天津渤海职业技术学院到泰国大城技术学院访问，与泰国地方政府、大成技术学院和当地工商界进行了友好交流，并与泰国大城技术学院、巴吞他尼技术学院等 21 所学院签署了建立友好校备忘录，签署在泰国共同建立鲁班工坊协议。2016 年 1 月，泰国大城技术学院到天津渤海职业技术学院访问，经研究探讨，签订了共同建设鲁班工坊的合作意向书。2016 年 2 月 14 日，天津渤海职业技术学院选派 12 人赴泰国大城技术学院，进行鲁班工坊建设。[①]

---

① 参见芮福宏、丁兰萍主编：《鲁班工坊职业教育国际合作新支点——天津渤海职业技术学院鲁班工坊建设纪实》，中国铁道出版社，2017 年。

在反复交流的基础上，2016 年 3 月，天津渤海职业技术学院与泰国大城技术学院共同建立了鲁班工坊，天津市的优秀职业教育成果输出国门与世界分享。

泰国鲁班工坊的建设是在天津市教委的组织下，天津渤海职业技术学院和大城技术学院根据市场对人才的需求和双方专业的优势点，积极协商组建的。中外双方院校、是泰国鲁班工坊的建设主力和主要承担者、推动者。

3. 校企合作鲁班工坊建设模式

职业院校与承揽海外工程的企业，或在国外办厂、收购的企业合作，在国外的适宜职业院校或机构共同建设鲁班工坊。此鲁班工坊的建设来源于在外中国企业的强烈需求。职业院校在自身需求和企业的强烈要求下，走出国门，校企联合创办鲁班工坊。印度鲁班工坊就是伴随国有大型企业走出去建立的，在设立之初就实现了国际背景下的产教融合。

中国企业很早就在印度市场耕耘，早年华为、中兴在印度电信设备市场就有了不少的市场份额。近些年来，中国智能手机企业在当地投资建厂。德里附近的诺伊达是中国手机工厂最为集中的区域，包括 VIVO、OPPO、传音等企业都在此设有生产基地，小米则选择了与富士康合作，先后在印度建立了 6 座工厂。三一重工目前在印度普纳建有研发基地和产业园，员工达到 600 人左右，多个产品在印度市场排名第一。UC 浏览器、海尔、联想、华为等品牌也加大了在印度市场的开拓力度，中国的电子制造业在印度市场也有很大份额。中高端家电企业 TCL 在印度破土动工了一个智能制造产业园，把从屏幕到整机的产业链能力移植到印度。中国的汽车工业在印度的投资额占到了总投资额的 40%，是当之无愧的领军行业。中国的互联网巨头和投资机构已经投资了几乎所有印度的科技初创企业，中国互联网业在印度互联网业拥有极高的话语权，随着每个印度家庭几乎都有中国产品，中国商品在印度市场占有率越来越高。

在印度五大工业走廊都有中国企业。中资企业宝钢、海天国际、中国土建、海尔集团、特变电工、上海海立、长安、上汽、美的、福田汽车、三一重工，分布在印度五大工业走廊。2019 年 6 月，中国企业在印度注册公司数已经激增到 6000 余家。

中国企业进入印度，中国产品进入印度，中国设备进入印度，企业急需熟悉中国产品和中国技术的劳动者，而印度职业教育无法满足此要求，印度自身有引进先进教育技术的迫切要求。中国是印度第一大贸易国，中印之间经济往来频繁，印度正大力发展基础设施建设、通信和制造业，光伏发电和清洁能源是印度泰米尔纳德邦极其看好的产业。中国企业需求、印度产业发展需要给鲁班工坊进入印度提供了契机，印度数控设备应用与维护、光伏发电技术与应用、机械设计与制造、工业机器人技术等专业的技能人才缺乏，为后来印度鲁班工坊专业设置提出了要求。

2016 年 3 月第一家鲁班工坊在泰国揭牌，泰国鲁班工坊的顺利运营，受到了中泰两国乃至世界职业教育界的广泛关注。把设备卖到印度的大连机床集团找到天津有关部门和单位，希望在印度设立鲁班工坊，这直接促成了印度鲁班工坊的建立。

2017 年 12 月 8 日，由天津轻工职业技术学院、天津机电职业技术学院、印度金奈理工学院携手浙江天煌科技有限公司、天津启诚伟业科技有限公司、天津圣纳科技有限公司、天津市天锻压力机有限公司、北京三维天下科技股份有限公司共同创建的印度鲁班工坊在印度金奈举行运营启动仪式。随后印度鲁班工坊与大型国企中材国际工程股份有限公司（印度分公司）、天津天锻压力机有限公司（印度分公司）、中国巨轮（印度）私人有限公司、中天科技印度有限公司、中国异龙生物科技（印度）有限公司签署了培养意向书。印度鲁班工坊的建立过程及后续与企业的紧密合作充分体现了企业对印度鲁班工坊的建立有决定性作用，所以这类以企业为主的鲁班工坊，我们称之为校企合作鲁班工坊建设模式。

二、鲁班工坊建设模式比较分析

鲁班工坊不断建设，其发展已经形成了自己独特的模式，无论建设过程中是何类型的鲁班工坊，建成后鲁班工坊的运营模式基本已经统一，因此这里只讨论鲁班工坊建设过程中三种建设模式的共同点和差异性。

（一）共同点

1. 鲁班工坊创新型高质量标准化建设体系建立

经过三年多的发展，鲁班工坊三种建设模式根据中外职业院校前期协商成果、教学设备配套情况、所在国人力资源现状，结合我国职业培训技术标准和实践创新项目教学模式，培养师资的理论和实操水平，并设置专业技术标准和进行课程体系建设，在顺利运营的基础上形成了鲁班工坊创新型高质量标准化建设体系。

（1）建设体系

鲁班工坊创新型高质量标准化建设体系包括三个建设体系：一是鲁班工坊运营管理与评价体系，包括管理制度、评价体系、招生制度和毕业生就业制度等。运营管理与评价体系保证了鲁班工坊的顺利运行和创新发展。二是鲁班工坊质量控制体系，包括鲁班工坊文化建设标准、实训基地标准、专业标准、课程标准、师资标准和教学模式标准等。鲁班工坊质量控制体系是鲁班工坊建设中最核心的体系，保证了鲁班工坊毕业生优秀职业技能。三是鲁班工坊建设保障体系，包括建设主体、建设模式、建设原则、实施原则等。建设保障体系决定了鲁班工坊的建设方向和原则。三个体系相辅相成、缺一不可。具体体系见图 12-1。

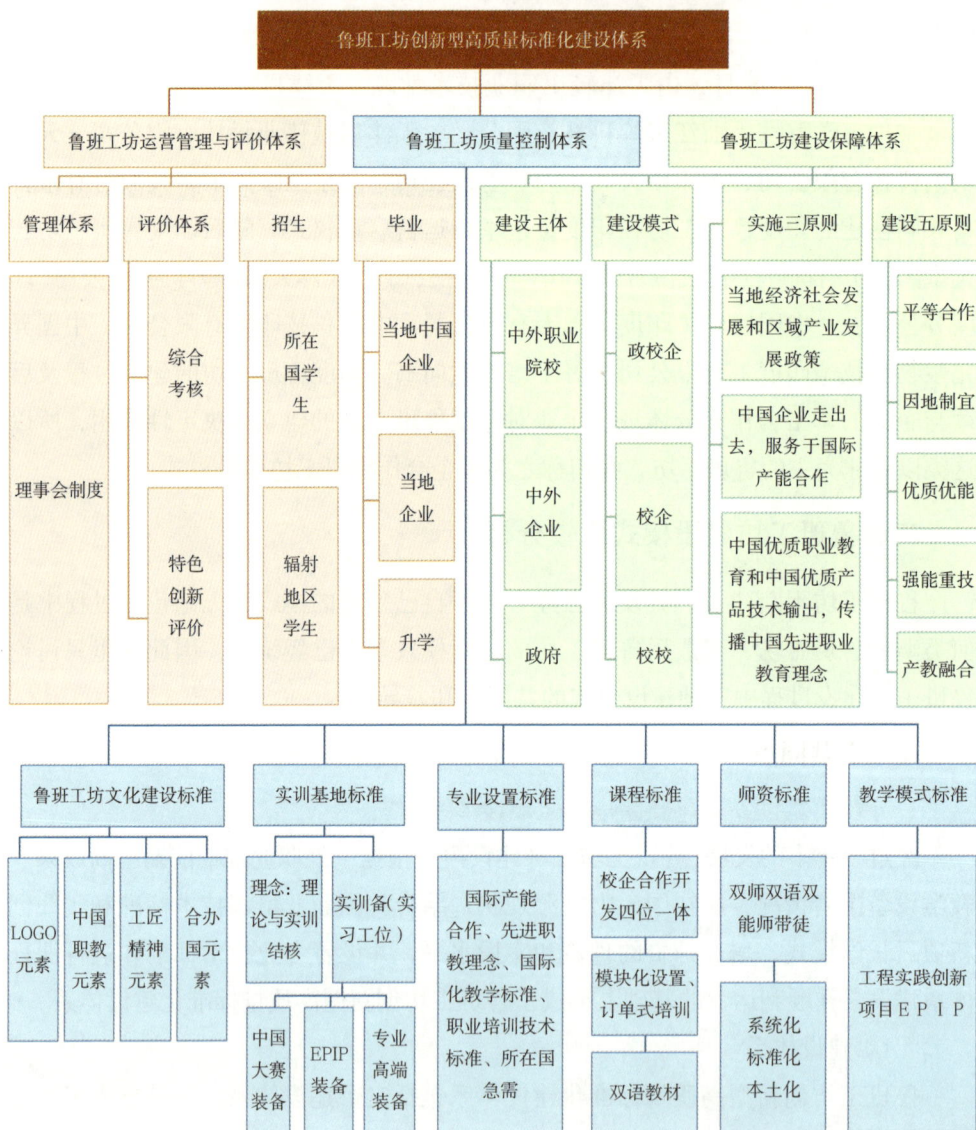

图 12-1 鲁班工坊创新型高质量标准化建设体系

（2）三大特征

鲁班工坊创新型高质量标准化建设体系具有三大特征：一是创新性。鲁班工坊是一种创新型中外职业院校合作办学模式。鲁班工坊改变了过去职业院校中外合作办学以引进为主的办学模式，中国职业教育先进模式及理念首次整体"出口"。鲁班工坊是天津市原创，并率先推动、组织实施的职业教育国际合作的品牌项目。二是高质量。管理评价体系、质量控制体系和建设保障体系的建立，决定了鲁班工坊办学的高质量。三是标准化。鲁班工坊在办学过程中，形成了一套标准化的管理、评价和质量控制体系。这保证了鲁班工坊不管办学主体如何改变，办学国家和城市如何改变，鲁班工坊建设的高质量不会改变。

从具体实践来看，鲁班工坊创新型高质量标准化建设体系体现在各个独立的鲁班工坊。柬埔寨鲁班工坊中的中方院校中德应用技术大学为柬埔寨鲁班工坊提供实训设备，现已建成 3 个实训中心、18 个实验室，共有 6814 平方米使用面积，开展面向中柬企业和柬埔寨民众的机电一体化和通信技术两个专业的技术技能培训。开发了 13 本培训教材，这些教材都是基于培训中心设备，参考我国 6 个工种的职业培训技术标准，针对柬埔寨人力资源现状，按照初中高三个等级进行编写的。对鲁班工坊的任教教师进行专业英语培训和下企业培训，柬埔寨国立理工学院的老师，分多批来到中德应用技术大学进行企业研习。在管理上，成立理事会并对理事会的组成等各方面作出了规定。柬埔寨鲁班工坊最为显著的特点是输出了中德校本培训模式，做到了"课表—模块化设计，评估—综合性考核，培训—菜单式选课"。

2. 项目设置受政府宏观政策和区域产业政策影响

每一个项目的开展，都受两国政府经济政策的影响，更受项目所在国区域产业政策的直接影响。8 个鲁班工坊建设项目都坐落在共建"一带一路"各国家，这些国家跟中国世代友好，积极响应我国的"一带一路"倡议。东南亚各国、印度、巴基斯坦、吉布提都是共建"海上丝绸之路"重要国家。柬埔寨金边皇家大学校长表示，中国提出的"一带一路"倡议，对沿线各国的发展非常重要。"一带一路"倡议，正好配合印尼政府大量兴建基础设施计划，将给印尼带来巨大利益，实现中印合作共赢。"一带一路"倡议为印度和中国提供了一个促进信任和发展的双赢机会。巴基斯坦鲁班工坊的建设，受中巴经济走廊规划的影响，吉布提鲁班工坊的建立是"中非合作八大行动"和亚吉铁路、工业园建设项目推动的结果，柬埔寨鲁班工坊是中国和澜湄五国开展澜湄合作的结果，印度尼西亚鲁班工坊是印尼全球海洋支点战略的成果。这些都说明，鲁班工坊的建立受政府政策和区域产业政策的双重影响。

3. 市场和企业的需求决定了鲁班工坊的专业设置

在政府政策的推动和影响下，鲁班工坊设置了各具特色的专业。课程标准是培养劳动者技能的关键。专业设置和课程标准不仅要符合当地中资企业的需要，也要满足当地产业的需求，为当地经济社会发展服务。

印度鲁班工坊所在地泰米尔纳德邦的经济规模排名全印度第二，所占比例为8.4%，工业产值为全印度的11%，泰米尔纳德邦最终目标是想建立一个大综合开发区。但泰米尔纳德邦缺电严重，因此印度鲁班工坊基于此设立了光伏发电技术和应用专业。另外，印度整体基础设施落后，又想大力发展现代工业，数控设备与应用、机械设计制造、工业机器人这三个专业的设置成为必然。印尼作为一个海岛国家，其政府的中长期规划设置了6大经济走廊。在这个规划中，机械和交通工具是重点发展的18个方向之一。印度尼西亚作为东盟最大的汽车市场和未来最有发展潜力的汽车市场之一，吸引了世界汽车诸强的高度关注。这也是印尼鲁班工坊选择设置汽车维修技术和新能源汽车两个专业的主要原因。吉布提作为世界最不发达国家之一，工农业基础薄弱，港口和铁路运输在国民经济中占重要地位。而亚吉铁路是非洲第一条全线采用中国电气化铁路标准施工的现代电气化铁路，由中国中铁和中国铁道建筑总公司旗下子公司中国土木工程集团有限公司建设。2016年7月28日，铁路承建方中国中铁和中土集团正式签约亚吉铁路6年运营权。中国企业走出去，必须要考虑人才本土化问题，2022年亚吉铁路将交给当地人进行运营和维护，亚吉铁路急需大批专业的铁路技能人才。所以吉布提鲁班工坊设置了铁道工程技术、铁道交通运营与管理这两个专业。

作为老牌资本主义国家，英国职业教育发达，英国人对中餐厨师有迫切需求，于是天津市经济贸易学校联合英国奇切斯特学院创立英国鲁班工坊，设立中餐烹饪技术专业，此专业已进入英国学历教育体系，其教学获得英国政府财政拨款支持，16岁到19岁的英国及欧盟学生可免费学习。英国鲁班工坊的建成，标志着鲁班工坊这一带有强烈中国特色的职业教育新模式，成功落户发达国家。

4. 中外院校的专业水平决定了鲁班工坊办学的质量

鲁班工坊的运行需要作为建设主力的合作院校的全情投入。院校参与鲁班工坊的建设，不仅是政府的推动，企业的召唤，也是院校自身发展的需求。中外参与鲁班工坊建设的院校，都是具有相当实力，专业建设突出，教学效果优秀，具有国际化专业教学标准的院校。

　　柬埔寨鲁班工坊的建设院校，中方为中德应用技术大学，柬方为柬埔寨国立理工学院。中德应用技术大学是国内第一所应用技术大学，是天津市市委市政府确立的一流应用技术大学建设单位，是国家示范性高等职业院校。中德应用技术大学主动服务京津冀的协同发展战略，主动服务"一带一路"倡议，服务"中国制造2025"国家战略。中德应用技术大学正肩负着为国家试制度，为地方谋发展的重要使命，积极探索构建现代职业教育体系，全力推进中国特色世界一流高水平应用技术大学建设。这说明对参与鲁班工坊建设，中德应用技术大学既有意愿也有能力。柬埔寨国立理工学院是一所公立的职业教育与技术培训学院，是柬埔寨技术与职业领域的领军院校，学院始终坚持国际合作观念，有丰富的校企、校校合作经验。这两所院校的合作，保证了柬埔寨鲁班工坊项目的建设质量。

　　泰国"鲁班工坊·渤海中心"的建设院校为天津渤海职业技术学院和泰国大城技术学院。天津渤海职业技术学院是一所公办高等学校，是天津首批示范性高职学院，为经济和社会发展培养了大批优秀技能人才，赢得了石油化工企业人才的"黄埔军校"的美誉，学院被教育部和天津市政府命名为滨海新区技能型紧缺人才培养基地，是全国职工教育培训示范点，是中国企业培训示范基地。泰国大城技术学院是一所办学历史悠久的公办职业教育学院，是泰国工业类专业优秀学院，是泰国职业教育联合会会长单位，1997年被授予国王奖。这种强强联合保证了泰国鲁班工坊的顺利建成和培养质量。

　　鲁班工坊参建职业院校都有自己的优势专业，比如吉布提鲁班工坊中方参建院校之一，天津铁道职业技术学院是铁路总公司高速铁路技术培训基地、铁路火车司机培训考试基地、坦赞铁路高级技术人员培训基地、建设行业技能型紧缺人才培养培训基地，天津铁道职业技术学院的骨干专业为轨道交通类专业。优势专业、骨干专业、重点专业的输出，体现了中国职业教育的水平。

5. 鲁班工坊功能多元化

　　所有鲁班工坊的建设，在专业设置上都是针对项目所在地国家和地区人才紧缺型专业，输入对方的都是我国院校的重点专业、示范专业和骨干专业，输出的都是中国优秀实验实训设备、先进的职业教育理念和国际化的教学标准。所有鲁班工坊都注重外方师资的培养培训，强调实践技能的培养，旨在助力其实现本土化发展。在教学中，都减少书面形式，以实际操作能力为主，提供当地急需的技术，这些都提高了当地劳动力的职业技能，解决了所在国中资企业用人的燃眉之急，鲁班工坊培养出的学生与企业的契合度高，在输出中国职业技术标准方面颇有建树。

但这种输出不是单一输出，工坊的建设也促进了当地经济社会的发展，促进了中资企业的发展，促进了职业院校与中外企业的联系和合作，促进了中国和其他国家的相互了解和合作，鲁班工坊所在国对中国文化和社会也加深了了解。目前，泰国鲁班工坊已从最初的国外培训上升到两国学历教育的互认。自2016年起，泰国每年派出留学生及教师赴天津渤海职业技术学院学习。今后，双方的人才可以自由流动于两国的企业之中，为中泰合作创造出更多的机会。在泰国鲁班工坊建成后，天津渤海职业技术学院与越南胡艺工业学院签订战略合作协议，天津圣纳科技有限公司、天津启诚伟业有限公司与泰国大城技术学院签订科技服务协议，邦正科技有限公司与天津渤海职业技术学院签订共建合作项目协议。

由于效果突出，许多企业积极参与鲁班工坊建设。柬埔寨鲁班工坊是启诚科技参与技术支撑的第六家鲁班工坊。启诚科技参建鲁班工坊，主要负责鲁班工坊中工程实践创新项目——启诚人工智能电脑鼠走迷宫、百变拼接POWERON创新套件和仿生机器人等项目中外师生的技术培训工作。中国工程实践创新国际项目推广单位——天津启诚伟业科技有限公司技术部门工程师介绍说，智能鼠简单地说就是一个智能机器人小车，它依靠传感器检测四周墙壁信息，可以在迷宫当中自动的记忆路径、寻找路径，直到到达终点，并最终选出一条从起点到终点的最短路径。电脑鼠包含了传感器与检测、信号传输和自动化控制等学科的知识，对柬方师生在相关领域的学习是一个非常大的帮助。而启诚能力源POWERON创新套件包含80多种近千个点、线、面连接件，可以实现自由搭建，例如机械手臂、风力发电沙盘、自动化生产线、数控加工中心等，配合图形化变成方式，培养学生的工程素养，激发学生的创新创意思维。另外，仿生机器人是由舵机和结构连接件构成的，可以模拟人形、蜘蛛、蝎子、小狗等形态，图形化的变成方式大大降低了学习和使用难度。以轨道航空类实训设备生产为主的骥腾科技，成为泰国鲁班工坊的合作企业，随着供方的知名度越来越高，骥滕科技的产品也吸引了不少院校和企业的关注，这些给企业在中外客户中赢得满意，带来了不错的经济效益和社会效益。

6. 鲁班工坊建设项目扩大了中外人文交流

经过三年多的建设，8所鲁班工坊先后建立，高标准、高质量、规范化成为鲁班工坊的标签。鲁班工坊受到了国际社会的广泛好评和欢迎。泰国鲁班工坊铁院中心发挥示范辐射引领作用，吸引泰国部委、企业寻求合作，先后有南非、日本及东南亚有关国家700余人次赴铁院中心参观学习，鲁班工坊铁院中心成为泰国高铁技术及设备的科普基地。2019 年 7 月，铁院中心入选了"中国——东盟高职院校特色合作项目"。泰国鲁班工坊是中国职业院校在国外开设的第一个工坊，三年来许多学生在这里接受来自中国的职教培训。这其中不仅有泰国本地的学生，还有来自印度尼西亚、马来西亚、柬埔寨等国家的学生。泰国鲁班工坊建成后，泰国大城学院学生在东盟第 11 届技能大赛自动化生产线赛项获得有史以来第一个一等奖，让大城学院名声大振。现在，泰国大城学院已成为周边职业院校乃至邻国职业教育的资源中心。①

2019 年 10 月，国家主席习近平与印度总理莫迪在印度金奈举行第二次非正式会晤期间，中央电视台连续三天对印度鲁班工坊进行报道。在印度尼西亚举办的"加强教育，促进文化"为主题的全国教育与文化工作会议上，印尼总统佐科·维多多对印尼鲁班工坊建设给予高度评价。巴基斯坦鲁班工坊建成以来，先后接待了巴基斯坦、西班牙、印度、马达加斯加、加拿大、乌干达等国外代表团，广泛开展合作交流，获得了《人民日报》《环球时报》《中国教育报》《天津日报》等多家媒体的高度关注，在社会各界引起广泛赞誉。2019 年 7 月 18 日，柬埔寨王国政府授予中德应用技术大学领导撒哈拉大骑士头衔勋章，柬埔寨首相洪森亲自签名。葡萄牙鲁班工坊自运营以来，来自塞尔维亚、巴西、安哥拉、乌克兰、罗马尼亚及葡萄牙国内的众多高职院校、工业企业参观了鲁班工坊，累计 100 余人次，来访团队对鲁班工坊的设备及人才培养模式给予高度认可。鲁班工坊的建设受到国内和世界有影响力的新闻媒体的广泛报道和肯定，鲁班工坊建设项目扩大了中外人文交流。

（二）差异性

鲁班工坊三种建设模式虽有许多共同点，但也有差异性。

一是建设过程中的主导力量不同。政校企鲁班工坊建设模式的主导力量是政府，职业院校和企业只是承建者。项目建设地在很大程度上由两国政府商定。校校鲁班工坊建设模式的主导力量是职业院校，政府和企业只是推动者，项目建在哪、设置什么专业基本由职业院校自己确定。而校企合作鲁班工坊建设模式的主导力量是企业，鲁班工坊建设主要来源于企业的迫切需求。政校企建设模式可以更好地实现政府的决策。校校鲁班工坊建设模式可以更好地实现职业院校的价值。校企合作鲁班工坊建设模式可以更好地满足企业对人才的需求。

① 参见刘茜、陈建强：《鲁班工坊出国记——天津职教助力"一带一路"建设纪实》，《光明日报》，2019 年 5 月 8 日。

二是鲁班工坊建成后服务企业的能力不同。三种鲁班工坊建设模式在进行培养目标规划、专业及课程设置时都会考虑当地经济发展和各类企业的需求，但在具体实践中，由于建立鲁班工坊的目标稍有差异，最终鲁班工坊服务企业的能力也有所不同。校企合作鲁班工坊建设模式由于在建立初期就导入了企业的需求，所以在专业设置、课程开发、培养目标、培养规模、教学时长等方面完全按照企业的要求进行，订单式的培养模式培养出来的学生更符合企业的现实需要。技术技能人才不仅在企业可以马上就业，而且企业也节省了培养实习经费。校校鲁班工坊建设模式在设置专业、规划培养目标时更多考虑合作校双方的专业优势。而政校企鲁班工坊在设置专业、规划培养目标时不仅要考虑合作校的专业优势，更要考虑国家和地区的经济发展战略和产业发展规划，服务的是一类企业而不是具体的企业。

（三）发展趋势

经过三年多的探索，鲁班工坊的建设模式趋于融合，三种建设模式的区分已不是十分明显，政府、职业院校，企业行业心合一处，全力建设鲁班工坊。政府制定政策、提供财力，职业院校选择合作校、设计专业标准、课程体系，企业给予技术支撑和帮助，政府、职业院校、企业都是鲁班工坊建设的主导力量和建设者，这种融合趋势使鲁班工坊可以更好地为政府决策、职业院校自身发展和企业成长服务，至此鲁班工坊的建设进入了快车道。

吉布提鲁班工坊就是由天津市人民政府、吉布提教育部、天津铁道职业技术学院、天津市第一商业学校、吉布提工商学校、中国土木工程集团有限公司共同建设的，政府、职业院校、企业都参与其中。

第三节　鲁班工坊建设路径分析

一、完善和创新鲁班工坊建设标准体系

三年实践，鲁班工坊已经在8个国家落地，在开展教学活动中，鲁班工坊建设标准体系已初步建立，尤其是实训基地标准、专业标准、师资标准、教学模式标准都相当完善，这与所有院校的重视密不可分。但与此同时，鲁班工坊运行管理体系和制度保障体系尚未完全建立，虽然不同学校有自己的标准，但作为一个职业教育国际合作的创新平台，运行管理体系和制度保障体系必须尽快完善，必须加快质量评估体系、运行管理体系和有关鲁班工坊建设法律法规建设。

第一，加快质量评估体系建设。合理、完善、详细的质量评估体系，能够评估鲁班工坊的办学效果，为今后的改革调整指明方向。鲁班工坊建设各相关方应展开合作，根据各自利益充分协调，制定详细、合理并具有可操作性、可量化的鲁班工坊办学质量评估指标。质量评估指标可以从以下四个方面入手。一是办学条件，包括硬件软件建设，尤其是网络设施、教学场所与服务实训设备、教学效果、课程指标、教材质量等方面，围绕这些方面设计考核指标。二是管理队伍与师资力量，包括管理人员配备、师资队伍建设、教师培训与考核，围绕这些方面设计指标。三是运行效果，围绕招生规模、学生、企业和社会满意度设计考核指标。四是从规范化办学设计考核指标，比如课程安排是否合理。

第二，建立全国性鲁班工坊管理和服务机构。鲁班工坊的建设来源于政府的推动、企业的需要和各院校自身发展的内在追求，鲁班工坊的快速发展急需成立如鲁班工坊建设联盟这样的全国性管理服务机构，负责鲁班工坊办学条件的制定、质量评估体系指标的设计、鲁班工坊的准入和淘汰机制、与鲁班工坊有关政策的解读、鲁班工坊文化氛围的创立和中国元素在鲁班工坊建设中的实现途径，等等。

第三，服务于鲁班工坊的法律法规建设。在鲁班工坊的建设过程中，国家、教育部、天津市政府均给予了政策保障。习近平主席提出的"一带一路"倡议，为鲁班工坊建设提供了政策引领。教育部出台的《推进共建"一带一路"教育行动》，天津市出台的《天津市人民政府关于推进职业院校在海外设立鲁班工坊试点方案》，为鲁班工坊的建设提供了政策支持。随着鲁班工坊建设规模的扩大，需要政府出台新的政策，支持、规范、引领鲁班工坊的建设和发展。鲁班工坊是一种特殊的中外合作办学模式，实训设备由中方职业院校提供，无偿提供给对方职业院校后，需要在法律上和财务上作出界定。另外，鲁班工坊作为中外合作办学项目，还有许多关系需要进行界定，这就需要抓紧出台关于鲁班工坊建设的法律法规。

二、鲁班工坊建设市场化

鲁班工坊建设要市场化。政府对鲁班工坊的建设提供了巨大的经费支持，中方院校提供的实训设备、教材编写和师资培训的费用大多来源于政府，作为高质量输出型职业教育中外合作办学新模式，鲁班工坊建设必须多渠道筹措建设资金，将鲁班工坊的建设市场化。

第一，要积极争取外方政府对鲁班工坊建设的投入。鲁班工坊作为输出高质量劳动者的办学项目，其大规模高质量发展，必然培养出一大批具有一定理论知识，更具实际操作能力的劳动者。这些劳动者进入工作岗位后，必然会给鲁班工坊所在国的经济建设注入活力，作为直接受益方，外国政府有责任有义务加大对鲁班工坊建设的投入。

第二，要积极争取企业和行业对鲁班工坊建设的投入。鲁班工坊培养出的学生与企业契合度高，便于管理。企业行业可以节省一大笔培训费用，作为受益方，企业行业也应对鲁班工坊的建设加大投入。

第三，扩大鲁班工坊的建设主体，要在政府、企业行业、职业院校外寻找新的办学机构或者个人。以鲁班工坊良好的教学效果，打动其他机构或者个人投资建设鲁班工坊。

第四，要善于引入共建"一带一路"国家或与鲁班工坊所在国相关的各类银行、基金公司的投资建设鲁班工坊。例如，要积极引入亚投行、丝路基金、澜湄合作基金等的投资，最终要实现鲁班工坊建设市场化、所需经费市场化、毕业生就业市场化、运行管理市场化和专业化。葡萄牙鲁班工坊在这方面做出了尝试。

三、扩大鲁班工坊的影响力和辐射力

（一）扩大规模，拓展鲁班工坊服务区域

每一所鲁班工坊的实训场地面积、实训设备数量、提供的实训工位、开发课程和教材的数量都达到了相当的规模，但要继续扩大现有鲁班工坊的建设规模。第一，要扩大参与鲁班工坊建设的职业院校数量。现参与鲁班工坊建设的院校不多，在全国众多院校中，参加鲁班工坊建设的学校有限。第二，要扩大鲁班工坊的招生数，实现毕业生数的增长。自2016年第一个鲁班工坊揭牌启运，鲁班工坊建设历程较短。从数量上看，已建成的8个鲁班工坊，规模远远无法满足共建"一带一路"90多个国家的需求；从布局上看，共建"一带一路"国家分布极广，差异明显，政治、经济、文化、教育、建设水平参差不齐，且部分国家国内局势动荡，不稳定因素极多，给鲁班工坊的选址带来巨大挑战；今后要扩大现有鲁班工坊的建设规模，吸引更多院校参加鲁班工坊，并根据外方需求扩大鲁班工坊的覆盖，在南美洲建立鲁班工坊。

（二）加强学历教育及高层次教育，凸显应用性

已建成的8个鲁班工坊，大多为学历教育，而且级别比较高。专业设置覆盖中职和高职。鲁班工坊办学层次起点相对较高，今后要学历教育与职业培训并重，并探索本硕博教育层次，并在教学中突出职业教育的特色—应用性。天津铁道职业技术学院在海外开设的2个鲁班工坊共4个专业（高铁动车组检修

技术、高铁铁道信号自动控制、铁道工程技术、铁道交通运输管理）全部获得
落地国专业认证。2018 年 4 月，英国中餐烹饪艺术三级学历在英国国家职业教
育框架体系中正式上架。

第十三章／鲁班工坊人文交流与影响力发展报告

　　鲁班工坊对于推进"一带一路"建设和中外人文交流具有重要意义。人文交流又被称为"文化外交""民间外交"①，在现代国际关系机制中，它与政治安全合作、经济贸易合作起着同等重要的推动作用，而且能够有效推动其他两个方面的发展。②2016 年，在国家有关部委的指导和支持下，天津开始不断推进鲁班工坊国际项目。到 2019 年 10 月，已经建成 8 所，涵盖共建"一带一路"国家的泰国、印度、巴基斯坦、葡萄牙、吉布提等。在实践中，鲁班工坊为当地青年人提供了先进的职业技能培训，增加了就业机会，受到东南亚、西亚、欧洲、非洲等地欢迎。围绕着鲁班工坊建设和运营过程，进行了丰富的教育、文化、艺术交流与合作，推进了共建"一带一路"国家民心相通，取得了国际交流良好成效。鲁班工坊在共同提升技术技能人才培养质量、传播中国职业教育和工匠精神以及构建中国特色职业教育话语体系等方面承担着重要使命，已经成为我国职业教育与培训国际合作领域中具有显著国际影响力的人文交流知名品牌。③本书通过鲁班工坊中外各方学校调研、问卷、数据统计、网站文献分析等方法，对 2019 年天津已经建成的 8 所鲁班工坊的人文交流战略意义、主要内容以及实践路径等方面进行分析和总结，为后期深入开展工作提供参考。

---

① 参见许利平：《中国与周边国家的人文交流路径与机制》，《新视野》，2014 年第 5 期。

② 参见吴兵、刘洪宇：《金砖国家人文交流的进展，挑战与路径》，《当代世界》，2019 年第 12 期。

③ 参见《"一带一路"建设民心相通工作取得丰硕成果》，https://www.imsilkroad.com/news/p/363169.html。

第一节　鲁班工坊人文交流的重要意义

鲁班工坊人文交流在维护和巩固国家外交关系中具有潜移默化的推动作用，它致力于为不断开展国外当地学生提供职业技能培训，提高其就业能力等，宣传和塑造国家形象，增加国外特别是年轻人对中国的积极看法，增进彼此信任，加强国际友谊，提升民心互通向更高程度发展，为构建良好的国际关系夯实民意基础。

一、增进信任和友谊，树立中国形象

（一）增进国际友谊，提高相互信任

国家间的理解、信任是合作发展的前提和基础，而教育、文化艺术等方面的人文交流也是推进国家间互学互鉴、民心相通，促进合作共赢，构建命运共同体的重要途径。"以心相交，方成久远。"在鲁班工坊建设与运行过程中，通过中国职业院校接受海外合作院校的留学生，接受对方学校教师来我方学校培训，举办鲁班工坊师资培训结业仪式活动，筹划鲁班工坊揭牌仪式，注重媒体报道，或者派遣中国职业院校教师去对方学校培训指导教师，举办职业教育论坛邀请外方教师校长发言，邀请外方学员参加中国职业技能大赛，与外国政府联合举办职业教育学历教育或培训活动，构建国家间的职业教育学历资格框架互认体系，加强中外方媒体在鲁班工坊教育活动上的国家间的合作等措施，逐渐形成了稳定的人文交流机制，有力地促进了中外学生、教师间的相互了解和认知，对树立中国国家形象、促进民心相通，推动国家间的理解和信任做出了积极贡献。

（二）培养技能人才，塑造中国形象

鲁班工坊的多项成功的人文交流活动，比如进入公共教育活动，衔接学校学历教育，进行职业技能培训等，树立了中国友善、大爱等良好形象。英国鲁班工坊是中国在欧洲建立的第一家鲁班工坊，双方在中餐烹饪学历教育和技能资格证书认证方面展开高层次合作，鲁班工坊师生借助中国传统春节活动走进英国首相府展现厨艺，并展示了中国食品产品，受到好评。借助英国鲁班工坊的烹饪技术培训活动，天津食品集团相关食品、调料、器械进入欧洲市场，在"2019·中国企业海外形象（北京）"高峰论坛上，天津食品集团介绍了英国鲁班工坊的成功经验，该案例入选"2019中国企业海外形象建设评选十大优秀案例"和"海外传播创新类优秀案例"，并编入《出海者：中国企业海外形象建设案例集2019》。

二、助力中国企业"出海"，合作共赢

（一）助力中国企业开辟海外市场

"出海"企业是国家形象在海外的重要名片。了解一个国家，往往是从这个国家的海外企业入手，从代表性企业所展现的真实、立体、全面的形象，了解该国的整体实力、责任、品质等。目前，"中国企业在国际上软实力与硬实力不匹配、美誉度与贡献度不匹配问题突出"[①]。天津鲁班工坊国际项目就是一张张在海外的生动、闪亮的中国名片，通过鲁班工坊建设与职业教育和技能培训活动，展现了中国标准和中国质量，扩大了中国企业全方位、深层次的国际影响，展示了中国企业的国际社会责任，提升了中国文化的影响力，增强了中外人民之间的价值共情。在"一带一路"重要枢纽之葡萄牙鲁班工坊，塞图巴尔理工学院师生们惊讶于中国的技术已经发展到世界领先水平。[②] 在泰国、印度、印尼、巴基斯坦、英国以及吉布提等国，鲁班工坊中国企业赞助的技术体系先进、设备真实可用，填补了当地多项教育空白、设备空白，展现了中国技术强国、装备强国的形象。

（二）国外权威媒体报道，提高了中国受关注度

海外各国媒体和互联网是当地人民了解中国教育、中国企业，进而了解中国的主要途径。[③] 中国鲁班工坊在当地的建立、揭牌以及教学培训活动，引起当地很多媒体注意，通过电视、报纸、收音机、自媒体等多种媒体的报道，提高了中国企业的受关注度。当地青年人表示，来鲁班工坊学习技术是为了未来去中国企业就业，或去中国工作，提高自己的经济收入。调研显示，天津在海外已经建成的 8 家鲁班工坊活动在当地的权威媒体报道有 56 篇。其中，巴基斯坦媒体报道最多，达到 22 篇。主要媒体包括 BBC、Sun News、Times of India 等。在英国，BBC 电视台直播了英国鲁班工坊利物浦中心餐厅开业盛况；在巴基斯坦，国家电视台、旁遮普省电视台以及 11 家当地报社报道了巴基斯坦鲁班工坊第二阶段合作签约仪式；在埃及，中国驻埃及大使馆通过各种媒体渠道向埃及各界讲述中国故事，让埃及民众更深入了解中国政策、理念、道路和文化。[④] 当地媒体对鲁班工坊活动的

① 国务院国资委新闻中心、中国外文局·中国报道杂志社编：《出海者：中国企业海外形象建设案例集（2018）》，新世界出版社，2019 年，前言 i。
② 参见张雯婧、米哲：《中国技术"惊艳"葡萄牙——天津与塞图巴尔共建鲁班工坊》，《天津日报》，2018 年 12 月 7 日。
③ 参见今日中国杂志官方账号：《重磅发布!〈中国企业海外形象调查报告 2019〉来了》，2019 年 12 月 3 日。
④ 参见中国驻埃及大使馆：《新中国成立 70 年"大使说"系列报道——廖力强：中埃友谊定会像尼罗河水奔涌向前》，2019 年 9 月 19 日。

报道，对中国形象的海外正向传播起到积极作用。

三、形成当地职业教育中心，提升地区影响力

（一）在当地形成职业教育中心，传播中国技术

中国在海外建设的鲁班工坊，经过 4 年的运行，有的已经成为当地的职业技术教育中心，甚至成为周边国家青年人竞相前去学习技术的目的地，不仅为当地及周边国家青年人提供了就业技能培训，也带动了该地区经济发展，提升了中国在该地区的影响力，展现了中国作为一个负责任大国应有的态度和作为。如泰国大城技术学院在东盟第 11 届技能大赛上崭露头角后，周边国家学生纷纷慕名求学，泰国鲁班工坊成为该地区职业教育中心。[①] 在葡萄牙，鲁班工坊有望进一步提升塞图巴尔理工学院就业率，成为全国第一。[②] 在吉布提，鲁班工坊吸引当地青年人前来学习，企业全景感知实训区和企业模拟经营认知实训区成为"人气"最旺的实训区。"看到工坊先进的教学环境和设备后，不少学生在手机里下载翻译软件，表达对进入鲁班工坊学习的强烈渴望。"[③]

（二）塑造海外中国职业教育名片，提升中国影响力

中国海外鲁班工坊建立起来的是国际上对"中国标准"的认可，中国职业教育鲁班工坊品牌与中国海外企业、中国海外工程等共同构成中国在海外形象的核心要素。天津在海外鲁班工坊建设过程中，形成了中国职教品牌。鲁班工坊品牌的形成，不仅在于中国高新技术和顶尖设备，EPIP 实用有效，更在于中国教师的辛勤付出，中方培训教师认真负责的授课态度，专业精深的技术水平得到了对方院校领导和教师们的高度赞扬。中国海外鲁班工坊所承载的不仅是来自中国的技术和设备，更是中国职教人对其他国家青年人的一片热心和心血，是中国教师在海外树立的中国形象。

---

① 参见张雯婧：《首个鲁班工坊投用一周年：让世界领略中国技术》，《天津日报》，2017 年 3 月 26 日。

② 参见张雯婧、米哲：《中国技术"惊艳"葡萄牙——天津与塞图巴尔共建鲁班工坊》，《天津日报》，2018 年 12 月 7 日。

③ 宋瑞、李鲲、张建新：《中国鲁班工坊开启"一带一路"职业教育新风潮》，《经济参考报》，2019 年 8 月 16 日。

第二节　鲁班工坊人文交流情况与成就

为了掌握天津市鲁班工坊建设过程中的人文交流情况，促进鲁班工坊更好地发展，为学生提供更好的服务。2019 年 10 月，课题组编制了问卷和访谈提纲，通过专家论证和试测，进行修改完善，然后发放问卷，对一些学校教师进行了调研。问卷编制采用两个维度，一是划分教师参与人文交流活动的形式，如学校、企业、城市参观、考察、体验活动，参与技能竞赛活动，参与职教论坛等学术交流活动，文化艺术展演活动等；二是统计每种活动形式的频次、参与人员的认识、感受等。

已建成的 8 所鲁班工坊所在学校，部分教师接受了问卷调查，其中 17.78% 教师曾经出过国，主要在柬埔寨、印度、英国等鲁班工坊项目中工作过，主要工作内容是前期出国考察学校、后期培训教师，82.22% 受访教师在国内为鲁班工坊项目做过管理和服务工作。教师培训与项目管理人员比例约为 1:4。外方受访者所在国家主要是柬埔寨、泰国和印度尼西亚。

中方受访者身份，82.22% 是教师；17.78% 具有、校长 / 副校长以及系主任 / 学科负责人等行政职务。数据表明，鲁班工坊建设的主要力量是各职业院校的教师，他们在天津职业教育走向海外的过程中做出了巨大贡献。

外方受访者中有 62.5% 是教师，37.5% 是学校或者学科负责人，行政人员的比例比中国稍高。在鲁班工坊建设过程中，天津调动了巨大的教师力量投入前期考察、教材编写、设备安装与调试、对外国教师培训等具体事务过程中，对我国海外鲁班工坊的顺利开展贡献突出。

在受访者所教授（管理）学段上，中方 57.78% 来自中等职业院校，42.22% 来自高等职业院校的教师或管理人员；外方受访者全部来自高等职业院校教师。

关于受访者所教授的专业或管理的部门，中方主要集中于机电技术应用、数控技术、汽车运用与维修、中餐烹饪与营养膳食等。外方鲁班工坊受访者主要集中在学校行政管理和服务工作人员，如校长、课程负责人、鲁班工坊负责人、对外事务办公室等，专业教师较少。

关于鲁班工坊人文交流的经历，中方受访者中 40% 是"无出国交流经历的教师，仅有过国内与外方人员进行人文交流的教师"，35.56% 是"有过境外进行人文交流经历，包括职业技术交流等中方教师"，说明培训外方教师仅是中方职业院校部分教师，更多教师做的是外围辅助性工作。这需要配备大量的人力物力，才能完成鲁班工坊的顺利落地，从而有效开展培训工作。

外方受访者在人文交流方面，半数有过来华进行人文交流的经历，包括接受职业教育培训、EPIP 培训的外方教师；另一半有过海外人文交流的经历，包括职业教育或职业技能交流等方面。

一、人文交流的类型与形式

关于鲁班工坊人文交流的类型，81% 受访者属于进行"非学历性质的职业教育体验、企业考察、技术技能交流等"，19% 属于学历教育性质。（参见图 13-1）

关于人文交流的形式，受访者报告最多的是"职业教育体验"（81%），其次分别是"企业考察"（40%）、"城市、博物馆等参观、体验"（32%）、"参加论坛，介绍本国职业教育情况"（32%）、"参加技能竞赛，包括本国举办的，有外国人参加的竞赛，与国际选手进行交流"（30%）以及"文艺演出、联欢等交流活动"（17%）。见（图13-2）说明鲁班工坊立足于职业教育、职业技能交流，牢牢把握技能教育的发展方向，在产教融合、校企合作方面，也在不断地尝试和推进。

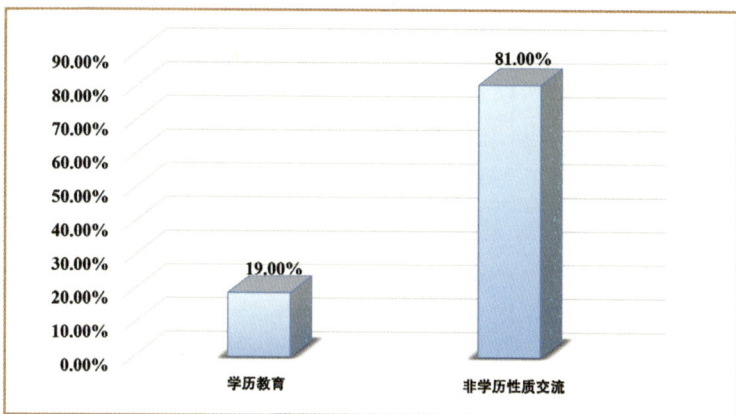

图 13-1　进行人文交流的类型

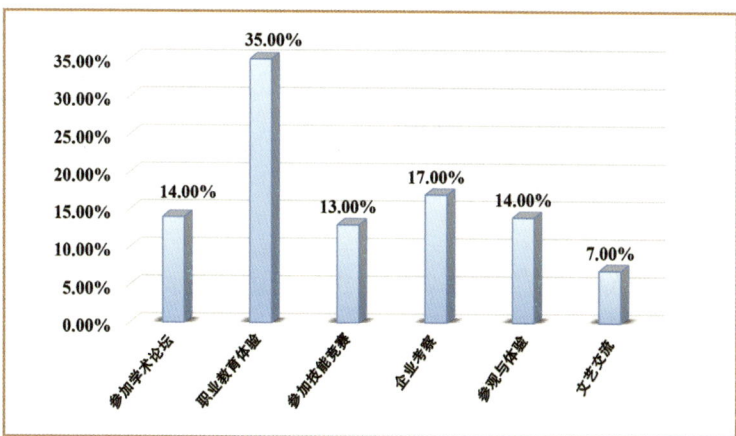

图 13-2　人文交流的形式

二、鲁班工坊人文交流的内容丰富多彩

鲁班工坊人文交流的主要内容包括参观、考察、体验学校、企业、城市活动，职业技术教育学术交流和文化认知，参与技能竞赛，以及在文化、体育、艺术方面展演、交流四个方面。

（一）职业教育类参观体验是常见形式，人员交流感受良好

这类活动包括学校、企业、城市参观、考察、体验等。关于职业教育人文交流次数，交流1—2次的占44%，交流3次以上的占34%，没有与对方国家相关机构和人员交流的占23%。近一半的受访者的人文交流次数有限，还有一部分受访者是鲁班工坊的"幕后"工作者，为鲁班工坊建设履职履责。（见图13-3）

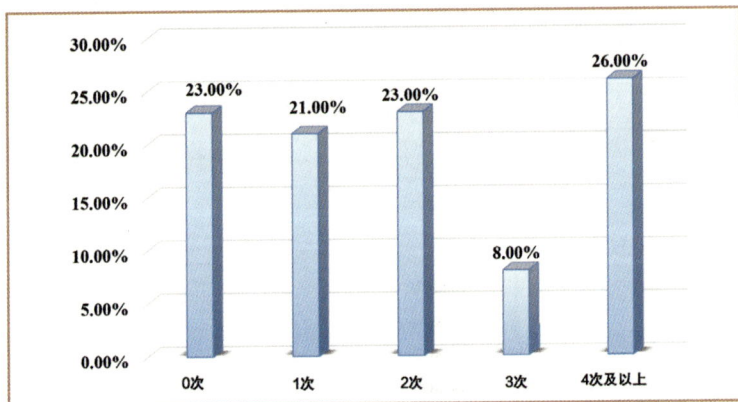

图 13-3 职业教育体验活动次数的占比

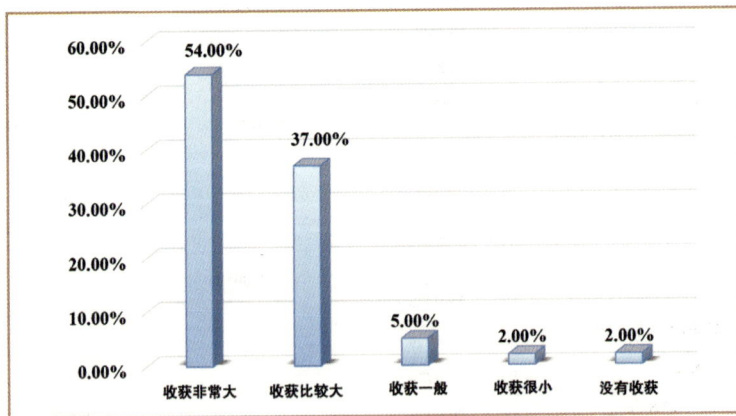

图 13-4 进行职业教育体验活动的感受

关于职业教育体验类人文交流的收获、感受，91%受访者表示"收获非常大"和"收获比较大"，4%的受访者表示收获一般或比较小。（见图13-4）

（二）职业教育学术交流和文化认知处于中等水平

在学术交流和文化认知方面，42%受访者表示，与外方进行职业技术教育思想交流达到1—2次；3次及以上的占31%；没有交流机会的占28%。（见图13-5）

关于对外方企业了解情况，受访者表示"了解非常多"和"了解比较多"的占43%；"一般了解"的占32%；"了解比较少"和"了解非常少"的占24%。（见图13-6）这说明，在鲁班工坊人文交流过程中，与参与程度相比较，参与者对企业总体认知度不成比例，有可能是外方企业国际知名度不够，参与、宣传程度不够。具体分析问卷得知，相比中方对外方企业的知晓程度，外方对中方企业的知晓程度明显更高。

图 13-5　职业教育学术交流次数

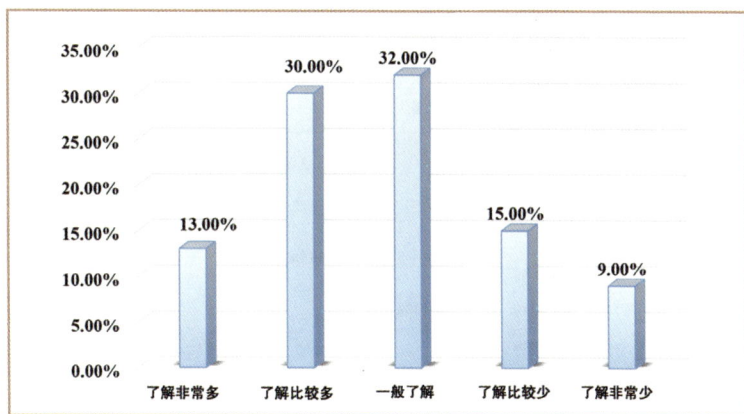

图 13-6　了解合作方企业情况

中国企业对外宣传比较充分，国际影响力比较大，在当地被广泛知晓。这为鲁班工坊的顺利招生提供了便利条件。

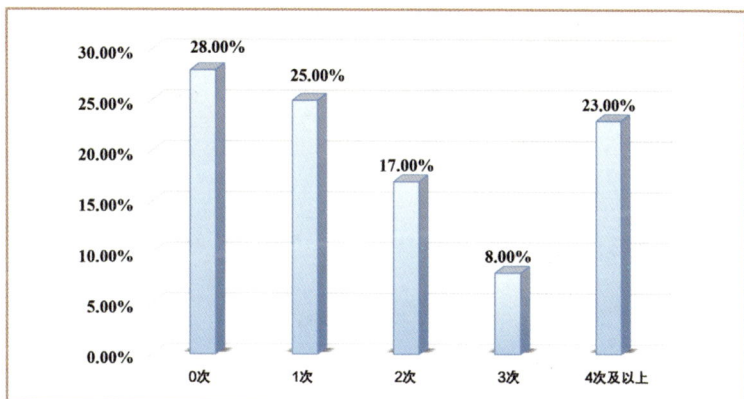

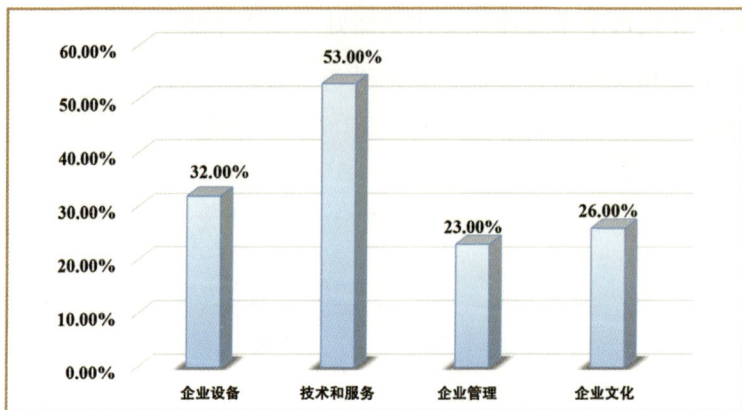

图 13-7　对合作方企业印象和感受

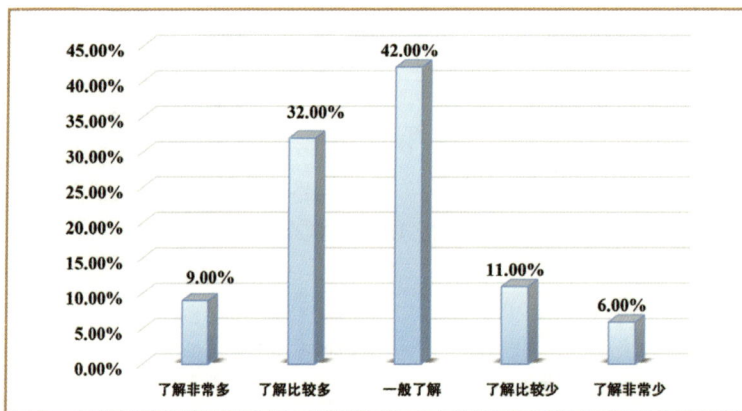

图 13-8　了解合作方职业文化情况

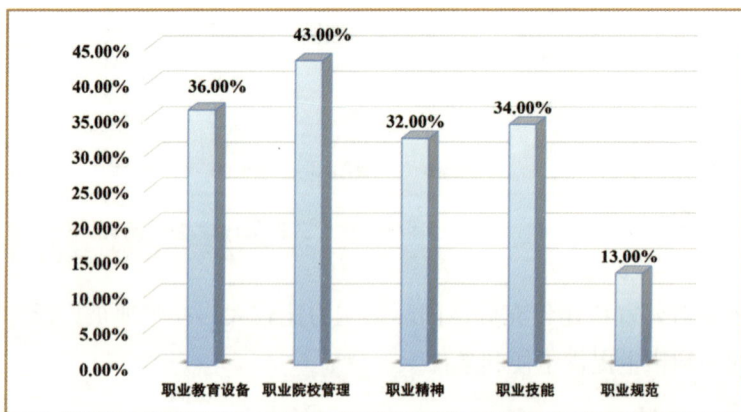

图 13-9　对合作方职业教育印象

关于对合作方企业的认知，受访者表示对"技术和服务"最关注，占53%；其余依次是"企业设备""企业文化"和"企业管理"，分别占比32%、26%、23%。（见图13-7）

在职业文化认知和感受方面，受访者表示对外方的职业文化有"一般了解"的占42%；选择"了解非常多"和"了解比较多"的占41%；选择"了解比较少"和"了解非常少"的共占17%。（见图13-8）

在职业教育印象和感受方面，排在前列的，受访者感受最深刻的选择是"职业院校管理"，占43%；随后依次是"职业教育设备"（36%）、"职业技能"（34%）、"职业精神"（32%）和"职业规范"（13%）。具体分析，中方看重学校管理，外方看重装备设备，中外双方发展职业教育的需求存在差异。（见图13-9）

（三）利用技能竞赛活动进行职业技能交流，冲击大，进步快

在职业技能交流方面，主要通过参与国际性邀请赛进行交流展示，受访者（或指导的学生）参与有外方人员参与的，包括在国内外举办的职业技能竞赛的次数，选择1次以上的占40%，但是大部分中方受访者（60%）没有参与过这种国际性职业技能交流。

在受访者提交的参与职业技能竞赛活动名称中，参与的大部分是电脑鼠、机电一体化、汽车维修服务等项目的中国职业院校技能大赛，也有企业赞助、冠名的，如"大唐杯"全国大学生移动通信技术创新大赛等，还有世界技能大赛的地区选拔赛等，并且获得一等奖到优秀奖不等名次或奖项。通过参与这种国际性的比赛，中方受访者表示，这种"技能切磋非常好"，形式和效果都"很棒"，"扩大了眼界"，"收获很大"，认为"各国选手都有独特的想法和值得学习的地方"，表示今后自己"需要继续学习和实践"，"精益求精"，"加强国际交流"，"沟通"和"融合"。（见表13-1）

表 13-1 中方受访者（或指导的学生）
参与有外方人员参与的职业技能竞赛的名称、结果和自己的变化情况

序号/题目	参与国际性职业技能竞赛名称	竞赛的结果	感受或思想变化
1	机电一体化	好	无
2	机电技术工程实践创新	一等奖	各国选手都有独特的想法和值得学习的地方
3	电脑鼠走迷宫国际邀请赛	获得二等奖	很棒
4	自动化生产线国际交流赛	三等奖	需要继续学习和实践
5	电脑鼠	优良	沟通
6	大唐杯	获奖	扩大眼界
7	生产线	获奖	融合
8	全国中职汽修技能大赛	参与式	技能切磋非常好
9	第四届电脑鼠走迷宫国际邀请赛	创新设计奖	精益求精
10	汽车营销	较好	较好
11	全国职业院校技能大赛	优秀奖	收获很大
12	世界技能大赛	选拔赛	非常好
13	电脑鼠	三等奖	加强国际交流

外方受访者（或指导的学生）有的是参与了中国举办的职业技能竞赛，有的是参与了本国的全国性的职业院校技能大赛，比如印度尼西亚鲁班工坊师生。他们认为，"很享受这种竞赛"，"采用标准设备的竞赛，能够将技术技能应用到真实的工作场景中"，为学生的成就感到"非常自豪"。（见表 13-2）

表13-2 外方受访者（或指导的学生）

参与中方人员参与的职业技能竞赛的名称、结果和自己的变化情况

序号	参与国际性职业技能竞赛名称	竞赛的结果	感受或思想变化
1	more helpful	greatlly useful	more useful
2	Plc	Good	Good
3	2019 National Vocational student Skills Competition	Join the competition	Is a competition with standard equipment And able to apply the skills to be used in real workplaces
4	Teinjin Vocational college	good	good
5	2019 Indonesia Vocational School Skill Contest	The First Place of Heavy Equipment Assembling	Very Glad
6	2017 Indonesia National Vocational School Skill Contest Competition	The Second Place Of Welding Engineering	Very Proud
7	2019 Indonesia National Vocational School Skill Contest Competition	The Best of Heavy Equipment Engineering	Ver Proud
8	Chinese contest	one is failed, another one got the 1st prize	great, pround of the students

（四）文化展演活动形式多样，情感交流互动更为真切

在文化、体育、艺术交流方面，60% 受访者与外方人员有交流经历，没有文艺交流经历的占 40%。

中方受访者表示，与外方人员进行文艺交流的形式比较多样，有联合会、对方宴会、"澜湄周"、柬埔寨新年等重要节日、谈话、中国端午节等中国传统节日等，在文艺国际交流活动中，感受到对方的热情、友好、认真，对方能歌善舞，认为文化有差异，技术无国界，需要进一步加强语言学习。（见表13-3）

表 13-3　中方受访者与外方人员进行文艺交流的名称和收获

序号	与外方人员进行人文交流的内容	人文交流的印象
1	几次	好
2	访问	很好
3	联欢会	热情
4	院校联欢	很好
5	参加对方宴会	很热情
6	澜湄周	非常好
7	柬埔寨的重要节日	柬方教师和学生能歌善舞
8	柬埔寨新年活动	比较有民族特色
9	考察交流	文化有差异但技术无国界
10	柬新年	对中国友好
11	终身教育活动周、职业教育活动周等	效果很好
12	谈话	了解外方国家文化
13	技术服务	对方很认真
14	文艺展演	对方仅参加
15	联欢会	热情
16	座谈	较好
17	中国文化体验	外方教师喜欢学习中国文化
18	端午节	非常好
19	师资培训	加强语言的学习
20	中国厨师节	非常好

　　外方受访者表示，参与了中国职业院校举办的电脑鼠竞赛（IEEE）、中国新年以及鲁班工坊活动，认为这是令人兴奋激动的，很有帮助，中国师生很热情友好，照顾周到。（见表 13-4）

表 13-4　外方受访者与中方人员进行文艺交流的名称和收获

序号	与外方人员进行人文交流的内容	人文交流的印象
1	more sueful	more helpful
2	New year	Excited
3	Luban Workshop 2019	Well looked after, Chinese students and teachers are hospitable and friendly.
4	Luban work shop	great
5	2019 IEEE Micromouse International Invitational Competition	Very Proud
6	2018 Qicheng Cup of Luban Workshop International Invitation Competition	Very Glad
7	2019 IEEE International Competition	Very Proud
8	Bohai short term training	So good. Lot of Thai students and teachers were happy while they learning Chinese and Professional knowledges here. And I was a part of the teaching team that make them feel good and have the good memories in China and back to Thailand with the good impression.

三、鲁班工坊营造了当地影响力，彰显了职业教育国际合作的积极价值

通过鲁班工坊办学活动，中外各方绝大部分受访者认为在项目当地形成了非常大的影响力，有力地传播了中国的职业技术和教学模式，改变或提升了国家形象、企业形象，增进了民众的相互了解和互信，彼此之间有了更多的意愿进行更多更深入的交流和学习。

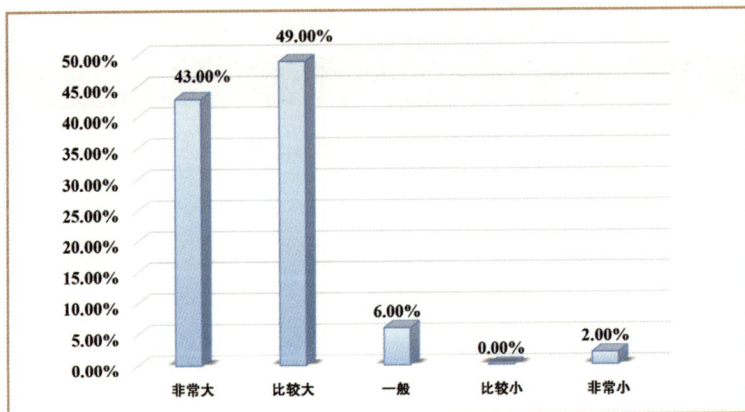

图 13-10 认为鲁班工坊办学活动在当地影响力

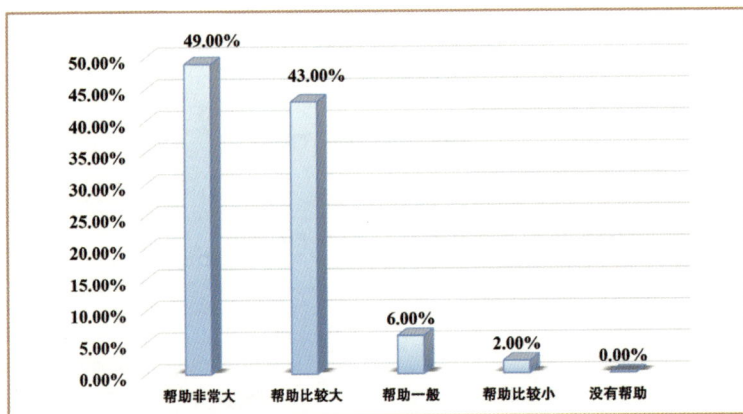

图 13-11 人文交流对传播职业技术作用

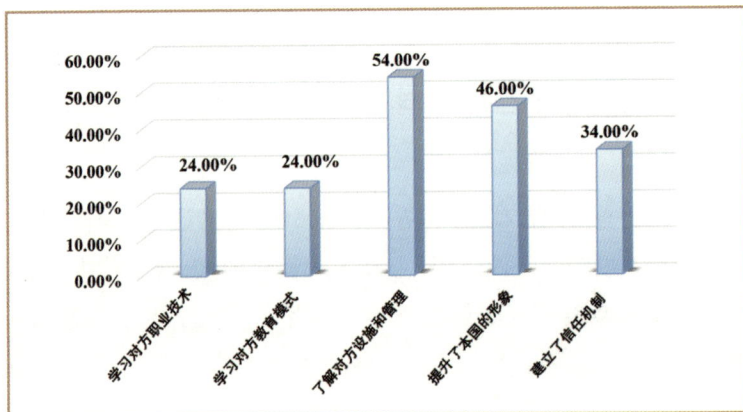

图 13-12 进行人文交流后主要收获

（一）鲁班工坊办学活动已经在当地形成影响力，有效促进了职业技能和文化的传播与交流

在鲁班工坊影响力方面，有 92% 受访者认为鲁班工坊办学活动在当地的影响力"非常大""比较大"（见图 13-10）关于鲁班工坊在海外当地的影响力，中外各方的认识比较一致。

中外教师都高度一致肯定鲁班工坊人文交流对传播职业技术传播的作用。受访者认为人文交流对于学习和传播职业技术"帮助非常大""帮助比较大"的比例共占 92%。（见图 13-11）关于鲁班工坊人文交流对职业技术传播的正向作用，中外各方的认识比较一致。

具体而言，受访者认为通过鲁班工坊项目，与对方国家的职业院校、企业、城市进行交流考察学习，受访者认为主要的收获依次是"了解对方学校、企业和城市的设施和管理"（54%）、"传播和提升了本国的形象"（46%）、"建立了信任和友好友谊机制"（34%）以及"学习对方职业技能技术"（24%）、学习对方教育模式（24%）。（见图 13-12）这表明，职业教育国家合作的国家意义逐渐凸显出来。

将来，与对方继续进行交流的意愿，表示"非常愿意""比较愿意"的受访者比例占 94%。（见图 13-13）此项调查结果，中外方基本一致。

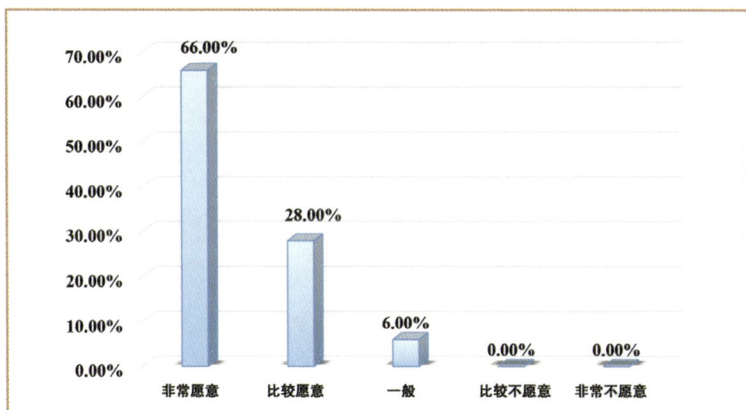

图 13-13　将来与合作方进行交流的意愿

（二）鲁班工坊办学活动有效增进了对国际理解和信任，提高了双方合作与交流的意愿

通过人文交流，受访者对外方国家、教育的印象或认识，认为"改变非常大""改变比较大"的比例共占 81%。（见图 13-14）

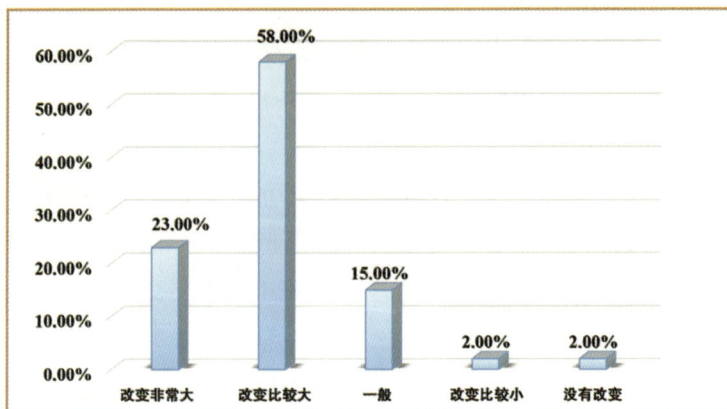

图 13-14　通过人文交流，对合作方国家、教育的印象或认识

通过入校与鲁班工坊相关人员访谈所得，中方教师在鲁班工坊建设过程中所表现出来的奉献精神和职业精神，与外方松散的工作方式、没有明确的工作时间意识形成鲜明对比。中方对工作的严

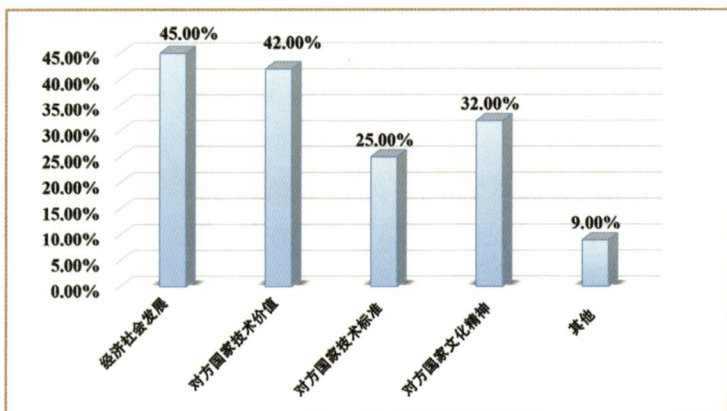

图 13-15　通过鲁班工坊项目，最认可合作方的方面（多选题）

格要求、标准化操作以及加班加点的工作，为外方人员树立了良好友善的中国人形象，赢得了外方的尊重和信任。在吉布提、埃及、肯尼亚等地鲁班工坊建设中，当地的学生们一边帮忙收拾鲁班工坊教室，一边唱着"我爱中国"，其情景让人十分感动。

通过鲁班工坊各种形式的人文交流，受访者对合作方国家最认可的是"经济社会发展程度"（45%）、"对方国家技术价值"（42%）；其次是"对方国家文化精神"（32%）、"对方国家技术标准"（25%）等。（见图 13-15）具体而言，国外受访者更为重视的是"社会经济发展水平"（75%）和"技术标准"（62.5%），这与中国受访者更为重视"对方国家技术价值"（44.44%）的认识有很大差异。这有可能是中外对"价值"一词的认识存在文化差异。

四、鲁班工坊国别职业教育差异与交流困难

通过鲁班工坊项目，受访者感受到两国间职业教育的差异，最主要的是"学校设施设备"（62%）、"教学模式和方法"（49%）；其次是"教师队伍建设"（40%）等。中外各方对两国间职业教育差异的具体内容，看法比较一致。（见图13-16）

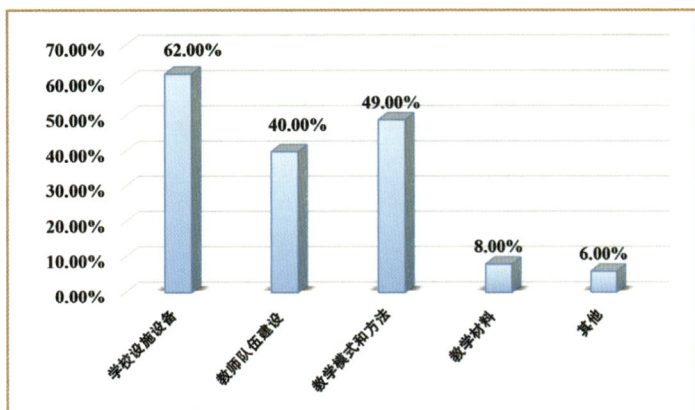

图 13-16　认为两国间职业教育最大的差异

关于两国间职业教育有效交流的影响因素，受访者认为最主要的是"语言"和"文化"，各占57%和53%；其次是"经费"和"生活习惯"，各占30%和25%。（见图13-17）

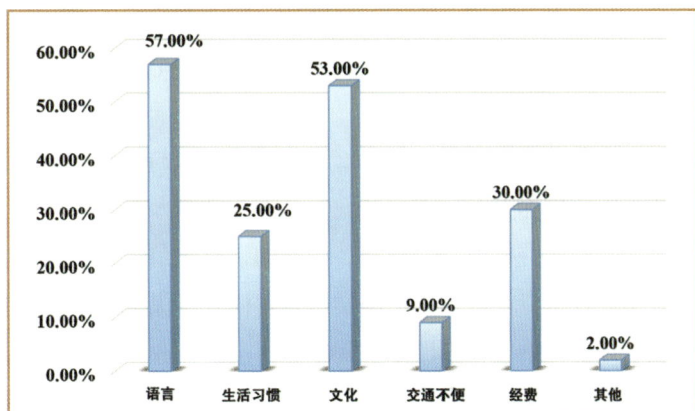

图 13-17　认为两国间职业教育交流，最大的影响因素

与外方进行职业教育交流，受访者认为主要障碍或困难是"语言障碍，文化障碍""经费受限"，分别占比62%和47%；其余是"组织形式不好，时间不够"等。（见图13-18）

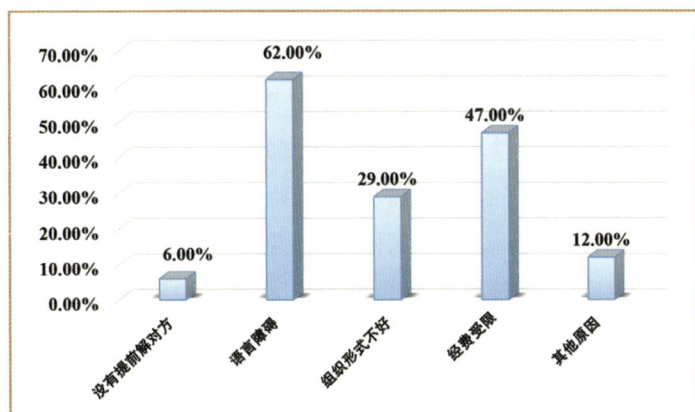

图 13-18　认为进行人文交流的主要障碍／困难

第三节 鲁班工坊人文交流的主要内容

鲁班工坊人文交流内容丰富，主要包括职业技能、职业教育模式、职业教育经验成果以及职业技术文化等。"技能 +"文化的内容模式是鲁班工坊中外人文交流的成功探索。

一、进行职业教育文化、模式和研究成果的交流是鲁班工坊人文交流的核心内容

鲁班工坊人文交流更多地在于传播中国职业教育文化、模式和研究成果。鲁班工坊作为一种职业教育培训机构，其本身也承载了中国职业教育理念、职业教育培训体系、职业教育模式、学历资格框架、职业文化（工匠精神）、职业技术标准、课程标准、职业技术教学模式，以及承载了作为一个教学机构的内部管理制度，如"5S"现场管理制度等。

首先是中外职业教育制度、教育模式交流与融合，主要表现在鲁班工坊职业教育专业、人才培养方案、课程及教学标准等被纳入对方国家的教育体系。这些内容有的是由中国职业院校设计、制订、编写的，有的是融合了双方的需求。如英国鲁班工坊中餐烹饪技术专业被纳入英国学历教育体系三级学历。葡萄牙鲁班工坊双方共同开发的教学标准，纳入塞图巴尔学院本专科三个专业课程体系。巴基斯坦鲁班工坊双方开发的专科层次学历教育联合培养模式，纳入该国旁遮普省职业培训体系。柬埔寨鲁班工坊和吉布提鲁班工坊的人才培养方案都吸收、融合甚至全部采用了中方提供的人才培养方案，并都纳入对方国家职业教育培训体系。目前，英国、印尼的鲁班工坊在中职学历层次，巴基斯坦、泰国、柬埔寨、英国、葡萄牙、吉布提的鲁班工坊在专科学历层次，葡萄牙、印度的鲁班工坊在本科学历层次上，都有交流合作。

其次是职业教育学术思想、研究成果交流，鲁班工坊主要采用了 EPIP 教学模式，该理论获得了 2014 年国家教学成果特等奖。EPIP 是现代产业转型视野下，重视教育界与产业界互动，以实际工程项目为导向，以实践应用为导向，通过三层次递进课程体系，构建从"学徒工人"到"技术员"再到"现场工程师"的专业化人才成长新路径。[①]自 2011 年来，连续举办了全国性 EPIP 挑战赛，引起国际院校的关注。2012 年，

① 参见吕景泉、汤晓华、史艳霞：《工程实践创新项目(EPIP)教学模式的研究与实践》，《中国职业技术教育》，2017 年第 5 期。

东盟一些国家的学生开始参与 EPIP 国际挑战赛。2016 年 3 月，EPIP 随着泰国鲁班工坊而走出国门，在国际教育界展示风采。在各国鲁班工坊建设中，EPIP 都吸引了当地院校师生的兴趣，并在国际化、本地化方面不断完善，建立或完善对方国家职业教育培训体系，为当地青年人技能提升提供保障。

最后是，向海外展示中国工匠精神、精益求精的做事态度。多年来，中国海外工程工作人员的辛勤劳动为"中国速度"赢得好口碑，但是很多参与海外市场竞争的中国产品质量低，有损中国形象。[①] 而鲁班工坊在海外成功落户，获得当地政府和人民的信任，传播了中国鲁班的工匠精神，是增益"质量中国"海外声誉的重要基石。这种工匠精神是"科学严谨、精益求精、追求卓越"，是对做事做人的辛勤付出和实事求是。如在海外鲁班工坊建设过程中，实地考察、设备运输、报关清关、安装调试以及师资培训等，每位中国教师凝心聚力，精准分工，密切协作，克服路途遥远、时差、语言不通、气候等困难，以"人人都是国家代言人"的高度责任感，高质量、高标准、严要求，做好各项细节性工作；中国教师的行为示范与榜样力量，很好地诠释了鲁班工匠精神，塑造和传播了中国形象，赢得了当地政府和青年人的尊敬和信任。

二、对合作方师生进行培训，提升其职业技能和教学水平，是鲁班工坊人文交流的必要内容

自天津 2016 年鲁班工坊建设运行以来，中外师生的职业技能交流一直是双方教育合作交流活动的必要内容，其中包括竞赛技能的交流、职业技术教学技能的交流，中国职业教育装备和职业技术竞技标准也随着"走"出国门。

在教师职业技能交流方面，主要是中国职业院校接受海外鲁班工坊教师来校培训，参与中国举办的职业技能大赛，接受中国教师对外方教师各种设备、机器操作培训、企业参观实习以及教学技能方面的指导，还有中国职业院校教师接受学校派遣到对方国家鲁班工坊指导对方教师进行设备操作培训，以及教材编制、教材翻译、教案编写、设备调试等教学技能方面指导。

在竞技技术交流方面，从 2016 年起，6 个鲁班工坊外方师生共有 63 人参与我国举办的国际性技能竞赛，包括：IEEE 电脑鼠走迷宫国际邀请赛、世界 APEC 电脑鼠国际大赛、全国职业院校技能大赛"机电一体化"国际邀请赛、"工业产品数字化设计与制造"国际邀请赛、"汽车运用与维修"国际邀请赛、"自动化

① 参见齐慧：《中国企业"走出去"，还有很多功课要补》，《经济日报》，2018 年 1 月 19 日。

生产线安装与调试"国际邀请赛等。

随着鲁班工坊师生参与国际性的职业技能竞赛并取得好成绩，中国教育装备进入海外市场。如中国智能鼠先后走进泰国、印度、印尼、巴基斯坦、柬埔寨、埃及、尼日利亚等国家。中国的职业技术竞技标准也在海外落地生根，如全国职业院校技能大赛技术标准，被印度、巴西以及欧盟、美洲、东盟等地采用，成为竞赛评判"金标准"。①

三、体验双方的科技文化艺术是鲁班工坊人文交流的互补性基础内容

鲁班工坊人文交流的"技能＋文化艺术"内容模式，促进了文化艺术方面的国际传播、认识和理解等，通过多维度全方位的感受中外文化艺术，增强双方的国际理解，促进国际合作。

首先，"技能＋"语言学习，为外籍学生带来更多就业机会。调研显示，在鲁班工坊教学中，当地学生更愿意学习中文，认为学会中文可以去当地中国企业就业，或增加优质就业机会，能够提高薪资和晋职空间。有些鲁班工坊专门设置了汉语言教学区，或者增加汉语言课程，满足当地学生中文语言学习需要。

其次，进行先进科技文化体验，全面认识中国发展先进性。鲁班工坊来华培训师生和留学生在中国进行科技文化体验活动，也提高了他们对中国发展的全新认识，包括智能机器人、物联网、3D 打印技术、新能源、自动化生产线、三菱电机机器人体验等。留学生亲身参与其中，对中国科技发展水平有了深认识。

再次，体验烹饪餐饮文化，增加中外百姓日常生活文化交流。在英国鲁班工坊，各国学员学习中餐烹饪技术，直观了解中国餐饮文化和礼仪文化，②中国优质产品进入当地市场；通过技能交流，中国教师见识了英国教师挑选食材、刀具的使用、烹制食物的技法，以及对于标准的执行力和敬业精神，增加了对彼此文化的国际理解。③

又次，进行多彩的演出活动交流，增强民心相通，相互理解和友谊。如访问、演出、开展鲁班工坊相关文艺活动等，展现各民族文化艺术魅力，增进不同文化的交流和理解。如在柬埔寨鲁班工坊启动仪式的文艺演出中，中方表演了武术、

---

① 参见陈建强、刘茜：《天津职教为何受人才市场青睐相关报道》，《光明日报》，2019 年 11 月 19 日。
② 参见强薇：《讲述中华美食背后的故事》，《人民日报》，2019 年 5 月 27 日。
③ 参见天津经济贸易学校教务部：《中英鲁班工坊推进纪实之二 —— 奇切斯特之旅圆满成功，师生互访谱写新篇章》，天津二商校微信公众号，2018 年 7 月 2 日。

京剧、杂技等，柬方表演了《蔡扬舞》等。① 中德应用技术大学第一届"澜湄周"期间，中外学生同台表演，展示多彩的澜湄国家文化，展现了澜湄国家亲如一家的深厚友谊。②

最后，进行传统文化交流，如医药、戏曲、书法、绘画、服饰、茶艺、手工艺等，增强对彼此的深入理解。参观天津博物馆、鲁班纪念馆和知名企业，感受大国工匠精神；参观杨柳青古镇，听年画故事，品年画艺术；学习中国书法，画脸谱，识国粹，学唱昆曲；了解津派旗袍、中国茶道等，感受其中的创新精神和中国人民的智慧。

第四节　鲁班工坊人文交流的实践路径

鲁班工坊人文交流路径以学校举办的各种活动为主，包括以教师技能培训为主的人员交流，以学术交流和项目合作为主的论坛、研讨会，以宣传教育合作成果、推动项目进一步发展为主的展览、活动周，以推动和落实项目为主的政府组织、协调、保障和答谢活动，以对外宣传为主的媒体来华联合报道活动等。通过开展常态化、机制化的交流活动，将鲁班工坊人文交流活动质量不断推向更高水平。

一、师生交流是鲁班工坊人文交流最基础途径

（一）师生短期学访与技能培训是鲁班工坊人文交流的常见形式

国外鲁班工坊的有效管理和运行，推动 EPIP 和专业课程标准在域外落地生根，主要依靠教师和学生来落实一系列的规范和制度。比如，中方接受外方师生来华技能培训，中方教师以指导教师身份到对方鲁班工坊培训教师，或进教室给学生上课，中国学生以学访形式去国外参加技能竞赛等，双方的师生人员的技能学习和人文交流比较频繁。调研显示，2016 年至今，已建成的 8 所鲁班工坊师生人员交流达到 927 人次。其中，外国教师来华交流 465 人次，中国教师赴海外交流 199 人次。在鲁班工坊教师培训中，中外教师、学员之间形成了师徒关系，建立了深厚的友谊，共同进步。目前，基本形成以学校师生交流为主线，以技能交流为纽带，外国教师来华培训与中国教师出国指导相结合、外国留学生教育与就业相关联等多种形式，逐渐建立起立体化、多维度的交流与合作渠道。

---

① 参见《李鸿忠在柬出席澜湄职业教育培训中心暨鲁班工坊启动仪式》，《天津日报》，2018 年 10 月 31 日。
② 参见马广宇、高百惠：《同饮一江水 共创新未来——天津中德应用技术大学举办"澜湄周"系列活动》，《天津日报》，2018 年 4 月 4 日。

（二）开展常态化的留学生教育，鲁班工坊人文交流进入高层次

天津职业院校接受鲁班工坊合作方国家的留学生，进行专业学历教育或者短期的学习交流，是借助鲁班工坊平台进行人文交流的另一种形式。针对鲁班工坊建设方面，要求扩大鲁班工坊项目所在国家的来津留学生规模，"为'鲁班工坊'建设院校提供一定数量的政府全额奖学金留学生名额"①。调研显示，天津已建成的 8 所鲁班工坊接受外国留学生共 236 人，专业涉及机电一体化、新能源汽车、数控技术、通信技术、物联网、食品营养与检测、高速动车组驾驶与维修专业等，既有传统的制造业、交通运输业，也有体现现代元素的高新尖技术行业。在学期间，学校开展多样的留学生活动，如生活教育、文化体验，开展主题讲座，以及安排学习入学毕业仪式、赠送纪念品等，通过丰富多元的学校文化活动，促进中外青年学子文化交流和理解。

（三）中国海外企业聘用鲁班工坊毕业生，鲁班工坊人文交流更为深入

中国企业要"走出去"，在共建"一带一路"国家开展经济贸易活动，必须拥有国际通用型人才，由于语言、技能等因素，培训当地员工需要耗费大量的人力、物力，而且成效没有保障，而鲁班工坊项目的教学模式有效地解决了中国在海外企业的员工招聘与职业素质提升难题，为企业降低成本、融入当地提供了有力的教育支撑。这些得利的企业又反哺职业教育，设立了专门的留学生奖学金，鼓励更多的当地青年人到鲁班工坊学习新技术，提高就业能力。如 2017 年渤海职业技术学院 6 名泰国毕业生被天津津荣天宇精密机械股份有限公司（泰国）公司签约录用，津荣公司在天津中德应用技术大学设立了"津荣留学生奖学金"，奖励鲁班工坊学生。

二、会议交流，为鲁班工坊人文交流提供了更广泛的平台

通过政府主导、学校承办的学术论坛、研讨会、讲座、会议等各种形式和平台，交流职业教育合作意向或项目，研讨职业教育学术成果和办学经验，推动中国职业教育与国外同行形成一种常态化的职业教育合作交流机制，推动职业教育国际对话不断上升台阶，增加了中外人文交流的深度和广度。

（一）邀请外方来华讨论教育合作事宜，是鲁班工坊人文交流日常形式

充分交流是进行有效教育合作的前提。鲁班工坊项目的择国、择校，经历了

---

① 《天津市人民政府办公厅 天津市人民政府办公厅转发市教委关于推进我市职业院校在海外设立鲁班工坊试点方案的通知》（津政办函〔2018〕16 号），2018 年 3 月 26 日。

诸多考察、筛选过程，是做足充分准备工作和细致落实结出的硕果，因而几乎每个鲁班工坊项目都是精品工程、心血工程。面对遥远域外的几乎陌生经济社会以及教育发展情况，除了调动相关研究机构介入工作外，邀请国外意向合作院校来华进行教育交流，介绍本国的经济、社会、教育以及学校情况，按照"五到位"的要求就合作专业、教学场地、人才培养、教师培训、招生与就业进行商讨，是扎实推进每一个鲁班工坊顺利实施的成功保证。比如，在推进葡萄牙鲁班工坊项目中，举办"中葡职业教育研讨会"，双方介绍了各地各校职业教育发展情况、院校的办学历史和特色、专业设置等，推动了中外各领域的国际合作，等等。

（二）采用"X+鲁班工坊"方式进行学术交流，是鲁班工坊人文交流的新形式

合作交流能够促进发展。职业教育的国际合作离不开国际性学术思想交流和研讨。采用"国际论坛＋鲁班工坊"方式，举办或参与国际性论坛、会议，作鲁班工坊主题发言，向世界分享鲁班工坊项目成果和成功做法，提升中国职业教育国际影响力；或采用"专家讲座＋鲁班工坊"方式，邀请国外职业教育专家来华讲学，加强职业教育学术国际交流。通过鲁班工坊专题会议交流，声明本国政府职业教育国际合作的意向和政策，展示学校办学实力、优势和经验，提供企业行业在人才培养、实习实训、设施装备、就业择业、用人标准、技术发展等方面的信息和便利条件，呈现研究机构对职业教育国际化、产教融合等新趋势的思考。各方汇聚一堂，思想碰撞，寻求共鸣，探讨达成共识的各种可能，为职业教育国际合作深入开展，为进一步推动鲁班工坊向更高更远发展提供思想资源和现实可能。如2018年"中国—印度职业教育合作论坛"推动和宣传印度鲁班工坊合作办学模式，为中印人文交流机制首次会议成功举办营造气氛和积累成果。2019年在鲁班工坊与产教融合国际论坛上有5位国外职业教育人士作了关于鲁班工坊的交流发言。邀请国外职业教育专家来华做讲座，介绍域外职业教育研究进展，增进各国相互了解，开拓国际视野，增加国际理解与合作。只有开放胸怀，放眼世界，才会有更多的收获。

三、展示和宣传，扩大了鲁班工坊人文交流的影响力

首先，建立"澜湄周＋鲁班工坊"活动机制，定期举办专题性、综合性活动。除了上述的论坛、会议、师资培训开班结业仪式等活动，还举办了科技文化体验、国别文化艺术展演、中国大企业风采、鲁班工坊成果展等系列主题活动，配合国

家外交需要，集中推动中外职业教育人文交流。作为澜湄合作领导人确定的"澜湄周"项目的配套活动，天津中德应用技术大学举办与柬埔寨鲁班工坊有关的"澜湄职教周"活动，从2018年举办首届以来，目前已经举办两届，成绩斐然。

其次，在宣传上多出招，出新招，利用各种资源各种机会推介学校，推介鲁班工坊。以学校为主体加强对外宣传工作，在出国访问前花费功夫做充分准备工作，精心制作学校宣传片视频，在国际国内职业教育论坛、会议、洽谈会现场进行播放，促进双方职业教育国际理解，提升合作意愿。利用学校图书资源、场地优势，举办赠书、图书展、主题展等。比如，学校图书馆发挥自身资源信息优势，举办"一带一路"鲁班工坊主题图书展览，厚植多方合作的文化基础。另外，在鲁班工坊中建立专题性的友谊展示厅，如天津中德应用技术大学的"中柬友谊厅"等。展示各项目和国家间职业教育合作历史、过程，宣传职业教育合作与交流成果，见证国际教育合作历程，巩固和推动"一带一路"建设。

最后，媒体来华联合报道。借助媒体的力量宣传中国国家政策，介绍中国职业教育发展情况，能够增加彼此了解，互通信息，提高信任，增加职业教育合作的文化基础。其中，邀请国外媒体来华联合参观、采访、报道中国及鲁班工坊相关情况，是近年来鲁班工坊项目向外宣传推广，提高鲁班工坊国际影响力的新尝试。2017年底，澜湄5国27名记者来华联合采访柬埔寨鲁班工坊建设项目等，[①]2018年，老挝、缅甸及泰国3国媒体到天津中德应用技术大学参观采访，[②]域外媒体的联合采访和报道，展示了中国的新发展、新面貌，向当地国家和民众宣传了一个和平、开放、繁荣、热情的中国，有力地促进了中国与各国的互信和友好关系，通过"X+鲁班工坊"新平台，拓展了中外人文交流新途径。

四、组织和协调，为鲁班工坊的人文交流提供了强有力的保障

首先，政府间合作交流是推动鲁班工坊建立的重要动力和活动形式。鲁班工坊的建立，是落实国家国际政策倡议的天津具体行动；在鲁班工坊建设过程中，政府机构进行组织国际交流与协调多部门合作，提供了财政和政策保障，增进了彼此了解，确定了合作事项，为推动鲁班工坊项目的顺利开展奠定了政治基础。如2016年建成的泰国鲁班工坊，是泰国诗琳通公主赴中国天津市考察后启动并建立起来的；由"澜湄职业教育培训中心"发展而来的柬埔寨鲁班工坊，是落实

---

① 参见屈佩、赵益普：《感知中国新时代 展望澜湄新发展》，《人民日报》，2018年1月2日。
② 参见马广宇：《澜湄合作机制成员国电视摄制组一行来我校参观采访》，天津中德应用技术大学，2018年5月24日。

2016 年 3 月 23 日李克强总理在"澜沧江湄公河"合作首次领导人会议上提出的建议而建立起来的；我国在非洲建立的首个鲁班工坊——吉布提鲁班工坊，是落实 2018 年中国国家主席习近平在中非合作论坛北京峰会上提出要重点实施"八大行动"的具体措施。

其次，学校为落实鲁班工坊各项事宜进行访问交流协商，是中外教育合作项目交流的常规形式。学校去往对方国家，或接待对方代表团，调研合作城市情况和对方教育情况，确定合作候选学校；学校间进行互访，落实鲁班工坊项目中的具体事宜，比如场地建设、设备运输与安装、教师培训、人才培养方案、考核认证、实践实训、课程组织与教材开发、招生与就业等，增加对彼此教育和工作的了解，增加对双方合作细节的共识。如 2016 年，天津应用技术大学选址建设柬埔寨鲁班工坊的过程等就是这种形式。

再次，采用"X+鲁班工坊"机制，在国际文化交流活动中接待外方访问团，开展鲁班工坊人文交流，展示中国职业技术成果。如 2019 年 10 月 23 日，巴基斯坦青少年代表团来津，参观天津现代职业技术学院巴基斯坦鲁班工坊师资研修中心，观看电脑鼠走迷宫项目现场展示。①

最后，外方政府颁发奖章，外方学校写感谢信，增进彼此互信。如泰国政府为中方颁发了"诗琳通公主纪念奖章"，柬埔寨王国政府授予中方校长撒哈拉大骑士头衔勋章，柬埔寨国立理工学院向中方教师颁发了感谢信。这些奖章、感谢信，凝结了中国政府和教师的心血和付出，表达了国际友人对中方的友好和信任。

---

① 参见段玮：《巴基斯坦青少年代表团访问天津　助力民心相通》，2019 年 11 月 1 日。

后 记

　　《2020 年鲁班工坊建设与发展报告》是在天津市教委指导下，由天津市鲁班工坊研究与推广中心完成的一项重要研究成果，是研推中心与各个鲁班工坊建设院校联合研究团队集体智慧的结晶。研究团队采用实地访谈、问卷调查、文献分析等多种研究方法相互结合的方式，对截至 2019 年 10 月之前建成的每一个鲁班工坊项目，开展面向中外的学生、教师、行政主管部门以及海外中资企业等多个层面的调查研究，研究团队克服了海外问卷回收难、网络通信不畅等困难，取得了泰国、英国、印度、印度尼西亚、巴基斯坦、柬埔寨、葡萄牙、吉布提 8 个国家鲁班工坊建设与发展情况珍贵的第一手资料。通过对海内外大量详实的数据分析与系统梳理，全面总结和记录了鲁班工坊建设与发展 4 年来的建设历程、成功经验、建设成效以及未来规划和发展策略。

　　研究团队分工合作、精益求精、严谨科学，确保了研究成果的高质量。发展报告整体框架由教科院金永伟院长负责设计，研推中心办公室杨延负责统稿编辑，各个章节的具体分工为：第一章杨延、王岚，第二章于兰平、黎志东，第三章潘荣娜、冯文忠，第四章戴裕崴、王娟，第五章李军、张宏戍，第六章王立、张颖，第七章杨中力、张链，第八章梁栋宇、张蕊，第九章赵学术、王琳，第十章王岚，第十一章王凤慧，第十二章张超，第十三章戴成林。

　　《2020 年鲁班工坊建设与发展报告》凝聚了来自政府、院校和教科院多方的支持和帮助，在此特别感谢市教委白海力副主任对报告研究工作的大力支持，感谢市教委职教处李力处长的全程指导，感谢天津教育科学研究院给予研究团队提强大的科研技术支持，感谢天津渤海职业技术学院、天津市经济贸易学校、天津轻工职业技术学院、天津东丽区职教中心、天津现代职业技术学院、天津中德应用技术大学、天津机电职业技术学院和天津铁道职业技术学院 8 个鲁班工坊建设院校的全力配合，正是凭借研究团队每一位老师的坚持不懈、齐心合力与辛勤奉献，该报告才能如期高质量完成。

　　未来，鲁班工坊研究与推广中心将继续对鲁班工坊进行深入研究，每年发布鲁班工坊建设与发展年度报告，为政府决策提供科学依据，为院校鲁班工坊建设提供模式标准与实践路径参考。

天津市鲁班工坊研究与推广中心

2020 年 10 月